Aktuelles Recht für die Praxis

Das neue Umweltauditrecht

von

Dr. Peter Kothe

Rechtsanwalt und Fachanwalt für Verwaltungsrecht
in Stuttgart
Lehrbeauftragter an der Hochschule für öffentliche Verwaltung,
Fachhochschule Ludwigsburg

Verlag C. H. Beck München 1997

Die Deutsche Bibliothek – CIP-Einheitsaufnahme

Kothe, Peter:
Das neue Umweltauditrecht / von Peter Kothe. – München :
Beck, 1997
(Aktuelles Recht für die Praxis)
ISBN 3 406 41797 3

ISBN 3 406 41797 3

Satz u. Druck: Appl, Wemding
Gedruckt auf säurefreiem, alterungsbeständigem Papier
(hergestellt aus chlorfrei gebleichtem Zellstoff)

Vorwort

Die Konferenz der Vereinten Nationen für Umwelt und Entwicklung, die im Juni 1992 in Rio de Janeiro stattfand, forderte in dem von ihr unter dem Namen „Agenda 21" verabschiedeten Aktionsprogramm die Privatwirtschaft einschließlich transnationaler Unternehmen auf, die Rolle des **Umweltmanagements** als eine der höchsten Prioritäten und als **Schlüsseldeterminante** für eine nachhaltige Entwicklung anzuerkennen. Das „Programm der Europäischen Gemeinschaft für Umweltpolitik und Maßnahmen im Hinblick auf eine dauerhafte und umweltgerechte Entwicklung" (5. Aktionsprogramm) vom Februar 1993 setzt zur Verbesserung des Umweltschutzes auf **marktorientierte Maßnahmen** zum Abbau marktspezifischer Nachteile umweltfreundlicher Dienstleistungen gegenüber umweltschädigender Konkurrenz und betont die Absicht, den **Einfluß der breiten Öffentlichkeit** zu instrumentalisieren.

Das **neue Umweltauditrecht** paßt folglich „in die politische Landschaft". Ob es an der Schwelle des 21. Jahrhunderts allerdings auch in das System des deutschen Umweltrechts paßt, das aus den gewerberechtlichen Vorschriften des 19. Jahrhunderts hervorgegangen ist und noch immer ordnungsrechtlich geprägt ist, wird es in den „Niederungen" der täglichen Praxis beweisen müssen. Dieses Buch soll aus rechtlicher Sicht eine praktische Arbeitshilfe bieten. Es richtet sich gleichermaßen an Juristen und Nichtjuristen, an diejenigen, die sich mit dem Umweltauditsystem befassen müssen oder wollen. Ziel meiner Darstellung ist es, das Umweltauditsystem mit seinen einzelnen Komponenten mit ihren rechtlichen Auswirkungen und seinen Wechselbeziehungen zu anderen Rechtsgebieten wie dem Umweltinformationsrecht, dem Umwelthaftungsrecht und dem Umweltstrafrecht zu erläutern. Trotz zahlreicher kritischer Bemerkungen bin ich der Überzeugung, daß das Umweltauditsystem einen **wertvollen Beitrag zu einer nachhaltigen Verbesserung des Umweltschutzes** leisten kann, wenn die Unternehmen in des Wortes wahrstem Sinne eigen**verantwortlich** von diesem Instrumentarium Gebrauch machen und der Staat ihnen die Möglichkeiten hierzu beläßt und ihre Anstrengungen entsprechend honoriert.

Für Anregungen und Kritik bin ich dankbar. Über die Zusendung in Zukunft gewiß ergehender gerichtlicher Entscheidungen würde ich mich freuen.

Danken möchte ich meiner Ehefrau Ulla, ohne deren Geduld ich das Buch neben meiner beruflichen Belastung nicht hätte fertigstellen können, und meiner Tochter Pia (7 Monate), ohne deren tatkräftige Hilfe ich die Arbeiten am Manuskript sicherlich 3 Monate früher beendet hätte.

Stuttgart, im Oktober 1996 *Peter Kothe*

Inhaltsverzeichnis

Literaturverzeichnis

Antes/Clausen/Fichter, Die guten Managementpraktiken in der EU-Audit-Verordnung, DB 1995, 685ff.

Bährle, Die arbeitsrechtliche Stellung der Umweltschutzbeauftragten, UPR 1995, 93ff.

Balzereit/Kassebohm/Kettler, Umwelthaftung und Versicherungsschutz, BB 1996, 117ff.

Baumbach/Duden/Hopt, Handelsgesetzbuch, 29. Aufl., München 1995

Baumbach/Hefermehl, Wettbewerbsrecht, 18. Aufl., München 1995

Bender/Sparwasser/Engel, Umweltrecht, 3. Aufl., Heidelberg 1995

Bohnen, Das Umweltauditgesetz im Streit zwischen Bundesrat und Bundestag, BB 1995, 1757ff.

Brandner/Michael, Wettbewerbsrechtliche Verfolgung von Umweltverstößen, NJW 1992, 278ff.

Breuer, Schutz von Betriebs- und Geschäftsgeheimnissen im Umweltrecht, NVwZ 1986, 171ff.

Diederichsen, Die Verantwortlichkeit für Altlasten im Zivilrecht, BB 1986, 1723ff.

Dolde/Vetter, Überwachung immissionsschutzrechtlich genehmigungsbedürftiger Anlagen – Möglichkeiten der Länder bei Gesetzgebung und Vollzug im Hinblick auf die Umwelt-Audit-Verordnung, NVwZ 1995, 943ff.

Drews/Wacke/Vogel/Martens, Gefahrenabwehr, 9. Aufl., Köln u. a. 1986

Everling, Durchführung und Umsetzung des Europäischen Gemeinschaftsrechts im Bereich des Umweltschutzes unter Berücksichtigung der Rechtsprechung des EuGH, NVwZ 1993, 209ff.

Ewer, Öko-Audit: Der Referentenentwurf für ein Umweltgutachter- und Standortregistrierungsgesetz und die Übergangslösung zur Anwendung der EG-Öko-Audit-Verordnung, NVwZ 1995, 457ff.

Feldhaus, Die Rolle der Betriebsbeauftragten im Umwelt-Audit-System, BB 1995, 1545ff.

Feldhaus, Umweltschutz durch Betriebsorganisation und Auditing, Referat, in: Dokumentation zur 17. umweltrechtlichen Fachtagung der Gesellschaft für Umweltrecht am 5. und 6.11.1993 in Berlin, Berlin 1994, S. 35–71, zitiert: *Feldhaus*, Referat

Feldhaus, Umwelthaftungsgesetz und Bundes-Immissionschutzgesetz, UPR 1992, 161ff.

Feldhaus, Umweltschutzsichernde Betriebsorganisation, NVwZ 1991, 927ff.

Feldhaus, Zum Inhalt und zur Anwendung des Standes der Technik im Immissionsschutzrecht, DVBl. 1981, 165ff.

Feldhaus (Hrsg.), Bundesimmissionsschutzrecht, Band 7 – Umweltaudit, Loseblatt (Stand: Mai 1996), bearbeitet von *Siegfried Waskow*, zitiert: *Waskow*, in: *Feldhaus*, BImSchR

Fitting/Auffarth/Kaiser/Heither, Betriebsverfassungsgesetz, 17. Aufl., München 1992.

Fluck, Aspekte des Verwaltungsverfahrens in der Unternehmenspraxis, VerwArch. 86 (1995), 467ff.

Fluck, Der Schutz von Unternehmensdaten im Umweltinformationsgesetz, NVwZ 1994, 1048ff.

Fluck/Theuer, Umweltinformationsrecht, Loseblatt (Stand: Mai 1995)

Führ, Umweltmanagement und Umweltbetriebsprüfung – neue EG-Verordnung zum „Öko-Audit“ verabschiedet, NVwZ 1993, 858ff.

Führ, Umweltbewußtes Management durch „Öko-Audit"?, EuZW 1992, 468ff.

Heider, Die Bedeutung der behördlichen Duldung im Umweltrecht, NuR 1995, 335ff.

Heymann, Handelsgesetzbuch (ohne Seerecht), Band 3, Berlin u.a. 1989, bearbeitet von *Volker Emmerich, Harald Herrmann, Thomas Honsell, Norbert Horn, Willi Jung, Rudolf Niehus, Harro Otto, Jürgen* Sonnenschein, zitiert: *Bearbeiter*, in: *Heymann*

Janke, Öko-Auditing – Handbuch für die Interne Revision des Umweltschutzes im Unternehmen, Berlin 1995

Jarass, Bundes-Immissionschutzgesetz, 3. Aufl., München 1995

Kiethe/Schwab, EG-rechtliche Tendenzen zur Haftung für Umweltschäden, EuZW 1993, 437ff.

Kloepfer/Vierhaus, Umweltstrafrecht, München 1995

Knack, Verwaltungsverfahrensgesetz, 5. Aufl., Köln u.a. 1996, bearbeitet von *Jost-Dietrich Busch, Hans-Günter Henneke, Wolfgang Clausen* und *Walter Klappstein*, zitiert: *Bearbeiter*, in: *Knack*

Knopp, Neues Umweltstrafrecht und betriebliche Praxis, BB 1994, 2219ff.

Knopp/Striegl, Umweltschutzorientierte Betriebsorganisation zur Risikominimierung, BB 1992, 2009ff.

Köck, Indirekte Steuerung im Umweltrecht; Abgabenerhebung, Umweltschutzbeauftragte und „Öko-Auditing", DVBl. 1994, 27ff.

Koller/Roth/Morck, Handelsgesetzbuch, München 1996

Kopp, Verwaltungsgerichtsordnung, 10. Aufl., München 1994, zitiert: *Kopp*, VwGO

Kopp, Verwaltungsverfahrensgesetz, 6. Aufl., München 1996, zitiert: *Kopp*, VwVfG

Kothe, Altlastenrecht in den neuen Bundesländern, Stuttgart u.a. 1996, zitiert: *Kothe*, AltlastenR

Kothe, Marktwirtschaftliche Instrumente in der Luftreinhaltung als Modell situationsgerechten Verwaltungshandelns, Diss. jur. Bonn 1990, zitiert: *Kothe*, Marktwirtschaftliche Instrumente

Kothe, Einführung ökonomischer Instrumente in die Luftreinhaltepolitik – Darstellung der rechtlichen Problematik am Beispiel eines Austauschs von Verschmutzungsrechten, ZRP 1985, 145ff.

Küpper, Welchen Einfluß haben Haftung und Versicherung auf die Investitionstätigkeit der Unternehmen im Umweltbereich?, BB 1996, 541ff.

Landmann/Rohmer, Gewerbeordnung und ergänzende Vorschriften, Loseblatt (Stand: 1.7.1995), zitiert: *Bearbeiter*, in: *Landmann/Rohmer*, GewO.

Landmann/Rohmer, Umweltrecht, Loseblatt (Stand: 1.10.1995), zitiert; *Bearbeiter*, in *Landmann/Rohmer*, UmweltR.

Landsberg/Lülling, Umwelthaftungsrecht, Köln/Stuttgart 1991

Lauff, Das Umwelt-Audit in der betrieblichen Praxis, Köln 1993

Lübbe-Wolff, Das Umweltauditgesetz, NuR 1996, 217ff.

Lübbe-Wolff, Die EG-Verordnung zum Umwelt-Audit, DVBl. 1994, 361ff.

Lütkes, Das Umweltauditgesetz – UAG, NVwZ 1996, 230ff.

Marten/Schmid, Die EU-Öko-Audit-Verordnung und der British Standard (BS 7750) – Eine vergleichende Analyse, RIW 1995, 754ff.

Marten/Treptow, Der Stand der Umsetzung der EU-Öko-Audit-Verordnung in Deutschland, DB 1995, 2537ff.

Martens/Moufang, Kritische Aspekte bei der Durchführung der Öko-Audit-Verordnung, NVwZ 1996, 246ff.

Merten, Betriebsverfassungsrechtliche Fragen bei der Einführung des Umweltmanagementsystems nach der Umwelt-Audit-Verordnung der EG, DB 1996, 90ff.

Müggenborg, Der Prüfungsumfang des Umweltgutachters nach der Umwelt-Audit-Verordnung, DB 1996, 125ff.

Münchener Handbuch zum Arbeitsrecht, Band 3 – Kollektives Arbeitsrecht, München 1993, zitiert: *Bearbeiter*, in: MünchArbR

Paschke/Köhlbrandt, Beseitigung von Industrieabfällen durch Spezialunternehmen – Haftungsprobleme bei der Delegation der Abfallentsorgung –, NuR 1993, 256ff.

Pernice, Gestaltung und Vollzug des Umweltrechts im europäischen Binnenmarkt – Europäische Impulse und Zwänge für das deutsche Umweltrecht, NVwZ 1990, 414ff.

Redeker/von Oertzen, Verwaltungsgerichtsordnung, 11. Aufl., Stuttgart u. a. 1994

Sanden, Öko-Audit und Umweltstrafrecht, wistra 1995, 283ff.

Schaub, Arbeitsrechts-Handbuch, 7. Aufl. München 1992

Scherer, Umwelt-Audits: Instrument zur Durchsetzung des Umweltrechts im europäischen Binnenmarkt?, NVwZ 1993, 11ff.

Scherzberg, Freedom of information – deutsch gewendet: Das neue Umweltinformationsgesetz, DVBl. 1994, 733ff.

Schmidt-Aßmann, Deutsches und Europäisches Verwaltungsrecht, DVBl. 1993, 924ff.

Schmidt-Salzer, Konkretisierungen der strafrechtlichen Produkt- und Umweltverantwortungen, NJW 1996, 1ff.

Schottelius, Der zugelassene Umweltgutachter – ein neuer Beruf, BB 1996, 125ff.

Schottelius, Das EG-Umwelt-Audit als Gesamtsystem, BB 1995, 1549ff.

Schünemann, Die strafrechtliche Verantwortlichkeit der Unternehmensleitung im Bereich von Umweltschutz und technischer Sicherheit, in: Umweltschutz und technische Sicherheit im Unternehmen, 9. Trierer Kolloquium zum Umwelt- und Technikrecht, Heidelberg 1994, S. 137ff.

Sellner/Schnutenhaus, Umweltmanagement und Umweltbetriebsprüfung („Umwelt-Audit") – ein wirksames, nicht ordnungsrechtliches System des betrieblichen Umweltschutzes?, NVwZ 1993, 928ff.

Steiner, Technische Kontrolle im privaten Bereich – insbesondere Eigenüberwachung und Betriebsbeauftragte, DVBl. 1987, 1133ff.

Stelkens/Bonk/Sachs, Verwaltungsverfahrensgesetz, 4. Aufl., München 1993, zitiert: *Bearbeiter*, in: *Stelkens/Bonk/Sachs*

Turiaux, Umweltinformationsgesetz, München 1995

Wagner, Effizienz des Ordnungsrechts für den Umweltschutz?, NVwZ 1995, 1046ff.

Walther, EG-Umwelt-Audits: Hintergrund und praktische Konsequenzen, DB 1995, 1873ff.

Wiebe, Umweltschutz durch Wettbewerb, NJW 1994, 289ff.

Winzen, Die unternehmerische Mitbestimmung bei der Einführung von Qualitäts- und Umweltaudits, DB 1996, 94f.

von Werder/Nestle, Grundsätze ordnungsgemäßer Umweltschutzorganisation als Maßstab des europäischen Umwelt-Audit, RIW 1995, 296ff.

Zöller, Zivilprozeßordnung, 19. Aufl., Köln 1995, zitiert: *Bearbeiter*, in: *Zöller*

Abkürzungsverzeichnis

a.A.	anderer Ansicht
ABlEG	Amtsblatt der Europäischen Gemeinschaft
Abs.	Absatz
AbfKoBiV	Abfallwirtschaftskonzept und -bilanzverordnung
AG	Aktiengesellschaft
AktG	Aktiengesetz
AltlastenR	Altlastenrecht
amtl.	amtlich
Anm.	Anmerkung
AnwBl.	Deutsches Anwaltsblatt (zitiert nach Jahr und Seite)
AP	Arbeitsrechtliche Praxis (Nachschlagewerk des Bundesarbeitsgerichts)
Art.	Artikel
AtomG	Atomgesetz
AtVfV	Atomrechtliche Verfahrensverordnung
Aufl.	Auflage
BAG	Bundesarbeitsgericht
BAnz.	Bundesanzeiger
BB	Betriebs-Berater (zitiert nach Jahr und Seite)
BDI	Bundesverband der Deutschen Industrie
Begr.	Begründung
Beil.	Beilage
BetrVG	Betriebsverfassungsgesetz
BewG	Bewertungsgesetz
BFB	Bundesverband Freier Berufe
BGB	Bürgerliches Gesetzbuch
BGBl.	Bundesgesetzblatt
BGH	Bundesgerichtshof
BGHZ	Amtliche Entscheidungssammlung des Bundesgerichtshofes in Zivilsachen (zitiert nach Band und Seite)
BImSchG	Bundes-Immissionsschutzgesetz
BImSchR	Bundesimmissionsschutzrecht
BImSchV	Bundes-Immissionschutzverordnung
BMU	Bundesministerium für Umwelt, Naturschutz und Reaktorsicherheit
BR-Drs.	Bundesrats-Drucksache
BS	British Standard (Britische Norm, der deutschen DIN vergleichbar)
BSI	British Standards Institution (Britisches Normungsinstitut)
BT-Drs.	Bundestags-Drucksache
Buchst.	Buchstabe
BVerfG	Bundesverfassungsgericht
BVerfGE	Amtliche Entscheidungsammlung des Bundesverfassungsgerichts (zitiert nach Band und Seite)

BVerwG . . . . Bundesverwaltungsgericht
BVerwGE . . . . . . Amtliche Entscheidungssammlung des Bundesverwaltungsgerichts (zitiert nach Band und Seite)
BZRG . . . . Bundeszentralregistergesetz

CEN . . . . Comité Européen de la Normalisation (Gesellschaft belgischen Rechts, deren Mitglieder die Normenorganisationen der EG-Mitgliedstaaten sind und deren Aufgabe die Harmonisierung bestehender Normen und die Aufstellung gemeinsamer europäischer Normen ist).
ChemG . . . . Chemikaliengesetz
CKW . . . . Chlorkohlenwasserstoff

DAU . . . . Deutsche Akkreditierungs- und Zulassungsgesellschaft für Umweltgutachter mbH
DB . . . . Der Betrieb (zitiert nach Jahr und Seite)
DDR . . . . Deutsche Demokratische Republik
ders. . . . . derselbe
dies. . . . . dieselbe
d. h. . . . . das heißt
DIHT . . . . Deutscher Industrie- und Handelstag
DIN . . . . Deutsche Industrie Norm, Deutsches Institut für Normen e. V.
DVBl. . . . . Deutsches Verwaltungsblatt (zitiert nach Jahr und Seite)

EfbV . . . . Entsorgungsfachbetriebeverordnung
Einl. . . . . Einleitung
EPA . . . . Environmental Protection Agency (Umweltschutzbehörde [USA])
EN . . . . Europäische Norm
EU . . . . Europäische Union
EG . . . . Europäische Gemeinschaft
EU-UAVO . . . . . Umweltauditverordnung der EU (Verordnung [EWG] Nr. 1836/93 des Rates vom 29.6.1993 über die freiwillige Beteiligung gewerblicher Unternehmen an einem Gemeinschaftssystem für das Umweltmanagement und die Umweltbetriebsprüfung, ABlEG Nr. L 168, S. 1 v. 10.7.1993)
EuZW . . . . Europäische Zeitschrift für Wirtschaftsrecht (zitiert nach Jahr und Seite)
EWG . . . . Europäische Wirtschaftsgemeinschaft
EWG-Vertrag . . . . Vertrag über die Europäische Wirtschaftsgemeinschaft
e. V. . . . . eingetragener Verein

f., ff. . . . . folgend, folgende Seiten

GenG . . . . Genossenschaftsgesetz
GenTG . . . . Gentechnikgesetz
GenTSV . . . . Gentechnik-Sicherheitsverordnung
GG . . . . Grundgesetz
GmbH . . . . Gesellschaft mit beschränkter Haftung
GmbHG . . . . GmbH-Gesetz
GMBl. . . . . Gemeinsames Ministerialblatt
GRUR . . . . Gewerblicher Rechtsschutz und Urheberrecht (zitiert nach Jahr und Seite)

HandwO	Handwerksordnung
HGB	Handelsgesetzbuch
HpflG	Haftpflichtgesetz
HRG	Hochschulrahmengesetz
Hs.	Halbsatz
h. M.	herrschende Meinung
Hrsg.	Herausgeber
ICC	International Chamber of Commerce (Internationale Handelskammer)
IHK	Industrie- und Handelskammer
IHKG	Gesetz über die Industrie- und Handelskammern
i. S.	im Sinne
ISO	International Standard Organisation (Internationale Organisation für Normung)
i. V.m.	in Verbindung mit
KrW-/AbfG	Kreislaufwirtschafts- und Abfallgesetz
LAI	Länderausschuß für Immissionsschutz
Lit.	Literatur
LuftVG	Luftverkehrsgesetz
mbH	mit beschränkter Haftung
m. E.	meines Erachtens
MünchArbR	Münchener Handbuch zum Arbeitsrecht
m. w. N.	mit weiteren Nachweisen
NachwV	Nachweisverordnung
NE	Nichteisen (Bezeichnung für bestimmte Metalle)
NJW	Neue Juristische Wochenschrift (zitiert nach Jahr und Seite)
Nr.	Nummer
NStZ	Neue Zeitschrift für Strafrecht (zitiert nach Jahr und Seite)
NuR	Natur und Recht (zitiert nach Jahr und Seite)
NVwZ	Neue Zeitschrift für Verwaltungsrecht (zitiert nach Jahr und Seite)
OLG	Oberlandesgericht
OWiG	Ordnungswidrigkeitengesetz
Rdnr.	Randnummer(n)
RG	Reichsgericht
RGZ	Amtliche Entscheidungssammlung des Reichsgerichts in Zivilsachen (zitiert nach Band und Seite)
RIW	Recht der internationalen Wirtschaft (zitiert nach Jahr und Seite)
Rspr.	Rechtsprechung
S.	Seite
StGB	Strafgesetzbuch
StPO	Strafprozeßordnung

StrÄndG . . . . Strafrechtsänderungsgesetz
StVG . . . . Straßenverkehrsgesetz

TA Luft . . . . Technische Anleitung zur Reinhaltung der Luft
TQM . . . . Top Quality Management (Bestes Qualitätsmanagement)

u. a. . . . . und andere, unter anderem
UAG . . . . Umweltauditgesetz (Gesetz zur Ausführung der Verordnung [EWG] Nr. 1836/93 des Rates vom 29.6.1993 über die freiwillige Beteiligung gewerblicher Unternehmen an einem Gemeinschaftssystem für das Umweltmanagement und die Umweltbetriebsprüfung v. 7.12.1995 [BGBl. I S. 1591])
UAGBV . . . . UAG-Beleihungsverordnung (Verordnung über die Beleihung der Zulassungstelle nach dem Umweltauditgesetz v. 18.12.1995 [BGBl. I lS. 2013])
UAGGebV . . . . . UAG-Gebührenverordnung (Verordnung über Gebühren und Auslagen für Amtshandlungen der Zulassungstelle und des Widerspruchsausschusses bei der Durchführung des Umweltauditgesetzes v. 18.12.1995 [BGBl. I S. 2014])
UAGZVV . . . . . . UAG-Zulassungsverordnung (Verordnung über das Verfahren zur Zulassung von Umweltgutachtern und Umweltgutachterorganisationen sowie zur Erteilung von Fachkenntnisbescheinigungen nach dem Umweltauditgesetz v. 18.12.1995 [BGBl. I S. 1841])
UIG . . . . Umweltinformationsgesetz
UIRL . . . . Umweltinformationsrichtlinie der EG
UKG . . . . Gesetz zur Bekämpfung der Umweltkriminalität
UmweltHG . . . . . Umwelthaftungsgesetz
UmweltR . . . . Umweltrecht
UPR . . . . Umwelt- und Planungsrecht (zitiert nach Jahr und Seite)
URG . . . . Umweltrahmengesetz der DDR
USA . . . . United States of America (Vereinigte Staaten von Amerika)
usw. . . . . und so weiter
UVP . . . . Umweltverträglichkeitsprüfung
UWG . . . . Gesetz gegen den unlauteren Wettbewerb

VersR . . . . Versicherungsrecht (zitiert nach Jahr und Seite)
VerwArch. . . . . . . Verwaltungsarchiv (zitiert nach Band [Jahr] und Seite)
vgl. . . . . vergleiche
VO . . . . Verordnung
Vorbem. . . . . Vorbemerkung
VwGO . . . . Verwaltungsgerichtsordnung
VwVfG . . . . Verwaltungsverfahrensgesetz

WHG . . . . Wasserhaushaltsgesetz
wistra . . . . Zeitschrift für Wirtschaft, Steuern, Strafrecht (zitiert nach Jahr und Seite)
WPO . . . . Wirtschaftsprüferordnung
WRP . . . . Wettbewerb in Recht und Praxis (zitiert nach Jahr und Seite)

ZDH . . . . Zentralverband des Deutschen Handwerks
ZfW . . . . Zeitschrift für Wasserrecht (zitiert nach Jahr und Seite)
ZPO . . . . Zivilprozeßordnung
ZRP . . . . Zeitschrift für Rechtspolitik (zitiert nach Jahr und Seite)

I. Umweltaudit im Überblick

Im Prinzip sollte durch den Text der EG-Umweltauditverordnung[1] alles gesagt sein, was zur freiwilligen Beteiligung gewerblicher Unternehmen an dem Gemeinschaftssystem für das Umweltmanagement und die Umweltbetriebsprüfung von Bedeutung ist. Indes indizieren nicht erst die zahlreichen Veröffentlichungen – sowohl von juristischer als auch von wirtschaftswissenschaftlicher Seite – einen erheblichen Klärungsbedarf, vielmehr erschweren bereits Aufbau und Formulierung des Verordnungstextes und seiner fünf Anhänge den Zugang zu dem für das deutsche Umweltrecht **neuartigen Ansatz im Umweltschutz**. So gibt die ungewohnte Differenzierung zwischen dem Inkrafttreten der Verordnung und deren zeitlichem Geltungsanspruch gemäß Art. 21 EG-UAVO zu denken. Des weiteren finden sich zumindest im deutschen Text sprachliche Ungereimtheiten,[2] Tautologien,[3] unterschiedlich formulierte Doppelregelungen derselben Fragen,[4] redaktionelle Unstimmigkeiten[5] und Systembrüche.[6] Hinzu kommen Bedeutungsunterschiede zwischen den Formulierungen des englischen Verordnungstextes und der deutschen Fassung. Darüber hinaus verwundert auf den ersten Blick der Umstand, daß es zur Umsetzung einer unmittelbar geltenden EG-Verordnung noch eines Gesetzes bedarf. Schließlich läßt die Anzahl der zur Ausführung der Verordnung erlassenen Vorschriften – ein Gesetz[7] und drei Rechtsverordnungen[8] – eine Verrechtlichung des als marktwirtschaftlich ge- 1

---

[1] Verordnung (EWG) Nr. 1836/93 des Rates vom 29.6. 1993 über die freiwillige Beteiligung gewerblicher Unternehmen an einem Gemeinschaftssystem für das Umweltmanagement und die Umweltbetriebsprüfung, ABlEG Nr. L 168, S. 1 v. 10.7. 1993, im folgenden EG-UAVO. Der Verordnungstext ist als Anhang 1 abgedruckt.

[2] Vgl. etwa Anhang III Teil B Nr. 2 Abs. 1 EG-UAVO: „Diese Vereinbarung legt ... fest... Es *(sic!)* verpflichtet ..."

[3] Vgl. nur die Standortdefinition in Art. 2 Buchst. k EG-UAVO.

[4] Siehe etwa die Validierungskriterien in Art. 4 Abs. 6 EG-UAVO einerseits und Anhang III B Nr. 4 Buchst. a EG-UAVO andererseits.

[5] Dies zeigt etwa die mangelnde Abstimmung zwischen Art. 3 Buchst. c EG-UAVO einerseits, demzufolge die Erstellung des Umweltprogramms ausreichend ist, und Anhang I Teil A Nr. 4 und 5 andererseits, denenzufolge die Formulierung der Umweltziele vorauszugehen hat.

[6] So enthalten etwa die Guten Managementpraktiken (Anhang I Teil D EG-UAVO) außer instrumentellen Vorgaben auch konkret gegenständliche.

[7] Gesetz zur Ausführung der Verordnung (EWG) Nr. 1836/93 des Rates vom 29.6. 1993 über die freiwillige Beteiligung gewerblicher Unternehmen an einem Gemeinschaftssystem für das Umweltmanagement und die Umweltbetriebsprüfung (Umweltauditgesetz – UAG) v. 7.12. 1995 (BGBl. I S. 1591), als Anhang 2 abgedruckt.

[8] Verordnung über das Verfahren zur Zulassung von Umweltgutachtern und Umweltgutachterorganisationen sowie zur Erteilung von Fachkenntnisbescheinigungen nach dem Umweltauditgesetz (UAG-Zulassungsverordnung – UAGZVV) v. 18.12. 1995 (BGBl. I S. 1841), Verordnung über die Beleihung der Zulassungstelle nach

priesenen Instruments befürchten, die für einen modernen Gewerbe- oder Industriebetrieb nicht flexibel genug zu sein scheint. Dennoch handelt es sich um ein modernes Instrument des Umweltschutzes, das die **Eigenverantwortlichkeit des Unternehmers** fordern und fördern will und sich den Besonderheiten seines Betriebes anpaßt. Der Unternehmer, die Umweltverwaltung und die Öffentlichkeit können hiervon nachhaltig profitieren, weil an die Stelle der bisher lediglich punktuellen Berücksichtigung von Umweltbelangen ein **integriertes Umweltschutzmanagement** treten soll.

1. Grundzüge

2 Bei der Diskussion um das Umweltaudit konzentrieren sich die Erörterungen häufig auf das eigentliche Umweltmanagement und die Umweltbetriebsprüfungen. Hierbei handelt es sich zwar um die Kernbereiche des Umweltaudits, gleichwohl nur um Ausschnitte aus dem Gesamtsystem. Das deutsche Umweltrecht nutzt bereits seit langem die **Betriebsorganisation** für Zwecke des Umweltschutzes. Hierzu zählen etwa unterschiedliche Mitteilungspflichten zur Betriebsorganisation, die Einrichtung der **Betriebsbeauftragten** für verschiedene Bereiche des Umweltschutzes (Immissionsschutz-, Gewässerschutz-, Abfall- und Störfallbeauftragte sowie Beauftragte für die biologische Sicherheit und Gefahrgutbeauftragte), vielfältige Mitteilungs- und Anzeigepflichten und detaillierte Genehmigungsverfahren. Diese unterschiedlichen Ansätze und Instrumente lassen sich rein tatsächlich so miteinander verbinden, daß sie sich im Hinblick auf das Umweltaudit sinnvoll ergänzen.

3 Das Gesamtsystem des Umweltaudits besteht aus vier Komponenten:
- dem betrieblichen **Umweltmanagementsystem**,
- den materiell-rechtlichen **Umweltschutzanforderungen**,
- dem Zulassungsverfahren für die unabhängigen **Umweltgutachter** sowie
- Inhalt und Umfang des Prüfverfahrens durch den zugelassenen Umweltgutachter, das zur „Gültigerklärung" der **Umwelterklärung** des Unternehmens und zur **Registrierung des Unternehmensstandortes** erforderlich ist und die neun Verfahrensschritte des Umweltaudits umfaßt.

4 Ziel der Umweltauditverordnung ist nicht die Einführung eines detaillierten Organisations- und Managementsystems. Auch wenn der Verordnungstext diesen Eindruck zu erwecken scheint, ist das Umweltmanagement lediglich Mittel zum Zweck. Erklärtes Ziel des Umweltaudits ist eine **kontinuierliche Verbesserung des betrieblichen Umweltschutzes** über die freiwillige Teilnahme einzelner Unternehmen und deren standortbezogene Maßnahmen. In ihrer Umweltpolitik müssen sich die teilnehmenden Unter-

---

dem Umweltauditgesetz (UAG-Beleihungsverordnung – UAGBV) v. 18.12. 1995 (BGBl. I lS. 2013) und Verordnung über Gebühren und Auslagen für Amtshandlungen der Zulassungsstelle und des Widerspruchsausschusses bei der Durchführung des Umweltauditgesetzes (UAG-Gebührenverordnung – UAGGebV) v. 18.12. 1995 (BGBl. I S. 2014); die Verordnungstexte sind als Anhänge 3 bis 5 abgedruckt.

nehmen nicht nur zur Einhaltung der bestehenden Umweltschutzbestimmungen, sondern auch zu darüber hinausgehenden Schritten verpflichten.

Zur Teilnahme sind praktisch alle gewerblichen und industriellen Unter- 5
nehmen berechtigt. Die Teilnahme ist **freiwillig**. Hat sich ein Unternehmen hierzu entschlossen, ist es an die Regeln der Verordnung **gebunden**. Ziel des Audits sind die Bewertung und die kontinuierliche Verbesserung des betrieblichen Umweltschutzes durch freiwillige Maßnahmen des Unternehmers sowie die Unterrichtung der Öffentlichkeit. Gegenstand des Umweltaudits ist der Standort, d.h. das Betriebsgelände, auf das sich nach dem Willen der Unternehmensleitung das Umweltaudit beziehen soll. Das System gliedert sich in eine schlüssige Abfolge von insgesamt neun Verfahrensschritten:

- Zunächst muß sich das teilnehmende Unternehmen auf der Leitungsebene schriftlich zu einer bestimmten **Umweltpolitik** verpflichten. Hierzu muß es seine Gesamtziele und Handlungsgrundsätze für den betrieblichen Umweltschutz festschreiben.
- Danach hat das Unternehmen selbst eine **Umweltprüfung** durchzuführen. Diese erste Untersuchung umfaßt alle umweltrelevanten Fragen und schließt mit einer bewerteten **Bestandsaufnahme** ab. Zu dieser gehören insbesondere die Erstellung eines betrieblichen Umweltkatasters mit einem Umweltstatus und einem Umweltrechtsstatus. Bei dem **Umweltstatus** handelt es sich um ein Verzeichnis besonders bedeutsamer Umweltauswirkungen. Vor allem beinhaltet es Emissionen luftverunreinigender Stoffe, Gewässereinleitungen, Angaben über Abfälle, Bodenverunreinigungen, Wasser-, Energie- und Rohstoffverbrauch sowie Freisetzung von Wärme und Lärm. Ergänzt wird diese Aufstellung durch eine Zusammenstellung der für den Standort maßgebenden Rechts- und Verwaltungsvorschriften und sonstigen umweltpolitischen Anforderungen, den **Umweltrechtsstatus**. Dieser beinhaltet insbesondere die Festlegungen in Genehmigungen, Erlaubnissen, Bewilligungen, Auflagen und sonstigen behördlichen Anordnungen.
- Auf der Grundlage der beiden vorangegangenen Schritte werden die **Umweltziele** des Unternehmens entwickelt. Zu deren Verwirklichung ein **Umweltprogramm** für den Standort formuliert und fortgeschrieben wird. Dieses Programm umfaßt einen Katalog von konkreten Maßnahmen und einen Fristenplan zu deren Umsetzung.
- Parallel zu diesem „Fahrplan" ist ein **Umweltmanagementsystem** einzurichten. Hierunter sind Organisationsstruktur, Zuständigkeiten, Verfahren, Abläufe und Mittel zur Verwirklichung der betrieblichen Umweltpolitik zu verstehen.
- Erst dann folgt das „eigentliche" Umweltaudit in Form einer eingehenden **Umweltbetriebsprüfung**. Erforderlich ist eine systematische, objektive und dokumentierte Analyse, ob Organisation, Management und Betriebsabläufe mit der Umweltpolitik und dem Umweltprogramm übereinstimmen. Eine solche Umweltbetriebsprüfung ist spätestens alle drei Jahre zu wiederholen.
- Als Ergebnis der ersten und jeder folgenden Betriebsprüfung muß das Unternehmen eine **Umwelterklärung** verfassen. Diese Erklärung besteht

unter anderem aus einer Standortbeschreibung, einer Beurteilung aller wichtigen Umweltfragen, einer Zusammenfassung der Zahlenangaben über Schadstoffemissionen, Abfallaufkommen, Rohstoff-, Energie- und Wasserverbrauch, Lärm und andere Umweltaspekte. Außerdem sind die Umweltpolitik, das Umweltprogramm und das Umweltmanagementsystem darzustellen. Diese Umwelterklärung ist später auch für die Öffentlichkeit bestimmt.

- Anschließend prüft ein zugelassener unabhängiger **Umweltgutachter**, ob Umweltpolitik, Umweltprogramm, Umweltmanagementsystem, Umweltbetriebsprüfung und Umwelterklärung den Anforderungen der Verordnung entsprechen. Wenn alle Voraussetzungen der Verordnung erfüllt sind, verifiziert oder zertifiziert er die Umwelterklärung, d.h. er erklärt sie für gültig.
- Infolge der auf diese Weise „abgesegneten" Umwelterklärung wird der Standort auf Antrag des Unternehmens in das Verzeichnis der am Umweltaudit teilnehmenden Unternehmen eingetragen (**Standortregistrierung**).
- Nach erfolgter Eintragung ist das Unternehmen berechtigt, eine **Teilnahmeerklärung** zu verwenden, aus der sich ergibt, an welchen Standorten die Voraussetzungen der EG-Umweltaudit-Verordnung erfüllt werden. Wenn die Teilnahmeerklärung zu Werbezwecken eingesetzt wird, muß sich die Verwendung auf **Imagewerbung** beschränken. Sie darf nicht zur Produktwerbung benutzt und nicht auf den Erzeugnissen oder deren Verpackungen angegeben werden.

2. Entstehungsgeschichte

6 Die Bedeutung des Umweltschutzes ist in den vergangenen Jahren nicht zuletzt infolge der Erkenntnis gewachsen, daß die natürlichen Ressourcen begrenzt sind. Steigendes Problembewußtsein auf Unternehmerseite geht mit zunehmender Sensibilisierung der Öffentlichkeit einher. Hieraus resultiert eine **Erwartungshaltung der Öffentlichkeit** im Hinblick auf einen möglichst schonenden Umgang mit der Umwelt. Nicht nur Verbraucher und Mitarbeiter, sondern auch Geschäftspartner von Unternehmen interessieren sich für deren ökologisches Engagement. Dies gilt vermehrt auch für Banken und Versicherungen, die die **finanziellen Auswirkungen etwaiger Umweltrisiken** erkennen, bewerten und bei ihren Entscheidungen über Finanzierungs- und Versicherungskonditionen in bezug auf Aktivitäten von Unternehmern berücksichtigen. Somit stellt sich Umweltorientierung – nicht nur infolge von Kosten-Nutzen-Analysen bei der Einhaltung gesetzlicher Anforderungen – als strategische Herausforderung für die Unternehmensführung dar, sie muß deshalb als **Managementaufgabe** in die Unternehmenspolitik einfließen.[9]

7 Während in der Vergangenheit **Ökonomie und Ökologie** als sachlich getrennte Bereiche begriffen wurden, setzt sich inzwischen zunehmend die

---

[9] Ähnlich *Marten/Schmid*, RIW 1995, 754.

Erkenntnis durch, daß ein intaktes ökologisches System Grundvoraussetzung für die Funktionsfähigkeit des ökonomischen Systems ist. Aus wirtschaftlicher Sicht wird das Ökosystem durch Abgabe- und Aufnahmekapazitäten der verschiedenen Umweltmedien – Rohstoffe und Energie einerseits, Boden, Wasser und Luft andererseits – determiniert. Eine Unternehmenspolitik, die eine langfristige Gewinnoptimierung einer kurzfristigen Gewinnmaximierung vorzieht, ist deshalb nur im Bewußtsein der **Begrenztheit der natürlichen Ressourcen** möglich.[10]

Inzwischen wurde der Umweltschutz darüber hinaus als **problembezogene** 8
Querschnittsaufgabe erkannt. Hieraus resultieren unter anderem die Schwierigkeiten seiner Strukturierung. Rechtliche Regelungen finden sich nicht nur in den einschlägigen Umweltgesetzen, sondern sind fast über die gesamte Rechtsordnung verstreut. Sie sind in weiten Teilen des öffentlichen Rechts ebenso anzutreffen wie im Privatrecht und im Strafrecht. Diese unterschiedlichen Ansätze zusammenzuführen, ist Anliegen eines **integrierten Umweltschutzes.**

Von daher lag die Etablierung eines Umweltaudits als **Managementinstru-** 9
ment zur Überprüfung organisatorischer Maßnahmen des betrieblichen Umweltschutzes im Sinne eines Soll-Ist-Vergleichs mit den umweltrechtlichen Anforderungen nahe. Der Begriff „Audit“ ist dem Sprachschatz der Wirtschaftsprüfer entnommen und meint dort die Rechnungs- oder Buchprüfung, weshalb zum Teil das System der Bilanzprüfung als Leitidee und die Grundsätze ordnungsgemäßer Buchführung als Vorbild begriffen werden.[11] Als Audits werden allgemein – entsprechend der lateinischen Bedeutung (audire – hören) – strukturierte Anhörungen betroffener Personenkreise durch kompetente Auditoren bezeichnet. Unter Umwelt- bzw. Ökoaudit im weiteren Sinne werden folglich systematische handlungsorientierte Prüfungen verstanden, anhand derer Betriebe, Unternehmen oder sonstige (wirtschaftliche) Einheiten ihre eigenen Tätigkeiten, vor allem ihr eigenes Management, unter Umweltgesichtspunkten auf Schwachstellen überprüfen bzw. überprüfen lassen. Gegenstand der Prüfungen sind **Funktionsfähigkeit und Zweckmäßigkeit des betriebsinternen Umweltmanagements** in allen umweltrelevaten Bereichen wie Beschaffung, Produktion, Absatz, Transport und Entsorgung. Nach diesem auf das „Innenleben“ eines Unternehmens bezogenen allgemeineren Verständnis sind die Begriffe „Ökoaudit“, „Umweltaudit“ und „Umweltbetriebsprüfung“ austauschbar.[12]

Im vorbeschriebenen Sinne waren Umweltaudits bereits vor Inkrafttre- 10
ten der EG-Verordnung gängige Praxis in ihrer Anwendung als unternehmensinternes Kontrollinstrument oder als Entscheidungshilfe bei Investitionen wie dem Kauf von Unternehmen insbesondere bei Investoren aus dem im Hinblick auf Umweltrisiken besonders sensiblen anglo-amerikanischen Bereich. Der entscheidende Unterschied hierzu besteht in der Außenwirkung durch die Teilnahmeerklärung und die Standortregistrierung. Die EG-Verordnung erweitert hierdurch das bislang interne Managementin-

[10] So auch *Walther*, DB 1995, 1873 m. w. N.
[11] So etwa *von Werder/Nestler*, RIW 1995, 296 (297, 301).
[12] Vgl. *Marten/Schmid*, RIW 1995, 754.

strument zu einem **externen Umweltschutzinstrument.**[13] Dies hat unter anderem zur Folge, daß die verwendeten Begriffe nunmehr fest belegt und nicht mehr austauschbar sind.

a) Vorgeschichte der Umweltaudits

11 Die ersten Umweltaudits wurden Anfang der 70er Jahre von Unternehmen der chemischen Industrie in den USA durchgeführt. Nach einigen folgenschweren **Störfällen** waren sie angesichts der weitreichenden Umwelthaftung von der amerikanischen Umweltbehörde (Environmental Protection Agency – EPA) dazu veranlaßt worden, den Nachweis eines funktionierenden Umweltmanagements zu erbringen, das geeignet sein sollte, kontinuierlich **Schwachstellen** aufzuzeigen und über eine Art **Frühwarnsystem** etwaigen neuerlichen umweltrelevanten Störfällen durch entsprechende Abwehrmaßnahmen zu begegnen.[14] Der Gedanke, ein Umweltaudit mit den genannten Zielrichtungen verbindlich vorzuschreiben, wurde von der EPA jedoch bereits Ende der 70er Jahre wieder aufgegeben. Statt dessen empfahl die Behörde 1986 lediglich die Durchführung von **Umweltaudits auf freiwilliger Basis**; sie behielt sich jedoch vor, unter bestimmten Voraussetzungen von Unternehmen, die gegen Umweltschutzbestimmungen verstoßen, die Durchführung solcher Audits zu verlangen. Daraufhin entstand in den USA ein Markt für Unternehmenberater, die Umweltauditsysteme konzipierten und betriebsnah einführten.[15]

12 Den Weg nach Europa fand das Umweltaudit durch die Praxis der Tochtergesellschaften amerikanischer Konzerne und einzelner europäischer Großunternehmen der chemischen und der mineralölverarbeitenden Industrie. Hierbei handelte es sich überwiegend um **Einzelprojekte umweltengagierter Unternehmen**, denen mangels Standardisierung die Vergleichbarkeit fehlte. Dieses Manko wurde noch durch die unterschiedliche Umweltgesetzgebung in den jeweiligen Ländern verstärkt.[16]

13 Ausgehend von den US-amerikanischen Erfahrungen unternahm 1989 die Internationale Handelskammer[17] einen ersten Versuch zur **Vereinheitlichung der Audits**, indem sie in ihrem Positionspapier „Umweltschutz-Audits" weltweit einheitliche Gestaltungshinweise für die Durchführung der Audits in den Unternehmen formulierte. Hieran richtete sich zunächst Großbritannien mit dem British Standard (BS) 7750 aus, der seinerseits wiederum als Orientierung für die EU-Audit-Verordnung diente.

---

[13] So auch *von Werder/Nestler*, RIW 1995, 296.

[14] Vgl. *Marten/Schmid*, RIW 1995, 754 (755); *Lauff*, S.7

[15] Vgl. *Lauff*, S.7; *Janke*, S.44f.

[16] Vgl. *Marten/Schmid*, RIW 1995, 754 (755).

[17] International Chamber of Commerce (ICC), Environmental Auditing – ICC Position paper on Environmental Audits, Publication Nr.468, Paris 1989. Das von der ICC-Arbeitsgruppe Environmental Auditing erstellte Positionspapier wurde am 29.11. 1988 vom ICC Executive Board angenommen.

b) Vorbildfunktion des British Standard 7750

Durch den wachsenden **Markt für umweltfreundliche Produkte** in Großbritannien sahen sich dort in der jüngsten Vergangenheit zahlreiche Unternehmen veranlaßt, sowohl aus Image- als auch aus Kostengründen die Umweltverträglichkeit ihrer Tätigkeit an die Öffentlichkeit zu tragen. Sie führten Überprüfungen ihrer betrieblichen Umweltschutzmaßnahmen durch und veröffentlichten Erklärungen über ihre Umweltpolitik. Gleichwohl verfügten nur wenige Unternehmen über eine strukturierte Umweltpolitik, die Aussagen über die künftige Einhaltung der gesetzlichen Anforderungen und der unternehmensinternen Leitlinien ermöglichte; die meisten Audits waren reine Bestandsaufnahmen und beschränkten sich dementsprechend auf **Feststellungen des Ist-Zustandes**. Das dortige Gegenstück zum DIN-Institut, die British Standards Institution (BSI), gab den Unternehmen deshalb bei Entwicklung, Einrichtung und Unterhaltung von Umweltmanagementsystemen strategische Hilfestellung. Am 16.3. 1992 trat die vom Environmental Management Standards Policy Committee entwickelte, weltweit erste Norm über die Einführung von Umweltmanagementsystemen in Kraft: der BS 7750, der nun bereits in der zweiten Fassung von 1994 vorliegt. Dank dieser Systeme können Unternehmen eine eigene Umweltpolitik formulieren, die Einhaltung gesetzlicher und selbstgesetzter Umweltzielen sicherstellen und dies nach außen dokumentieren. Dieser **Rahmen für strukturierte Audits** ermöglicht die Berücksichtigung aller umweltrelevanten Gesichtspunkte.[18] 14

Der BS 7750 beschreibt die Einführung eines Umweltmanagementsystems als **Kreislaufsystem**, dem die Selbstverpflichtung des Unternehmens zur Schaffung eines effektiven Umweltmanagementsystems und eine Umweltbetriebsprüfung im Sinne einer Bestandsaufnahme von Stärken und Schwächen des betrieblichen Umweltschutzes vorgeschaltet ist. Der eigentliche Kreislauf vollzieht sich in zehn Phasen, deren erste die Definition der Umweltleitlinien und -ziele bildet. In einem zweiten Schritt ist die Organisation des betrieblichen Umweltschutzes festzulegen. Im Anschluß daran werden alle einschlägigen Vorschriften einerseits und sämtliche Umweltauswirkungen einschließlich ihrer Bewertung andererseits erfaßt und dokumentiert. Hieraus werden Vorgaben und Ziele abgeleitet, aus denen in einem weiteren Schritt ein Umweltprogramm erarbeitet wird. Auf dieser Grundlage wird dann ein Umweltmanagement-Handbuch erstellt, anhand dessen – wiederum in einem nächsten Schritt – umweltschutzorientierte Betriebskontrollen stattfinden. Deren Ergebnisse betreffend die **Einhaltung der Umweltschutzanforderungen** und den Zielerreichungsgrad hinsichtlich der Umweltziele des Unternehmens werden dokumentiert und dienen als Ausgangspunkt der Kontrolle des Umweltmanagementsystems durch das Audit. Dessen anschließende Auswertung ermöglicht Aussagen über die Effektivität des Umweltmanagementsystems und dessen Übereinstimmung mit dem BS 7750. Hieraus ergibt sich unter Umständen die Notwendigkeit 15

[18] Vgl. *Marten/Schmid*, RIW 1995, 754 (755) m.w.N.

einer Korrektur oder Aktualisierung der Umweltleitlinien bzw. -ziele des Unternehmens.[19]

c) Entstehung der EG-Verordnung

16 Nachhaltig beeinflußt wurde die EG-Umweltaudit-Verordnung, wie bereits erwähnt, von dem Positionspapier der ICC, vor allem aber durch den BS 7750. Teilweise wird letzterer sogar als als prägendes Vorbild charakterisiert.[20] Dennoch war es erklärtes Anliegen bei der Erstellung des BS 7750, die bereits im Entwurf von 1991 vorliegende EG-Umweltaudit-Verordnung zu ergänzen.[21] Dies dürfte mit Blick auf die Regelung in Art. 12 EG-UAVO zu sehen sein; danach wäre – im Falle seiner Anerkennung durch die EG-Kommission – die Übereinstimmung mit dem BS 7750 in Verbindung mit gewissen Ergänzungen[22] ausreichend zur Erlangung der Teilnahmeerklärung und Standortregistrierung.[23] Es ist nicht zuletzt dem großen Engagement Großbritanniens zu verdanken, daß der Grundgedanke des Umweltaudits auf EU-Ebene in Form einer Verordnung aufgegriffen wurde,[24] wie überhaupt zahlreiche neue Instrumente des EU-Umweltrechts – als da wären unter anderem die **UVP-Richtlinie**[25] und die **Umweltinformationsrichtlinie**[26] – angelsächsische Wurzeln haben. Im Hinblick auf das Umweltaudit drängt sich wohl nicht zu Unrecht der Gedanke auf, daß das britische Interesse weniger ökologisch als vielmehr ökonomisch motiviert war: Die britische Industrie hatte sich als eine der ersten bereits auf die geforderten Qualitätstandards und die entsprechenden Umweltmanagementsysteme eingestellt und versprach sich infolgedessen einen Wettbewerbsvorteil.[27]

---

[19] Vgl. *Marten/Schmid*, RIW 1995, 754 (755f.) m.w.N.

[20] *Sellner/Schnutenhaus*, NVwZ 1993, 928.

[21] So *Marten/Schmid*, RIW 1995, 754 (755) unter Hinweis auf Vorwort und Einleitung des BS 7750.

[22] Vgl. zu Gemeinsamkeiten und Unterschieden zwischen dem BS 7750 und den Anforderungen der EG-Umweltaudit-Verordnung *Marten/Schmid*, RIW 1995, 754 (759ff.).

[23] Zu recht skeptisch hinsichtlich des durch Art. 12 EG-UAVO eröffneten Wettbewerbs unterschiedlicher Zertifizierungssysteme *Lübbe-Wolff*, DVBl. 1994, 361 (372). Der EU-Kommission liegen bereits entsprechende Anträge vor, die nationalen Standards der Länder Spanien, Irland und Großbritannien für Umweltmanagementsysteme und Umweltbetriebsprüfung anzuerkennen. Darüber hinaus prüft auf der europäischen CEN-Normungsebene bereits eine Arbeitsgruppe, ob die im Entwurf vorliegende ISO-Normenserie 14.000ff. als CEN-Norm übernommen und unter welchen Voraussetzungen sie ebenfalls als gleichwertig i.S. des Art. 12 EG-UAVO anerkannt werden kann, vgl. *Lütkes*, NVwZ 1996, 230 (233)

[24] Vgl. *Lübbe-Wolff*, DVBl. 1994, 361f.

[25] Richtlinie 85/337/EWG des Rates über die Umweltverträglichkeitsprüfung bei bestimmten öffentlichen und privaten Projekten vom 27.6. 1985

[26] Richtlinie 90/313/EWG des Rates vom 7.6. 1990 über den freien Zugang zu Informationen über die Umwelt

[27] So auch *Janke*, S. 41f.

Die Einführung des Umweltauditsystems auf EU-Ebene wurde im Sommer 1992 von der EG-Kommission durch ein **Pilot-Audit-Programm** vorbereitet. In Unternehmen in sechs Mitgliedstaaten der EU fand eine praktischen Erprobung unter folgenden Aspekten statt: 17
- Funktionstüchtigkeit des Auditing-Schemas in der Praxis,
- Umsetzungsprobleme in den teilnehmenden Unternehmen,
- Vorteile für die Unternehmen aus der Beteiligung und
- Berücksichtigung branchen- und größenspezifischer Besonderheiten.[28]

Die Entstehung der nunmehr vorliegenden Fassung der EG-Verordnung wurde von zahlreichen Auseinandersetzungen und Änderungen begleitet. Während sich die übrigen elf Delegationen im Dezember 1992 bereits auf einen Text geeinigt hatten, wurde dieser Entwurf von der deutschen Delegation noch abgelehnt.[29] Auf ihr Betreiben wurde der Verordnungstext noch im letzten Verhandlungsstadium geändert: In der Ratssitzung vom 23.3. 1993 wurde zum einen in Art. 3 Buchst. a EG-UAVO das Erfordernis der kontinuierlichen Verbesserung um das Adjektiv „angemessen" ergänzt. Zum anderen wurde die Bestimmung um die Formulierung erweitert, daß die einzugehende Selbstverpflichtung darauf abzielen muß, „die Umweltauswirkungen in einem solchen Umfang zu verringern, wie es sich mit der wirtschaftlich vertretbaren Anwendung der besten verfügbaren Technik erreichen läßt." Beide Textänderungen bezwecken eine **Begrenzung der Verbesserungsanstrengungen** auf das genannte Umweltschutzniveau.[30] 18

Auf der Grundlage des **Art. 130 s EWG-Vertrag** wurde schließlich die „Verordnung über die freiwillige Beteiligung gewerblicher Unternehmen an einem Gemeinschaftssystem für das Umweltmanagement und die Umweltbetriebsprüfung" vom Rat am 29.6. 1993 erlassen und am 10.7. 1993 im Amtblatt der EG veröffentlicht. Sie trat nach Art. 21 EG-UAVO am dritten Tag nach dieser Bekanntmachung, also am 13.7. 1993,[31] in Kraft, gilt jedoch erst seit dem 21. Monat seit der Veröffentlichung, mithin seit dem 11.4. 1995.[32] Diese auf den ersten Blick befremdliche **Aufspaltung des** 19

[28] Vgl. zu dieser und weiteren Untersuchungen *Marten/Treptow*, DB 1995, 2537 (2539 ff.).

[29] Siehe die Ratsdokumente ENV 339–11138/92 vom 18.12. 1992 und ENV 157–6865/93 vom 7.6. 1993.

[30] Vgl. *Führ*, NVwZ 1993, 858 (858, 859)m.w.N.; *Lübbe*-Wolf, DVBl. 1994, 361 (364); *Schottelius*, BB 1995, 1549 (1551); ferner *Marten/Schmid*, RIW 1995, 754 (757).

[31] So auch *Lütkes*, NVwZ 1996, 230; *Merten*, DB 1996, 90, *Winzen*, DB 1996, 94, *Antes/Clausen/Fichter*, DB 1995, 685, *Feldhaus*, BB 1995, 1545, und *Marten/Schmid*, RIW 1995, 754 (757); a. A. lediglich *Lübbe-Wolff*, DVBl. 1994, 361 (362), die versehentlich das Datum des Inkrafttretens mit dem Tag unmittelbar nach der Veröffentlichung ansetzt.

[32] Der Geltungszeitpunkt ist direkt mit dem Datum der Veröffentlichung verknüpft, nicht mit dem des Inkrafttretens; auch sieht Art. 21 EG-UAVO insoweit keine „Vorlaufzeit" von drei Tagen vor. Dies übersehen offenbar *Merten*, DB 1996, 90, *Winzen*, DB 1996, 94, *Antes/Clausen/*Fichter, DB 1995, 685, *Marten/Schmid*, RIW 1995, 754 (757), und *Walther*, DB 1995, 1873, die vom 13.4. 1995 ausgehen. Um Festlegungen dieser Art zu vermeiden, ziehen es andere Autoren vor, nur vage Angaben zu machen: *Sellner/Schnutenhaus*, NVwZ 1993, 928, und *von Werder/Nestler*, RIW

zeitlichen Geltungsanspruchs erklärt sich aus den unterschiedlichen Adressaten der Verordnung. Sie richtete (und richtet) sich zwar in erster Linie an die zur Teilnahme aufgerufenen Unternehmen, zuvor mußten jedoch die Mitgliedstaaten die erforderlichen rechtlichen und organisatorischen Vorkehrungen treffen, um den Verordnungsinhalt handhabbar zu machen. Die dahingehenden Verpflichtungen der Mitgliedstaaten waren mit dem Inkrafttreten der Verordnung wirksam geworden. Sie hatten innerhalb von 12 Monaten nach Art. 18 Abs. 1 EG-UAVO die für die Standortregistrierung zuständigen Stellen zu benennen und gemäß Art. 6 Abs. 2 EG-UAVO binnen 21 Monaten **voll funktionsfähige Zulassungssysteme** zu schaffen, insbesondere also die nötige Zulassungs- und Aufsichtsstelle für Umweltgutachter und die mit der Eintragung der Standorte beauftragte Stelle einzurichten. Erst seit dem Ablauf dieser Frist und der Erfüllung der genannten Voraussetzungen steht das Umweltauditsystem der EU den „eigentlichen" Adressaten, den Unternehmen, offen.

d) Umsetzung der EG-Verordnung in Deutschland

20 Obwohl es sich bei der europarechtlichen Regelung um eine Verordnung und damit um gemäß Art. 189 EWG-Vertrag ohne vorherige nationale Umsetzung unmittelbar in jedem Mitgliedstaat der EU geltendes Recht handelt, bedurfte es nationaler Ausführungsvorschriften, um die Vollzugsfähigkeit der Verordnung herzustellen. Die Schaffung eines Zulassungs- und Aufsichtssystems betreffend die unabhängigen Umweltgutachter ist mit Eingriffen in **Freiheit der Berufswahl und -ausübung** verbunden und steht unter dem **Gesetzesvorbehalt** des Art. 12 Abs. 1 GG.[33] Einen weiteren Regelungsauftrag an die Mitgliedstaaten enthält die EG-Umweltaudit-Verordnung in Art. 18 Abs. 1 EG-UAVO.[34] Im einzelnen waren deshalb die folgenden nationalen Voraussetzungen zu schaffen:

- Nach Art. 6 Abs. 1 Satz 1 EG-UAVO war – wie ausgeführt – die **Zulassung der unabhängigen Umweltgutachter** zu regeln, bei denen es sich gemäß Art. 2 Buchst. m EG-UAVO sowohl um Einzelpersonen als auch um Organisationen handeln kann.
- Auch die **Aufsicht über die unabhängigen Umweltgutachter** war nach derselben Vorschrift durch die Mitgliedstaaten zu regeln, die für den Fall der Nichtbeachtung der Verordnung geeignete Rechts- oder Verwaltungsmaßnahmen zu treffen haben (Art. 16 EG-UAVO).
- Schließlich war gemäß Art. 18 Abs. 1 EG-UAVO von den Mitgliedstaaten die für die Durchführung der Verordnung, insbesondere der Aufgaben nach Art. 8 und 9 EG-UAVO, **verantwortliche Stelle** zu benennen, die

---

1995, 296, begnügen sich jeweils mit der Angabe April 1995, während *Führ*, NVwZ 1993, 858, sogar nur vom Frühjahr 1995 spricht.

[33] Vgl. BVerfGE 86, 28 (37f.) = NJW 1992, 2621 zu § 36 GewO; ferner BVerfGE 28, 243 (259) = NJW 1970, 1729; BVerfGE 12, 45 (53) = NJW 1961, 355. Ausführlich hierzu *Waskow*, in: *Feldhaus*, BImSchR, M 1 Rdnr. 96ff.

[34] Vgl. *Sellner/Schnutenhaus*, NVwZ 1993, 928 (932f.); *Lübbe-Wolff*, DVBl. 1994, 361 (367f.); *Ewer*, NVwZ 1995, 457 (458); *Schottelius*, BB 1995, 1549 (1551).

vor allem die Standorte mit für gültig erklärten Umwelterklärungen registriert, dieses Register jährlich aktualisiert, bei Wegfall der Voraussetzungen an einem Standort dessen Streichung veranlaßt und die Unternehmensleitung hiervon unterrichtet und der Kommission am Ende eines jeden Jahres die Verzeichnisse und deren aktualisierte Fassungen übermittelt.

Bereits kurze Zeit nach Erlaß der Verordnung gab es noch im Sommer **21**
1993 in Deutschland teils heftige Auseinandersetzungen, in deren Mittelpunkt die Frage stand, ob die Zulassungs- und Aufsichtsstelle und die für die Standortregistrierung verantwortliche Stelle in den staatlichen Behördenapparat eingegliedert oder in Form einer Selbstverwaltungseinrichtung der Wirtschaft organisiert werden sollten. Die Bandbreite in der Diskussion über **Behörden- oder Selbstverwaltungsmodell** reichte von der Aufgabenwahrnehmung durch das Bundesministerium für Umwelt, Naturschutz und Reaktorsicherheit (BMU) oder das Umweltbundesamt über eine eigene beim BMU einzurichtende Sonderbehörde und Vorschläge zur Aufgabenerweiterung bereits bestehender Stellen, die mit der Akkreditierung von Qualitätsmanagementsystemen befaßt sind, wie der Trägergemeinschaft Akkreditierung (TGA) oder dem Deutschen Akkreditierungsrat (DAR) bis hin zu einer bei einem Spitzenverband der Wirtschaft anzusiedelnden Einrichtung. Auch die Bestimmung von 16 einzelnen Zulassungsstellen durch entsprechende Gesetze der Länder war nicht ausgeschlossen. Während die Mehrheit der Umweltminister der Länder ein **Behördenmodell** bevorzugte, wandten insbesondere der Bundesverband der Deutschen Industrie (BDI), der Deutsche Industrie- und Handelstag (DIHT) und der Zentralverband des deutschen Handwerks (ZDH) ein, daß dies dem Ansatz der EG-Verordnung zuwider laufe. Angesichts der **freiwilligen Selbstverpflichtung** gewerblicher Unternehmen zur Beteiligung an dem Gemeinschaftssystem über Umweltmanagement und Umweltbetriebsprüfung müsse die Umsetzung in **Selbstverwaltung der Wirtschaft** erfolgen.[35]

Es lag auf der Hand, daß die genannten Möglichkeiten nicht in gleicher **22**
Weise geeignet waren, den Vorgaben der Verordnung entsprechend eine unabhängige und neutrale Aufgabenerfüllung der Zulassungs- und Aufsichtstelle zu gewährleisten. Zwar hängen die Aussagekraft der validierten Teilnahmeerklärung und der Standortregistrierung sowie der Wert des Umweltaudits in erster Linie von Kompetenz und Integrität der unabhängigen Umweltgutachter ab. Zugleich gewinnt damit aber – in zweiter Linie – die **Akzeptanz der Zulassungs- und Aufsichtsstelle** bei den nach Art. 6 Abs. 3 EG-UAVO anzuhörenden betroffenen Kreisen und vor allem in der Öffentlichkeit ausschlaggebende Bedeutung. Außerdem erfordert ein modernes marktwirtschaftliches Umweltschutzinstrument, das um seiner Wirksamkeit willen flexibel sein muß, nachgerade ein unbürokratisches und praxisnahes Zulassungs- und Aufsichtssystem. Ende Dezember 1994/Anfang Januar 1995 kam es zu einer Einigung auf ein **Kompromißmodell** in Form

---

[35] Vgl. *Lütkes*, NVwZ 1996, 230 (231); *Ewer*, NVwZ 1995, 457 (458); *Lübbe-Wolff*, DVBl. 1994, 361 (368); *Sellner/Schnutenhaus*, NVwZ 1993, 928 (932 f.); *Waskow*, in: *Feldhaus*, BImSchR, M 1 Rdnr. 117 ff.

der wirtschaftsnahen **Deutschen Akkreditierungs- und Zulassungsgesellschaft für Umweltgutachter mbH (DAU)** unter der Aufsicht des BMU.

23 Dieser Kompromiß war dann jedoch erneut zwischen Bundestag und Bundesrat umstritten, weshalb gemäß Art. 77 Abs. 2 GG der **Vermittlungsausschuß** angerufen wurde. Auslöser hierfür waren nicht etwa grundsätzliche konzeptionelle Differenzen, sondern unterschiedliche Vorstellung hinsichtlich rechtlicher Detailfragen. Grund für die ablehnende Haltung des Bundesrates war unter anderem dessen Bestreben, das Ansehen von validierter Teilnahmeerklärung und Standortregistrierung durch erhöhte Anforderungen abzusichern:

- Nach dem Gesetzentwurf konnte ein Umweltgutachter seine Tätigkeit auch in einem Unternehmensbereich durchführen, für den er nicht zugelassen war, sofern er sich insoweit der Inhaber sog. Fachkenntnisbescheinigungen bediente. Der Bundesrat forderte hier eine ergänzende Regelung des Inhalts, daß der so tätige Umweltgutachter über **Kenntnisse in wenigstens einem der Fachgebiete des „fremden" Bereichs** verfügen sollte.
- Des weiteren wollte der Bundesrat die weder in der EG-Umweltaudit-Verordnung noch im Gesetzentwurf geregelte **Prüfungstiefe** bei der Begutachtung durch den Umweltgutachter dadurch näher bestimmt wissen, daß dieser „neben den einschlägigen Rechtsvorschriften auch die hierzu ergangenen veröffentlichten Verwaltungsvorschriften des Bundes und der Länder zu beachten" haben sollte.
- Schließlich sah der Gesetzentwurf einen § 33 Abs. 3 vor. Danach sollte die zuständige Umweltbehörde vor der Unterrichtung der registerführenden Stelle über einen Verstoß gegen umweltrechtliche Bestimmungen zunächst das betroffene Unternehmen anhören. Wegen hierdurch befürchteter **Mehrbelastung der Umweltbehörden** verlangte der Bundesrat die Streichung dieser Bestimmung.[36]

Im Ergebnis konnte sich die Ländervertretung hinsichtlich der beiden letzten Punkte mit ihren Vorstellungen insoweit durchsetzen, daß amtlich veröffentlichte Verwaltungsvorschriften des Bundes und der Länder zwar nicht zu beachten, wohl aber zu berücksichtigen sind, und die Regelung des § 33 Abs. 3 des Gesetzentwurfs tatsächlich gestrichen wurde.

24 Nachdem sich jedoch bereits während des Gesetzgebungsverfahrens abzeichnete, daß die Ausführungsbestimmungen nicht mehr innerhalb der in der Verordnung genannten Fristen würden in Kraft gesetzt werden können, zeigten sich Bund und Länder bemerkenswert flexibel. Die für die Aufgabenerfüllung nach Art. 8 und 9 EG-UAVO verantwortliche Stelle hätte bereits bis zum 11. 7. 1994 benannt werden und das Zulassungs- und Aufsichtssystem hätte bis zum 11. 4. 1995 eingerichtet werden müssen. So wurden als **Übergangslösung** die wesentliche Teile des Referentenentwurfs vom 14. 3. 1995 **auf freiwilliger Grundlage** vorweggenommen: Solange der Bund nicht durch Erlaß der bundesgesetzlichen Regelung von seinen aus Art. 74 und 87 Abs. 3 GG folgenden Kompetenzen Gebrauch machte, verblieb die Regelungsbefugnis gemäß Art. 30 GG bei den Bundesländern. Folglich schlos-

---

[36] Vgl. das Protokoll der 687. Sitzung des Bundesrates vom 14. 7. 1995 (BR-Drs. 368/95); ferner *Bohnen*, BB 1995, 1757 ff.

sen diese durch die zuständigen Landesbehörden mit denjenigen, die die Zulassung als Umweltgutachter beantragten, öffentlich-rechtliche Verträge. Hierdurch unterwarfen sich die Antragsteller einem Prüfungsverfahren anhand der Maßstäbe des Referentenentwurfs durch die DAU als Verwaltungshelferin. Die Behörde verpflichtete sich im Gegenzug dem Bewerber bei Vorliegen der Zulassungsvoraussetzungen durch Verwaltungsakt eine befristete Zulassung als Umweltgutachter zu erteilen. Die DAU wurde ebenfalls durch öffentlich-rechtliche Verträge mit den Bundesländern in dieses System eingebunden.[37] Die Übergangsregelung in § 38 Abs. 4 UAG trägt dem Rechnung; danach bleiben die so erteilten Zulassungsbescheide für eine Übergangszeit wirksam. Insgesamt wurden von den Ländern 51 derartige vorläufige Zulassung erteilt.

Das letztlich beschlossene Gesetz vom 7. 12. 1995 trägt den umfänglichen **25** Titel „Gesetz zur Ausführung der Verordnung (EWG) Nr. 1836/93 des Rates vom 29. Juni 1993 über die freiwillige Beteiligung gewerblicher Unternehmen an einem Gemeinschaftssystem für das Umweltmanagement und die Umweltbetriebsprüfung (**Umweltauditgesetz – UAG**)". Es veranschaulicht mit seinen immerhin 39 Paragraphen, mit welcher Akribie jedes Detail des Zulassungs- und Aufsichtssystems sowie der Standortregistrierung festgelegt wurde. Die zahlreichen Regelungen von Einzelfragen bieten gewiß die Gewähr für fachliche Qualifikation und persönliche Unabhängigkeit der Umweltgutachter sowie für die Akzeptanz der Zulassungs- und Aufsichtsstelle. Ergänzt wird das Umweltauditgesetz durch eine nicht minder detaillierte **Verordnung zur Regelung der Zulassungsverfahrens** von Umweltgutachtern und Umweltgutachterorganisationen. Komplettiert wird das System durch Verordnung über die **Beleihung der DAU als Zulassungsstelle** und schließlich die Verordnung über die Erhebung von Gebühren und Auslagen für Amtshandlungen der Zulassungsstelle und des Widerspruchsausschusses.[38]

3. Ideen und Ziele

Während Großunternehmen aufgrund vielfältiger internationaler Ver- **26** flechtungen seit längerem mit der Idee des Umweltaudits vertraut sind, begegnen vor allem kleinere und mittlere Unternehmen dem für das deutsche Umweltrecht neuen System skeptisch. Die Zurückhaltung ist auf die Besorgnis zurückzuführen, daß mit einem zusätzlichen Instrument des Umweltschutzes ein gesteigerter Verwaltungsaufwand und vor allem höhere Kosten assoziiert werden. Kosten entstehen durch die Hinzuziehung externer Berater, die Beauftragung externer Umweltgutachter, die Weiterbildung und Schulung der eigenen Mitarbeiter, der Erstellung und Veröffentlichung der Umwelterklärung usw. Bei den Beratern und Gutachtern wird

---

[37] Vgl. *Lütke*, NVwZ 1996, 230 (231); *Ewer*, NVwZ 1995, 457 (460); *Waskow*, in: *Feldhaus*, BImSchR, M 1 Rdnr. 303 ff. Kritisch zu der gesetzlosen Interimslösung *Lübbe-Wolff*, NuR 1996, 217 (219).

[38] Wegen der genauen Bezeichnungen und Fundstellen siehe oben Fußn. 7

es sich häufig nicht um Einzelpersonen, sondern um Teams handeln, wenn insbesondere bei komplexen Betriebsabläufen und Produktionsvorgängen die Fachkunde eines einzelnen nicht ausreicht. Besonders kleinere und mittlere Betriebe werden befürchten, sich ein solches Team nicht leisten zu können. Die Frage nach der freiwilligen Teilnahme am Umweltaudit wird deshalb häufig auf finanzielle Belastungen verengt: **„Was kostet mich das?"**

27 Die Kosten können jedoch nur ein Aspekt sein. Es ist eine betriebswirtschaftliche Binsenweisheit, daß eine langfristige Gewinnoptimierung einer kurzfristigen Gewinnmaximierung vorzuziehen ist. Die wichtigere Frage ist deshalb die nach dem Nutzen des Umweltaudits: **„Was bringt mir die Teilnahme am Audit?"**

28 Bereits vorab kann festgestellt werden, daß sich kurzfristig **Rationalisierungs- und Kosteneinsparungspotentiale** sowie Marketingvorteile ergeben. Langfristig erschließen sich **Wettbewerbsvorteile**, Kommunikationspotentiale und Möglichkeiten der Risikominimierung und Kostenvermeidung.

a) Zielvorstellung

29 Art. 1 Abs. 2 EG-UAVO umschreibt das Ziel des Gemeinschaftssystems mit der **Förderung der kontinuierlichen Verbesserung des betrieblichen Umweltschutzes** im Rahmen der gewerblichen Tätigkeiten. In den dem „eigentlichen" Verordnungstext vorangestellten Erwägungsgründen wird zunächst die Verantwortung der Unternehmen sowohl für die Stärkung der Wirtschaft als auch für den Schutz der Umwelt in der Gemeinschaft betont. Wegen der **Eigenverantwortung der Industrie** für die Umweltfolgen ihrer Tätigkeiten sollte sie in diesem Bereich zu einem aktiven Konzept gelangen, für das die Verordnung den Rahmen vorgeben will.

30 Die Verordnung verknüpft zwei umweltpolitische Ansätze, die sich in den 80er Jahren herausbildeten: Zum einen wurden aus wirtschaftlicher Sicht **Konzepte eines Umweltmanagements** entwickelt, zum anderen mehrten sich aus juristischer Sicht die Zweifel an der Wirksamkeit des das Umweltrecht bis dahin beherrschenden „**command and control**"-Ansatzes:

- Naturgemäß ist das einzelne Unternehmen bestrebt, seinen individuellen Nutzen zu erhöhen. Dies geschieht regelmäßig, indem versucht wird, den Gewinn durch eine Verringerung der Kosten zu steigern. Bezogen auf den Umweltschutz hat eine solche betriebswirtschaftlich zumindest kurzfristig sinnvolle Verhaltensweise zur Folge, daß nur die Mindestanstrengungen zur Vermeidung von Umweltbelastungen unternommen werden. Obwohl eine langfristig ertragsorientierte Unternehmenspolitik die zwangsläufig begrenzten Abgabe- und Aufnahmekapazitäten der Umweltmedien berücksichtigen muß, besteht für eine **Übererfüllung des Vermeidungssolls** kaum ein (wirtschaftlicher) Anreiz.[39] Die externen Fakto-

[39] Diese Überlegung war bereits Ausgangspunkt für die Einführung marktwirtschaftlicher Instrumente in die Luftreinhaltung, vgl. zu diesen *Kothe*, Marktwirtschaftliche Instrumente, passim.

ren finden selten Eingang in die unternehmerischen Entscheidungsprozesse, obwohl dies volkswirtschaftlich wünschenswert wäre.[40]

- Während die Reglementierung der von der Industrie verursachten Umweltauswirkungen durch gesetzliche und untergesetzliche Ge- und Verbote noch vergleichweise einfach zu bewerkstelligen ist, bereitet die Überwachung ihres Vollzuges wachsende Probleme. Das bereits gegenwärtig vielfach beklagte **Vollzugsdefizit in der Umweltverwaltung** dürfte sich in Zunkunft noch verstärken, wenn die Bundesländer mit dem aus Gründen der Kosteneinsparung geplanten Stellenabbau in der Umweltverwaltung ernst machen. Die Lösung wird deshalb in der Verlagerung zumindest eines Teils der staatlichen Überwachungsaufgaben auf Private gesehen.[41]
- In einer auflagenorientierten Umweltpolitik besteht für einen Unternehmer kaum ein Anreiz, eigene Vermeidungsverfahren zu entwickeln und hierdurch gegebenenfalls sein Vermeidungssoll überzuerfüllen. Außerdem bleiben die zum Teil beträchtlichen Unterschiede bei den anlagenspezifischen Vermeidungskosten unberücksichtigt. Daher gibt es kaum Anlaß, den Staat von seinem durch die Vorgabe des Standes der Technik ausgelösten **technologischen Suchprozeß** einschließlich des damit verbundenen Personal- und Sachaufwandes zu entlasten.[42]

Die kontinuierliche Verbesserung des betrieblichen Umweltschutzes soll deshalb durch ein standardisiertes und systematisiertes Verfahren erzielt werden, das auf **Freiwilligkeit, Eigenverantwortung, Eigenorganisation** und weitgehender **Selbstkontrolle** aufbaut und durch die Überprüfung durch einen von dem Unternehmen unabhängigen Umweltgutachter ergänzt wird. Auf diese Weise verbindet das EU-Umweltaudit-System betriebswirtschaftliche Instrumente wie Umweltmanagement und -controlling mit einem neuartigen, weil nicht ordnungsrechtlichen Kontrollverfahren durch einen zwar staatlich zugelassenen, aber dennoch privaten Umweltgutachter.

b) Wirkungsweise

Die EU-Umweltaudit-Verordnung appelliert an die Eigenverantwortung 31
der Unternehmen und setzt auf Kooperation mit ihnen. Sie ist **Ausdruck der europäischen Umweltpolitik**, die auf dem Vorsorge- und dem Verursa-

---

[40] Ähnlich zum wirtschaftswissenschaftlichen Hintergrund des EG-Umweltaudits *Walther*, DB 1995, 1873f.

[41] Vgl. etwa den Beschluß der Ministerpräsidentenkonferenz vom 17.6. 1993, zit. im Bericht der Bundesregierung über die Möglichkeiten einer weiteren Beschleunigung und Vereinfachung der immissionsschutzrechtlichen Genehmigungsverfahren, BT-Drs. 12/6923, S.6. Zu recht sieht deshalb auch *Lübbe-Wolff*, DVBl. 1994, 361 (363), in der Selbstverpflichtung der Unternehmen nach der EU-Umweltaudit-Verordnung einen wesentlichen Beitrag zum Abbau des gerade von ihr vielfach beklagten Vollzugsdefizits.

[42] So bereits *Kothe*, Marktwirtschaftliche Instrumente, S.38, und *ders.*, ZRP 1985, 145m.w.N.

cherprinzip sowie dem Grundsatz beruht, Umweltbeeinträchtigungen vorrangig an ihrem Entstehungsort zu bekämpfen.[43] Es handelt sich um ein **Instrument indirekter Verhaltenssteuerung**, das sich marktwirtschaftliche Mechanismen zunutze macht.

32 Die Verordnung hat die bisherige Praxis rein unternehmensinterner Audits um ein externes Element ergänzt, indem der die Voraussetzungen erfüllende Standort registriert wird und das Unternehmen die validierte Teilnahmeerklärung zu Zwecken der **Imagewerbung** einsetzen darf. Diesem Gesichtspunkt kommt aufgrund der zunehmenden Sensibilisierung der Verbraucher für Umweltprobleme wachsende Bedeutung zu. Folglich soll – vereinfacht ausgedrückt – die Information der Konsumenten unter **Ausnutzung der Steuerungsfunktion des Wettbewerbs** über umweltverträgliche Produktion und Produkte zu einer verbesserten Umweltvorsorge führen. Die Auswirkungen der Beteiligung an diesem System des Umweltmanagements und der Umweltbetriebsprüfung sind jedoch vielschichtiger:

aa) Unternehmensinterne Auswirkungen

33 Das Umweltaudit ist seinem Grundgedanken nach ein Instrument zur systematischen Erfassung und Überprüfung der betrieblichen Stoff- und Produktkreisläufe einschließlich der Transportwege, des mit den Produktionsvorgängen verbundenen Risikopotentials sowie der Aufbau- und der Ablauforganisation im Betrieb. Es zeigt Stärken und Schwächen auf und dient so als Entscheidungsgrundlage im Unternehmen. So vermag das Audit unternehmensintern folgendes zu leisten:

- Die Erstellung des Umweltstatus' zeigt **Einsparungsmöglichkeiten** etwa bei der Beschaffung von Ausgangs- bzw. Rohstoffen, dem Einsatz von Energie, der Abfallentsorgung und der Prozeßgestaltung auf und kann auf diese Weise zu Kostensenkungen führen.
- Gleichzeitig ermöglicht er wegen der Erfassung des gesamten Standortes eine **Schwachstellenanalyse** und bildet damit die Grundlage für Verbesserung etwa der betrieblichen Ablaufplanung und der innerbetrieblichen Kommunikation zwischen verschiedenen Abteilungen.
- Die so gewonnene bessere **Datengrundlage** erleichtert künftig umweltrelevante Entscheidungen.

bb) Unternehmensexterne Auswirkungen

34 Die mit der Beteiligung an dem EU-Umweltauditsystem verbundene Außenwirkung ist für die Unternehmen ebenfalls vorteilhaft:

- Das positive Image, das durch die Teilnahmeerklärung dokumentiert wird, führt zu **Wettbewerbsvorteilen gegenüber nichtteilnehmenden Mitbewerbern**, da gerade im Bereich des Umweltschutzes eine zunehmende Sensibilisierung der Bevölkerung festzustellen ist.

---

[43] Vgl. den ersten der der Verordnung vorangestellten Erwägungsgründe und Art. 130 r Abs. 2 Satz 2 EWG-Vertrag.

- Voraussichtlich wird die Teilnahmeerklärung künftig den **Zugang zu öffentlichen Fördermitteln** erleichtern und zu einer Bevorzugung bei der **Vergabe von öffentlichen Aufträgen** führen.[44]
- Die Umwelterklärung veranschaulicht die Betriebsabläufe und trägt so zu einer größeren Akzeptanz des Unternehmens bei der Bevölkerung in der Standortumgebung bei, wenn sie gezielt in der **Öffentlichkeitsarbeit** eingesetzt wird und so „Berührungsängste" abgebaut werden.
- Schließlich ermöglicht das Umweltaudit aufgrund der Überprüfung durch einen unabhängigen Umweltgutachter eine **zuverlässige Risikoanalyse** der Umweltauswirkungen bestimmter Vorhaben, wodurch zumindest langfristig die Konditionen der Versicherungen und der Banken beeinflußt werden dürften.[45]

Bereits jetzt ist festzustellen, daß zahlreiche Großunternehmen an ihre Zulieferer die Erwartung herantragen, auch diese mögen sich an dem EU-Umweltauditsystem beteiligen.

cc) Auswirkungen auf die Umweltverwaltung

Für viele, vor allem kleinere und mittlere Unternehmen werden die von einer Auditierung ausgehenden Wirkungen auf ihr Verhältnis zur Umweltverwaltung ausschlaggebend sein. Den Behörden gegenüber ist die von einem unabhängigen Umweltgutachter für gültig erklärte Umwelterklärung insofern von Vorteil, als sie den Nachweis erbringt, daß die gesetzlichen Anforderungen erfüllt sind, und zugleich den Willen des Betreibers dokumentiert, den betrieblichen Umweltschutz weiter zu verbessern. Auf diese Weise wird eine **Vertrauensbasis** geschaffen, die den Umgang miteinander wesentlich erleichtert. Bereits jetzt können künftige Genehmigungsverfahren oft wesentlich verkürzt werden, weil weitgehend Vorarbeiten geleistet wurden. Darüber hinaus werden Möglichkeiten diskutiert, den Unternehmen weitergehende Vorteile zu verschaffen. So werden Erleichterungen bei Anforderungen an die Betriebsorganisation, bei Mitteilungs- und Berichtspflichten sowie schließlich bei Genehmigungsverfahren gefordert.[46] Noch im **Kommissionsentwurf vom März 1992** war eine Regelung enthalten, derzufolge vor allem bei kleineren und mittleren Unternehmen – gleichsam als Gegenleistung für die Beteiligung am EU-Umweltauditsystem – **Vollzugskontrollen erleichtert oder abgeschwächt** werden sollten;[47] sie wurden jedoch auf Druck von Umweltverbänden nicht in die Verordnung aufgenommen.[48] **35**

---

[44] Insoweit skeptisch *Sellner/Schnutenhaus*, NVwZ 1993, 928 (932), wegen unterschiedlicher materieller Umweltstandards in den Heimatländern bietender Unternehmen, die sich an öffentlichen Ausschreibungen beteiligen.

[45] Vgl. *Lauff*, S. 14.

[46] Diese Forderungen erhebt unter anderem DIHT-Präsident *Stihl*, vgl. Handelsblatt vom 5. 9. 1995. Vgl. ferner *Fluck*, VerwArch. 86 (1995), 467 (479); *Schottelius*, BB 1995, 1549 (1553).

[47] Vgl. ABlEG Nr. C 76, S. 7, Art. 12 Abs. 1 Buchst. b.

[48] Vgl. *Martens/Moufang*, NVwZ 1996, 246 (247); *Sellner/Schnutenhaus*, NVwZ 1993, 928 (932).

36 Der Gedanke einer **Reduzierung der behördlichen Überwachung** aufgrund der Teilnahme an dem EU-Umweltauditsystem wird jedoch von den Bundesländern weiterverfolgt. So beantragte etwa das Land Nordrhein-Westfalen im Zusammenhang mit dem Entwurf eines Gesetzes zur Sicherung des Wirtschaftsstandortes Deutschland durch Beschleunigung und Vereinfachung der Anlagen-Zulassungsverfahren vom 22.9. 1994, die Bundesregierung aufzufordern, ob und welche Möglichkeiten bestehen, „staatliche Überwachung bei Unternehmen abzubauen, die sich am Gemeinschaftssystem für das Umweltmanagement und die Umweltbetriebsprüfung nach der Öko-Audit-Verordnung beteiligen."[49] Mit der gleichen Zielrichtung gab das Land Baden-Württemberg ein Gutachten in Auftrag, das zu dem Ergebnis gelangte, daß das den Landesbehörden bei der Durchführung von Überwachungsmaßnahmen bundesrechtlich eingeräumte Ermessen durch **Verwaltungsvorschriften (der Länder)** entsprechend gebunden werden könne. Schließlich rechtfertige das Umweltaudit zumindest langfristig ein erhöhtes Vertrauen der behördlichen Überwachung in die Eigenkontrolle, indem es systematisierte und standardisierte freiwillige Umweltbetriebsprüfungen in Form eines Nebeneinander interner und externer Kontrollen etabliere.[50]

37 Einen **Einstieg in die Deregulierung** enthält das Gesetz zur Beschleunigung und Vereinfachung immissionschutzrechtlicher Genehmigungsverfahren vom 9.10. 1996. Hierdurch wurde § 4 Abs.1 der 9.BImSchV dahingehend geändert, daß die Genehmigungsbehörden nunmehr gehalten sind, die Anforderungen an die Detaillierungstiefe der einzureichenden Antragsunterlagen zu verringern, wenn sich der Antragsteller am Umweltauditsystem beteiligt hat.[51] Weitere Erleichterungen wurden für die Entsorgungswirtschaft bereits in den Verordnungen zur Ausführung des Kreislaufwirtschafts- und Abfallgesetzes vorgesehen.[51a] Außerdem hat der Deutsche Bundestag anläßlich der Verabschiedung des Umweltauditgesetzes am 22.6. 1995 einen Entschließungsantrag gefaßt,[52] durch den die Bundesregie-

---

[49] BR-Drs. 422/2/94; ähnlich die Entschließung des Bundesrates vom 31.3. 1995 (BT-Drs. 13/1445, S. 9)

[50] *Dolde/Vetter*, NVwZ 1995, 943 (948f.); kritisch dagegen *Martens/Moufang*, NVwZ 1996, 246f., die eine die Unternehmen zusätzlich belastende doppelte Kontrolle der Standorte befürchten.

[51] Art.3 Nr.3 des Gesetzes zur Beschleunigung und Vereinfachung immissionsschutzrechtlicher Genehmigungsverfahren v. 9.10. 1996 (BGBl. I S.1498); vgl. zur Zielsetzung BT-Drs. 13/3996, S.6, 11, sowie BR-Drs. 489/96 und 714/96.

[51a] Vgl. §§ 5 Abs.2, 13 Abs.1 der Verordnung über Verwertungs- und Beseitigungsnachweise (Nachweisverordnung – NachwV) vom 10.9. 1996 (BGBl. I S.1382); §§ 13 Abs.4 Nr.1, 15 Abs.2 der Verordnung über Entsorgungsfachbetriebe (Entsorgungsfachbetriebeverordnung – EfbV) vom 10.9. 1996 (BGBl. I S.1421); § 6 Abs.7 Nr.1 der Richtlinie für die Tätigkeit und Anerkennung von Entsorgergemeinschaften (Entsorgergemeinschaftenrichtlinie) vom 9.9. 1996 (BAnz. Nr.178 S.10909); § 7 Abs.1 der Verordnung über Abfallwirtschaftskonzepte und Abfallbilanzen (Abfallwirtschaftskonzept- und -bilanzverordnung – AbfKoBiV) vom 13.9. 1996 (BGBl. I S.1447).

[52] Vgl. BR-Drs. 368/95, S.2.

rung aufgefordert wird, bis zum 31.12. 1996 einen Bericht mit konkreten **Perspektiven einer grundsätzlichen Vereinfachung und Erleichterung des bestehenden Umweltverwaltungsrechts** vorzulegen. Für registrierte Standorte am Umweltauditsystem teilnehmender Unternehmen sollen darüber hinaus weitergehende Vorstellungen entwickelt und gesetzlich verankert werden.[53] Naturgemäß werden die bis dahin gesammelten praktischen Erfahrungen mit bereits erfolgten Umweltaudits den Inhalt dieses Berichts entscheidend beeinflussen. Es ist deshalb zu wünschen, daß das neue Instrument von den Unternehmen angenommen und praktiziert wird, um eine aussagefähige, möglichst breite Datengrundlage zu erhalten.

Die zuvor beschriebenen Vorteile sind zugegebenermaßen nur schwer zu **38**
quantifizieren. Spürbare Erleichterungen werden sich jedoch in Zukunft ergeben, wenn die Umweltbetriebsprüfungen und -erklärungen eingesetzt werden (können), um die aus anderen Gesetzen folgenden Verpflichtungen zu erfüllen:

- Nach **§ 52a BImSchG** müssen Betreiber genehmigungsbedürftiger Anlagen die Sicherstellung des Umweltschutzes organisieren und auch angemessen dokumentieren. Insoweit besteht eine persönliche Verantwortung der Geschäftsleitung. Der zuständigen Behörde ist mitzuteilen, auf welche Weise die Einhaltung der Vorschriften und Anordnungen beim Anlagenbetrieb gewährleistet wird.
- Ab Oktober 1996 werden sich die weitreichenden Auswirkungen des neuen **Kreislaufwirtschafts- und Abfallgesetzes** zeigen. Die umweltverträgliche Kreislaufwirtschaft geht von Rangfolge Vermeidung, stoffliche Verwertung, energetische Verwertung vor Abfallbehandlung und Abfallentsorgung aus. Zu ihrer Förderung haben zahlreiche Unternehmen **Abfallwirtschaftskonzepte** zu erstellen. Sie müssen den Nachweis erbringen über Art, Menge und Verbleib bestimmter Abfälle sowie die getroffenen und geplanten Maßnahmen zu deren Vermeidung, Verwertung und Beseitigung darstellen und begründen. Darüber hinaus haben sie den Behörden **Abfallbilanzen** vorzulegen.
- Außerdem zwingt dieses Gesetz durch die **Produktverantwortung** alle Unternehmen, die Erzeugnisse entwickeln, herstellen, be- und verarbeiten oder vertreiben, diese Erzeugnisse so zu gestalten, daß bei deren Herstellung und Gebrauch nur geringe Abfallmengen entstehen, deren umweltverträgliche Entsorgung dann auch noch sicherzustellen ist. Der Lebenszyklus eines Produktes muß deshalb im ganzen betrachtet werden (**„cradle to grave“**).

Diese wenigen Beispiele zeigen, daß die durch das Umweltaudit gewonnenen Erkenntnisse auch an anderer Stelle nutzbringend eingesetzt werden können – oder umgekehrt. Da auf diese Weise dieselben Erkenntnisse mehrfach verwertet werden, sollte die Teilnahme am Umweltaudit konsequenterweise durch Erleichterungen bei den Mitteilungs- und Berichtspflichten und bei Genehmigungsverfahren honoriert werden.

---

[53] Vgl. *Lütke*, NVwZ 1996, 230 (235), m.w.N. auch kritischer Literaturstimmen; äußerst skeptisch im Hinblick auf jegliche Deregulierungstendenzen etwa *Lübbe-Wolff*, NuR 1996, 217 (225ff.).

dd) Sonstige Auswirkungen

39 Die **Kosten des Umweltaudits** sind begrenzt, wenn wesentliche Schritte intern mit dem eigenen bereits vorhandenen Personal durchgeführt werden, bei ausreichenden Unternehmensstrukturen keine neuen Stellen geschaffen werden müssen und bereits auf gut dokumentierte, möglicherweise EDV-gestützte Datenbestände zurückgegriffen werden kann. Naturgemäß sinken die Kosten bei Wiederholungs-Audits, so daß insgesamt die Vorteile in der Regel deutlich überwiegen dürften.

4. Ordnungsrechtliche Rahmenbedingungen

40 Nach Art. 1 Abs. 3 EG-UAVO bleiben bestehende gemeinschaftliche oder einzelstaatliche Rechtsvorschriften oder technische Normen für Umweltkontrollen sowie die Verpflichtungen der Unternehmen aus diesen Rechtsvorschriften und Normen von dem Umweltauditsystem unberührt. Das Umweltaudit tritt also ergänzend zu dem bestehenden weitgehend **ordnungsrechtlichen Instrumentarium** des deutschen Umweltrechts hinzu.

41 Die Instrumente des Umweltrechts sind vielfältig; herkömmlich werden **Planungsinstrumente** – wie etwa Fachplanung, Bauleit- und Raumplanung – von **Instrumenten direkter Verhaltenssteuerung** – d. h. im wesentlichen Geboten, Verboten und Auflagen – und **Instrumenten indirekter Verhaltenssteuerung** – also Empfehlungen, Subventionen, Abgaben und Haftungsregelungen – unterschieden. Zwischen Instrumenten der Planung und denen der direkten Verhaltenssteuerung ist die **Umweltverträglichkeitsprüfung** anzusiedeln. Daneben existieren zahlreiche **privatrechtliche Instrumente** in Gestalt von Haftungsregelungen für Umweltschäden sowie in den Bereichen des privaten Nachbarrechts und des Deliktsrechts. Schließlich bestehen **straf- und ordnungswidrigkeitenrechtliche Sanktionen** etwa in Form der Verbote unerlaubter Gewässerverunreinigung und umweltgefährdende Abfallbeseitigung sowie bußgeldbewehrter Gebote etwa des Naturschutzrechts.

42 Die am Umweltaudit teilnehmenden Unternehmen unterliegen insofern einer **doppelten Kontrolle**, als neben die externe staatliche Überwachung in umfassenderen Maße als bislang durch die Betriebsbeauftragten für den Umweltschutz ein detailliertes Instrumentarium der internen betrieblichen Eigenüberwachung und des Eigenvollzuges tritt. Zugunsten eines effektiven betrieblichen Umweltschutzes wird hier die **Feinsteuerung innerhalb des Unternehmens** gezielt eingesetzt. Aus der vielfach zu Recht beklagten zu hohen Regelungsdichte des deutschen Umweltrechts erwächst aber die Gefahr, daß diese Feinsteuerung nachhaltig beeinträchtigt bzw. blockiert wird. Mittel- und langfristig muß deshalb das Regelungsdickicht zurückgeschnitten werden, sobald das Umweltauditsystem seine Funktionsfähigkeit in der Praxis unter Beweis gestellt hat.[54]

---

[54] Ähnlich *Feldhaus*, Referat, S. 62 ff.

II. Umweltaudit im einzelnen

1. Anwendungsbereich

Die Teilnahme am EU-Umweltauditsystem ist allen Unternehmen gestattet, „die an einem oder an mehreren Standorten eine gewerbliche Tätigkeit ausüben“ (Art. 3 Abs. 1 EG-UAVO). Der **Unternehmensbegriff** ist in Art. 2 Buchst. j EG-UAVO weit gefaßt: Er beinhaltet alle Organisationen, die die Betriebskontrolle über die Tätigkeit an einem gegebenen Standort ausüben. Der Anwendungsbereich der Verordnung wird deshalb im wesentlichen durch das Verständnis der gewerblichen Tätigkeiten und des Standortes bestimmt. 43

a) Gewerbliche Tätigkeiten

Art. 2 Buchst. i EG-UAVO definiert **gewerbliche Tätigkeit** als jede Tätigkeit, die unter die Abschnitte C und D der statistischen Systematik der Wirtschaftszweige in der Europäischen Gemeinschaft gemäß der Verordnung (EWG) Nr. 3037/90 des Rates vom 9. 10. 1990[55] fällt; hinzu kommen die Erzeugung von Strom, Gas, Dampf und Heißwasser sowie Recycling, Behandlung, Vernichtung oder Endlagerung von festen oder flüssigen Abfällen. Erfaßt werden damit: 44

- der **Kohlenbergbau** und die Torfgewinnung,
- die **Gewinnung von Erdöl und Erdgas** einschließlich der Erbringung der damit verbundenen Dienstleistungen,
- der Bergbau auf **spalt- und brutstoffhaltige Erze**,
- der **Erzbergbau**, d. h. der Bergbau auf Eisenerze und Nichteisen(NE)-Metallerze ohne spalt- und brutstoffhaltige Erze,
- die **Gewinnung von Steinen und Erden** sowie der sonstige Bergbau,
- das **Ernährungsgewerbe** beginnend mit dem Schlachten und der Fleischverarbeitung, der Fischverarbeitung sowie der Obst- und Gemüseverarbeitung über die Herstellung von Speiseöl, Margarine und ähnlichen Nahrungsfetten, die Milchverarbeitung, Mahl- und Schälmühlen, die Herstellung von Stärke und Stärkeerzeugnissen, die Herstellung von Futtermitteln bis hin zu dem sonstigen Ernährungsgewerbe wie der Herstellung von Backwaren, Süßwaren, Teigwaren, Kaffee, Tee, Würzen, Soßen, homogenisierten, diätetischen und sonstigen Nahrungsmitteln und schließlich der Getränkeherstellung,
- die **Tabakverarbeitung**,
- das **Textilgewerbe** von der Spinnstoffaufbereitung, Spinnerei und Weberei über die Textilveredlung, die Herstellung von konfektionierten Textilwa-

[55] ABlEG. Nr. L 293 vom 24. 10. 1990, S. 1.

ren (ohne Bekleidung), das sonstige Textilgewerbe ohne die Herstellung von Maschenware bis hin zu der Herstellung von gewirktem und gestricktem Stoff sowie gewirkten und gestrickten Fertigerzeugnissen,
- das **Bekleidungsgewerbe**,
- das **Ledergewerbe** von der Erzeugung über die Verarbeitung bis zur Herstellung von Schuhen, jedoch ohne die Herstellung von Lederkleidung, die ihrerseits zum Bekleidungsgewerbe zählt,
- das **Holzgewerbe** ohne die Herstellung von Möbeln, vornehmlich also Säge-, Hobel- und Imprägnierwerke sowie Furnier- Sperrholz-, Holzspanplatten-, Schichtstoffplatten und Holzfaserplattenwerke, aber auch die Herstellung von Konstruktionsteilen, Fertigbauteilen und Ausbauelementen, von Verpackungsmitteln und Lagerbehältern aus Holz, von anderen nicht genannten Holzwaren sowie von Kork-, Flecht- und Korbwaren,
- das **Papiergewerbe**, das die Herstellung von Holzstoff, Zellstoff, Papier, Karton und Pappe sowie Papier-, Karton- und Pappeverarbeitung – etwa die Herstellung von Verpackungsmitteln, von Wäsche-, Hygiene- und Toilettenartikeln, von Schreibwaren und Bürobedarf sowie von Tapeten – umfaßt,
- das **Verlagsgewerbe**, d.h. Buch-, Zeitungs-, Zeitschriften-, Tonträger- und sonstige Verlage,
- das **Druckgewerbe**, also Zeitungs- und sonstige Druckereien, Druckweiterverarbeitung einschließlich Buchbinderei, Satz und Reproduktion sowie sonstiges Druckgewerbe,
- die **Vervielfältigung von bespielten Trägern** (Ton-, Bild- und Datenträgern),
- **Kokereien**,
- die **Mineralölverarbeitung**,
- die Herstellung und Verarbeitung von **Spalt- und Brutstoffen**,
- die gesamte Bandbreite der **chemischen Industrie**, von der Herstellung der chemischen **Grundstoffe** wie Industriegasen, Farbstoffen und Pigmenten, sonstigen anorganischen und organischen Grundstoffen und Chemikalien, Düngemitteln und Stickstoffverbindungen, Kunststoff in Primärform sowie synthetischem Kautschuk in Primärform, über Herstellung von **Schädlingsbekämpfungs- und Pflanzenschutzmitteln**, von **Anstrichmitteln, Druckfarben und Kitten**, von **pharmzeutischen Erzeugnissen** (Grundstoffen, Spezialitäten und sonstigen pharmazeutischen Erzeugnissen) sowie von **Seifen, Wasch-, Reinigungs- und Körperpflegemitteln** bis hin zu der Herstellung von **sonstigen chemischen Erzeugnissen** und von **Chemiefasern**,
- die Herstellung von **Gummiwaren** wie Bereifungen, deren Runderneuerung und Reparatur und sonstigen Gummiwaren,
- die Herstellung von **Kunststoffwaren** wie Platten, Folien, Schläuchen und Profilen, von Verpackungsmitteln, von Baubedarfsartikeln und von sonstigen Kunststoffwaren,
- die Herstellung und Verarbeitung von **Glas**, d.h. Flachglas, Hohlglas, technischem und sonstigem Glas,
- **Keramik** (ohne Ziegelei und Baukeramik),
- die Herstellung von **keramischen Wand- und Bodenfliesen**,

- **Ziegelei** und die Herstellung von **Baukeramik** sowie **Kacheln**,
- die Herstellung von **Erzeugnissen aus Beton, Zement und Gips** wie etwa Bauelementen, Transportbeton, Mörtel, Faserzementwaren usw.,
- die Be- und Verarbeitung von **Natursteinen**,
- die Herstellung von sonstigen **Mineralerzeugnissen**,
- die Erzeugung von **Roheisen, Stahl und Ferrolegierungen**,
- die Herstellung von **Rohren** aus Gußeisen und Stahl,
- die sonstige **erste Bearbeitung von Eisen und Stahl** sowie die **Herstellung von Ferrolegierungen**,
- die Erzeugung und die erste Bearbeitung von **Nichteisen(NE)-Metallen** wie Edelmetallen, Aluminium, Blei, Zink, Zinn, Kupfer und anderen,
- die **Gießereiindustrie**, die Eisen-, Stahl-, Leichtmetall- und Bunteisengießereien umfaßt,
- den **Stahl- und Leichtmetallbau**,
- den **Kessel- und Behälterbau**, der – wenn auch in zwei Gruppen aufgeteilt – die Herstellung von Tanks, Sammelbehältern, Heizkörpern für Zentralheizungen, Zentralheizungskesseln und die Herstellung von **Dampfkesseln** umfaßt,
- die Herstellung von **Schmiede-, Preß-, Zieh- und Stanzteilen sowie gewalzten Ringen** und die **Pulvermetallurgie**,
- die **Oberflächenveredlung, Härtung und** anderenorts nicht genannte **Mechanik**,
- die Herstellung von **Schneidwaren, Werkzeugen, Schlössern** und **Beschlägen**,
- die Herstellung von **sonstigen Eisen-, Blech- und Metallwaren** wie Stahltrommeln und ähnlichen Behältern, Verpackungen aus Aluminium, Eisen- und Stahlblech, Drahtwaren, Schrauben, Nieten, Ketten und Federn usw.
- den gesamten Bereich des **Maschinenbaus** von der Herstellung von Maschinen für die Erzeugung und Nutzung mechanischer Energie ohne Motoren für Luft- und Straßenfahrzeuge – die zum Fahrzeugbau zählen –, über die Herstellung von Maschinen für unspezifische Verwendung, land- und forstwirtschaftliche Maschinen, Werkzeugmaschinen, sonstige Maschinen für bestimmte Wirtschaftszweige bis hin zur Herstellung von Waffen und Munition sowie elektrischen und nichtelektrischen Haushaltsgeräten,
- die Herstellung von **Büromaschinen, Datenverarbeitungsgeräten und -einrichtungen**,
- die Herstellung von Geräten der **Elektrizitätserzeugung und -verteilung** u.a.,
- die **Nachrichtentechnik** einschließlich der Herstellung von Rundfunk- und Fernsehgeräten und elektronischen Bauelementen,
- die Herstellung von **Medizin-, Meß-, Steuer- und Regelungstechnik** sowie von **optischen und fotografischen Geräten**,
- die Herstellung von **Kraftwagen und Kraftwagenteilen** wie Motoren, Karosserien, Aufbauten, Anhänger, Teile und Zubehör,
- den **sonstigen Fahrzeugbau**, der den Schiffbau, den Boots- und Yachtbau, den Luft- und Raumfahrzeugbau sowie die Herstellung von Krafträdern, Fahrrädern und Behindertenfahrzeugen umfaßt,

- die Herstellung von **Möbeln** (Sitz-, Büro-, Laden-, Küchen-, sonstigen Möbeln und Matratzen),
- die Herstellung von **Schmuck** und **ähnlichen Erzeugnissen** wie Münzen und Medaillen,
- die Herstellung von **Musikinstrumenten**,
- die Herstellung von **Sportgeräten**,
- die Herstellung von **Spielwaren**,
- die Herstellung von **sonstigen Erzeugnissen** wie etwa Phantasieschmuck, der nicht den Schmuckerzeugnissen zugerechnet wird, Besen, Bürsten und anderen nicht genannten Erzeugnissen und schließlich
- die **Rückgewinnung** von Schrott und nichtmetallischen Reststoffen.

45 Erfaßt sind damit das gesamte **verarbeitende Gewerbe** und die Bereiche **Bergbau** und die **Gewinnung von Steinen und Erden**. Darüber hinaus sind in Art. 2 Buchst. i EG-UAVO die Branchen der **Energieerzeugung** und der **Abfallwirtschaft** genannt.

46 Der Begriff der „**gewerblichen Tätigkeit**" wird damit in einem wesentlich engeren Sinn gebraucht als im deutschen Recht.[56] In der deutschen Rechtsprechung, Literatur und Verwaltungspraxis hat sich im Laufe von Jahrzehnten ein allgemein anerkannter, inhaltlich eingegrenzter Gewerbebegriff herausgebildet, der im wesentlichen durch vier positive Kriterien bestimmt wird: Der heutige **Gewerbebegriff** i. S. der Gewerbeordnung umfaßt **selbständige erlaubte Tätigkeiten**, die **auf Dauer angelegt** und **auf Gewinnerzielung ausgerichtet** sind. Nicht hierzu zählt die Urproduktion einschließlich eigener Verarbeitung und Verwertung (Land- und Forstwirtschaft, Garten-, Obst- und Weinbau, Tierzucht, Jagd und Fischerei sowie der Bergbau). Ferner sind freie Berufe ausgenommen, die klassische Dienstleistungen höherer Art – wie Ärzte, Architekten und Rechtsanwälte häufig auf der Grundlage einer akademischen Ausbildung – erbringen oder sich vergleichbaren wissenschaftlichen, künstlerischen, schriftstellerischen, publizistischen oder pädagogischen Tätigkeiten widmen – wie Schauspieler, Journalisten usw. Schließlich fällt auch die bloße Verwaltung eigenen Vermögens nicht unter den Gewerbebegriff.[57]

47 Mit dem Kriterium der **Selbständigkeit** ist das Handeln im eigenen Namen und regelmäßig auf eigene Rechnung unter Übernahme des unternehmerischen Risikos bei grundsätzlich bestehender persönlicher und sachlicher Unabhängigkeit zur Entscheidung über alle Fragen der Unternehmens- bzw. Betriebsführung angesprochen. Das Merkmal des **erlaubten** Handelns liegt vor, wenn die Tätigkeit nicht sozial unwertig und deshalb generell verboten ist. **Auf Dauer angelegt** ist eine Tätigkeit, wenn sie nachhaltig, planmäßig, nicht nur gelegentlich, nicht zufällig und nicht nur vorübergehend ausgeübt werden soll. Die **Gewinnerzielungsabsicht** ist zu bejahen,

---

[56] Hieraus resultierten auch die Bedenken des Bundesrates gegen § 3 des UAG-Entwurfs und dessen Gegenvorschlag, vgl. BT-Drs. 13/1687, S. 2, dem jedoch unter Hinweis auf den Wortlaut der EU-Verordnung nicht gefolgt wurde. Vgl. ferner *Lübbe-Wolff*, DVBl. 1994, 361 (362).

[57] Siehe statt vieler *Kahl*, in: *Landmann/Rohmer*, Einl. Rdnr. 32 ff. mit zahlreichen Nachweisen aus Rechtsprechung und Literatur.

wenn die Tätigkeit unmittelbar auf den Erwerb im Sinn eines wirtschaftlichen Vorteils abzielt.

Trotz der genannten positiven Kriterien, durch die der **Gewerbebegriff** **48** nach dem deutschen Recht begrenzt wird, ist er aufgrund des hierfür charakteristischen **abstrakten** Ansatzes weiter als das der EG-Verordnung zugrunde liegende Verständnis. Letzteres wird **konkret** durch die einzelnen wirtschaftlichen Betätigungen innerhalb bestimmter Branchen geprägt.[58]

b) Einbeziehung nichtgewerblicher Tätigkeiten

Art. 14 EG-UAVO ermöglicht den Mitgliedstaaten, „nichtgewerbliche **49** Sektoren" – wie etwa den Handel und den öffentlichen Dienstleistungsbereich – in das Umweltauditsystem einzubeziehen.[59] Der Bundesgesetzgeber hat von dieser Befugnis, den **Anwendungsbereich** der EG-Verordnung **auf nationaler Ebene erweitern**, insoweit Gebrauch gemacht, als er zwar selbst noch keine dahingehende Regelung getroffen hat, aber eine **Verordnungsermächtigung** vorgesehen hat. § 3 UAG ermächtigt die Bundesregierung, nach Anhörung des Umweltgutachterausschusses und mit Zustimmung des Bundesrates den Geltungsbereich des Umweltauditsystems auf **nichtgewerbliche Bereiche** zu erstrecken. Zu diesen zählen – entsprechend der Verordnung – insbesondere Unternehmen des Handels und des öffentlichen Dienstleistungsbereichs, soweit diese aufgrund ihrer Tätigkeit und ihrer privatrechtlichen Organisationsform nicht bereits durch § 2 Abs. 1 UAG erfaßt werden.

Unternehmen i. S. des § 2 Abs. 1 UAG sind **Gewerbe- und Handwerksbetriebe**, die eine Tätigkeit i. S. des Art. 2 Buchst. i EG-UAVO ausüben sowie **50** Unternehmen, die aufgrund einer Rechtsverordnung nach § 3 UAG in den Anwendungsbereich des Umweltauditsystems einbezogen wurden. Der erste Halbsatz dieser gesetzlichen Definition verbindet durch den Verweis auf Verordnungen (EWG) Nr. 1836/93 und Nr. 3037/90/EWG den weiteren deutschen Gewerbebegriff mit dem engeren europarechtlichen Verständnis, indem nicht nur die vier positiven Merkmale eines Gewerbes vorliegen müssen, sondern – gleichsam als fünftes Kriterium – die Ausübung einer der katalogartig aufgeführten Tätigkeiten hinzutreten muß;[60] daneben sind freilich auch Handwerksbetriebe erfaßt. Der zweite Halbsatz ist zwar in bezug auf die Erweiterung des Anwendungsbereichs durch eine Rechtsverordnung nach § 3 Abs. 1 Satz 1 UAG sinnvoll, soweit dort jedoch auf § 2 Abs. 1 UAG zurückverwiesen wird, handelt es sich um einen wenig hilfreichen gesetzlichen Zirkelschluß.

Nach Auffassung der Bundesregierung soll dieser Zirkelschluß zu der **51** Klarstellung geeignet sein, daß **kommunale Versorgungs- und Entsorgungsunternehmen**, die in privater Rechtsform betrieben werden, ohnehin der EG-

---

58 Dieses Aufeinandertreffen der nationalen und der europarechtlichen Begrifflichkeit birgt -entgegen der Auffassung der Bundesregierung, BT-Drs. 13/1687, S. 9f. – Verständnis- und möglicherweise auch Anwendungsschwierigkeiten.

59 Die Regelung greift damit den dreizehnten der der Verordnung vorangestellten Erwägungsgründe nahezu wörtlich auf.

60 Siehe hierzu oben Rdnr. 44.

Verordnung unterfallen.[61] Dies ist zumindest für gemeindliche Wasserversorgungsunternehmen nicht nachvollziehbar; bei diesen handelt es sich weder um verarbeitendes Gewerbe, Bergbau oder die Gewinnung von Steinen und Erden noch um „die **Erzeugung** von Strom, Gas, Dampf und Heißwasser sowie Recycling, Behandlung, Vernichtung oder Endlagerung von festen oder flüssigen Abfällen“ (Art. 2 Buchst. i 2. Hs. EG-UAVO). Hingegen können sich etwa die Betreiber von **Kläranlagen**, soweit diese Einrichtungen privatrechtlich organisiert sind, am Umweltauditsystem beteiligen.[62] Einer solchen Teilnahme steht insbesondere nicht entgegen, daß die in Abwasseranlagen eingeleiteten Stoffe, soweit es sich dabei um flüssige Abfälle handelt, nicht abfall-, sondern wasserrechtlichen Bestimmungen unterliegen (§ 1 Abs. 3 Nr. 5 KrW-/AbfG).

52 Die **nichtgewerblichen Unternehmen** sind vielmehr in Abgrenzung von den gewerblichen Tätigkeiten i. S. des Art. 2 Buchst. i EG-UAVO zu bestimmen. Bislang interessieren sich insbesondere Unternehmen aus den Bereichen **Verkehr** und **Handel**, **öffentliche Banken** und die dem kommunalen Bereich zuzuordnenden **Dienstleistungseinrichtungen** wie etwa Krankenhäuser für eine Teilnahme am Umweltaudit. Eine Rechtsverordnung zur Erweiterung des Anwendungsbereichs soll noch 1996 erlassen werden.[63] Im Hinblick auf die vermutlich ebenfalls noch 1996 in Kraft tretende ISO-Normenserie 14.000 ff., die ebenfalls die Zertifizierung von Umweltmanagementsystemen erlaubt, sollte vor allem dem Dienstleistungsbereich insgesamt der Zugang zum gemeinschaftsrechtlichen Umweltauditsystem eröffnet werden. Nur so wird ein „Abwandern“ dieser Unternehmen in den ISO-Bereich verhindert werden können. Angesichts der zunehmenden Bedeutung des Dienstleistungssektors erscheint es wenig sinnvoll, wenn dieser nach einem anderen Regelwerk zertifiziert wird als das verarbeitende Gewerbe. Die miteinander in geschäftlichen Beziehungen stehenden Unternehmen beider Bereiche werden mit einer Zertifizierung nach demselben Regelwerk eine Vergleichbarkeit und Gleichwertigkeit der Ergebnisse assoziieren.

c) Standort als Gegenstand der Auditierung

53 Gegenstand des Audits und der Zertifizierung ist weder das Unternehmen noch eine emittierende Anlage, sondern der konkrete **Standort**. Art. 2 Buchst. k EG-UAVO definiert ihn als „das Gelände, auf dem die unter der Kontrolle eines Unternehmens stehenden gewerblichen Tätigkeiten an einem bestimmten Standort durchgeführt werden, einschließlich damit verbundener oder zugehöriger Lagerung von Rohstoffen, Nebenprodukten, Zwischenprodukten, Endprodukten und Abfällen sowie der im Rahmen dieser Tätigkeiten genutzten beweglichen und unbeweglichen Sachen, die zur Ausstattung und Infrastruktur gehören.“ Die Definition umschreibt

---

[61] Vgl. die amtl. Begr., BT-Drs. 13/1192, S. 24.
[62] So auch *Lütkes*, NVwZ 1993, 230 (232).
[63] Vgl. *Lütkes*, NVwZ 1996, 230 (232).

den Standort teilweise tautologisch als **räumliche Einheit von gewerblichen Tätigkeiten und zugehöriger Sachgesamtheit auf einem Gelände**. Der Standort umfaßt – vereinfacht – das Gelände, auf das sich das Umweltaudit erstrekken soll, mit allen ortsfesten und beweglichen Anlagen einschließlich aller Nebeneinrichtungen.[64]

Maßgeblich ist in erster Linie nicht die Unternehmenszugehörigkeit, son- **54**
dern der **räumliche Zusammenhang** der betrieblichen Einrichtungen. So bilden einerseits mehrere Produktionsstätten eines Unternehmens keinen einheitlichen Standort, wenn sie sich in größerer Entfernung voneinander auf verschiedenen Grundstücken befinden; andererseits können sich auf einem zusammenhängenden Gelände durchaus mehrere Standorte befinden, wenn es sich um Produktionsstätten unterschiedlicher kleiner oder mittlerer Unternehmen handelt. Das **Gelände** ist hierbei zwar als räumlich abgegrenzter Teil der Erdoberfläche zu verstehen, gleichwohl darf es nicht mit einem Grundstück i.S. des Buchgrundstückbegriffs gleichgesetzt werden. Vielmehr ist in Anlehnung an den wirtschaftlichen Grundstücksbegriff in der **einheitlichen wirtschaftlichen** bzw. betrieblichen **Nutzung** eines oder mehrerer Grundstücke das bestimmende Kriterium zu sehen. Mehrere Grundstücke sollten sicherlich in einem gewissen räumlichen Zusammenhang stehen, was jedoch nicht bedeutet, daß sie unmittelbar aneinander angrenzen müssen. Dies ergibt sich aus der ausdrücklichen Einbeziehung der mit der Produktionsstätte verbundenen Nebeneinrichtungen. Die Nennung der mit gewerblichen Tätigkeit verbundenen oder ihr zugehörigen Lagerstätten für Rohstoffe, Neben-, Zwischen- und Endprodukte sowie Abfälle und Infrastruktureinrichtungen ergäbe keinen Sinn, wenn hiermit nur die auf dem Anlagengrundstück vorhandenen Nebeneinrichtungen umschrieben werden sollten. Die Lagerstätten, Infrastruktureinrichtungen u.ä. brauchen sich deshalb nicht auf demselben Grundstück zu befinden, müssen aber der Anlage bzw. Produktionsstätte **i. S. einer dienenden Funktion zugeordnet** sein, woraus die Notwendigkeit einer gewissen räumlichen Nähe folgt.[65]

Der **Standort** umfaßt damit ein **Gelände**, das aus **55**
- einem einheitlich genutzten **Grundstück**,
- einer **Grundstücksteilfläche** – sofern sich eine Produktionsstätte samt Nebeneinrichtungen räumlich derart begrenzen läßt – oder
- **mehreren Grundstücken** – sofern sie in einem räumlichen Zusammenhang stehen und einander infolge einer einheitlichen Nutzung wirtschaftlich zugeordnet sind –

bestehen kann.

Damit drängt sich die Parallele zum Grundstücksbegriff i.S. des **Bewer- 56**
tungsgesetzes[66] auf. Nach § 70 Abs. 1 BewG bildet jede wirtschaftliche Einheit des Grundvermögens ein Grundstück in diesem Sinne, wobei die **Verkehrsauffassung** entscheidet. Die örtlichen Gegebenheiten, die tatsächliche

---

[64] So auch *Feldhaus*, Referat, S. 36.

[65] Im Ergebnis ebenso, wenn auch zweifelnd *Lübbe-Wolff*, DVBl. 1994 361 (362) dortige Fußn. 16.

[66] Bewertungsgesetz (BGBl. I 1991, 230)

Übung, die Zweckbestimmung und die wirtschaftliche Zusammengehörigkeit der einzelnen Wirtschaftsgüter sind hierbei zu berücksichtigen (§ 2 BewG). Nach der Rechtsprechung des Bundesverwaltungsgerichts liegt ein Grundstück im wirtschaftlichen Sinne vor, wenn **zusammenhängende Flächen unabhängig von ihrer katastermäßigen Einheit und unabhängig von ihrer grundbuchmäßigen Behandlung ein einheitliches wirtschaftliches Ganzes bilden** und demselben Eigentümer gehören.[67] Gerade in dem letztgenannten Kriterium zeigt sich jedoch der wesentlich Unterschied: Für den Standortbegriff i. S. der EG-Verordnung bzw. für die Zugehörigkeit eines Grundstücks zu einem Standort ist **keine Eigentümeridentität**, sondern nur auf die einheitliche wirtschaftliche Nutzung zu dem jeweiligen Betriebszweck erforderlich.

2. Umweltpolitik

57 Ausgangspunkt für die Teilnahme eines Unternehmens am Umweltauditsystem ist eine von der höchsten Leitungsebene des Unternehmens festgelegte **Umweltpolitik**. Die EG-Verordnung definiert Umweltpolitik als die **umweltbezogenen Gesamtziele und Handlungsgrundsätze eines Unternehmens**, einschließlich der Einhaltung aller einschlägigen Umweltvorschriften (Art. 2 Buchst. a EG-UAVO).

a) Reichweite

58 Bereits die zuvor zitierte Begriffsbestimmung indiziert, daß sich die Umweltpolitik auf die **Gesamtheit des Unternehmens** beziehen muß und nicht lediglich auf den jeweiligen Standort beschränken darf. Anhang I Teil A Nr. 1 EG-UAVO belegt diese Ansicht, indem dort zunächst zwischen der Umweltpolitik einerseits und dem standortbezogenen Umweltprogramm andererseits unterschieden wird und sodann eine Erläuterung gefordert wird, wie Umweltprogramm und Umweltmanagementsystem, die für den Standort gelten, auf die Politik und die Systeme des Unternehmens insgesamt bezogen sind. Ein Blick in die englische Fassung des Verordnungstextes bestätigt dies, wenn dort **„the company environmental policy“** von **„the programme for the site“** unterschieden wird.[68]

b) Inhaltliche Anforderungen

59 Für diese Gesamtziele und Handlungsgrundsätze macht die EG-Verordnung zwei **inhaltliche Vorgaben**:
- die **Einhaltung aller einschlägigen Umweltvorschriften** auf europäischer und nationaler Ebene und
- die Verpflichtung zur angemessenen **kontinuierlichen Verbesserung des betrieblichen Umweltschutzes**.

---

[67] Vgl. u. a. BVerwG, NVwZ 1983, 153.
[68] Zweifelnd, im Ergebnis aber wie hier *Lübbe-Wolff*, DVBl. 1994, 361 (363).

Wenngleich das zweite Element in der eingangs erwähnten Begriffsbestimmung nicht enthalten ist, wird es an verschiedenen Stellen der Umweltauditverordnung hervorgehoben. So betonen bereits der fünfte und der sechste der dem Verordnungstext vorangestellten Erwägungsgründe, daß die Industrie für die Bewältigung der Umweltfolgen ihrer Tätigkeit die **Eigenverantwortung** trägt und deshalb in diesem Bereich zu einem **aktiven Konzept** gelangen sollte. Teil dieses Konzepts ist die Umweltpolitik, die die beiden genannten Elemente beinhaltet. Art. 3 Buchst. a EG-UAVO greift diesen Gedanken wieder auf und erklärt seine Verankerung in der betrieblichen Umweltpolitik zur **Eintragungsvoraussetzung des Standortes** in das Verzeichnis. Des weiteren erfolgt insofern eine **Zielvorgabe**, als beide Teile dieser **Selbstverpflichtung** darauf angelegt sein müssen, die Umweltauswirkungen in einem solchen Umfang zu verringern, wie er sich mit der wirtschaftlich vertretbaren Anwendung der besten verfügbaren Technik erreichen läßt. Ausdrücklich soll die Politik über die Einhaltung der einschlägigen Umweltvorschriften hinaus eine stetige Verbesserung des betrieblichen Umweltschutzes bezwecken (Anhang I Teil A Nr. 3 Abs. 2 EG-UAVO). 60

Offensichtlich in der **Erkenntnis bestehender Vollzugsdefizite** arbeitet die EG-Verordnung deutlich die Notwendigkeit heraus, sämtliche einschlägigen Umweltvorschriften einzuhalten. Hierbei handelt es sich zwar insofern um eine **Selbstverständlichkeit**, als dahingehende Verpflichtungen auch ohne Teilnahme am Umweltauditsystem kraft Gesetzes bestehen.[69] Gleichwohl sieht die **betriebliche Wirklichkeit** vor Ort häufig anders aus. So ist ein Unternehmen unmittelbar aufgrund §§ 19g ff. WHG verpflichtet, seine Anlagen zum Umgang mit wassergefährdenden Stoffen so zu errichten, zu unterhalten und zu betreiben, daß Gewässerverunreinigungen oder sonstige nachteilige Veränderungen der Gewässerbeschaffenheit nicht zu besorgen sind. Nach § 18b WHG muß es seine betrieblichen Abwasseranlagen entsprechend den jeweils in Betracht kommenden Regeln der Technik errichten und betreiben.[70] Problematisch ist insoweit jeweils weniger die erstmalige Errichtung der betreffenden Anlagen als vielmehr deren fortdauernder Betrieb, während dessen sich infolge von Abnutzungserscheinungen, auftretenden Mängeln und deren Behebung, Nachlässigkeiten in der Bedienung, der regelmäßigen Überwachung usw. Abweichungen von den gesetzlichen Anforderungen ergeben können. 61

Vor allem im immissionschutzrechtlichen Bereich, aber auch in anderen Bereichen der Umweltverwaltung beruht das festzustellende Vollzugsdefizit insbesondere hinsichtlich der Einhaltung umweltschutzrechtlicher Anforderungen während des Anlagenbetriebes auf einer **unzureichenden Kontrollfrequenz** durch die Behörden. Ursächlich hierfür sind im wesentlichen folgende Punkte: 62

- **unzureichende personelle und sachliche Ausstattung**,
- **fehlende Sachinformationen**,

---

[69] A. A. *Lübbe-Wolff*, DVBl. 1994, 361 (363), die jedoch nicht zwischen der selbstverständlich bestehenden gesetzlichen Verpflichtung einerseits und etwaigen – häufig falsch eingeschätzten – Vollzugsdefiziten differenziert.

[70] Beispiele nach *Lübbe-Wolff*, DVBl. 1994, 361 (363).

- vereinzelt **mangelndes Problembewußtsein** sowie
- eine der effektiven Durchsetzung umweltschutzrechtlicher Anforderungen nicht immer genügende **Zuständigkeitsverteilung** und **Behördenorganisation.**[71]

63 Auf Unternehmerseite werden **betriebliche Kontrollen** oft nicht aus Eigeninitiative, sondern nur aufgrund von außen gesetzter Anlässe durchgeführt. Dies beruht unter anderem darauf, daß der Unternehmer die Kosten und Mühen derartiger Maßnahmen zu tragen hat und er ihnen deshalb skeptisch, wenn nicht gar ablehnend gegenübersteht. Abgesehen von der gesetzlichen Verpflichtung zur Einhaltung der Umweltstandards und dem Bestreben nach Vermeidung etwaiger Haftungsrisiken bestehen wenig Anreize zu **laufenden Überwachungsmaßnahmen**, sofern sie nicht funktional in den Produktionsprozeß integriert und damit der Produktivität untergeordnet sind.[72] Bereits im Zusammenhang mit der Einführung marktwirtschaftlicher Instrumente in die Luftreinhaltung war von der Politik zutreffend erkannt worden, daß nur **marktwirtschaftliche Formen des Umweltschutzes** der Wirtschaft verstärkte Anreize zu bieten vermögen, den technischen Fortschritt im Bereich umweltschützender Investitionen voranzutreiben, flexibel zu handeln und die Effizienz der Umweltschutzinvestitionen zu steigern.[73] Dieser Ansatz wird nun auf europarechtlicher Ebene weiterverfolgt.

64 Wenngleich Deutschland innerhalb der Europäischen Union gewiß über ein hohes Umweltschutzniveau verfügt und zu den **vollzugsfreundlichen und -intensiven Ländern** zählt,[74] bestehen auch hier gewisse Vollzugsdefizite. Insofern ist von Vorteil, daß die am Umweltauditsystem teilnehmenden Unternehmen eine **Selbstverpflichtung zur Einhaltung aller einschlägigen Umweltschutzvorschriften** eingehen müssen, deren Erfüllung in nachfolgenden Umweltbetriebsprüfungen kontrolliert wird. Die Beachtung der Umweltstandards wird auf diese Weise nicht nur seitens der Behörden überwacht, sondern unterliegt auch **turnusmäßigen unternehmensinternen Kontrollen**, deren Wirkungsweise wiederum von unabhängigen Umweltgutachtern überprüft wird. Darin liegt ein nicht zu unterschätzender Beitrag des Umweltauditsystems zum Abbau bestehender Vollzugsdefizite.[75]

65 Die Einhaltung der bestehenden Umweltvorschriften ist nach der Konzeption der EG-Verordnung der Ausgangspunkt für das erklärte Ziel einer **kontinuierlichen Verbesserung des betrieblichen Umweltschutzes**. Hierin zeigt sich angesichts der hohen Regelungsdichte in Deutschland zugleich eines der wesentlichen Implementierungsprobleme des Systems in das geltende Umweltrecht im Vergleich zu anderen Mitgliedstaaten der EU. Während die EG-Verordnung detaillierte Anforderungen im Hinblick auf die Umweltbetriebsprüfung und das Umweltmanagementsystem formuliert, beschränkt sie sich hinsichtlich der materiellen Umweltschutzanforderungen – wie die meisten Mitgliedstaaten – auf vergleichsweise offene Zielvorstel-

---

[71] So bereits *Kothe*, Marktwirtschaftliche Instrumente, S. 37 m. w. N.
[72] Vgl. *Kothe*, Marktwirtschaftliche Instrumente, S. 37 f.
[73] Vgl. BR-Drs. 349/85 (Beschluß) Nr. 63.
[74] Vgl. *Schottelius*, BB 1995, 1549 (1550).
[75] So im Ergebnis auch *Lübbe-Wolff*, DVBl. 1994, 361 (363).

lungen. Nachdem die Verfahrensvorschriften nur Mittel zum Zweck sind, verbleibt den Mitgliedstaaten folglich ein weiter **Ermessensspielraum** in bezug auf die materiellen Erwartungen, der jedoch selten durch konkrete Vorgaben ausgeschöpft wird. Demgegenüber läßt die **Regelungsdichte des deutschen Umweltrechts** mit detaillierten Umweltstandards auf hohem Niveau den Unternehmen kaum Gestaltungsmöglichkeiten, vielmehr sind gerade **im gesetzesabhängigen Bereich** nicht zuletzt aufgrund des Vorsorgeprinzips die den Unternehmen abverlangten Umweltleistungen bereits besonders hoch.[76]

Hingegen geht **im gesetzesunabhängigen Bereich** das Umweltauditsystem 66
insofern über die Erfordernisse des deutschen Umweltrechts hinaus, als es weitreichende **Vorgaben für den Energieverbrauch und die Ressourcenschonung** enthält. So umfaßt es insbesondere das gesamte Energiemanagement, die Bewirtschaftung, die Einsparung, die Auswahl und den Transport von Rohstoffen sowie die Wasserbewirtschaftung einschließlich der Wassereinsparung. Auch der Produktbereich von der Produktentwicklung über die Verpackung, den Transport und die Verwendung bis hin zur Endlagerung wird vollständig erfaßt (Anhang I Teil C EG-UAVO). Schließlich wird die Gestaltung der vertraglichen Beziehungen zu Auftragnehmern, Unterauftragnehmern und Lieferanten (Anhang I Teil C Nr. 8 EG-UAVO) ebenfalls einbezogen.[77] Der von der EG-Verordnung gewählte Ansatz ist damit umfassender als etwa derjenige der **Produktverantwortung** nach §§ 22ff. KrW-/AbfG, wenngleich letzterer – entsprechend dem deutschen Regelungsperfektionismus – bereits gesetzlich ausführlicher umschrieben ist und durch Rechtsverordnungen noch detaillierter geregelt werden soll.

Der EG-Verordnung ist nicht zu entnehmen, was über die beiden ge- 67
nannten Vorgaben – Einhaltung aller einschlägigen Umweltvorschriften und kontinuierliche Verbesserung des betrieblichen Umweltschutzes – hinaus noch Inhalt der Umweltpolitik sein könnte. Angesichts der weiten Fassung der beiden behandelten Elemente dürfte es schwer sein, zusätzliche umweltbezogene Inhalte zu formulieren, die nicht bereits erfaßt sind. Im übrigen erscheint die Annahme, Umweltpolitik und Umweltprogramm eines Unternehmens würden ohne Blick auf die **Prüfungskompetenzen des Umweltgutachters**[78] formuliert, wenig praxisnah.

c) Umweltpolitische Maßstäbe

Die zuvor erörterten inhaltlichen Vorgaben für die Umweltpolitik sind 68
dem gemeinsamen Ziel untergeordnet, die Umweltauswirkungen in dem Umfang zu verringern, der mit der **wirtschaftlich vertretbaren Anwendung der besten verfügbaren Technik** erreichbar ist.[79] Im übrigen jedoch fehlen

---

[76] So auch *Feldhaus*, Referat, S. 48; ähnlich *Schottelius*, BB 1995, 1549 (1550).

[77] Vgl. *Müggenborg*, DB 1996 125 (126); *Schottelius*, BB 1995, 1549 (1550); *Feldhaus*, Referat, S. 45.

[78] Hierzu siehe unten Rdnr. 298ff.

[79] Zu der begrenzenden Wirkung dieser Klausel und dem Vergleich mit dem Stand der Technik nach deutschem Recht siehe unten Rdnr. 293ff.

Maßstäbe, anhand derer der Zielerreichungsgrad ermittelt werden könnte. Die EG-Verordnung nennt allerdings in Anhang I Teil C ähnlich einer **Check-Liste** Kriterien, die bei Umweltpolitik, -programmen und -betriebsprüfungen zu beachten sind. Vor allem diese Gesichtspunkte sollen Gegenstand der Umweltpolitik sein (Anhang I Teil A Nr. 3 Abs. 3 EG-UAVO).

69 Die dortigen Anforderungen sind unterschiedlicher Natur: So werden allgemeine Merkmale zur **Erfassung der Umweltrelevanz** betrieblicher Tätigkeiten durch besondere für die Behandlung einzelner Umweltmedien, einzelner umweltrelevanter Stoffe und einzelner Umweltauswirkungen ergänzt. Aspekte des **Rohstoff- und Energiemanagements** finden sich ebenso wie Kriterien für **Produktionsverfahren** und **Produktplanung**. Des weiteren ist die Bewältigung **umweltschädigender Unfälle** genannt. Schließlich werden die unternehmensinterne und die unternehmensexterne **Informationspolitik** in bezug auf ökologische Fragestellungen hervorgehoben.

70 Die Umweltpolitik des Unternehmens beruht nach Anhang I Teil A Nr. 3 Abs. 1 EG-UAVO auf den in Teil D desselben Anhangs aufgeführten **guten Managementpraktiken.**[80]

d) Eigenständiges Publizitätserfordernis

71 Die Bedeutung der **Umweltpolitik** wird dadurch betont, daß sie unabhängig von der Veröffentlichung der Umwelterklärung den Beschäftigten des Unternehmens mitgeteilt und der Öffentlichkeit zugänglich gemacht wird (Anhang I Teil A Nr. 2 Satz 2 EG-UAVO). Wenngleich der deutsche Verordnungstext auch die Deutung erlaubte, daß eine Preisgabe nur auf Anfrage gemeint sein könnte, belegt die englische Fassung, daß die Umweltpolitik „available to the public", also **öffentlich zugänglich** sein muß.[81] Dies ist nur konsequent, nachdem sich die Umweltpolitik im Gegensatz zu der standortbezogenen Umwelterklärung auf die übergeordneten umweltbezogenen Gesamtziele und Handlungsgrundsätze der Unternehmensgesamtheit bezieht.

3. Umweltprüfung

72 Die Umweltprüfung ist die **erste umfassende Untersuchung** der umweltbezogenen Fragestellungen, Auswirkungen und des betrieblichen Umweltschutzes im Zusammenhang mit der Tätigkeit des Unternehmens an dem betreffenden Standort (Art. 2 Buchst. b EG-UAVO). Sie schließt mit einer umfassenden und bewerteten **Bestandsaufnahme** ab, die als Grundlage der folgenden Verfahrensschritte dient. Diesem Ergebnis trägt die englische Fassung des Verordnungstextes Rechnung, indem sie von „**initial environmental review**" spricht. Diese Formulierung verdeutlicht zugleich, daß es

---

[80] Diese werden im Zusammenhang mit dem Umweltmanagement unter Rdnr. 105 ff. behandelt.

[81] So auch *Lübbe-Wolff*, DVBl. 1994, 361 (364).

sich hierbei nur im Zusammenhang mit der erstmaligen Durchführung eines Audits um einen gesonderten Verfahrensschritt handelt, während die Wiederholungsaudits an die nachfolgenden Umweltbetriebsprüfungen anknüpfen.[82]

Zu dieser Bestandsaufnahme zählen insbesondere die Erstellung eines betrieblichen Umweltkatasters mit einem **Umweltstatus** und einem **Umweltrechtsstatus**. Unter dem Umweltstatus ist ein Verzeichnis besonders bedeutsamer Umweltauswirkungen zu verstehen, das vor allem Emissionen luftverunreinigender Stoffe, Gewässereinleitungen, Angaben über Abfälle, Bodenverunreinigungen, Wasser-, Energie- und Rohstoffverbrauch sowie Freisetzung von Wärme und Lärm beinhaltet. Der Umweltrechtsstatus ergänzt diese Aufstellung durch eine Zusammenstellung der für den Standort maßgebenden Rechts- und Verwaltungsvorschriften und sonstigen umweltpolitischen Anforderungen. Er umfaßt insbesondere die Festlegungen in Genehmigungen, Erlaubnissen, Bewilligungen, Auflagen und sonstigen behördlichen Anordnungen. Hervorzuheben ist hierbei, daß aufgrund der Verweisung in Art. 3 Buchst. b EG-UAVO auf die in Anhang I Teil C genannten Kriterien die dem deutschen Recht vertraute **anlagenbezogene Betrachtungsweise** durch einen **ganzheitlichen Ansatz** erweitert wird: Die Wirkungen des Produkts vom Design über Verpackung, Transport und Verwendung bis hin zur Endlagerung sind ebenso zu berücksichtigen wie die Produktionsverfahren einschließlich des Rohstoff- und Energiemanagements. Ferner ist die betriebliche Organisation auch im Hinblick auf umweltschädigende Unfälle, deren Verhütung und Begrenzung sowie die interne und externe Informationspolitik zu überprüfen. 73

Die Umweltprüfung muß sich auf dieselben Aspekte beziehen, die Gegenstand der Umweltpolitik und des Umweltprogramms sind. Während es keine zeitliche Priorität für die Formulierung der Umweltpolitik vor der Bestandsaufnahme gibt, dient letztere jedenfalls als **Ausgangspunkt** für die Festlegung der Umweltziele und die Aufstellung des Umweltprogramms. Naturgemäß werden auch die konkreten Anforderungen an das betriebliche Umweltmanagement von den Ergebnissen der Umweltprüfung beeinflußt. 74

Wenngleich die EG-Verordnung dies nicht ausdrücklich erwähnt, wird das Unternehmen auch die Umweltprüfung – ebenso wie die nachfolgenden artverwandten Umweltbetriebsprüfungen – durch eigenes Personal oder durch **externe Prüfer** bzw. Organisationen durchführen lassen können. In erster Linie bietet sich hier aber das originäre Betätigungsfeld für die **betrieblichen Umweltschutzbeauftragten**.[83] 75

---

[82] So auch *Lübbe-Wolff*, DVBl. 1994, 361 (364); *Sellner/Schnutenhaus*, NVwZ 1993, 928 (930).

[83] Zu deren Einbindung in das Umweltauditsystem siehe unten Rdnr. 147 ff.

4. Umweltprogramm und Umweltziele

76 Das **Umweltprogramm** enthält die Beschreibung der konkreten Ziele und Tätigkeiten des Unternehmens, die einen **größeren Schutz der Umwelt an einem bestimmten Standort** gewährleisten sollen, einschließlich der Beschreibung der zur Erreichung dieser Ziele getroffenen oder in Betracht gezogenen Maßnahmen und der gegebenenfalls festgelegten Fristen für die Durchführung dieser Maßnahmen (Art. 2 Buchst. c EG-UAVO). Diese Begriffsbestimmung knüpft damit an die Zielvorgabe der **kontinuierlichen Verbesserung des betrieblichen Umweltschutzes** an.

77 Unter den **Umweltzielen** sind nach Art. 2 Buchst. d EG-UAVO diejenigen Ziele zu verstehen, die sich das Unternehmen für seinen betrieblichen Umweltschutz gesetzt hat. Diese Umweltziele sind auf allen betroffenen Unternehmensebenen festzulegen; sie müssen im Einklang mit der Umweltpolitik stehen und so formuliert sein, daß die **Verpflichtung zur stetigen Verbesserung des betrieblichen Umweltschutzes**, soweit dies in der Praxis möglich ist, quantitativ bestimmt und mit Zeitvorgaben versehen wird (Anhang I Teil A Nr. 4 EG-UAVO).

78 Aus den letztgenannten Anforderungen wird zum Teil geschlossen, die Umweltziele seien, obwohl dies an dieser Stelle nicht erwähnt werde, standortbezogen, weil eine mit zeitlichen Vorgaben versehene Konkretisierung nur in bezug auf die jeweiligen Standortgegebenheiten sinnvoll sei. Im übrigen seien über den Standort hinausgehende umweltbezogene unternehmerische Vorstellungen funktionslos.[84] Diese Ansicht vermag jedoch nicht zu überzeugen. Anderenfalls wäre etwa auch die Umweltpolitik, die zu Recht auch nach Auffassung derselben Autorin **auf die Unternehmensgesamtheit bezogen** ist,[85] obsolet, soweit sie über den Standort hinausreichende Aussagen träfe. Die Umweltziele sind vielmehr aus der Umweltpolitik abzuleiten; die dortigen **Gesamtziele** sind in **Teilziele** für die einzelnen Unternehmensebenen zu untergliedern, wobei naturgemäß auch auf Standortebene entsprechende Teilziele zu formulieren sind. Diese können dann – „wo immer dies in der Praxis möglich ist" – quantitativ bestimmt und mit Zeitvorgaben versehen werden. Hierbei handelt es sich jedoch nicht um eine Argument gegen, sondern um die logische Folge der aus dem Verordnungszusammenhang abzuleitenden **Zielhierarchie**. Der zuvor beschriebene Aufbau entspricht dem gedanklichen Ansatz der EG-Verordnung, die neben regelmäßigen Umweltbetriebsprüfungen vor allem ein **Umweltmanagementsystem** in den teilnehmenden Unternehmen implementieren will. Übergeordnete Gesamtziele als Bestandteile einer unternehmensbezogenen Umweltpolitik, aus denen konkrete Umweltziele abgeleitet werden, die ihrerseits auf die einzelnen betrieblichen Hierarchieebenen heruntergebrochen werden, stellen sich als konsequente Umsetzung der Führungsidee des **management by objectives** dar.[86]

---

[84] *Lübbe-Wolff*, DVBl. 1994, 361 (364).
[85] Siehe oben Rdnr. 57 ff.
[86] Wie hier *Förschle/Hermann/Mandler*, DB 1994, 1093 (1096).

Bestätigt wird die hier vertretene Auffassung durch Art. 3 Buchst. e EG-UAVO. Danach werden aufgrund der Ergebnisse der Umweltbetriebsprüfung diejenigen Ziele, die auf eine kontinuierliche Verbesserung des betrieblichen Umweltschutzes gerichtet sind, auf der höchsten hierfür geeigneten Managementebene festgelegt. Auf diese Weise betont die EG-Verordnung, daß **Umweltschutz** im Betrieb **Chefsache** ist, ohne hierbei jedoch aus dem Blickfeld zu verlieren, daß jede Organisationseinheit, jede Stelle und jeder Stelleninhaber Umweltauswirkungen verursacht. Für diese innerbetrieblichen Adressaten werden von den höheren Hierarchieebenen Teilziele formuliert. Aus demselben Grund soll ensprechend der guten Managementpraktik Nr. 1 (Anhang I Teil D EG-UAVO) das Verantwortungsbewußtsein für die Umwelt bei den Arbeitnehmern auf allen Ebenen gefördert werden.[87] Die Ergebnisse der Umweltbetriebsprüfung können ferner Anlaß sein, das Umweltprogramm so abzuändern, daß die zuvor gesteckten Ziele an dem Standort erreicht werden (Art. 3 Buchst. e EG-UAVO). Dies verdeutlicht sowohl die Wechselbeziehung zwischen den Umweltzielen und dem Umweltprogramm als auch die Überordnung ersterer über letzteres. **79**

Das **Umweltprogramm** wird demnach zur Verwirklichung der Ziele am Standort erstellt und fortgeschrieben; es umfaßt **80**
- die **Festlegung der Verantwortung** für die Erreichung der Ziele in jedem Aufgabenbereich und auf jeder Ebene des Unternehmens und
- die **Mittel zur Zielerreichung** (Anhang I Teil A Nr. 5 Abs. 1 EG-UAVO).

Die in Anhang I Teil C EG-UAVO genannten Kriterien sollen nicht nur Gegenstand der Umweltpolitik, sondern auch des konkreten Umweltprogramms sein.

Auch das Umweltprogramm ist einer Untergliederung in **Umweltmanagementprogramme** zugänglich. Diese gesonderte Programme werden für Vorhaben im Zusammenhang mit neuen Entwicklungen oder neuen oder geänderten Produkten, Dienstleistungen oder Verfahren erstellt. In ihnen werden **81**
- die angestrebten Umweltziele,
- die Instrumente für die Verwirklichung dieser Ziele,
- die bei Änderungen im Projektverlauf anzuwendenden förmlichen Verfahren,
- die erforderlichen anzuwendenden Korrekturmaßnahmen,
- das Verfahren für deren Ergreifung und
- das Verfahren für die Beurteilung der Angemessenheit der jeweiligen Korrekturmaßnahmen in bestimmten Anwendungssituationen

festgelegt (Anhang I Teil A Nr. 5 Abs. 2 EG-UAVO).

Diese vielschichtige **Differenzierung** in übergeordnete, weil unternehmensbezogene Umweltziele, aus denen Teilziele für sämtliche Hierarchieebenen auch am Standort abgeleitet werden, und standortbezogene Umweltprogramme, die ihrerseits wiederum in vorhabenbezogene Umweltmanagementprogramme unterteilt werden, bewirkt eine **Formalisierung** der Entscheidungsabläufe und Verantwortungszusammenhänge. Diese Ent- **82**

---

[87] Zu dieser Managementpraktik siehe nachfolgend Rdnr. 106 ff.

wicklung setzt sich folgerichtig in dem einzurichtenden Umweltmanagementsystem fort. Hierbei darf nicht übersehen werden, daß die einzelnen Verfahrensschritte nicht Selbstzweck, sondern nur **Mittel zur Erreichung der Zielvorgaben** sind.

83 Das Umweltprogramm muß der Erfüllung der Verpflichtungen dienen, die das Unternehmen in seiner Umweltpolitik im Hinblick auf eine kontinuierliche Verbesserung des betrieblichen Umweltschutzes eingegangen ist (Art. 3 Buchst. c EG-UAVO). Da es sich hierbei definitionsgemäß um eine **dynamische Selbstverpflichtung** handelt, bedarf das Programm der **Fortschreibung**. Die Aktualisierung erfolgt zur Erreichung neu formulierter Umweltziele, die ihrerseits aufgrund der Ergebnisse der Umweltbetriebsprüfung mit neuem oder verändertem Inhalt festgelegt werden (Art. 3 Buchst. e EG-UAVO).

5. Umweltmanagement

84 Der Begriff „Umweltmanagementsystem" und dessen Definition in Art. 2 Buchst. e EG-UAVO, derzufolge es sich um den „Teil des gesamten übergreifenden Managementsystems, der die **Organisationsstruktur, Zuständigkeiten, Verhaltensweisen, förmlichen Verfahren, Abläufe und Mittel für die Festlegung und Durchführung der Umweltpolitik** einschließt", handelt, legen ein eher organisatorisches Verständnis nahe. Bei genauerer Betrachtung beinhaltet das System jedoch außerdem konkrete inhaltliche Anforderungen.

85 Zum einen hat das Umweltmanagementsystem die **Schaffung der instrumentellen Voraussetzungen einer umweltschutzsichernden Betriebsorganisation** zum wesentlichen Inhalt. So soll es sicherstellen, daß Umweltpolitik, -ziele und -programme festgelegt und turnusmäßig überprüft werden. Des weiteren sollen umweltbezogene Verantwortlichkeiten, Kompetenzen und Beziehungen zwischen Beschäftigen in Schlüsselfunktionen festgelegt und ein Managementvertreter mit Befugnissen und Verantwortung für die Anwendung und Aufrechterhaltung dieses Managementsystems bestellt werden. Ferner sind bestimmte Vorkehrungen zur Sicherung eines ausreichenden Kenntnis- und Bewußtseinsstandes der Beschäftigen zu treffen und Mindeststandards für den Umgang mit umweltbezogenen Anfragen und Anregungen aus dem Kreis Beschäftigten und der Öffentlichkeit aufzustellen. Schließlich werden Vorgaben für die Aufbau- und Ablaufkontrolle, dokumentierte Arbeitsanweisungen usw. gemacht. Besonderer Erwähnung bedarf die **Einbindung nicht betriebsangehöriger Dritter** in das Umweltauditsystem durch „Verfahren betreffend die Beschaffung und die Tätigkeit von **Vertragspartnern**, um sicherzustellen, daß die Lieferanten und diejenigen, die im Auftrag des Unternehmens tätig werden, die sie betreffenden ökologischen Anforderungen des Unternehmens einhalten" (Anhang I Teil B Nr. 4 Satz 2 Buchst. b EG-UAVO).

86 Zum anderen stellt das Umweltmanagementsystem – insoweit systemwidrig[88] – **konkrete Anforderungen an die Überprüfung von Umweltauswir-**

[88] Ebenso *Lübbe-Wolff*, DVBl. 1993, 361 (365).

kungen der Tätigkeit des Unternehmens an dem Standort und – insoweit wieder systemgerecht – deren Dokumentation auf. Danach sind „gegebenenfalls" kontrollierte und unkontrollierte Emissionen in die Atmosphäre und Ableitungen in Gewässer und die Kanalisation, Abfälle und Verunreinigungen des Erdreichs, Nutzung der verschiedenen Ressourcen, Freisetzung von Wärme, Lärm, Geruch, Staub, Erschütterungen und optische Einwirkungen sowie Auswirkungen auf bestimmte Teilbereiche der Umwelt und auf Ökosysteme zu berücksichtigen (Anhang I Teil B Nr. 3 Satz 2 Buchst. a bis g EG-UAVO).

a) Elemente des Umweltmanagementsystems

Die in Anhang I EG-UAVO genannten organisationsbezogenen Prüf- **87**
schemata sollen Maßstab umweltorientierter Unternehmenspraxis sein. Sie können indes **keine allgemeingültigen Regeln** aufstellen, die auf die Komplexität und Variationsbreite der Organisationsmodelle und Managementsysteme, die Wechselbeziehungen zwischen Organisation und Personalsituation sowie die vielfältigen Umwelt- und Sicherheitsaspekte aller für eine Teilnahme am Umweltauditsystem in Betracht kommenden Unternehmen einheitlich anwendbar wären. Sie können allenfalls ein **Grobraster** formulieren, die Organisation eines Unternehmens wird letztlich **unternehmensspezifisch** gestaltet werden.

In Organisationstheorie und -praxis ist das Problem der Beurteilung und **88**
möglichst wirkungsvollen Ausgestaltung von Organisationsstrukturen eine der zentralen Fragen überhaupt. Der Umweltgutachter kann sich bei seiner gutachterlichen Tätigkeit nur an möglichst objektiven Mindestanforderungen orientieren, um eine glaubwürdige und fundierte Bewertung des konkreten Managementsystems vornehmen zu können. Zu den **wesentlichen Elementen**, in denen weltweit anerkannte Erfahrungen der Betriebsorganisationslehre ihren Niederschlag gefunden haben, gehören:[89]

- **Aufbauorganisation** mit der Festlegung der Aufgaben, Verantwortungen, Befugnisse, Weisungs- und Berichtsstränge auf allen Ebenen der Betriebshierarchie einschließlich der Leitungsebene,
- **Ablauforganisation** mit Umweltstatus, Umweltrechtsstatus, dokumentierten Arbeitsanweisungen (Handbüchern), Kontrollverfahren im Bereich der Verfahrenstechnik, einschließlich Ergebnisprotokollierung, Maßnahmenpläne in Form von Betriebs-, Sicherheits-, Arbeitsanweisungen, Information der Öffentlichkeit zumindest im gesetzlich oder untergesetzlich vorgeschriebenen Rahmen,[90]
- Motivation, Unterrichtung und Ausbildung der **Betriebsangehörigen**,
- **Dokumentation** der Betriebsorganisation einschließlich Aufzeichnungspflichten,
- **turnusmäßige Kontrollen** der Betriebsorganisation.

---

[89] Zu Einzelheiten der Betriebsorganisation vgl. etwa *von Werder/Nestler*, RIW 1995, 296 (302); *Feldhaus*, Referat, S. 57 ff.; *ders.*, NVwZ 1991, 927 (932), *Rehbinder*, S. 56 ff.

[90] So etwa in § 11 a der 12. BImSchV (Störfall-Verordnung) und § 18 der 17. BImSchV (Verordnung über Abfallverbrennungsanlagen).

89 Hinzu treten – auch für die am Umweltaudit teilnehmenden Unternehmen – die **spezifischen Anforderungen** an die umweltschutzsichernde Betriebsorganisation nach deutschem Recht, denn die einzelstaatlichen rechtlichen und technischen Vorschriften beanspruchen weiterhin Geltung (Art. 1 Abs. 3 EG-UAVO). Aufgrund dessen finden etwa die Vorschriften über Betriebsbeauftragte und die nicht wenigen betriebsorganisatorischen Regelungen der Störfall-Verordnung einschließlich der Sicherheitsanalyse sowie Meß- und Überwachungsvorschriften nach wie vor Anwendung.

90 In diesem Zusammenhang stellt sich in bezug auf **Art. 3 Buchst. a EG-UAVO** die Frage, ob „mit der wirtschaftlich vertretbaren Anwendung der besten verfügbaren Technik" auch eine Aussage über das Umweltmanagementsystem getroffen werden sollte. Der englische Begriff „**best available technics**" umfaßt – gegenüber dem engeren Begriff „technology" – neben der reinen Umwelttechnik auch die Betriebsorganisation.[91] Zwar legt die Intention des Umweltaudits ein solches Verständnis nahe, jedoch spricht der Umstand, daß sich die EG-Verordnung aus organisationstheoretischen und -praktischen Gründen mit Minimalanforderungen begnügt, gegen eine solche Auslegung. Im übrigen erscheint ein Streit hierüber müßig, weil die Betriebsorganisation ohnehin einer **nur eingeschränkten behördlichen Kontrolle** unterliegt.[92]

91 Ergänzt werden die Anforderungen an das Umweltmanagementsystem durch die in Anhang I Teil D genannten „**guten Managementpraktiken**".

b) Umweltschutzsichernde Betriebsorganisation

92 Mit dem Umweltmanagementsystem zielt die EG-Verordnung auf die Schaffung umweltschutzorientierter Aufbau- und Ablauforganisationen in den teilnehmenden Unternehmen und geht insoweit deutlich über die im deutschen Recht bereits vorhandenen Ansätze einer **umweltschutzsichernden Betriebsorganisation** hinaus.[93] Die detaillierten Anforderungen, die die EG-Verordnung – gestützt auf die Erwägungsgründe vier, sechs und sieben – in Art. 2 Buchst. e, 3 Buchst. c EG-UAVO i. V. m. Anhang I für das Umweltmanagementsystem aufstellt, scheinen ein starkes **Regelungsgefälle** zu dem insoweit nur ansatzweise entwickelten innerstaatlichen Umweltrecht zu indizieren.[94]

93 Während die EG-Verordnung auf betrieblicher Ebene das **Ziel eines integrativen Umweltschutzes** verfolgt, ist der betriebliche Umweltschutz in Deutschland – wie das Umweltrecht überhaupt – noch immer **medien- und aufgabenorientiert**: Als Teile einer solchen Betriebsorganisation, die der Eigenüberwachung der Unternehmen dient, finden sich – getrennt in den jeweiligen Fachgesetzen – Vorschriften über die **Bestellung von Betriebsbeauf-**

---

[91] Kritisch etwa *Marten/Schmid*, RIW 1995, 754 (760); *von Werder/Nestler*, RIW 1995, 296 (301); *Feldhaus*, Referat, S. 59.

[92] So auch *Feldhaus*, Referat, S. 53; siehe ferner unten Rdnr. 99 ff., 102 ff.

[93] Ebenso *Feldhaus*, Referat, S. 49; *Scherer*, NVwZ 1993, 11 (16).

[94] Dieser Ansicht ist zumindest *Feldhaus*, Referat, S. 49.

tragten für Immissionsschutz (§§ 53–58 BImSchG), Gewässerschutz (§§ 21 a – 21 f WHG), Abfall (§§ 54, 55 KrW-/AbfG), biologische Sicherheit (§§ 16–19 GenTSV); §§ 58 a – 58 d BImSchG i. V. m. der 12. BImSchV – Störfall-Verordnung – verpflichten die Betreiber bestimmter Anlagen zur Bestellung von **Störfallbeauftragten.**

In § 52 a BImSchG und – hieran angelehnt – in § 53 KrW-/AbfG sind dar- 94
über hinaus **Mitteilungspflichten zur Betriebsorganisation** geregelt. Nach beiden Bestimmungen haben Kapital- und Personengesellschaften, deren Außenvertretung von mehreren Personen wahrgenommen wird, der zuständigen Behörde anzuzeigen, welches von mehreren Mitgliedern des vertretungsberechtigten Organs bzw. welcher von mehreren vertretungsberechtigten Gesellschaftern entsprechend der **unternehmensinternen Geschäftsverteilung** die Pflichten des Betreibers genehmigungsbedürftiger Anlagen i. S. des § 4 BImSchG wahrzunehmen hat. Durch diese Mitteilung ändert sich weder etwas an der Verantwortlichkeit im Außenverhältnis noch an der im Innenverhältnis. Vertretung, Geschäftsführung und Haftung werden hierdurch nicht berührt (§ 52 a Abs. 1 Satz 2 BImSchG, § 53 Abs. 1 Satz 2 KrW-/AbfG). Beide Regelungen lassen die **unternehmerische Organisationsfreiheit** unangetastet; sie schreiben selbst keine bestimmte Betriebsorganisation vor. Der Gesetzgeber unterstellt vielmehr, daß eine umweltschutzsichernde Betriebsorganisation vorhanden ist.[95]

Gewannen Fragen der Betriebsorganisation mit der Einführung des 95
§ 52 a BImSchG[96] im Immissionsschutzrecht eine noch nie gekannte Aktualität, so hat sich in der Folgezeit aufgrund einer intensiv geführten Diskussion schnell die Auffassung herausgebildet, daß für Betreiber genehmigungspflichtiger Anlagen eine **Rechtspflicht** zu einer umweltschutzsichernden **Betriebsorganisation** besteht. Sie wird allgemein aus der umfassend verstandenen, auf den **gesamten Betriebsablauf** zu beziehenden Vorschrift des § 5 BImSchG abgeleitet,[97] gleichwohl kann sie selbst nicht als Grundpflicht qualifiziert werden.[98] Die Einrichtung einer Betriebsorganisation ist nicht (Selbst-)Zweck, sondern **Mittel** zur Erreichung etwa der Einhaltung der Grundpflichten des § 5 BImSchG.[99] Nur mit dieser Begründung läßt sich die Auffassung vertreten, bei der Organisationspflicht handele es sich um eine Genehmigungsvoraussetzung. Der Betreiber muß die Anforderungen der Gefahrenabwehr und der Vorsorge erfüllen, dies gelingt ihm – von technischen Vorkehrungen abgesehen – nur durch Maßnahmen einer umweltsichernden Betriebsorganisation. Insoweit besteht eine **instrumentelle**

---

[95] Vgl. *Feldhaus*, NVwZ 1991, 927 (928); ferner *Knopp/Striegl*, BB 1992, 2009 ff.

[96] Eingeführt durch das 3. Gesetz zur Änderung des Bundes-Immissionsschutzgesetzes vom 11. 5. 1990 (BGBl. I 870).

[97] Vgl. *Sellner/Schnutenhaus*, NVwZ 1993, 928 (929); *Kloepfer*, DB 1993, 1125 (1127); *Knopp/Striegl*, BB 1992, 2009 (2010); *Feldhaus*, NVwZ 1991, 927 (928 f.); *Rehbinder*, S. 37 f. m. w. N.; *Hansmann*, in: *Landmann/Rohmer*, UmweltR, § 52 a RdNrn. 7, 19.

[98] So etwa *Kloepfer*, DB 1993, 1125 (1127); neuerdings zweifelnd *Feldhaus*, Referat, S. 50; wie hier *Rehbinder*, S. 38.

[99] Ebenso ausdrücklich *Rehbinder*, S. 38.

Pflicht, der der Betreiber genügen muß, unabhängig davon, ob es sich um eine Neugenehmigung nach § 6 BImSchG oder eine Änderungsgenehmigung nach § 15 BImSchG handelt. In aller Regel bestehen in den Unternehmen die erforderlichen Aufbau- und Ablauforganisationen, die lediglich den Gegebenheiten einer neuen oder geänderten Anlage angepaßt werden müssen. Sollten solche Strukturen und Verfahren (noch) nicht vorhanden sein, können sie ebenso wie technische, logistische oder andere organisatorische Maßnahmen vorab konzipiert werden.[100] Dies gilt erst recht, wenn nur ein Teil einer Unternehmensorganisation betroffen ist.

96 Die **abfallrechtliche Mitteilungspflicht** zur Betriebsorganisation weist insofern keine Besonderheiten auf, als Errichtung, Betrieb und wesentliche Änderungen ortsfester Abfallbeseitigungsanlagen – mit Ausnahme von Deponien – nach Immissionsschutzrecht zu genehmigen sind (§ 31 Abs. 1 KrW-/AbfG).

97 Die Betriebsorganisation ist als **zentrales Steuerungsinstrument** Voraussetzung dafür, daß **innerhalb eines arbeitsteiligen Betriebes** erforderliche umweltbezogene Maßnahmen überhaupt zeitgerecht umgesetzt werden können. Insofern ist eine funktionierende Betriebsorganisation in der Tat **instrumentelle Vorbedingung für die Einhaltung der materiellen Grundpflichten** des Anlagenbetreibers. Entsprechendes gilt auch für die Betreiber **nicht genehmigungsbedürftiger Anlagen**. Zwar ist das Schutzprofil des § 22 BImSchG weniger anspruchsvoll als das des § 5 BImSchG, gleichwohl ist die Rechtspflicht zur Betriebsorganisation akzessorisch auch zu den dort genannten Grundpflichten. Allerdings ist wegen der meist einfacheren Betriebsverhältnisse bei nicht genehmigungsbedürftigen Anlagen regelmäßig eine inhaltlich, vor allem in der Regelungstiefe reduzierte Betriebsorganisation ausreichend, die im übrigen nicht der Mitteilungspflicht nach § 52 a BImSchG unterliegt.

98 Arbeitsteilige Unternehmen, die bereits über eine derartige Betriebsorganisation verfügen, werden diese in aller Regel nicht auf immissionsschutzrechtliche Fragestellungen begrenzt haben, sondern zu einem insgesamt umweltsichernden Instrument ausgebaut haben. Für diese Unternehmen stellt das aufgrund der **freiwilligen Teilnahme am Umweltauditsystem** einzuführende Umweltmanagementsystem keine grundsätzlich neue Herausforderung dar, vielmehr werden lediglich Anpassungen an die Vorgaben der EG-Verordnung notwendig sein. Diejenigen Unternehmen, die hingegen erstmals eine solche Betriebsorganisation einrichten, werden vergleichsweise einfach strukturiert sein, so daß die Implementierung eines entsprechenden Systems unproblematisch sein dürfte.

c) Verrechtlichung von (Umwelt-)Managementstandards

99 Für den prüfenden Umweltgutachter sind die Kriterien des Anhangs I Teile B und D EG-UAVO insofern bindend, als die Umwelterklärung nur bei Erfüllung der Voraussetzungen nach der EG-Verordnung für gültig zu

[100] Wie hier *Rehbinder*, S. 38; diesem nunmehr folgend *Feldhaus*, Referat, S. 53.

erklären ist. Eine gewisse Relativierung dieser Bindung wird eintreten, sobald andere Zertifizierungsverfahren nach Art. 12 EG-UAVO anerkannt wurden. Während die Vorschrift des § 5 BImSchG zu allgemein formuliert ist, um daraus konkrete Anforderungen an die Betriebsorganisation abzuleiten,[101] enthält die EG-Verordnung detaillierte Vorgaben. Deshalb ist zu vermuten – wenngleich die Beteiligung am Umweltauditsystem freiwillig ist –, daß die Vorgaben des zugehörigen Umweltmanagementsystems von Umweltüberwachungsbehörden gleichsam als **Richtschnur für eine ordnungsgemäße umweltsichernde Betriebsorganisation** – auch im Verhältnis zu nicht teilnehmenden Unternehmen – genommen werden.[102]

Hiergegen bestehen zunächst Bedenken, weil nur die freiwillige Teilnah- **100**
me am Umweltauditsystem eine Anerkennung auch der dortigen betriebsorganisatorischen Maßstäbe beinhaltet. Die Nichtteilnahme hingegen bedeutet – konkludent – eine Ablehnung des Umweltmanagementsystems nach EG-Verordnung. Der **Vorrang der europarechtlichen Regelung**, die auf der Freiwilligkeit der Unternehmer basiert, steht der Annahme entgegen, die Vollzugsbehörden könnten deren organisatorische Vorgaben zur Ausfüllung der aus § 5 BImSchG abzuleitenden Organisationspflicht heranziehen. Dennoch stellt sich die Frage nach dem rechtlichen Stellenwert betriebsorganisatorischer Anforderungen.

Infolge ihrer Grundpflichtenakzessorietät und aus ihrer spezifischen **101**
Funktion unterliegt die umweltschutzsichernde Betriebsorganisation nur eingeschränkt der **behördlichen Nachprüfung**. Sie selbst ist weder Gegenstand der Genehmigung noch gehört sie zu den Grundpflichten, weshalb sie als solche nicht Gegenstand der Prüfung ist. Allenfalls kann ihre **instrumentelle Eignung** im Hinblick Erfüllung der Grundpflichten beurteilt werden.[103] Weitere Einschränkungen ergeben sich aus der spezifischen Funktion der Betriebsorganisation. Das Umweltmanagement hat – wie das Unternehmensmanagement insgesamt, dessen Teil es nach Art. 2 Buchst. e EG-UAVO ist – vornehmlich Binnenfunktion. Es dient in erster Linie als **innerbetriebliches Führungs- und Kontrollinstrument**.[104] Mittelbare Außenwirkung erlangt es erst, indem es vom Umweltgutachter auf seine Zielerreichungsfähigkeit geprüft und von ihm als Teil der Umwelterklärung validiert wird. An der Qualität der Betriebsorganisation als betriebliches Binneninstrument ändert sich hierdurch indes nichts.

Auch im Bereich des Ordnungsrechts bleibt die Organisation des Betrie- **102**
bes ein innerbetriebliches Führungs- und Kontrollinstrument, das das Unternehmen in eigener Verantwortung gestaltet und handhabt. Das Managementsystem unterliegt der **Dispositionsfreiheit des Unternehmens**, die in weitem Umfang durch Art. 12 und 14 GG geschützt ist. Die Organisation eines Unternehmens ist ein empfindlicher Bereich, jegliche Eingriffe bedürfen deshalb der besonderen Rechtfertigung vor dem Hintergrund der **Berufs-**

---

101 So auch *Kloepfer*, DB 1993, 1125 (1127).

102 *Rehbinder*, S. 64, begrüßt ausdrücklich eine Heranziehung dieser Maßstäbe.

103 Wie hier *Feldhaus*, Referat, S. 53; ähnlich *Kloepfer*, DB 1993, 1125 (1127), der insoweit von der „Kontrolle der Kontrolleure" spricht.

104 So auch unter Hinweis auf die Entstehungsgeschichte *Feldhaus*, Referat, S. 54.

freiheit und der **Eigentumsgarantie.**[105] Insoweit kommt grundsätzlich der Schutz wichtiger Gemeinschaftsgüter wie Leben, Gesundheit und Umwelt in Betracht, der jedoch vornehmlich durch entsprechende materielle Anforderungen gewährleistet wird. Die Überwachung dient „nur" als Instrument der Durchsetzung des materiellen Rechts. Besondere staatliche Vorkehrungen, um die Befolgung des materiellen Umweltrechts sicherzustellen, sind verfassungsrechtlich infolgedessen erst geboten, wenn und soweit vernünftigerweise Zweifel an der freiwilligen Beachtung durch die Normadressaten bestehen.[106] Obwohl die Auferlegung von Pflichten zur Eigenüberwachung danach im Grundsatz verfassungsrechtlich unbedenklich ist, dürfen etwaige Eingriffe in die Betriebsorganisation nicht ohne Not und allenfalls schonend vorgenommen werden.[107]

103 Aus diesem Grunde kann die Behörde – trotz bestehender Organisationspflicht – im allgemeinen keinen Einfluß auf **Form und Zweckmäßigkeit der Betriebsorganisation** nehmen. Entscheidendes Kriterium ist die **prinzipielle Eignung** der von dem Unternehmer gewählten Organisationsform zur Erfüllung der materiellrechtlichen Grundpflichten. Erst wenn die von der Behörde angetroffene Betriebsorganisation zur Erreichung dieses Zwecks schlechthin ungeeignet erscheint, kann sie sie beanstanden.[108] Werden derart schwerwiegende Mängel festgestellt, kann die Behörde den Unternehmer zur **Behebung der Mängel** verpflichten, indem sie ihm gegenüber etwa Auflagen nach § 12 BImSchG oder nachträgliche Anordnungen nach § 17 BImSchG erläßt, oder – wenn es nicht anders geht – nach § 20 Abs. 3 BImSchG auf der Ablösung leitender Personen wegen Unzuverlässigkeit besteht. Hingegen darf sie dem Unternehmer **keine konkreten inhaltlichen Vorgaben** machen. Die Situation ist rechtlich derjenigen vergleichbar, in der die Behörde bei fehlender Eignung von Betriebsbeauftragten nur dessen Abberufung, nicht aber Berufung eines bestimmten Betriebsbeauftragten fordern kann.

104 Im übrigen wäre eine weitgehende inhaltliche Festlegung der Betriebsorganisation kontraproduktiv. **Detailregelungen** wären nicht in der Lage, den vielfältigen Unternehmensstrukturen und -bedürfnissen in ausreichendem Maße Rechnung zu tragen: Sie würden entweder durch unnötige Formalisierung die Feinsteuerung der Unternehmen, auch zu Lasten des Umweltschutzes, stark einschränken, oder sie wären wegen eines hohen Abstraktionsgrades wenig aussagekräftig.

---

[105] Vgl. BVerfGE 50, 290 (339 ff.) zur Unternehmensmitbestimmung.

[106] Ebenso bereits *Steiner*, DVBl. 1987, 1133 (1135).

[107] So auch *Feldhaus*, Referat, S. 55; ferner *Rehbinder*, S. 62 ff., 66.

[108] Wie hier *Rehbinder*, S. 43, der eine Beanstandungsbefugnis in Extremfällen evident unsachgemäßer Zuständigkeitsverteilung bejaht; scheinbar weitergehend *Feldhaus*, Referat, S. 55, der auf das m. E. von der Behörde nicht zu bewertende Merkmal abstellen will, ob die Betriebsorganisation „in Wahrheit ... unverantwortlich" sei.

d) Inhalte guter Managementpraktiken

In unmittelbarem Zusammenhang mit den Anforderungen an das Umweltmanagementsystem nach Anhang I Teil B EG-UAVO stehen die in Teil C desselben Anhangs aufgeführten „guten Managementpraktiken". Sie beinhalten überwiegend Ergänzungen, teilweise aber Wiederholungen der instrumentellen Merkmale des Systems. Sie betonen die **Mitarbeiterorientierung** des Managementsystems, heben die funktionale Bedeutung eines **betriebsinternen Umweltinformationssystems** hervor und zielen auf den **Dialog mit der Öffentlichkeit, den Kunden und den Vertragspartnern**. Sie unterstreichen die Gleichstellung der **Ressourcenschonung** einerseits und des **Umweltschutzes** andererseits und räumen bei letzterem der **Vermeidung** von Umweltbelastungen klar den Vorrang vor Verminderung oder nachträglicher Folgenbeseitigung ein. In gewisser Weise systemwidrig geben sie darüber hinaus dem Gefüge standortbezogener Umweltschutzanforderungen ergänzend eine **produktorientierte Komponente**.[109] 105

aa) Gute Managementpraktik Nr. 1

Bei den Arbeitnehmern wird auf allen Ebene das Verantwortungsbewußtsein für die Umwelt gefördert. 106

Die erste Managementpraktik knüpft an Anhang I Teil B Nr. 2 EG-UAVO betreffend **Personal, Kommunikation und Ausbildung** an. Damit sind zugleich die Inhalte des zu fördernden **Verantwortungsbewußtseins** umschrieben: Es ist zu gewährleisten, daß sich die Beschäftigten auf allen Ebenen bewußt sind über 107

- die Bedeutung der Einhaltung der Umweltpolitik und -ziele sowie die Anforderungen nach dem festgelegten Managementsystem,
- die möglichen Auswirkungen ihrer Arbeit auf die Umwelt und den ökologischen Nutzen eines verbesserten betrieblichen Umweltschutzes,
- ihre Rolle und Verantwortung bei der Einhaltung der Umweltpolitik und der Umweltziele sowie der Anforderungen des Managementsystems und schließlich
- die möglichen Folgen eines Abweichens von den festgelegten Arbeitsabläufen.

Zu diesem Zweck ist zunächst der **Ausbildungsbedarf** für alle Beschäftigten, deren Arbeit bedeutende Auswirkungen auf die Umwelt haben kann, zu ermitteln, um im Anschluß daran einschlägige **Ausbildungsmaßnahmen** durchzuführen. 108

Zu recht werden Arbeitnehmer auf allen Ebenen angesprochen, weil Auswirkungen auf die Umwelt durch jede Organisationseinheit, jede Stelle, folglich auch jeden Stelleninhaber innerhalb eines Unternehmens verursacht werden. Umwelteinwirkungen entstehen nicht erst in der **Produktion**, vielmehr werden ihre Ursachen bereits bei **Planung und Entwicklung** sowie bei sämtlichen Entscheidungen über **Produkt- und Stoffbewegungen** gesetzt. 109

---

[109] Vgl. hierzu und zum folgenden *Antes/Clausen/Fichter*, DB 1995, 685 ff. m. w. N.

Infolge vielfältiger **innerbetrieblicher Leistungsverflechtungen** reicht die Kausalkette im weitesten Sinne etwa von den Konstrukteuren und Entwicklern, die nicht nur das Produkt, sondern vor allem auch Art und Weise seiner Herstellung nachhaltig beeinflussen, über Verfahrenstechniken und Fertigungsmethoden bis hin zu der Transportmittelwahl.

110 Die Förderung des Verantwortungsbewußtseins setzt zunächst die **Vermittlung von Wissen** um die Probleme voraus. Somit liegt auf der Hand, daß erst der Kenntnisstand der Beschäftigen ermittelt werden muß, bevor sinnvollerweise etwaige Kenntnislücken geschlossen und weitergehende Schulungen durchgeführt werden können. Hiervon sind alle Beschäftigten mit umweltrelevanten Tätigkeiten betroffen. Besonderes Gewicht erlangen dabei diejenigen Organisationseinheiten bzw. deren Mitarbeiter, die die **Handlungsspielräume** anderer Stellen **mittelbar gestalten**. Zu denken ist hierbei an Abteilungen wie etwa Planung, Forschung und Entwicklung, Materialbeschaffung/Einkauf, Standortplanung, Organisation/Information, Personalwesen sowie Rechnungswesen/Controlling/Revision.

bb) Gute Managementpraktik Nr. 2

111 *Die Umweltauswirkungen jeder neuen Tätigkeit, jedes neuen Produkts und jedes neuen Verfahrens werden im voraus beurteilt.*

112 Diese Managementpraktik fordert für die Entwicklung und Änderungen von Produkten, Dienstleistungen oder Verfahren den Einsatz von planerischen Instrumenten und ist insoweit im Zusammenhang mit Anhang I Teil 1 Nr. 5 EG-UAVO zu sehen. Danach sollen **gesonderte Umweltmanagementprogramme** aufgestellt werden, in denen folgendes festgelegt wird:

- die angestrebten Umweltziele,
- die Instrumente für die Verwirklichung dieser Ziele,
- die bei Änderungen im Projektverlauf anzuwendenden förmlichen Verfahren und
- die erforderlichenfalls anzuwendenden Korrekturmaßnahmen, das Verfahren für ihre Ergreifung, und das Verfahren, mit dem abgeschätzt werden soll, inwieweit die **Korrekturmaßnahmen in jeder einzelnen Anwendungssituation angemessen** sind.

113 Erwartet wird demnach eine – im Gegensatz zu der Umweltverträglichkeitsprüfung für große Vorhaben wie den Bau neuer Produktionsanlagen – „**kleine Umweltverträglichkeitsprüfung**“ zur Ermittlung der Umweltauswirkungen betrieblicher Aktivitäten, neuer Produktentwicklungen und neuer Herstellungsverfahren. Bei der Angleichung bereits eingeführter Methoden an diese Erfordernisse erlangen – neben den Umweltzielen und den anzuwendenden Verfahren – vor allem **Änderungs- und Korrekturmaßnahmen sowie eine anwendungsbezogene Angemessenheitskontrolle** dieser Maßnahmen besonderes Gewicht. Hierbei ist an die Analyse von Ökobilanzen, Stoff- und Energiebilanzen, Produktlinien und Produktlebenszyklen zu denken. Ferner kommen die Orientierung an Referenzprodukten und die Anwendung von Vorgehensweisen des Top-Quality-Management (TQM) in Betracht, soweit sie zur Erfassung und Bewertung von Umweltauswirkungen geeignet sind.

cc) Gute Managementpraktik Nr. 3

Die Auswirkungen der gegenwärtigen Tätigkeit auf die lokale Umgebung werden beurteilt und überwacht und alle bedeutenden Auswirkungen dieser Tätigkeiten auf die Umwelt im allgemeinen werden überprüft. **114**

Diese Managementpraktik formuliert die Kernaussage des Anhangs I Teil B Nr. 3 EG-UAVO betreffend auf die Bewertung und Registrierung der Auswirkungen auf die Umwelt. Ziel ist es, daß das Unternehmen alle **Emissionen**, die von dem betreffenden Standort ausgehen, deren **Wirkungen**, **Ursachen** und **Minderungsmöglichkeiten** klar erkennt. Zugleich werden diese Faktoren in einen größeren Zusammenhang gestellt. **115**

Wenngleich die „**bedeutenden Auswirkungen auf die Umwelt im allgemeinen**" nicht definiert sind, so knüpfen sie jedenfalls an die in Anhang I Teil B Nr. 3 Satz 2 Buchst. a bis f EG-UAVO genannten Wirkungen an. Angesprochen sind dort die Abgabe von Emissionen, die Ableitung betrieblicher Abwässer, die Entsorgung betrieblicher Abfälle, etwaige Verunreinigungen des Erdreichs, die Freisetzung von Wärme, Lärm, Staub, Gerüchen und Erschütterungen sowie die Nutzung von Boden, Wasser, Brennstoffen, Energie und anderen natürlichen Ressourcen im Rahmen des Betriebsablaufs. Diese Vorkommnisse werden zunächst in bezug auf die Standortumgebung beurteilt und überwacht. Sie sollen darüber hinaus nach der guten Managementpraktik Nr. 3 in einem größeren **Gesamtzusammenhang** gesehen werden. Ausgehend etwa von nationalen Umweltberichten wird der Beitrag des Unternehmens an **raumbedeutsamen Umwelteffekten** wie Rohstoff- und Energieverbrauch, Treibhauseffekt, Ozonabbau, Bildung bodennahen Ozons, saurem Regen, Überdüngung von Boden und Gewässern, Verteilung toxischer Substanzen in der Umwelt sowie Bewältigung des Abfallaufkommens zu beurteilen sein. Ferner zählen Flächenverbrauch, Wasserentnahme bzw. -erwärmung usw. zu den zu beachtenden Auswirkungen. **116**

Beurteilung, Überwachung und Überprüfung von Umweltauswirkungen setzen voraus, daß zuvor deren Bedeutung für das Unternehmen definiert wird. Derartige Festlegungen haben in dessen Umweltpolitik zu erfolgen. Die zur Umsetzung notwendigen Daten müssen erhoben und ausgewertet werden, insoweit müssen ferner die Verantwortlichkeiten und die zeitlichen Vorgaben geregelt werden. **117**

dd) Gute Managementpraktik Nr. 4

Es werden die notwendigen Maßnahmen ergriffen, um Umweltbelastungen zu vermeiden bzw. zu beseitigen und, wo dies nicht zu bewerkstelligen ist, umweltbelastende Emissionen und das Abfallaufkommen auf ein Mindestmaß zu verringern und die Ressourcen zu erhalten; hierbei sind mögliche umweltfreundliche Technologien zu berücksichtigen. **118**

Diese Managementpraktik führt den bereits den beiden vorangegangenen Praktiken zugrunde liegenden Gedanken des **integrierten Umweltschutzes** konsequent fort, indem sie für den gesamten betrieblichen Umweltschutz die **Prioritätenfolge für den Umgang mit Umweltbelastungen** aufstellt. Diese sollen in erster Linie vermieden und, soweit dies nicht möglich ist, **119** in zweiter Linie vermindert werden. Die nachteiligen Folgen bereits eingetretener Umweltbelastungen sollen – zum dritten – beseitigt bzw. behoben werden. Des weiteren werden **Ressourcen- und Umweltschutz** gleichgestellt.

ee) Gute Managementpraktik Nr. 5

120 *Es werden notwendige Maßnahmen ergriffen, um unfallbedingte Emissionen von Stoffen oder Energie zu vermeiden.*

121 Die Managementpraktiken Nr. 2 bis 4 gehen entsprechend Anhang I Teil B Nr. 3 Satz 3 Zif. 1 und 4 EG-UAVO von denjenigen Umweltauswirkungen aus, die sich aufgrund von früheren, laufenden oder geplanten Tätigkeiten unter normalen Betriebsbedingungen ergeben oder wahrscheinlich ergeben. Demgegenüber erfaßt die fünfte Praktik „**Vorfälle, Unfälle und mögliche Notfälle**" und abnormale Betriebsbedingungen (Anhang I Teil B Nr. 3 Satz 3 Zif. 2 und 3 EG-UAVO). Sie greift somit den Ansatz auf, demzufolge die Umweltpolitik und das Umweltprogramm für den Standort unter anderem die **Verhütung und Begrenzung umweltschädigender Unfälle** und besondere Verfahren bei solchen Unfällen zu berücksichtigen haben (Anhang I Teil A Nr. 3 Abs. 3 und Teil C Nr. 9 und 10 EG-UAVO). Insoweit sind Vorkehrungen durch Prüfung, Überwachung und Wartung unfallgefährdeter Einrichtungen und Vorgänge sowie durch eindeutige organisatorische Anweisungen und Dokumentationen hierfür zu treffen. Angemessene **Unfallvorsorge** umfaßt außerdem Schritte zur Unterrichtung und Weiterbildung der Mitarbeiter.

ff) Gute Managementpraktik Nr. 6

122 *Es werden Verfahren zur Kontrolle der Übereinstimmung mit der Umweltpolitik festgelegt und angewandt; sofern diese Verfahren Messungen und Versuche erfordern, wird für die Aufzeichnung und Aktualisierung der Ergebnisse gesorgt.*

123 Von zentraler Bedeutung für ein Verfahren, das die Übereinstimmung mit den Anforderungen der Umweltpolitik kontrollieren und sicherstellen soll, ist die Festlegung einer **systematischen Sammlung, Analyse und Dokumentation relevanter Umweltinformationen**. Dementsprechend knüpft diese Managementpraktik an die Anforderungen an Kontrollverfahren gemäß Anhang I Teil B Nr. 4 EG-UAVO an. Danach beinhaltet eine **effektive Kontrolle**
- die Ermittlung und Dokumentierung der erforderlichen Informationen,
- die Spezifizierung und Dokumentierung der anzuwendenden Verfahren,
- die Definition und Dokumentation von **Akzeptanzkriterien** und Maßnahmen, die im Fall unbefriedigender Ergebnisse zu ergreifen sind, und
- die Beurteilung und Dokumentierung der Brauchbarkeit von Informationen über frühere Kontrollmaßnahmen, wenn sich herausstellt, daß ein Kontrollsystem schlecht funktioniert.

124 Die zu erfassenden und zu bewertenden Daten müssen zu diesem Zweck einerseits den betrieblichen **Ist-Zustand** beschreiben und andererseits die **Soll-Werte** liefern, um die Umweltpolitik des Unternehmens zu konkretisieren. Erforderlich sind danach definierte Aufgaben, welche Personen inner-

halb welcher Zeiträume notwendige Daten (Aufzeichnungen und Aktualisierungen vom Meß- und Versuchsergebnissen) erfassen, aktualisieren und weiterleiten. Als **Kontrollinstrument** spielt hierbei die konkrete Umsetzung der Umweltpolitik im Umweltprogramm insofern eine wichtige Rolle, als darin die Maßnahmen zur Erreichung der Zielvorgaben, die zuständigen Personen und Fristen genau bestimmt sind. Ferner zählt hierzu die Festlegung, wer für die Überprüfung der Einhaltung zuständig ist und wem die Ergebnisse vorzulegen sind. Diejenigen, die die erforderlichen Vorkehrungen treffen, benötigen Rückmeldungen über die Auswirkungen ihrer Bemühungen, so daß auch die **Berichterstattung** Kontrollfunktion hat.

gg) Gute Managementpraktik Nr. 7

Es werden Verfahren und Maßnahmen für die Fälle festgelegt und auf dem neuesten Stand gehalten, in denen festgestellt wird, daß ein Unternehmen seine Umweltpolitik und Umweltziele nicht einhält. **125**

126 Für die **Erfassung einer etwaigen Nichteinhaltung** der Umweltpolitik, der Umweltziele oder Umweltnormen und für aufgrund dessen erforderlich werdende **Korrekturmaßnahmen** fordert Anhang I Teil B Nr. 3 EG-UAVO:
- den Grund hierfür zu ermitteln,
- einen Aktionsplan aufzustellen,
- Vorbeugemaßnahmen einzuleiten, deren Umfang den aufgetretenen Risiken entspricht,
- Kontrollen durchzuführen, um die Wirksamkeit der ergriffenen Vorbeugemaßnahmen zu gewährleisten und
- alle Verfahrensänderungen festzuhalten, die sich aus den Korrekturmaßnahmen ergeben.

127 Die gute Managementpraktik Nr. 7 führt den Gedanken der vorangegangenen fort und greift wie diese die entsprechenden Anforderungen an Aufbau- und Ablaufkontrolle auf. Die in der sechsten Praktik geforderte Kontrolle wäre obsolet, wenn hieraus keine Folgerungen abzuleiten, d. h. etwaige Mißstände nicht zu beheben wären. Hier setzt die siebte Praktik an: Die **Zielvorgaben** müssen konkret und überprüfbar sein und den verantwortlichen Mitarbeitern bekannt sein, damit eine wirksame Überprüfung möglich ist. Diesem Zweck dient wiederum das Umweltprogramm; es empfehlen sich Betriebs- und Arbeitsanweisungen, Schulungen und Mitarbeitergespräche, in denen die Zielvorgaben vermittelt werden. Bei **Abweichungen** müssen zunächst mit dem Verantwortlichen für die Nichteinhaltung die Gründe hierfür erörtert werden. Ferner sind **Abhilfemöglichkeiten** zu suchen.

128 Des weiteren werfen derartige Nichteinhaltungen die Frage zumindest nach der **internen Umweltberichterstattung** auf, so daß Kriterien zu formulieren sind, welche Abweichungen von den Vorgaben der Geschäftsführung zu melden sind. Gravierende Fälle erfordern jedenfalls eine externe Umweltberichterstattung.

129 Eine umweltsichernde Betriebsorganisation im Sinne des Umweltmanagements nach der EG-Verordnung verlangt bei solchen Vorkommnissen nicht nur eine Festschreibung der haftungs- und umweltrechtlichen Verantwortlichkeiten, sondern insbesondere **definierte Handlungspflichten nach ei-**

nem Aktionsplan. Darüber hinaus bedarf es eines betriebsinternen Umweltinformationssystems, mit dem Veränderungen erfaßt und beschrieben werden, um etwaige Korrekturmaßnahmen auf ihre Wirksamkeit hin überprüfen zu können.

hh) Gute Managementpraktik Nr. 8

130 *Zusammen mit den Behörden werden besondere Verfahren ausgearbeitet und auf dem neuesten Stand gehalten, um die Auswirkungen von etwaigen unfallbedingten Ableitungen möglichst gering zu halten.*

131 Diese Praktik verdeutlicht die Verwurzelung des Umweltauditsystems im **Kooperationsprinzip**, wenn hier die Zusammenarbeit von Unternehmen und Behörden bei Unfällen mit Auswirkungen auf die Umwelt hervorgehoben wird. Mangels genauerer inhaltlicher Anforderungen kann insoweit auf die Störfall-Verordnung (12. BImSchV) zurückgegriffen werden.

132 Nach § 2 Abs. 1 der 12. BImSchV liegt ein **Störfall** bei einer Störung des bestimmungsgemäßen Betriebes einer Anlage vor, bei der einer der in den Anhängen II, III oder IV der 12. BImSchV genannten Stoffe durch Ereignisse wie größere Emissionen, Brände oder Explosionen sofort oder später eine ernste Gefahr hervorruft. Eine **ernste Gefahr** ist danach gegeben, wenn
- das Leben von Menschen bedroht wird oder schwerwiegende Gesundheitsgefahren für Menschen zu befürchten sind oder die Gesundheit einer großen Zahl von Menschen beeintächtigt werden kann, mit Ausnahme derjenigen Personen, die die eingetretene Störung und deren Folgen zu beseitigen haben, oder
- die Umwelt, insbesondere Tiere und Pflanzen, der Boden, das Wasser, die Atmosphäre, sowie Kultur- oder sonstige Sachgüter geschädigt werden können, falls durch eine Veränderung ihres Bestandes oder ihrer Nutzbarkeit das Gemeinwohl beeinträchtigt würde (§ 2 Abs. 2 der 12. BImSchV).

133 Ausgehend von der Störfall-Verordnung sollten die nach der achten Managementpraktik auszuarbeitenden Verfahren deshalb mindestens folgende Gesichtspunkte behandeln:
- Erstellung von **Alarm- und Gefahrenabwehrplänen** für ein wirksames Katastrophenmanagement,
- regelmäßige Durchführung von **Notfallübungen**, sowohl gemeinsam mit externen Gefahrenabwehr- und Katastrophenschutzeinheiten als auch mit den innerbetrieblich Zielgruppen,
- **Unterrichtung** möglicherweise betroffener Einzelpersonen und der Öffentlichkeit **über Sicherheitsmaßnahmen**,
- unverzügliche **Meldung von Störfällen** an die zuständigen Behörden,
- **Kommunikationswege**, auf denen im Störfall sicher Informationen zwischen Unternehmen und Behörden ausgetauscht werden können, und
- unverzügliche, umfassende und sachkundige **Beratung** der Behörden und Einsatzkräfte.

ii) Gute Managementpraktik Nr. 9

Die Öffentlichkeit erhält alle Informationen, die zum Verständnis der Umweltauswirkungen der Tätigkeit des Unternehmens benötigt werden; ferner sollte ein offener Dialog mit der Öffentlichkeit geführt werden. **134**

Diese Praktik ist im Zusammenhang mit EG-Umweltinformationsrichtlinie und dem Umweltinformationsgesetz sowie § 11 a der 12. BImSchV zu sehen. Die beiden erstgenannten Regelwerke räumen interessierten Personen **Auskunftsansprüche** gegen Behörden in bezug auf Daten ein, die bei diesen über umweltrelevante Tätigkeiten des Unternehmens vorhanden sind. Die Bestimmung der Störfall-Verordnung verpflichtet den Unternehmer im Störfall zur **Unterrichtung potentiell betroffener Personen und der Öffentlichkeit** durch Informationen der in Anhang VI der 12. BImSchV genannten Art. Unabhängig von etwaigen Störfällen sieht der allgemeine Teil des Entwurfs des Umweltgesetzbuches für bestimmte große und umweltrelevante Unternehmen die Pflicht zu einer **Umweltberichterstattung** vor. **135**

Die **„interessierte Öffentlichkeit"**, mit der der Dialog geführt werden soll, dürfte sich aus folgenden Personengruppen zusammensetzen: **136**
- Mitarbeiterinnen und Mitarbeiter des Unternehmens selbst,
- Anwohner und Nachbarn,
- politische Instanzen auf lokalen und höheren Ebenen,
- Behörden,
- Umwelt-, Verbraucher- und sonstige Verbände,
- Presse, Funk und Fernsehen sowie
- Wettbewerber.

Die Unternehmen sind gehalten, alle **Pflichtinformationen** an die Behörden oder die Öffentlichkeit sowie – im Rahmen des Umweltauditsystems – die **Umwelterklärung** wahrheitsgemäß, klar, verständlich und pünktlich abzugeben. Insofern handelt es sich um eine „**Bringschuld**". Darüber hinaus erscheint eine organisierte Entgegennahme und Beantwortung von Anfragen aus der Öffentlichkeit sinnvoll, damit ein offener Dialog zustande kommt. **137**

jj) Gute Managementpraktik Nr. 10

Die Kunden werden über die Umweltaspekte im Zusammenhang mit der Handhabung, Verwendung und Endlagerung der Produkte des Unternehmens in angemessener Weise beraten. **138**

Diese Managementpraktik setzt den Gedanken des Dialogs fort: Nachdem zuvor der offene Dialog mit der Öffentlichkeit im Mittelpunkt stand, soll nun im Rahmen der **Kundeninformation** ebenfalls der Dialog gepflegt werden. Für dessen Institutionalisierung sind Kundenforen, -befragungen, Umweltbeiräte mit Kundenbeteiligung usw. vorstellbar. Unter den Begriff „Kunde" fallen sowohl private Endverbraucher als auch gewerbliche Abnehmer. **Umweltschutzbezogene Produktinformation und -beratung** kann an vier Punkten ansetzen: **139**
- Werbung,
- Produktkennzeichnung und -informationen,

- Verkaufsberatung und -förderung sowie
- Öffentlichkeitsarbeit.

140 **Umweltschutzbezogene Werbung** sollte nicht nur den wettbewerbsrechtlichen Anforderungen genügen, sondern sich darüber hinaus an folgenden Gesichtspunkten orientieren:

- die Werbung darf das Anliegen der Verbraucher für die Umwelt nicht mißbrauchen,
- sie darf deren Unkenntnis in Umweltfragen nicht ausnutzen,
- Ausdrücke wie „umweltfreundlich" oder „ökologisch unbedenklich" dürfen nur verwendet werden, wenn gesicherte Erkenntnisse vorliegen,
- der Bezug auf wissenschaftliche Erkenntnisse soll durch ernsthafte wissenschaftliche Untersuchungen gestützt sein und
- Beschreibungen, Tatsachenbehauptungen oder Abbildungen, die sich auf überprüfbare Tatsachen beziehen, müssen erläutert werden.[110]

141 Bei der **Produktkennzeichnung** kann die Kundeninformation zum einen über die vollständige Angabe aller Inhaltstoffe eines Produktes und zum anderen durch die Verwendung umweltschutzbezogener Gütesiegel erfolgen. Die Aussagekraft letzterer hängt entscheidend von den der Vergabe zugrunde gelegten Kriterien ab. Auf nationaler Ebene ist hier als Gütesiegel der „blaue Engel" des Umweltbundesamtes, auf internationaler das Umweltzeichen der EU zu nennen. Der Wert der von Unternehmen und Verbandsorganisationen selbst entworfenen Gütesiegeln ist mangels Transparenz der Vergabekriterien schwer abzuschätzen.

142 Um eine gehaltvolle **Kundeninformation und -beratung** zu gewährleisten, bedarf es gut geschulten und informierten Verkaufspersonals. Schließlich können umweltschutzbezogene **Produktinformationen** auch in der Öffentlichkeitsarbeit eingesetzt werden. Trotz ihrer Erwähnung im Zusammenhang mit dem Umweltmanagementsystem müssen derartige Informationen jedoch deutlich von der Umwelterklärung und der Teilnahmeerklärung getrennt werden.

kk) Gute Managementpraktik Nr. 11

143 *Es werden Vorkehrungen getroffen, durch die gewährleistet wird, daß die auf dem Betriebsgelände arbeitenden Vertragspartner des Unternehmens die gleichen Umweltnormen anwenden wie es selbst.*

144 Diese Praktik knüpt wieder an Anhang I Teil B Nr. 4 und Teil C Nr. 8 EG-UAVO an. Danach sind Verfahren auch für die **Beschaffung** und die **Tätigkeit von Vertragspartnern** einzuführen, um sicherzustellen, daß die Lieferanten und diejenigen, die im Auftrag des Unternehmens tätig werden, die sie betreffenden ökologischen Anforderungen des Unternehmens einhalten.[111] Ferner sind im Rahmen der Umweltpolitik, – programme und -be-

---

110 So die Richtlinien der Internationalen Handelskammer und des Zentralverbandes der Deutschen Werbewirtschaft für umweltschutzbezogene Werbung, zitiert nach *Antes/Clausen/Fichter*, DB 1995, 685 (692).

111 Diese explizite Forderung scheinen *Antes/Clausen/Fichter*, DB 1995, 685 (693), zu übersehen.

triebsprüfungen der betriebliche Umweltschutz und die Praktiken bei **Auftragnehmern, Unterauftragnehmern und Lieferanten** zu berücksichtigen.

Die Forderung bezieht sich damit auch auf **Zulieferer** von Rohstoffen, **145**
Energie, Halbfertigware und Handelsware. Hieraus die Folgerung ableiten zu wollen, diese müßten ihren betrieblichen Umweltschutz nach der Umweltauditverordnung organisieren und sich immer anspruchsvollere Ziele setzen, ginge jedoch zu weit.[112] Zum einen sind die Umweltschutzanforderungen des beauftragenden Unternehmens an den Auftragnehmer ebenfalls durch das Kriterium der **Angemessenheit** (Art. 3 Buchst. a EG-UAVO) begrenzt, zum anderen unterliegt die umweltsichernde Betriebsorganisation des Zuliefers wiederum dessen **unternehmerischer Dispositionsfreiheit**. Schließlich kann – zum dritten – nicht davon ausgegangen werden, das erklärtermaßen **freiwillige Umweltaudit** wolle Unternehmen, die ihm abwartend oder skeptisch gegenüberstehen, mit Hilfe der Markt- und Einkaufsmacht teilnehmender Unternehmen unter sein Regime zwingen. Mit den gleichen Umweltnormen, die von Auftraggeber und Auftragnehmer angewandt werden sollen, können deshalb nur **materielle Umweltschutznormen** gemeint sein.

Die letzte der Managementpraktiken lenkt den Blick auf das wichtige **146**
Problem des Informationsaustauschs zwischen dem Unternehmen einerseits und dessen Vertragspartnern andererseits. Es liegt auf der Hand, daß derjenige, der das Umweltauditsystem weitgehend – „cradle to grave" – umsetzen will, detaillierte Daten seiner Vertragspartner etwa über die Zusammensetzung und Herstellung von Halbfertigware oder Verwertungs- und Entsorgungsmethoden benötigt. Das neue EU-Sicherheitsdatenblatt vermag insoweit allenfalls Grundlagen in bezug auf Inhaltsstoffe und Umweltaspekte zu vermitteln. Ein Informationsanspruch gegen den Zulieferer läßt sich nicht aus der EG-Verordnung ableiten, sondern lediglich vertraglich begründen.

e) Exkurs: Einbindung der Betriebsbeauftragten für den Umweltschutz in das Umweltmanagementsystem

Neben den zahlreichen Vorteilen, die das Umweltaudit bietet, stehen für **147**
viele Unternehmen finanzielle Gesichtspunkte am Beginn der Entscheidungsfindung über Teilnahme oder Nichtteilnahme. Die Kosten der Teilnahme am Umweltaudit lassen sich insbesondere dann begrenzen, wenn in großem Umfang **Mitarbeiter des eigenen Unternehmens eingebunden** werden können.

Bei der Nutzung des im eigenen Unternehmen vorhandenen Fachwissens **148**
bieten sich naturgemäß die Betriebsbeauftragten mit ihren unterschiedlichen Aufgabenstellungen an. Das deutsche Umweltschutzrecht zeichnet sich insoweit durch eine Besonderheit aus, als es außer der externen Kontrolle durch Behörden auch die **interne Kontrolle durch unternehmensangehörige Betriebsbeauftragte** kennt. Hier sind in erster Linie die Immissions-

[112] So aber *Antes/Clausen/Fichter*, DB 1995, 685 (693).

schutz-, Gewässerschutz-, Abfall- und Störfallbeauftragten zu nennen. Entsprechendes gilt aber auch für den Beauftragten für Biologische Sicherheit und für Gefahrgutbeauftragte, soweit deren Aufgabenbereiche betroffen sind. Die Voraussetzungen, unter denen ein Betriebsbeauftragter zu bestellen ist, sind ebenso gesetzlich umschrieben wie dessen Aufgaben und Befugnisse einerseits und die Pflichten des Unternehmers andererseits. So ist der Unternehmer regelmäßig verpflichtet, vor Investitionsentscheidungen, die für den Aufgabenbereich des Betriebsbeauftragten bedeutsam sein können, dessen **Stellungnahme** so rechtzeitig einzuholen, daß sie bei der Entscheidungsfindung noch angemessen berücksichtigt werden können. Darüber hinaus hat der Betriebsbeauftragte in der Regel ein **Vortragsrecht** unmittelbar gegenüber der Unternehmensleitung. Abgesichert wird die Stellung des Betriebsbeauftragten durch die gesetzliche Verankerung eines **Benachteiligungsverbotes.** [113]

149 Zwischen dem Umweltaudit und der Tätigkeit der Betriebsbeauftragten lassen sich weitreichende **Parallelen** feststellen: Das Umweltaudit soll im Rahmen der Eigenverantwortung des Unternehmens die Umsetzung umweltrechtlicher Vorschriften im Betrieb fördern. Das Unternehmen muß sich in seiner Umweltpolitik verpflichten, die **einschlägigen Vorschriften einzuhalten**. Die Überwachung der Befolgung dieser Vorschriften ist Aufgabe des Betriebsbeauftragten.

150 Ziel des Umweltaudits ist die kontinuierliche Verbesserung des betriebsinternen Umweltschutzes aufgrund der Eigeninitiative des Unternehmers auch in den Bereichen, in denen die rechtlichen Regelungen dies (noch) nicht vorsehen. Eine dahingehende Verpflichtung ist ebenfalls Bestandteil der Umweltpolitik des Unternehmens. Darauf hinzuwirken und daran mitzuwirken, ist zugleich die gesetzlich vorgegebene Aufgabe des Betriebsbeauftragten. Er soll die **Eigeninitiative des Unternehmers zur Einführung umweltfreundlicher Verfahren und Erzeugnisse** fördern.

151 Die Einbindung des Betriebsbeauftragten in das Umweltaudit ist bereits in dieser weitgehenden Übereinstimmung der Ziele beider Instrumente angelegt. Für welche Aufgaben der Betriebsbeauftragte konkret eingesetzt werden kann, ergibt sich aus dem Verhältnis zwischen ihm und dem Unternehmer. Der Betriebsbeauftragte hat ausschließlich **beratende Funktion** und leitet seine Rechte und Pflichten von denen des Unternehmers ab. Ihm gegenüber hat der Betriebsbeauftragte vor allem **Innovations-, Kontroll- und Aufklärungspflichten** zu erfüllen. Diese können sich bei einer Teilnahme am Umweltaudit auf Fragen des Umweltmanagements, die Erfüllung der vom Unternehmen gesteckten Ziele sowie Kunden- und Lieferantenbeziehungen erstrecken. Der Betriebsbeauftragte wird insbesondere in folgenden Bereichen des Umweltaudits wertvolle Dienste leisten können:

152 – Aufgrund seiner Kenntnisse und Erfahrungen ist der Betriebsbeauftragte in besonderem Maße befähigt, die Unternehmensleitung bei der **Formu-**

---

[113] Vgl. hierzu und zum folgenden *Feldhaus*, BB 1995, 1545 (1546ff.); *Knopp/Striegl*, BB 1992, 2009 (2015f.); allgemein zu Stellung und Aufgaben der Betriebsbeauftragten *Steiner*, DVBl. 1987, 1133 (1137ff.), und zu deren arbeitsrechtlicher Stellung *Bährle*, UPR 1995, 93ff.

lierung der Umweltpolitik des Unternehmens, der Aufstellung des die Unternehmensziele konkretisierenden und umsetzenden **Umweltprogramms** sowie der **Einrichtung eines Umweltmanagementsystems** beratend zu unterstützen. Bei der Einführung eines Umweltmanagementsystems kann der Betriebsbeauftragte vor allem bei der **Installation einer Ablaufkontrolle** etwa durch die **Vorbereitung von Arbeitsanweisungen und Überwachungsverfahren** mitwirken.

- Die **Ermittlung besonders bedeutsamer Umweltauswirkungen**, insbesondere **153** der Emissionen luftverunreinigender Stoffe, der Gewässereinleitungen, der Angaben über Art, Menge und Verbleib der Abfälle, der Bodenverunreinigungen, des Wasser-, Energie- und Rohstoffverbrauchs, der Freisetzung von Wärme und Lärm, wird sinnvollerweise ohnehin zu den Aufgaben des Betriebsbeauftragten zählen. Von dort bis zu einer **systematischen Aufbereitung und Bewertung der Daten in einem Umweltstatus** ist es nicht mehr weit. Zu ergänzen ist dieses Verzeichnis noch um den **Umweltrechtsstatus**, d. h. ein Verzeichnis der für den Standort maßgebenden Rechts- und Verwaltungsvorschriften und sonstigen umweltpolitischen Anforderungen einschließlich der Anforderungen in Genehmigungen, Erlaubnissen und Bewilligungen sowie Auflagen und sonstigen behördlichen Anordnungen. Deren Kenntnis wird ebenfalls zum Wissen des Betriebsbeauftragten gehören. Infolgedessen drängt es sich geradezu auf, den Betriebsbeauftragten mit der Erstellung des aus Umweltstatus und Umweltrechtsstatus bestehenden Umweltkatasters zu betrauen.
- Einen Schwerpunkt der Tätigkeiten des Betriebsbeauftragten innerhalb **154** des Umweltmanagementsystems bilden **Überwachung und Kontrolle**, ob die Anforderungen der Umweltpolitik, des Umweltprogramms und des Umweltmanagements selbst eingehalten werden.
- Zu den guten Managementpraktiken gehören **Motivation, Information und** **155** **Ausbildung** aller Unternehmensangehörigen, die mit Umweltaufgaben befaßt sind. Hierbei handelt es sich um originäre Aufgaben des Betriebsbeauftragten.
- Die **Dokumentation** im Zusammenhang mit seiner Kontrolltätigkeit gehört **156** zum Kernbereich der Aufgaben des Betriebsbeauftragten. Sie kann auch für die Selbstkontrolle im Rahmen des Umweltaudits genutzt werden.
- Die Umweltaudit-Verordnung erlaubt es, für die **erste Umweltprüfung und** **157** **die nachfolgenden Umweltbetriebsprüfungen** interne ebenso wie externe Betriebsprüfer einzusetzen. Hier wird das zentrale Aufgabenfeld des Betriebsbeauftragten liegen. **Aufgabenstellung, Ausbildung und Erfahrung und nicht zuletzt Orts- und Betriebskenntnis** sowie die daraus folgende Zeit- und Kostenersparnis zeichnen ihn insoweit aus. Die für eine objektive und neutrale Bewertung geforderte Unabhängigkeit ergibt sich daraus, daß ihm einerseits die Entscheidungskompetenz fehlt, er aber andererseits weisungsunabhängig ist. Was im übrigen als Schwäche seiner Position angesehen wird, entwickelt sich hier zu seiner Stärke.
- Aufgrund der Ergebnisse dieser Umweltbetriebsprüfung hat die Unter- **158** nehmensleitung einen **Maßnahmenkatalog mit Fristenplan** zu entwickeln. Hier erlangen die Vorschläge des Betriebsbeauftragten erhebliche Bedeutung.

159 – Außer der sozusagen den Leistungsnachweis des betrieblichen Umweltschutzes bildenden eigentlichen **Umwelterklärung** kann der Betriebsbeauftragte natürlich auch die jährlichen **vereinfachten Umwelterklärungen** entwerfen, für die jeweils die Unternehmensleitung die Verantwortung trägt.

160 – Schließlich kann der Betriebsbeauftragte bei der abschließenden Prüfung des zwangsläufig externen zugelassenen Umweltgutachters **behilflich sein** und diese Prüfung wesentlich **beschleunigen**.

f) Mitwirkung und Mitbestimmung der Arbeitnehmer in Fragen des Umweltmanagements

161 Die freiwillige Teilnahme eines Unternehmens am Umweltauditsystem wirft auch betriebsverfassungsrechtliche Probleme auf. Die Entscheidung, ein Umweltmanagementsystem einzuführen und am Zertifizierungsverfahren teilzunehmen, wird von der Unternehmensleitung für sämtliche oder einzelne Standorte getroffen. Die unternehmerische Selbstverpflichtung zu einer kontinuierlichen Verbesserung des betrieblichen Umweltschutzes ist **grundsätzlich mitbestimmungsfrei.**[114] Das **Betriebsverfassungsrecht** schränkt die unternehmerische Entscheidungsfreiheit im allgemeinen nicht ein, es soll aber sicherstellen, daß die Belegschaft über die **wirtschaftlichen Verhältnisse des Unternehmens** unterrichtet wird.

162 Unter bestimmten Voraussetzungen kann sich die Frage nach einer Unterrichtung des **Wirtschaftsausschusses** und einer Beteiligung des **Betriebsrates** stellen. In diesem Kontext sind auch die Möglichkeiten der Einflußnahme von **Arbeitnehmervertretern in den Aufsichsträten** teilnehmender Unternehmen zu sehen.

aa) Grundsätzliche Beteiligung des Wirtschaftsausschusses

163 Einer der Hauptbeweggründe eines Unternehmens für die Teilnahme am Umweltauditsystem wird der erhoffte **Imagegewinn** sein, schließlich will es mit der zertifizierten Teilnahmeerklärung Imagewerbung betreiben. Die angestrebten **wirtschaftlichen Auswirkungen** liegen folglich auf der Hand. Damit stellt sich zugleich die Frage nach einer Unterrichtung eines etwa eingerichteten Wirtschaftsausschusses.

164 Nach § 106 Abs. 1 Satz 1 BetrVG ist in Unternehmen mit in der Regel mehr als einhundert ständig beschäftigten Arbeitnehmern ein **Wirtschaftsausschuß** zu bilden. Maßgebliches Kriterium ist die Zahl der Arbeitnehmer sämtlicher Betriebe, nicht lediglich die der wahlberechtigten Arbeitnehmer. Dieser Ausschuß hat eine **Doppelfunktion**, indem er einerseits den Unternehmer in wirtschaftlichen Angelegenheit beraten und andererseits den Betriebsrat unterrichten soll (§ 106 Abs. 1 Satz 2 BetrVG).

165 Generalklauselartig nennt § 106 Abs. 3 BetrVG einige wirtschaftliche Angelegenheiten, geht im übrigen jedoch davon aus, daß der Ausschuß um-

---

[114] So auch *Merten*, DB 1996, 90.

fassend über die **wirtschaftlichen Verhältnisse des Unternehmens** informicrt wird.[115] Im vorliegenden Zusammenhang sind vor allem von Interesse
- die wirtschaftliche und finanzielle Lage des Unternehmens (§ 106 Abs. 3 Nr. 1 BetrVG),
- das Produktions- und **Investitionsprogramm** (§ 106 Abs. 3 Nr. 3 BetrVG),
- Fabrikations- und Arbeitsmethoden, insbesondere die Einführung neuer **Arbeitsmethoden** (§ 106 Abs. 3 Nr. 5 BetrVG),
- die Einschränkung oder Stillegung von Betriebsteilen (§ 106 Abs. 3 Nr. 6 BetrVG),
- die Verlegung von Betriebsteilen (§ 106 Abs. 3 Nr. 7 BetrVG),
- die Änderung der **Betriebsorganisation** (§ 106 Abs. 3 Nr. 9 BetrVG) sowie
- sonstige Vorgänge und Vorhaben, welche die Interessen der Arbeitnehmer des Unternehmens wesentlich berühren können (§ 106 Abs. 3 Nr. 10 BetrVG).

Hält das Unternehmen etwa eine Imageverbesserung unter Umwelt- **166** schutzgesichtspunkten vor dem Hintergrund der besonderen Standortgeschichte für notwendig und entschließt sich deshalb zur Teilnahme am Umweltauditsystem, wird dies sicherlich die wirtschaftlichen Lage des Unternehmens beeinflussen. Auch wird das Umweltprogramm **Auswirkungen auf das Investitionsprogramm** haben. Demgegenüber haben die erste Umweltprüfung und die nachfolgenden Umweltbetriebsprüfungen keine wirtschaftlichen Auswirkungen. So ist im Einzelfall zu prüfen, welche Elemente des Gemeinschaftssystems für das Umweltmanagement und die Umweltbetriebsprüfung **wirtschaftliche Konsequenzen** nach sich ziehen. Es empfiehlt sich jedenfalls, den Wirtschaftsausschuß von der beabsichtigten Teilnahme am Umweltaudit, der Umweltpolitik, dem Umweltprogramm und der Umwelterklärung zu unterrichten.

bb) Grundsätzliches zur Beteiligung des Betriebsrates

Jede Änderung der Organisation eines Betriebes, seiner Struktur, des Tä- **167** tigkeitsbereichs, der Arbeitsweise, der Fertigung, des Standortes usw. stellt eine **Betriebsänderung** dar. Der Betriebsrat ist nach § 111 BetrVG allerdings nicht bei jeglichen Maßnahmen der Unternehmensleitung, die zu irgendeiner Änderung des Betriebes führen, zu beteiligen, sondern nur bei solchen, die **wesentliche Nachteile für die Belegschaft** oder erhebliche Teile der Belegschaft zur Folge haben können (§ 111 Satz 1 BetrVG). Gemeint sind damit Maßnahmen, die zu einer **qualitativen oder quantitativen Änderung** für die organisatorische Einheit des Betriebes, Betriebsmittel, Betriebszweck oder die in der Belegschaft zusammengefaßten Arbeitnehmer führen.[116] In solchen Fällen ist in Betrieben, in denen in der Regel mehr als zwanzig wahlberechtigte Arbeitnehmer beschäftigt sind, der Betriebsrat von der geplanten Betriebsänderung rechtzeitig und umfassend zu unterrichten. Außerdem muß das Vorhaben mit ihm beraten werden. Unter

---

[115] So die h. M., siehe statt vieler *Schaub*, S. 1786 f.

[116] Vgl. BAG, AP Nr. 9 zu § 111 BetrVG 1972; ferner *Matthes*, in: MünchArbR, § 351 Rdnr. 12.

Umständen (§ 113 Abs. 3 BetrVG) ist an einen Interessenausgleich zu denken.

168 Hierbei muß es sich nicht um wirtschaftliche Nachteile handeln, vielmehr genügen **Nachteile rechtlicher, sozialer und immaterieller Art**, wie etwa Erschwerungen der Arbeit, Verlust menschlicher Kontakte oder des sozialen Ansehens. Maßgeblich ist, daß die Nachteile **wesentlich** sein müssen.[117] Nicht entscheidend ist hingegen, ob diese Nachteile auch tatsächlich eintreten. Es genügt vielmehr, daß ihr **Eintritt nicht ausgeschlossen** werden kann.[118] Derartige Nachteile erwachsen aus der Teilnahme am Umweltauditsystem als solcher nicht, weshalb die Annahme einer **Betriebsänderung i. S. des § 111 Satz 1 BetrVG** ausscheidet. Möglicherweise ergeben sich etwaige Nachteile jedoch später durch die Umsetzung konkreter Maßnahmen zur Behebung im Rahmen der Umweltbetriebsprüfung erkannter Schwachstellen oder zur Verbesserung des betrieblichen Umweltschutzes. Bejahendenfalls sind diese mitbestimmungspflichtig.

169 In Betracht kommt ferner eine **Mitbestimmungspflicht nach § 111 Satz 2 BetrVG**. Dies hängt entscheidend davon, in welchem Verhältnis § 111 Satz 1 und Satz 2 BetrV zueinander stehen.[119] So werden vor allem von der Rechtsprechung etwaige „Nachteile für die Belegschaft" in Fällen der Betriebsänderung i. S. § 111 Satz 2 BetrVG nicht vorausgesetzt.[120] Bei der Einführung des Umweltmanagementsystems ist in erster Linie an eine „**grundlegende Änderung der Betriebsorganisation**" (§ 111 Satz 2 Nr. 4 BetrVG) und die „**Einführung grundlegend neuer Arbeitsmethoden und Fertigungsverfahren**" (§ 111 Satz 2 Nr. 5 BetrVG) zu denken.

170 Zumindest die erstmalige Einführung des Umweltmangagementsystems wird als Änderung der Betriebsorganisation[121] aufzufassen sein. Fraglich erscheint jedoch bereits, ob etwaige nachfolgende Verbesserungen dieses Managementsystems aufgrund von Wiederholungsaudits sich überhaupt als Änderungen darstellen. Jedenfalls hängt das Mitwirkungsrecht des Betriebsrats davon ab, ob die betreffende Änderung „grundlegend" ist. Dieses Kriterium ist erst erfüllt, wenn eine **einschneidende, weitgehende technische Änderung** erfolgt.[122] Kann danach nicht beurteilt werden, ob die Änderung grundlegend ist, weil sich etwa der Grad der technischen Änderung nicht feststellen läßt, so bedarf es eines Rückgriffs auf die Wertung des § 111 Satz 1 BetrVG: Mithin ist auf mögliche **nachteilige Auswirkungen** der Änderung für die Belegschaft bzw. erhebliche Teile derselben abzustellen.[123]

---

[117] Vgl. *Matthes*, in: MünchArbR, § 351 Rdnr. 16 m. w. N.

[118] Siehe etwa BAG, AP Nr. 11 zu § 111 BetrVG 1972, ferner *Matthes*, in: MünchArbR, § 351 Rdnr. 15; *Schaub*, S. 1793 m. w. N.

[119] Zum Meinungsstand siehe *Merten*, DB 1996, 90 m. w. N.; *Matthes*, in: MünchArbR, § 351 Rdnr. 13 f.

[120] Vgl. BAG, AP Nrn. 10, 11, 15 zu § 111 BetrVG 1972; ferner *Merten*, DB 1996, 90; *Fitting/Auffarth/Kaiser/Heither*, BetrVG, § 111 Rdn. 9.

[121] Vgl. *Merten*, DB 1996, 90 m. w. N.

[122] Siehe BAG, AP Nr. 8 zu § 111 BetrVG 1972.

[123] Vgl. BAG, AP Nrn. 10 und 32 zu § 111 BetrVG 1972; *Merten*, DB 1996, 90; *Matthes*, in: MünchArbR, § 351 Rdnr. 14.

Eine in diesem Sinne einschneidende Änderung wird durch die Einführung des Umweltmanagementsystems wohl kaum herbeigeführt werden.

Veränderungen der technischen Grundlagen des Arbeitsprozesses, die zu ei- 171
ner grundsätzlichen Umstellung des Arbeitsprozesses führen, bedeuten grundlegend neue Arbeits- oder Fertigungsmethoden i.S. des § 111 S.2 Nr.5 BetrVG,[124] selbst wenn es lediglich um eine Anpassung an den technischen Fortschritt handelt.[125] Es kommt allein darauf an, ob die Methoden für den Betrieb neu sind. Das Umweltprogramm des Unternehmens und die Einrichtung des Umweltmanagementsystems führen selbst jedoch noch nicht zu einer Änderung der Arbeits- und Fertigungsmethoden, auch wenn die Schwachstellenanalyse durch die Umweltbetriebsprüfung den Anlaß hierzu geben mag. Erst die konkrete Umsetzung einzelner Maßnahmen in Verfolgung der betrieblichen Umweltschutzziele kann im **Einzelfall** zu einer mitbestimmungspflichtigen grundlegenden Änderung der genannten Art führen.[126]

cc) Beteiligung des Betriebsrates in Einzelfragen

(1) Formulierung der Umweltpolitik

Bei der Erstellung der **Umweltpolitik** stehen dem Betriebsrat keine Mit- 172
bestimmungs- bzw. Mitwirkungsrechte zu. Die Festlegung erfolgt ausschließlich auf der höchsten Ebene der Unternehmensleitung. Die hier erarbeiteten allgemeinen Gesamtziele und Handlungsgrundsätze haben **keine konkreten Auswirkungen auf die Arbeitnehmer**, weshalb unter diesem Gesichtspunkt Mitwirkungsrechte des Betriebsrats nicht in Betracht kommen. Ebenso scheiden betriebsverfassungsrechtliche Unterrichtungs- und Beratungspflichten gegenüber dem Betriebsrat gemäß § 90 BetrVG aus. Die Handlungsgrundsätze und Ziele der Umweltpolitik des Unternehmens sind noch nicht gleichbedeutend mit dem Beginn einer konkreten Planung der Veränderungen der Arbeitsabläufe bzw. -verfahren. Entsprechendes gilt für die Unterrichtungspflicht gegenüber den einzelnen Arbeitnehmern (§ 81 Abs.3 BetrVG).[127]

(2) Durchführung der Umweltprüfung

Gegenstand der ersten internen **Umweltprüfung** zum Zwecke der ökologi- 173
schen Bestandsaufnahme sind unter anderem **Verhütung und Begrenzung umweltschädigender Unfälle** sowie bei derartigen Unfällen durchzuführende besondere Verfahren (Anhang I Teil C Nr.9 und 10 EG-UAVO). Insoweit besteht ein Mitwirkungsrecht des Betriebsrats: Nach § 89 Abs.2 Satz 1 BetrVG hat der Unternehmer den Betriebsrat oder von diesem bestimmte Mitglieder bei allen im Zusammenhang mit dem **Arbeitsschutz** oder der **Unfallverhütung** stehenden Besichtigungen und Fragen hinzuzuziehen. Diese

---

124 Vgl. *Merten*, DB 1996, 90. m.w.N.

125 So auch *Schaub*, S 1796.

126 Ähnlich *Merten*, DB 1996, 90, der jedoch im Umweltmanagementsystem lediglich ein noch nicht hinreichend konkretes Planungsinstrument zu erblicken scheint.

127 So auch *Merten*, DB 1996, 90f.

Pflicht beinhaltet eine rechtzeitige und umfassende Unterrichtung des Betriebsrats und unter Umständen die Vorlage von Unterlagen (§ 80 Abs. 2 BetrVG). Über die Besichtigungen und Besprechungen, zu denen der Betriebsrat hinzuzuziehen ist, erhält er Niederschriften (§ 89 Abs. 4 BetrVG). Weitergehende betriebsverfassungsrechtliche Beteiligungsrechte des Betriebsrats bei der Umweltprüfung bestehen nicht.[128]

(3) Festlegungen durch Umwelt- und Umweltmanagementprogramm

174 Erst das **Umweltprogramm** enthält die konkreten Ziele und Tätigkeiten des Unternehmens zum Schutz der Umwelt. Es umfaßt Maßnahmen und Mittel sowie Umsetzungsfristen und dient damit der Konkretisierung und inhaltlichen Ausfüllung der in der Umweltpolitik festgelegten Ziele. Für Vorhaben im Zusammenhang mit neuen Entwicklungen oder neuen oder geänderten Produkten, Dienstleistungen oder Verfahren werden nach Anhang I Teil A Nr. 5 Satz 3 EG-UAVO gesonderte sog. **Umweltmanagementprogramme** aufgestellt. Die Verantwortung für die Erreichung der Ziele wird in jedem Aufgabenbereich und auf jeder Ebene des Unternehmens festgelegt.

175 Diese Vorgaben des Umweltprogramms und etwaiger Umweltmanagementprogramme betreffen indessen keine Fragen der **Ordnung des Betriebes** und des **Verhaltens der Arbeitnehmer** im Betrieb i. S. des § 87 Abs. 1 Nr. 1 BetrVG. Verfahrens- und Arbeitsanweisungen zur sachgerechten Aufgabenerfüllung, die nicht das soziale Zusammenleben der Beschäftigten betreffen, werden von dieser Vorschrift nicht erfaßt.[129] Eine Mitbestimmung nach § 87 Abs. 1 Nr. 1 BetrVG scheidet daher aus, weil die im Umweltprogramm enthaltenen Vorstellungen zwar auf das **Arbeitsverhalten** der Arbeitnehmer abzielen, nicht aber auf deren **Sozialverhalten**. Werden hingegen in das Umweltprogramm Regelungen über die **Verhütung von Arbeitsunfällen und Berufskrankheiten** sowie über den **Gesundheitsschutz** im Rahmen der gesetzlichen Vorschriften oder der Unfallverhütungsvorschriften aufgenommen, folgt das Mitbestimmungsrecht aus § 87 Abs. 1 Nr. 7 BetrVG. Hierdurch werden aber nur die betreffenden Regelungen mitbestimmungspflichtig und nicht das gesamte Umweltprogramm.

176 Gleichwohl ist bereits mit Aufstellung derartiger Programme die für § 90 Abs. 1 Nr. 3 BetrVG relevante Planungsphase erreicht, auch wenn es noch der Umsetzung durch konkrete Anweisungen bedarf, um unmittelbar auf die Arbeitsabläufe einwirken zu können. Aus diesem Grunde hat der Unternehmer den Betriebsrat rechtzeitig über das Umweltprogramm zu unterrichten und etwaige Unterlagen vorzulegen, sofern die **Planung von Arbeitsverfahren und -abläufen** festgeschrieben wird.

177 Hingegen kommt die Mitbestimmung nach § 95 BetrVG auch dann nicht in Betracht, wenn solche Programme an einigen Stellen Funktionen, Aufgaben und Verantwortlichkeiten einzelner Arbeitsplätze innerhalb des betrieblichen Geschehens beschreiben sollte. Insoweit werden kaum lückenlo-

---

[128] Vgl. *Merten*, DB 1996, 90 (91).

[129] St. Rspr., vgl. nur BAG, AP Nr. 8 zu § 87 BetrVG 1972 Ordnung des Betriebes; ferner *Merten*, DB 1996, 90 (91).

se Stellenbeschreibungen formuliert werden. Darüber hinaus qualifiziert die Rechtsprechung selbst Anforderungsprofile nicht als **Auswahlrichtlinie**,[130] so können etwaige Stellenbeschreibungen als deren Vorstufe erst recht nicht als **Richtlinien i.S. des § 95 BetrVG** eingestuft werden.[131] Häufig wird es genügen, nur bestimmte umweltspezifische Aufgaben für bestimmte Arbeitsplätze festzulegen, ohne damit für die **Personalbedarfsplanung** taugliche Stellenbeschreibungen zu erstellen. Enthalten die Programme allerdings echte Stellenbeschreibungen oder Anforderungsprofile enthält, so muß der Unternehmer den Betriebsrat hierüber informieren (§ 92 Abs. 1 BetrVG).[132]

Bestimmungsgemäß wird sich das Umweltprogramm mit den **Fabrikations- und Arbeitsmethoden** i. S. des § 106 Abs. 3 Nr. 5 BetrVG befassen, weshalb eine Unterrichtungspflicht nach § 106 Abs. 2 BetrVG besteht. Der Wirtschaftsausschuß ist deshalb ebenso von dem Umweltprogramm zu unterrichten wie der Sprecherausschuß (§ 32 Abs. 2 SprAuG). Aus betriebsverfassungsrechtlicher Sicht kann wegen § 81 Abs. 1 und 3 BetrVG die **gezielte Information einzelner Mitarbeiter** erforderlich werden.[133] Entsprechendes gilt für Umweltmanagementprogramme. 178

(4) Anpassung des Managementsystems

Das **Umweltmanagementsystem** beinhaltet als Teil des Gesamtmanagements Organisationsstruktur, Zuständigkeiten, Verhaltensweisen, förmliche Verfahren, Abläufe und Mittel für die Festlegung und Durchführung der Umweltpolitik (Art. 2 Buchst. e EG-UAVO). Hierzu muß das vorhandene Managementsystem den Erfordernissen des Anhangs I Teile B und D EG-UAVO angepaßt werden. Einzelne der erforderlichen Anpassungen können möglicherweise Mitbestimmungs- oder Beteiligungsrechte auslösen. 179

Mit der Einrichtung des Umweltmanagementsystems ist ein **Managementvertreter** mit Befugnissen und Verantwortung für die Anwendung und Aufrechterhaltung des Managementsystems zu bestellen (Anhang I Teil B Nr. 2 EG-UAVO). Insoweit scheiden bei dessen Bestellung betriebliche Mitbestimmungsrechte, vor allem nach §§ 93, 99 BetrVG, aus, da es sich bei ihm regelmäßig um einen **leitenden Angestellten** i. S. des § 5 Abs. 3 BetrVG handelt. Die beabsichtigte personelle Veränderung des leitenden Angestellten ist dem Sprecherausschuß rechtzeitig mitzuteilen (§ 31 Abs. 1 SprAuG). 180

Verantwortung, Befugnisse und Beziehungen zwischen den Beschäftigten in Schlüsselfunktionen, die die Arbeitsprozesse mit Auswirkungen auf die Umwelt leiten, durchführen und überwachen, bedürfen der Definition und Beschreibung. In der Regel kann dies ohne vollständige **Stellenbeschreibungen** geschehen. Liegen gleichwohl echte Stellenbeschreibungen außerhalb des 181

---

[130] Vgl. BAG, AP Nr. 2 zu § 95 BetrVG 1972.

[131] Vgl. BAG, AP Nr. 3 zu § 95 BetrVG 1972; ferner *Merten*, DB 1990, 90 (91) m. w. N.

[132] Vgl. BAG, AP Nr. 21 zu § 87 BetrVG 1972 Lohngestaltung; ferner *Merten*, DB 1990, 90 (91) m. w. N.

[133] Wie hier *Merten*, DB 1990, 90 (92).

Bereichs der leitenden Angestellten (§ 5 Abs. 3 BetrVG) vor, so muß der Unternehmer den Betriebsrat gemäß § 92 Abs. 1 BetrVG hierüber unterrichten. Unter denselben Voraussetzungen gilt dies auch für **dokumentierte Arbeitsanweisungen**, die im Rahmen der Planung und Kontrolle umweltrelevanter Tätigkeiten zu erstellen und zu kontrollieren sind (Anhang I Teil B Nr. 4 Satz 3 Buchst. a EG-UAVO). In diesem Bereich kommen schließlich **Unterrichtungs- und Erörterungspflichten gegenüber einzelnen Arbeitnehmern** nach § 81 Abs. 1 und Abs. 3 BetrVG in Betracht.

(5) Personelle Einzelmaßnahmen

182 Sofern im Zusammenhang mit der Einrichtung des Umweltmanagementsystems **personelle Einzelmaßnahmen** (Einstellungen, Versetzungen) getroffen werden, ist in Betrieben mit in der Regel mehr als zwanzig wahlberechtigten Arbeitnehmern der Betriebsrat von der geplanten Maßnahme zu unterrichten und dessen Zustimmung einzuholen (§ 99 Abs. 1 Satz 1 BetrVG). Wird die **Umweltbetriebsprüfung** als eine systematische, dokumentierte, regelmäßige und objektive Bewertung der Leistung der Organisation, des Managements und der Abläufe zum Schutz der Umwelt nicht durch externe Gutachter, sondern **mit eigenem Personal** durchgeführt, ist bei personellen Einzelmaßnahmen ebenso die Mitbestimmung des Betriebsrats – vor allem nach §§ 93, 99 BetrVG – zu beachten.

(6) Schulung der Betriebsangehörigen

183 Im Rahmen des Umweltmanagements ist der Ausbildungsbedarf zunächst zu ermitteln und anschließend für geeignete **Ausbildungsmaßnahmen** für diejenigen Beschäftigten zu sorgen, deren Arbeit umweltrelevante Auswirkungen haben kann (Anhang I Teil B Nr. 2 EG-UAVO). Während dieser Aspekt bei der Einrichtung des Managementsystems nicht mitbestimmungspflichtig ist, gilt für die **konkrete Durchführung** der Ausbildungsmaßnahmen wegen §§ 96 ff. BetrVG möglicherweise anderes. Danach hat der Unternehmer mit dem Betriebsrat auf dessen Verlangen Fragen der Berufsbildung zu beraten, sofern die Ausbildungsmaßnahmen **Maßnahmen der Berufsbildung** (§ 96 Abs. 1 Satz 2 BetrVG) sind. Für die Einführung betrieblicher Berufsbildungsmaßnahmen gilt dies gemäß § 97 BetrVG. Schließlich bestehen nach § 98 BetrVG Mitbestimmungsrechte im Hinblick auf die Durchführung betrieblicher Bildungsmaßnahmen.

184 Derartige Mitwirkungsrechte hängen davon ab, ob es sich um eine **Berufsbildungsmaßnahme** oder sonstige Bildungsmaßnahme i. S. des § 98 Abs. 6 BetrVG handelt. Mitbestimmungsfrei sind **Unterrichtungen, Belehrungen bzw. Erörterungen** nach § 81 BetrVG, also Unterrichtungen des Arbeitnehmers über seine konkrete Tätigkeit im Rahmen des Arbeitsvertrags. Hierzu zählen etwa alle Einweisungen in bestimmte Aufgabengebiete, Anleitungen zur Bedienung von Geräten sowie unternehmens- und produktbezogene Unterweisungen von Mitarbeitern.[134] Solche Unterrichtungen

[134] Vgl. BAG, AP Nr. 7 zu § 98 BetrVG 1972, m. w. N.; ferner *Merten*, DB 1990, 90 (92) m. w. N.

schuldet der Unternehmer seinen Arbeitnehmern überwiegend bereits aufgrund seiner Fürsorgepflicht; sie können auch in kollektiver Form, etwa in Form eines Kurses, erfolgen.[135] Die Unterrichtungspflicht umfaßt unter anderem, bei der Belegschaft vertieftes Verständnis für die ökologischen Verbesserungsmaßnahmen zu wecken.[136]

Hiervon abzugrenzen sind Berufsbildungsmaßnahmen, bei denen das in **185**
der Veranstaltung **vermittelte Wissen unabhängig vom konkreten Arbeitsplatz** beim jetzigen Arbeitgeber allgemein zu einer beruflichen Qualifizierung führen kann. Hier greift nach §§ 96ff. BetrVG die Mitbestimmung ein, sofern es sich nicht um Maßnahmen für leitende Angestellte i.S. des § 5 Abs. 3 BetrVG handelt.[137]

(7) Schulung des Betriebsrates

Die Teilnahme am Umweltauditsystem legt – nicht zuletzt aufgrund der **186**
Guten Managementpraktik Nr. 1 (Anhang I Teil D) – die Vermutung nahe, daß Unternehmen künftig häufiger seitens der Betriebsräte mit Forderungen nach Schulungs- und Bildungsveranstaltungen zum Thema Umweltmanagement konfrontiert werden. Ein **Schulungsanspruch nach § 37 Abs. 6 BetrVG** besteht indes nur, wenn die durch die Veranstaltung vermittelten Kenntnisse für die Betriebsratstätigkeit erforderlich sind. Nach der Rechtsprechung ist dies der Fall, wenn der Betriebsrat das vermittelte Wissen unter Berücksichtigung der konkreten Situation des Betriebs und seines Wissensstandes sofort oder doch aufgrund einer typischen Fallgestaltung demnächst benötigt, um seine gegenwärtig oder in nächster Zeit anfallenden Aufgaben sach- und fachgerecht wahrnehmen zu können.[138] Diese **Erforderlichkeit** wird in bezug auf eine allgemeine Veranstaltung zum Umweltmanagement zu verneinen sein: Im Zusammenhang mit der Einführung des Systems im Betrieb sind vorwiegend Informations- und Beratungsrechte des Betriebsrates zu beachten. Für deren Wahrnehmung bedarf es keiner besonderen Kenntnisse über die Managementmechanismen der Umweltauditverordnung. Gegebenenfalls werden spezifisch technische Kenntnisse über beabsichtigte Verfahrensänderungen erforderlich sein. Mitwirkungsrechte aus den Bereichen Arbeitsschutz, Berufsbildung und personeller Einzelmaßnahmen gehören unabhängig von der Einrichtung des Systems zu den Aufgaben des Betriebsrates.

(8) Einrichtung von Arbeitskreisen

Es ist ohne weiteres vorstellbar, daß zur Erreichung des Ziels einer kon- **187**
tinuierlichen Verbesserung des betrieblichen Umweltschutzes Gremien etwa in Form von **Arbeitskreisen** gebildet werden. Derartige Arbeitskreise sind von der EG-Verordnung zwar nicht ausdrücklich vorgesehen, die

---

[135] Vgl. BAG, AP Nr. 7 zu § 98 BetrVG 1972; ferner *Merten*, DB 1996, 90 (93) m.w.N.

[136] Dies entspricht der Guten Managementpraktik 1.

[137] Zum Umfang der Mitbestimmung vgl. *Merten*, DB 1996, 90 (93) m.w.N.

[138] Vgl. BAG, AP Nr. 54 zu § 37 BetrVG m.w.N.; ferner *Merten*, DB 1996, 90 (93); *Matthes*, in: MünchArbR, § 300 Rdnr. 106.

Gute Managementpraktik Nr. 1 (Anhang I Teil D EG-UAVO) legt eine solche **Einbindung der Arbeitnehmer** in das System jedoch nahe. Die Einrichtung von Arbeitskreisen unterliegt nicht der Mitbestimmung nach § 87 Abs. 1 Nr. 12 BetrVG und kann infolgedessen auch nicht im Wege des Initiativrechts eingefordert werden. Die Bildung solcher Arbeitskreise geschieht im betrieblichen Interesse, sie tagen während der Arbeitszeit erfahrungsgemäß unter Leitung eines Vorgesetzten. Die Arbeitnehmer erfüllen mit der Teilnahme an einem solchen Arbeitskreis nur ihre vertragliche Leistungspflicht, nicht etwa zusätzliche Leistungstatbestände (§ 87 Abs. 1 Nr. 12 BetrVG).[139]

(9) Festlegung der Umweltziele

188 Für die nach Art. 3 Buchst. e EG-UAVO auf der Leitungsebene des Unternehmens zu entwickelnden **Umweltziele**, die als Vorstufe für das ständig fortzuschreibende Umweltprogramm dienen, gelten die Ausführungen zur betrieblichen Mitbestimmung im Zusammenhang mit der Festlegung der betrieblichen Umweltpolitik entsprechend.[140]

(10) Unterrichtung durch die Umwelterklärung

189 Soweit **Betriebsrat und Arbeitnehmer als Teil der Öffentlichkeit** durch die veröffentlichte Umwelterklärung über die wesentlichen Ergebnisse informiert werden, bestehen in bezug auf Einzelergebnisse der Betriebsprüfung über den Inhalt der Umwelterklärung hinaus auch nach § 80 Abs. 2 BetrVG keine sonstigen Informationsrechte. Die Erhebung der jeweiligen Daten dient nur der Vorbereitung und Planung weiterer Schritte auf dem Weg zum Umweltmanagement, etwaige Detailinformationen haben deshalb weder unmittelbare Auswirkungen auf das Personal noch stehen sie in direktem Zusammenhang mit den Aufgaben des Betriebsrats. Der Unternehmer ist nur verpflichtet, die Ergebnisniederschriften im Zusammenhang mit der Unfallverhütung zugänglich zu machen (§ 89 Abs. 4 BetrVG).

(11) Arbeitsschutz und Umweltschutz

190 Auf dem Gebiet des **Arbeitsschutzes** verfügt der Betriebsrat über zahlreiche Beteiligungsrechte, teilweise echte Mitbestimmungsrechte. Der Arbeitsschutz zählt zu den allgemeinen Aufgaben des Betriebsrats (§ 80 Abs. 1 Nr. 1 BetrVG). Nach § 87 Abs. 1 Nr. 7 BetrVG unterliegen bestimmte arbeitsschutzrechtliche Regelungen der Mitbestimmung. Ferner können gem. § 88 Nr. 1 BetrVG Betriebsvereinbarungen über zusätzliche Maßnahmen in diesem Bereich geschlossen werden. Darüber hinaus weist § 98 BetrVG dem Betriebsrat hier bestimmte Rechte und Pflichten zu.

191 Allerdings vermitteln **arbeitsschutzbezogene Aufgaben und Beteiligungsrechte** keine umfassende Zuständigkeit des Betriebsrats für den Umweltschutz. Dessen Mitwirkungs- und Mitbestimmungsrechte sind bei der Einführung des Umweltmanagementsystems nur in bezug auf arbeitsschutzrelevante Fragen zu beachten, bei denen naturgemäß Gesichtspunkte des

---

[139] So auch *Merten*, DB 1996, 90 (93) dortige Fn. 23.

[140] Siehe oben Rdnr. 172 ff.

Umweltschutzes berührt werden können. Daraus ist aber nicht zu folgern, daß umgekehrt jede umweltschutzrechtliche Maßnahme auch dem Arbeitsschutz unterfällt. Nach dem abgestuften betriebsverfassungsrechtlichen Beteiligungssystem besteht **kein allgemeines „umweltschutzrechtliches Mandat“ des Betriebsrats**. Auch sind die geltenden Umweltgesetze keine „zugunsten der Arbeitnehmer geltenden Gesetze, Verordnungen, Unfallverhütungsvorschriften“ i.S. des § 80 Abs. 1 Nr. 1 BetrVG. Sie bezwecken überwiegend den Schutz der natürlichen Lebensgrundlagen zugunsten der Allgemeinheit, nicht aber speziell den Schutz der Arbeitnehmer. Die Beachtung von Umweltschutzvorschriften fällt damit nicht in die Kompetenz des Betriebsrates.[141]

dd) Abschluß von Betriebsvereinbarungen

(1) Kein Initiativrecht des Betriebsrates

Sowohl für den Unterenehmer als auch für dessen Arbeitnehmer kann von Interesse sein, ob und inwieweit der Betriebsrat auf die Entscheidung über die Einführung des Umweltmanagementsystems Einfluß nehmen kann. Der Betriebsrat kann den Abschluß einer Rahmenbetriebsvereinbarung hierzu nicht erzwingen, da **keine echten Mitbestimmungsrechte nach § 87 BetrVG** betroffen sind. Ein Initiativrecht des Betriebsrats dahingehend, daß er dem Unternehmer Planungen von Neu-, Um- und Erweiterungsbauten von Fabrikations-, Verwaltungs- und sonstigen betrieblichen Räumen, von technischen Anlagen, von Arbeitsweisen und -abläufen oder der Arbeitsplätze vorlegen und deren Erörterung erzwingen könnte, kann auch nicht aus den **Beratungs- und Unterrichtungsrechten des § 90 BetrVG** abgeleitet werden.[142] **192**

Um die Einführung des Umweltauditsystems wenigstens anzuregen, bleibt dem Betriebsrat nur das weit gefaßte **Antragsrecht** nach § 80 Abs. 1 Nr. 2 BetrVG. Danach können sich Anträge auf betriebsbezogene tarif- und sozialpolitische sowie wirtschaftliche Angelegenheiten beziehen, so daß auch das Umweltmanagementsystem angesprochen werden kann. Der Unternehmer wird hierdurch zwar verpflichtet, den Betriebsrat anzuhören und mit ihm zu verhandeln, gleichwohl kann eine Entscheidung über dahingehende Anträge des Betriebsrats nicht erzwungen werden.[143] **193**

(2) Betriebsvereinbarungen auf freiwilliger Basis

Theoretisch kann die Einrichtung des Umweltmanagementsystems Gegenstand einer **freiwilligen Betriebsvereinbarung** sein. Die Rechtsprechung geht trotz der systematisch eindeutigen Stellung des § 88 BetrVG von einer **umfassenden Regelungskompetenz der Betriebspartner** aus, die sich auch auf personelle und wirtschaftliche Angelegenheiten erstrecken könne. Eine Begrenzung finde nur durch zwingendes staatliches Recht, die Schranke des § 77 Abs. 3 BetrVG und durch die Grenzen von Recht und Billigkeit (§ 75 **194**

---

141 Wie hier *Merten*, DB 1996, 90 (93) m. w. N.
142 Siehe *Merten*, DB 1996, 90 (94) m. w. N.
143 Vgl. *Merten*, DB 1996, 90 (94) m. w. N.

Abs. 1 BetrVG) statt.[144] Umstritten und bislang noch nicht höchstrichterlich entschieden ist die weitere, im Ergebnis zu bejahende Frage, ob durch Betriebsvereinbarungen nach § 88 BetrVG nur **generelle Regelungen** getroffen werden können. Das folgt zum einen daraus, daß der Betriebsrat als Kollektivorgan seine Regelungsbefugnisse aus der Wahl seiner Mitglieder durch die Belegschaft herleitet. Wenngleich es sich bei der Betriebszugehörigkeit um eine Zwangsmitgliedschaft handelt, heißt dies keineswegs, daß der einzelne Arbeitnehmer mit der Wahl des Betriebsrats diesem auch Kompetenzen für seinen Individualbereich eingeräumt hat. Zum anderen ergeben sich die rechtlichen Wirkungen einer Betriebsvereinbarung nicht aus dem selbstbestimmten Handeln der betroffenen Arbeitnehmer, sondern als Konsequenz aus der gesetzlichen Geltungsanordnung.[145]

195 Etwaige Regelungsbefugnisse im Hinblick auf eine Betriebsvereinbarung zum Umweltauditsystem erfahren hierdurch eine beträchtliche Einschränkung. Darüber hinaus erfordert die Umsetzung des Umweltmanagementsystems eine **Vielzahl von Individualregelungen** bzw. personellen Einzelmaßnahmen, die einer generellen Regelung durch Betriebsvereinbarungen üblicherweise nicht zugänglich sein werden. So richtet sich die Beteiligung des Betriebsrats bei den personellen Einzelmaßnahmen nach §§ 99ff. BetrVG, weshalb eventuelle Regelungsbefugnisse nach §§ 87, 88 BetrVG ausscheiden. Außerdem werden vielfach leitende Angestellte von den Umgestaltungen im Bereich des Managements betroffen sein, insoweit ist dem Betriebsrat zwar Mitteilung zu machen, für etwaige Regelungen fehlt ihm aber die Befugnis. Eine freiwillige Betriebsvereinbarung wiese deshalb zwangsläufig **zahlreiche Lücken** auf, die das mit ihr verfolgte Ziel, verbindliche Rahmenbedingungen für die Einführung des Umweltmanagementsystems zu schaffen, letztlich konterkarieren würden. Der Abschluß von Betriebsvereinbarungen sollte daher nur zur **Lösung punktueller Probleme** in Erwägung gezogen werden.[146]

ee) Mitbestimmung im Aufsichtsrat

196 Die Mitbestimmung der Arbeitnehmer im Aufsichtsrat besteht bei (fast) allen Aktiengesellschaften, Kommanditgesellschaften auf Aktien, Gesellschaften mit beschränkter Haftung und Erwerbs- und Wirtschaftsgenossenschaften mit mehr als 500 Arbeitnehmern. Die Mitwirkungsmöglichkeiten der Arbeitnehmervertreter beschränken sich auf die **Befugnisse des Aufsichtsrates** innerhalb des Unternehmens. Dessen Aufgaben und Rechte ergeben sich im wesentlichen aus § 111 AktG für die Aktiengesellschaft, § 278 Abs. 3 AktG für die Kommanditgesellschaften auf Aktien, § 52 Abs. 1 GmbHG i. V. mit § 111 AktG für die GmbH und § 38 Abs. 1 GenG für die Genossenschaft.

---

[144] Vgl. BAG GS, AP Nr. 46 zu § 77 BetrVG 1972; ferner *Merten*, DB 1996, 90 (94) m. w. N. auch abw. Literaturmeinungen.

[145] Ausführlich zum Meinungsstand *Merten*, DB 1996, 90 (94) m. w. N. Vgl. ferner *Fitting/Auffarth/Kaiser/Heither*, § 77 Anm. 68f.

[146] So auch *Merten*, DB 1990, 90 (94).

Nach § 111 Abs. 1 AktG hat der Aufsichtsrat lediglich **Überwachungsfunktion** in bezug auf die Geschäftsführung des Vorstandes. Maßnahmen der Geschäftsführung können ihm nicht übertragen werden (§ 111 Abs. 4 Satz 1 AktG). Er kann auf sie in der Regel nur reagieren, so etwa auch auf den Entschluß, am Umweltauditsystem teilzunehmen. Ein dahingehendes Initiativrecht fehlt ihm hingegen. 197

(1) Beratungs- und Informationsrechte

Die nachträgliche Kontrolle wird durch eine vorbeugende Überwachung ergänzt, die sich aus den **Berichtspflichten des Vorstandes über die künftige Geschäftspolitik**, Rentabilität, Umsatz und Lage der Gesellschaft ergibt. Im Rahmen dieser Überwachungsaufgaben hat sich der Aufsichtsrat selbst mit Zukunft des Unternehmens befassen.[147] Eine wirksame Kontrolle setzt nach der Rechtsprechung eine ständige Diskussion mit dem Vorstand und damit dessen laufende Beratung voraus.[148] Diese Beratungspflicht ist aber auf Grundsatzfragen beschränkt, und umfaßt nicht fachspezifische Einzelfragen. 198

Wird die Teilnahme am Umweltauditsystem im Einzelfall zur **Grundsatzfrage** erhoben wird, so darf der Aufsichtsrat seine Beratung nicht als versteckte Weisung ausüben. Die Geschäftsführung ist in ihrer Entscheidung nach wie vor frei. Freilich kann sich der Aufsichtsrat dank seiner Personalkompetenz zur Bestellung und Abberufung von Vorstandsmitgliedern jederzeit bei der Geschäftsführung Gehör verschaffen, er verfehlt aber seine Aufgabe als Kontrollorgan, wenn er die Personalkompetenz als Druckmittel einsetzt, um einen Teilnahmeentschluß herbeizuführen.[149]

In der Regel werden die Betriebe, die die Einführung eines Umweltmanagements und einer Umweltbetriebsprüfung erwägen, bei der Ausübung ihrer umweltrelevanten Tätigkeiten bereits zahlreiche von der EG-Verordnung geforderte **Umweltschutz- und Betriebsorganisationsmaßnahmen** aufgrund der hohen materiellen Anforderungen des deutschen Umweltrechts verwirklicht haben. Die Entscheidung über die Teilnahme am Gemeinschaftssystem wird sich demnach weitgehend auf **Detailfragen** der Umsetzung beschränken, so daß eine Beratungspflicht des Aufsichtsrats entfällt. 199

Während somit der Entschluß für die Teilnahme am Umweltauditsystem im Regelfall nicht der Berichtspflicht über die künftige Geschäftspolitik unterliegen wird, kann für die **Entscheidung gegen eine solche Teilnahme** anderes gelten, wenn das Unternehmen in besonders hohem Maße im umweltrelevanten Bereich engagiert ist. Insofern ist von Bedeutung, daß die Berichtspflicht zu einem **Begründungszwang** führen kann, weshalb eine bestimmte Entscheidung getroffen wurde bzw. beabsichtigt ist.[150] 200

---

147 Vgl. BGHZ 114, 127 (129).
148 Vgl. BGHZ 114, 127 (129); ferner *Winzen*, DB 1996, 94 (95) m. w N.
149 So auch *Winzen*, DB 1996, 94 (95).
150 Wie hier *Winzen*, DB 1996, 94 (95).

(2) Berichterstattungsrechte

201 Darüber hinaus können bei der Aktiengesellschaft, der Kommanditgesellschaft auf Aktien und der Gesellschaft mit beschränkter Haftung der Aufsichtsrat oder einzelne Aufsichtsratsmitglieder jederzeit eine **zusätzliche Berichterstattung des Vorstands** über einzelne Angelegenheiten der Gesellschaft verlangen, sofern diese geschäftlichen Vorgänge die Lage der Gesellschaft erheblich beeinflussen können (§ 25 Abs. 1 Satz 1 Nr. 2 MitbestG, § 77 BetrVG 1952 i. V. m. § 90 Abs. 3 AktG). Für die Genossenschaft enthält § 38 Abs. 1 GenG eine ähnliche Regelung.

202 Dieses Informationsbegehren soll der sachgerechten Ausübung der Überwachungsaufgaben dienen und darf nicht **mißbräuchlich** ausgeübt werden.[151] Anfragen zur Einführung des Umweltmanagementsystems werden deshalb als unzulässig anzusehen sein, wenn sich die Teilnahme am System als Einzelfrage ohne Bedeutung für übergeordnete Zusammenhänge darstellt.

(3) Grenzen der unternehmerischen Mitbestimmung

203 Hat sich der Vorstand einmal für die Beteiligung am Umweltauditsystem entschieden, obliegt allein ihm die **Durchführung**. Detailfragen der Einrichtung des Systems unterliegen nicht der Kontrolle des Aufsichtsrats. Bei Fragen von übergeordneter Bedeutung können Beratungsrechte gegeben sein. Infolge der Veröffentlichung der Umwelterklärung dürften sich etwaige Informationsrechte weitgehend erübrigen.

204 Infolgedessen reduziert sich die Bedeutung der unternehmerischen Mitbestimmung auf die **Entscheidung über die Teilnahme** am Umweltauditsystem. Von gewerkschaftlicher Seite besteht gleichwohl großes Interesse hieran. Ausweislich eines **Positionspapiers des Deutschen Gewerkschaftsbundes** zur Umweltauditverordnung, sollen „die Vertreter von Arbeitnehmerinnen und Arbeitnehmern in den Aufsichtsräten ... auf eine flächendeckende Beteiligung der Unternehmen an Umweltmanagement und Umweltbetriebsprüfung unter Beteiligung der Beschäftigten drängen. Dazu wird eine Handlungshilfe für Aufsichtsräte erstellt."[152]

ff) Bewertung der Mitwirkungs- und Mitbestimmungsmöglichkeiten

205 Zusammenfassend bleibt festzuhalten, daß die grundsätzliche Entscheidung über die Teilnahme am Umweltauditsystem in den **mitbestimmungsfreien unternehmerischen Entscheidungsspielraum** fällt. Der Betriebsrat kann zwar Anregungen geben, mehr aber auch nicht. Bei der Umsetzung des Umweltmanagementsystems können im Einzelfall **Mitbestimmungs- bzw. Beteiligungsrechte des Betriebsrats** zu beachten sein, der Abschluß einer umfassenden freiwilligen Betriebsvereinbarung erscheint aber nicht empfehlenswert.

206 In den Aufsichtsräten sind die Einflußmöglichkeiten der Arbeitnehmervertretungen auf die unternehmerische Entscheidung, am Umweltauditsystem teilzunehmen, ebenfalls gering. **Beratungs-, Informations- und Bericht-**

---

[151] So auch *Winzen*, DB 1996, 94 (95) m. w. N.

[152] Zitiert nach *Winzen*, DB 1996, 94.

erstattungsrechte bestehen zwar in engen Grenzen, stellen aber kein taugliches Mittel für die Aufsichtsräte dar, auf die Einführung des Umweltmanagementsystems zu drängen.

6. Umweltbetriebsprüfung

Kernstück des Umweltauditsystems ist die unternehmensinterne **Umweltbetriebsprüfung**. Aus diesem Grunde ist sie Gegenstand umfassender Regelungen (Art. 2 Buchst. f und e, Art. 3 Buchst d, Art. 4 und Anhang II passim EG-UAVO). Die EG-Verordnung definiert sie als **Managementinstrument**, das eine systematische, dokumentierte, regelmäßige und objektive Bewertung der Leistung der Organisation, des Managements und der Abläufe zum Schutz der Umwelt umfaßt und 207
- sowohl der Erleichterung der **Managementkontrolle** umweltrelevanter Verhaltensweisen
- als auch der **Konformitätsbewertung** der Unternehmenspolitik im Umweltbereich

dient (Art. 2 Buchst. f EG-UAVO).

a) Prüfungsgegenstand und -umfang

Die beiden Zielvorgaben für die Umweltbetriebsprüfung bestimmen ihrerseits den **Gegenstand der Prüfung**: Zu ihren Zielen zählt vor allem die Bewertung der bestehenden Managementsysteme und die Feststellung, ob und inwieweit die betriebliche Wirklichkeit mit der Umweltpolitik und dem Umweltprogramm übereinstimmt; dies schließt Übereinstimmung mit den einschlägigen Umweltvorschriften ein (Anhang II Teil A Abs. 2 EG-UAVO). Den Mindestinhalten von Umweltpolitik und -programm folgend sind im Rahmen der Umweltbetriebsprüfung die in Anhang I Teil C genannten Gesichtspunkte Prüfungsgegenstand. 208

Die Zielvorstellung einer jeden Betriebsprüfung bzw. eines jeden Betriebsprüfungszyklus und die Häufigkeit der Prüfungen sind vorab in **standortbezogenen Umweltbetriebsprüfungsprogrammen** schriftlich zu fixieren (Anhang II Teil A Abs. 1 EG-UAVO). 209

Ferner sind der Umfang der einzelnen Betriebsprüfungen und gegebenenfalls eines jeden Abschnitts eines Prüfungszyklus im Voraus festzulegen. Jedenfalls umfaßt die Betriebsprüfung die Beurteilung der zur **Bewertung des betrieblichen Umweltschutzes** erforderlichen Daten. Ausdrücklich sind hierbei folgende Aspekte festzulegen: 210
- die erfaßten Bereiche,
- die zu prüfenden Tätigkeiten,
- die **zu berücksichtigenden Umweltstandards** und
- der durch die Betriebsprüfung erfaßte Zeitraum (Anhang II Teil B EG-UAVO).

Bereits an dieser Stelle wird deutlich, daß einer der Schwerpunkte der Umweltbetriebsprüfung auf der **Einhaltung sämtlicher einschlägiger Umwelt-** 211

vorschriften liegt. Dieser Aspekt wird wiederholt hervorgehoben: So werden von den Betriebsprüfern Kenntnisse und Erfahrungen in bezug auch auf die einschlägigen rechtlichen Fragen verlangt (Anhang II Teil C Abs. 1 EG-UAVO). Ferner zählt die Ermittlung, ob der Standort den geltenden Normen entspricht, zu den Betriebsprüfungstätigkeiten (Anhang II Teil E Nr. 1 EG-UAVO). Die Gewichtung dieses Teils der Umweltbetriebsprüfung entspricht dem Stellenwert der von dem Unternehmen insoweit eingegangenen **Selbstverpflichtung**. Insofern findet eine **umfassende Überprüfung** statt, die ihrerseits durch den unabhängigen Umweltgutachter kontrolliert wird.[153]

212 Der Zeitraum, innerhalb dessen alle Tätigkeiten an einem Standort in bezug auf alle umweltrelevanten Gesichtspunkte einer Betriebsprüfung zu unterziehen sind, wird in Art. 2 Buchst. g EG-UAVO als **Betriebsprüfungszyklus** definiert. Damit ist entgegen der mißverständlichen Formulierung nicht der Turnus gemeint, innerhalb dessen die Betriebsprüfungen zu wiederholen sind, sondern – wie sich aus der Regelung über die Prüfungshäufigkeit in Anhang II Teil H EG-UAVO[154] ergibt – die **Dauer eines Prüfungsdurchganges.**[155]

b) Prüfungsvorbereitung

213 Es liegt auf der Hand, daß die **Zeit** und die **Mittel**, die für die Prüfung eingesetzt werden, dem Umfang und den Zielen der Prüfung entsprechen müssen (Anhang II Teil C Abs. 1 Satz 2 EG-UAVO). Dazu gehört, daß geeignete Mittel bereitgestellt werden müssen (Anhang II Teil D Abs. 1, 1. Spiegelstrich EG-UAVO).

214 Darüber hinaus muß sichergestellt sein, daß **alle Beteiligten** von den Prüfern über die Unternehmensleitung des Standorts bis hin zum Personal ihre **Rolle** und ihre **Aufgaben** im Rahmen der Betriebsprüfung verstehen. Zu diesem Zweck müssen sie sich mit den Tätigkeiten am Standort ebenso vertraut machen wie mit dem bestehenden Umweltmanagementsystem. Des weiteren gehört zu einer der Sache angemessenen Vorbereitung auf eine Betriebsprüfung, daß die Beteiligten die **Feststellungen und Schlußfolgerungen vorangegangener Prüfungen** nachprüfen (Anhang II Teil D EG-UAVO).

c) Prüfungstätigkeit und -ablauf

215 Die **Prüfungstätigkeiten vor Ort** schließen Diskussionen mit dem am Standort beschäftigten Personal, Untersuchungen der Betriebs- und Arbeitsbedingungen, Prüfungen einschlägiger Dokumentationen in bezug auf die Bewertung der Umweltschutzqualität des Standorts ein. Sie dienen der Feststellung,

---

[153] Zu Gegenstand und Tiefe der Prüfung durch den Umweltgutachter siehe Rdnr. 281 ff., 309 ff.

[154] Siehe unten Rdnr. 221 ff.

[155] A. A. *Sellner/Schnutenhaus*, NVwZ 1993, 928 (930).

- ob der Standort den geltenden Normen entspricht, und
- ob das bestehende Managementsystem wirksam und geeignet ist, die umweltorientierten Aufgaben zu bewältigen (Anhang II Teil E Nr. 1 EG-UAVO).

Insofern gleicht die Aufgabenstellung derjenigen des Umweltgutachters.[156]

Nach Anhang II Teil E Nr. 2 EG-UAVO umfaßt die Betriebsprüfung im **216**
einzelnen folgende Schritte:

- Kenntnisnahme der Managementsysteme,
- Beurteilung der Schwächen und Stärken der Managementsysteme (**Schwachstellenanalyse**),
- Erfassung relevanter Nachweise,
- Bewertung der bei der Betriebsprüfung gemachten Feststellungen,
- Ausarbeitung der Schlußfolgerungen aus der Betriebsprüfung und
- Erstellung eines Berichts über die Feststellungen und Schlußfolgerungen der Betriebsprüfung.

Bei dem gesamten Prüfungsablauf leistet die Unternehmensleitung Hilfe- **217**
stellung. Bei dem zu erstellenden Bericht handelt es sich um die **offizielle Mitteilung** der Feststellungen und Schlußfolgerungen der Betriebsprüfung **an die Unternehmensleitung** (Anhang II Teil F Nr. 1 Abs. 2 EG-UAVO).

d) Prüfungsabschluß und -folgerungen

Die Umweltbetriebsprüfung schließt mit dem für die Unternehmenslei- **218**
tung bestimmten Bericht, der in geeigneter Form und mit geeignetem Inhalt abgefaßt werden soll, um eine **vollständige und förmliche Vorlage der Feststellungen und Schlußfolgerungen der Betriebsprüfung** sicherzustellen (Anhang II Teil F Nr. 1 Abs. 1 EG-UAVO).

Der **Zweck des förmlichen Betriebsprüfungsberichts** besteht darin, **219**

- den von der Betriebsprüfung erfaßten Prüfungsumfang zu dokumentieren,
- der Unternehmensleitung Informationen über den bisher erreichten Grad an Übereinstimmung der betrieblichen Wirklichkeit mit der Umweltpolitik des Unternehmens und die umweltbezogenen Fortschritte am Standort zu vermitteln,
- die Unternehmensleitung über den Stand der Wirksamkeit und Verläßlichkeit der Regelungen für die Überwachung ökologischer Auswirkungen am Standort zu unterrichten, und
- die Notwendigkeit etwa erforderlicher Korrekturmaßnahmen zu belegen (Anhang II Teil F Nr. 2 EG-UAVO).

Im Anschluß an die Betriebsprüfung ist nicht nur ein **Plan mit zweckdien-** **220**
lichen Korrekturmaßnahmen auszuarbeiten und umzusetzen, vielmehr müssen funktionierende Mechanismen vorhanden sein, durch die sichergestellt wird, daß aufgrund der Prüfungsergebnisse tatsächlich taugliche Folgemaßnahmen getroffen werden (Anhang II Teil G EG-UAVO).

---

[156] Vgl. hierzu Anhang III Teil B Nr. 2 Abs. 2 EG-UAVO, ferner Rdnr. 299 ff.

e) Prüfungshäufigkeit

221 Gemäß Anhang II Teil H EG-UAVO bestimmt sich der **Turnus**, innerhalb dessen Betriebsprüfungen durchzuführen bzw. Betriebsprüfungszyklen abzuschließen sind, nach der anhand der Standortbedingungen zu ermittelnden **Notwendigkeit**. Die Häufigkeit wird gesondert für jede am Standort ausgeübte Tätigkeit unter Berücksichtigung ihrer möglichen Umweltauswirkungen und des Umweltprogramms von der Unternehmensleitung festgelegt. Maßgeblich sind insoweit folgende Kriterien:
- Art, Umfang und Komplexität der Tätigkeiten,
- Art und Umfang der Emissionen, des Abfalls, des Rohstoff- und Energieverbrauchs sowie generell der **Wechselwirkungen mit der Umwelt**,
- Bedeutung und Dringlichkeit der festgestellten Probleme im Lichte der ersten Umweltprüfung oder der vorangegangenen Betriebsprüfung und
- Vorgeschichte der Umweltprobleme.

222 Die Häufigkeit der Betriebsprüfungen wird also entscheidend von der am Standort vorgefundenen Umweltsituation und den vom Standort ausgehenden Umweltauswirkungen bestimmt; die **Abstände** dürfen jedoch **nicht mehr als drei Jahre** betragen. Leitlinien der EG-Kommission i. S. des Art. 4 Abs. 2 EG-UAVO, die im Verfahren nach Art. 19 EG-UAVO zu erlassen sind, stehen noch aus.

f) Prüfer

223 Die Umweltbetriebsprüfung am Standort kann sowohl von **unternehmensangehörigen Betriebsprüfern** als auch von **externen Personen oder Organisationen** durchgeführt werden. Entscheidend ist, daß die Prüfer über die erforderlichen Kenntnisse der kontrollierten Branchen und Tätigkeitsbereiche, vor allem über Wissen und Erfahrung in bezug auf das einschlägige Umweltmanagement und die in Betracht kommenden technischen, umweltspezifischen und rechtlichen Fragen, sowie über ausreichende Ausbildung und Sachkenntnis für die spezifische Prüfungstätigkeit verfügen, um die Ziele der Umweltbetriebsprüfung zu erreichen (Anhang II Teil C Abs. 1 EG-UAVO). Die Prüfer müssen also aufgrund ihrer Ausbildung und ihrer beruflichen Bildung und Erfahrung die **fachlichen Qualifikationen** besitzen, um ihrer Aufgabe gerecht zu werden.

224 Die Prüfer müssen ferner von den Tätigkeiten, die sie kontrollieren, in ausreichendem Maße **unabhängig** sein, so daß ihnen eine **objektive und neutrale Bewertung** möglich ist (Anhang II Teil C Abs. 3 EG-UAVO).

225 Aufgrund dieser Anforderungen an die Person des Betriebsprüfers bietet es sich an, hierfür den bzw. die **Betriebsbeauftragten für die verschiedenen Umweltschutzbereiche** des Unternehmens heranzuziehen. Sie verfügen gewiß über die notwendige fachliche Kompetenz. Ihre Unabhängigkeit ist aufgrund ihrer Stellung im Betrieb gewährleistet, weil sie frei von jeglicher Linienverantwortung und in ihrer innerbetrieblichen Beratungstätigkeit **weisungsunabhängig** sind. Die im Rahmen der **betrieblichen Eigenüberwa-**

chung aufgrund der einschlägigen gesetzlichen Vorschriften beklagte Schwäche ihrer Stellung gegenüber dem Unternehmen wirkt sich für die Durchführung der Umweltbetriebsprüfung auf der Grundlage der Umweltauditverordnung positiv aus. Die Vorteile erwachsen insbesondere aus dem besonderen Wissen der Betriebsbeauftragten um die Eigenheiten des Standorts und der betrieblichen Abläufe.

Aus den letztgenannten Überlegungen heraus bietet es sich auch an, die **226**
Betriebsbeauftragten einzubeziehen, wenn das Unternehmen um einer **größeren Akzeptanz** seitens der geprüften Betriebseinheiten willen einen **externen und deshalb unbefangeneren Prüfer** mit der Durchführung der Umweltbetriebsprüfung betraut.[157]

7. Umwelterklärung

Nach der ersten Umweltprüfung und jeder weiteren Umweltbetriebsprü- **227**
fung hat das Unternehmen eine Umwelterklärung zu erstellen (Art. 5 Abs. 1 EG-UAVO). Sie soll als Kernstück des Systems der Öffentlichkeit **Einblick in die betriebliche Umweltschutzsituation** gewähren. Dies ergibt sich an verschiedenen Stellen aus der Verordnung.[158] Infolge der Validierung durch den Umweltgutachter wird einer **kritischen Öffentlichkeit** mit der Umwelterklärung eine **zuverlässige Informationsquelle** an die Hand gegeben. Sie ermöglicht einerseits, durch zusätzlichen Druck aus der Öffentlichkeit Verbesserungen des betrieblichen Umweltschutzes zu erzielen. Andererseits bietet sich denjenigen Unternehmen, die die Anforderungen der EG-Verordnung übererfüllen, die Gelegenheit, gegenüber ihren Wettbewerbern Ansehen zu gewinnen.[159] In der Funktion der Umwelterklärung zeigt sich deutlich, daß die gezielte Ansprache der Öffentlichkeit genutzt wird, um die **fehlende Vollzugskompetenz der EG**, aber auch **bestehende Vollzugsdefizite in den Mitgliedstaaten** zumindest teilweise auszugleichen.[160]

a) Inhalt

Nach Art. 5 Abs. 3 EG-UAVO umfaßt die Umwelterklärung insbesondere **228**
- eine Beschreibung der **Tätigkeiten** des Unternehmens an dem betreffenden Standort,

---

[157] Zur Einbeziehung der Betriebsbeauftragten für Abfall, Immissionsschutz usw. siehe Rdnr. 147 ff.

[158] So etwa aus dem 8. und dem 9. Erwägungsgrund sowie aus Art. 1 Abs. 1, Abs. 2 Buchst. c, Art. 2 Buchst. h, Art. 3 Buchst. f bis h, Art. 4 Abs. 3, Abs. 5 Buchst. d, Art. 5, Anhang I Teil B Nr. 3, Teil C und Teil D Nr. 9 EG-UAVO.

[159] So auch *Falk/Nissen*, DB 1995, 2101 m. w. N.

[160] Wie hier etwa *Falk/Nissen*, DB 1995, 2101; *Scherer*, NVwZ 1993, 11 (15); ferner zu diesem Motiv der EG-Rechtssetzung *Pernice*, NVwZ 1990, 414 (425); allgemein zur Vollzugsunterstützung durch eine kritische Öffentlichkeit *Schmidt-Aßmann*, DVBl. 1993, 924 (929 f.).

- eine **Beurteilung aller wichtigen Umweltfragen** im Zusammenhang mit den betreffenden Tätigkeiten,
- eine Zusammenfassung der **Zahlenangaben über Schadstoffemissionen, Abfallaufkommen, Rohstoff-, Energie- und Wasserverbrauch** und gegebenenfalls über Lärm und andere bedeutsame umweltrelevante Aspekte, soweit angemessen,
- **sonstige Faktoren**, die den betrieblichen Umweltschutz betreffen,
- eine Darstellung der **Umweltpolitik**, des **Umweltprogramms** und des **Umweltmanagementsystems** des Unternehmens für den betreffenden Standort,
- den Termin für die Vorlage der nächsten Umwelterklärung und
- den Namen des zugelassenen Umweltgutachters.

229 Die Beschreibung der Tätigkeiten des Unternehmens an dem betreffenden Standort umfaßt sicherlich eine knappe und **allgemeinverständliche Schilderung des Unternehmensgegenstandes, einzelner Betriebsteile, der Produktpalette und der Produktionsvorgänge**. Bei unternehmerischen Aktivitäten an mehreren Standorten dürfte eine Darstellung der Einbindung des in Rede stehenden Standortes in das unternehmerische Gesamtkonzept zu einem besseren Verständnis beitragen. Wirtschaftliche Details wie Produktivität, Umsatz und Beschäftigtenzahlen können, müssen aber nicht genannt werden.[161]

230 Die Beurteilung aller wichtigen Umweltfragen setzt deren vorherige Beschreibung voraus und zielt auf eine **umfassende Darlegung der betrieblichen Umweltsituation sowie deren Bewertung** ab. Hierbei können sich naturgemäß Überschneidungen mit der Zusammenfassung umweltrelevanter Zahlenangaben ergeben. Insoweit wird lediglich eine angemessene Wiedergabe der Daten erwartet, aber **keine vollständige Ökobilanz**.[162]

231 Mit der Einbeziehung „sonstiger Faktoren" in den Erklärungsinhalt wurde ein **Auffangtatbestand** im Hinblick auf nicht ausdrücklich erwähnte, aber nichtsdestoweniger umweltrelevante Gesichtspunkte geschaffen. Als solche kommen etwa Anstrengungen des Sicherheitsmanagements in Betracht, die aufgrund der Standortgeschichte oder einer ungewöhnlichen Störanfälligkeit bestimmter Betriebseinrichtungen besonders hervorzuheben sind. Die Angabe solcher Daten steht nicht im Belieben des Unternehmers. Vielmehr spricht der Zweck der Umwelterklärung, ein möglichst wirklichkeitsnahes Abbild der betrieblichen Umweltsituation zu vermitteln, insoweit für eine **Entscheidungsbefugnis des Umweltgutachters**, der die ausreichende Berücksichtigung aller wesentlichen für den Standort relevanten Umweltfragestellung zu überprüfen hat (Art. 4 Abs. 3 EG-UAVO i. V. m. Anhang III Teil B Nr. 1 Abs. 2). Diese Regelung beinhaltet damit ein gewisses **Konfliktpotential** im Verhältnis zwischen Unternehmer und Umweltgutachter, das noch vergrößert wird, wenn die Einstufung der betreffenden Faktoren als Betriebs- und Geschäftsgeheimnisse zur Debatte steht.[163]

---

[161] A. A. *Falk/Nissen*, DB 1995, 2101 (2102), die die Nennung dieser ihrer Ansicht nach „wesentlichen Eckdaten" für erforderlich erachten.

[162] So zutreffend *Falk/Nissen*, DB 1995, 2101 (2102), unter Hinweis auf das Vorbild des BS 7750.

[163] Siehe hierzu unten Rdnr. 241 ff.

Soweit die Umwelterklärung auch Umweltpolitik, -programm und -managementsystem für den Standort darzustellen hat, ist zu beachten, daß etwa die **Umweltpolitik** bereits nach Anhang I Teil A Nr. 2 EG-UAVO gesondert der Öffentlichkeit zugänglich zu machen ist, weshalb für den Erklärungsinhalt eine weniger ausführliche Fassung ausreicht. Die beiden anderen Aspekte werden hingegen eingehender zu behandeln sein. Dies empfliehlt sich nicht zuletzt auch im Hinblick darauf, daß die Umwelterklärung im Verhältnis zu den Umweltbehörden als „**vertrauensbildende Maßnahme**" dienen kann.[164] 232

Die beiden letzten ausdrücklich vorgesehenen Angaben in der Umwelterklärung – Termin für die Vorlage der nächsten Umwelterklärung und Name des Umweltgutachters – scheinen mehr formaler Natur zu sein, obwohl erst die Gültigerklärung durch den Umweltgutachter das hohe Maß an **Glaubwürdigkeit der Erklärung** begründet, das ihr nach der EG-Verordnung zukommen soll. Zugleich trägt die Nennung des Umweltgutachters zu dessen **Reputation** bei, so daß sich bei zunehmender Verbreitung der Auditierung im Bereich des Gutachterwesens selbstregulierende Kräfte entfalten werden.[165] Die infolgedessen zu erwartende **Konzentration auf große Umweltgutachterorganisationen** dürfte der Vorstellung der EG-Verordnung vom Umweltgutachter als Einzelperson und der innerstaatlichen Aufteilung, die außerdem noch Inhaber von Fachkenntnis- und Lehrgangsbescheinigungen berücksichtigt, zuwiderlaufen.[166] 233

Die Aufzählung des Art. 5 Abs. 3 EG-UAVO ist **nicht abschließend**, vielmehr gehören die genannten Angaben nur vorrangig – nämlich „insbesondere" – zum Erklärungsinhalt. Wenngleich mit der Abarbeitung dieses Katalogs in der Regel alle umweltrelevanten Standortangaben gemacht worden sein dürften, können ausnahmsweise weitere Angaben erforderlich sein. Darüber hinaus ist die Formulierung, derzufolge „sonstige Faktoren" in bezug auf den betrieblichen Umweltschutz zu nennen sind, bewußt offen. Ferner wird in der Umwelterklärung auf **bedeutsame Veränderungen**, die seit der vorangegangenen Erklärung eingetreten sind, hingewiesen (Art. 5 Abs. 4 EG-UAVO). 234

aa) Darstellungstiefe

Bereits in den zuvor erörterten inhaltlichen Vorgaben ist ein Konflikt zwischen den Unternehmen einerseits und Umweltschutzverbänden andererseits in bezug auf die **Darstellungstiefe** und die **Detailgenauigkeit** der Umwelterklärung angelegt. Zwar sieht Art. 5 Abs. 2 EG-UAVO vor, daß die Umwelterklärung „in knapper verständlicher Form geschrieben" werden soll und technische Unterlagen beigefügt werden können, dennoch erhoffen sich die Umweltverbände hiervon eine detaillierte Offenlegung der Umweltsituation des jeweiligen Standortes und erheben dementsprechende Forderungen.[167] Demgegenüber berufen sich die Unternehmen darauf, daß 235

---

[164] So auch *Falk/Nissen*, DB 1995, 2101 (2103 f.).
[165] Zutreffend *Falk/NIssen*, DB 1995, 2101 (2104).
[166] Zu diesen siehe Rdnr. 452 ff., 455 ff.
[167] Vgl. *Martens/Moufang*, NVwZ 1996, 246 m. w. N.

die EG-Verordnung ausdrücklich „knappe" Umwelterklärungen vorsieht. Einigkeit besteht hingegen darin, daß die Erklärung in „**verständlicher Form**", d.h. in Anlehnung an Art. 5 Abs. 1 Satz 2 des Verordnungsentwurfs in „**nicht technischer Form**", abgefaßt werden soll.[168]

236 Die Auseinandersetzung dürfte insbesondere bei den geforderten zusammengefaßten Zahlenangaben über Schadstoffemissionen, Abfallaufkommen, Rohstoff-, Energie- und Wasserverbrauch und gegebenenfalls über Lärm und andere bedeutsame umweltrelevante Aspekte ansetzen. Diese Angaben sind nach Art. 5 Abs. 3 Buchst. c EG-UAVO nur insoweit zu machen, als dies angemessen ist. Je nach Standpunkt wird der **angemessene Inhalt einer Umwelterklärung** durchaus unterschiedlich verstanden.

237 So wird mit dem öffentlichen Informationsbedürfnis hinsichtlich des Umweltverhaltens eines Unternehmens die **Forderung nach einer umfassenden Transparenz** begründet. Wenn in der wirtschaftspolitischen Diskussion anerkannt sei, daß Unternehmenspublizität auch der Unterrichtung der Öffentlichkeit über die wirtschaftliche Lage derjenigen Unternehmen diene, die aufgrund ihres wirtschaftlichen Potentials gesamtwirtschaftliche Bedeutung genössen, so müsse dies hier entsprechend gelten. Die Auswirkungen der Unternehmenstätigkeit auf die Umwelt seien von ebensogroßer gesamtgesellschaftlicher Bedeutung. Großunternehmen hätten deshalb nicht nur darüber öffentlich Rechenschaft abzulegen, wie sie wirtschafteten, sondern auch wie sie die Umwelt belasteten. Die Umweltauditverordnung schließe insofern eine Lücke, die nach Inkrafttreten der Umweltinformationsrichtlinie verblieben sei. Letztere erfasse die bei Behörden vorhandenen Informationen, auf die der Bürger zugreifen könne, erstere verpflichte nun auch die Unternehmen, umweltbezogene Informationen zu erheben und direkt der Öffentlichkeit zur Verfügung zu stellen.[169]

238 Eine so weitgehende Forderung ist jedoch bereits nicht mehr mit dem Wortlaut des Art. 5 Abs. 2 EG-UAVO zu vereinbaren, der zur Information der Öffentlichkeit lediglich eine „in knapper, verständlicher Form" abgefaßte Umwelterklärung verlangt. Außerdem ergibt sich aus den zuvor erörterten inhaltlichen Vorgaben und der Funktion der Umwelterklärung die mit ihr verfolgte Zielrichtung: Sie soll verdeutlichen, ob und inwieweit Übereinstimmungen und Unterschiede zwischen der programmatischen Selbstverpflichtung des Unternehmens und den tatsächlichen Verhältnissen am Standort bestehen. Art. 5 Abs. 4 EG-UAVO betont darüber hinaus eingetretene oder zu erwartende Veränderungen. Hinsichtlich der angestrebten kontinuierlichen Verbesserung des betrieblichen Umweltschutzes dient die Umwelterklärung der für die Öffentlichkeit bestimmten **Dokumentation des Zielerreichungsgrades**. Hieran müssen sich Inhalt und Darstellungsweise ausrichten.[170] So verlangt die Verordnung insbesondere nicht, daß alle im

---

[168] Siehe etwa *Führ*, NVwZ 1993, 858 (860); *ders.*, EuZW 1992, 468 (470); *Scherer*, NVwZ 1993, 11 (13).

[169] So *Führ*, NVwZ 1993, 858 (860f.) m.w.N. Damit wird bereits der nachfolgend zu behandelnde Konflikt „Datenschutz contra Umweltschutz" angesprochen, vgl. hierzu Rdnr. 241 ff.

[170] Vgl. *Lübbe-Wolff*, DVBl. 1994, 361 (366);

Rahmen der Umwelt(betriebs)prüfung erhobenen Daten der Öffentlichkeit zugänglich gemacht werden müssen.[171]

Der Zielerreichungsgrad läßt sich bereits an einer **allgemeinverständlichen Darstellung** ablesen, wenn etwa hinsichtlich des Abfalls ein Vergleich der Abfallmengen und Entsorgungswege über mehrere Jahre hinweg vorgenommen wird, aus dem sich entnehmen läßt, welche Mengen anorganische und organische Abfälle sowie Klärschlämme angefallen sind und welche Abfallmengen stofflich oder thermisch verwertet oder beseitigt wurden. Genauere Angaben über die Zusammensetzung der Abfälle, die Produktionsbereiche, an denen sie angefallen sind, und die konkreten Verwertungs- bzw. Beseitigungsformen sind dagegen nicht erforderlich. Entsprechendes gilt für die anderen Umweltbereiche wie etwa die Abluftsituation, die Wasser- und Energieversorgung, die Abwasserentsorgung usw. Einer detaillierten Darstellung mit weitgehend spezifizierten Zahlenangaben bedarf es nicht. **239**

Von Bedeutung ist aber, daß Art. 5 Abs. 1 EG-UAVO bereits die **erste Umweltprüfung** zum Gegenstand der Umwelterklärung macht. Die Öffentlichkeit ist somit bereits über die Ergebnisse der ersten bewerteten Bestandsaufnahme zu unterrichten. Das Unternehmen kann somit nicht abwarten, bis – unter Umständen erst nach vorherigen Änderungs- bzw. Verbesserungsmaßnahmen – eine Betriebsprüfung durchgeführt wurde.[172] Folglich ermöglicht bereits die erste Umwelterklärung eines Unternehmens einen Vergleich zwischen der Ausgangssituation, den ersten durch die Umweltbetriebsprüfung dokumentierten Schritten und der Zielvorstellung des betrieblichen Umweltschutzes. **240**

bb) Schutz von Betriebs- und Geschäftsgeheimnissen

In engem Zusammenhang mit den Anforderungen an die Darstellungstiefe und die Detailgenauigkeit steht die **Behandlung von Betriebs- und Geschäftsgeheimnissen**. Art. 4 Abs. 7 EG-UAVO bestimmt, daß externe Betriebsprüfer und zugelassene Umweltgutachter ohne Genehmigung der Unternehmensleitung Dritten keine Informationen oder Angaben zugänglich machen dürfen, zu denen sie selbst im Verlauf ihrer Betriebsprüfung oder Begutachtung Zugang erhielten. Hieraus wird zum Teil gefolgert, daß der Schutz von Betriebs- und Geschäftsgeheimnissen auch bei der Abfassung der Umwelterklärung gewahrt bleibe, weil die Verpflichtung der Betriebsprüfer und Umweltgutachter zur Verschwiegenheit ansonsten obsolet wäre.[173] Zum einen erfaßt diese Regelung unterschiedslos sämtliche Informationen, die die Betriebsprüfer und Umweltgutachter erhalten; zum anderen betrifft sie nur deren Verhältnis zum Unternehmen. Sie enthält hingegen keine Aussage über die Informationspflicht des Unternehmens gegenüber der Öffentlichkeit. Nicht zu Unrecht wird deshalb darauf verwiesen, **241**

---

[171] Wie hier *Sellner/Schnutenhaus*, NVwZ 1993, 928 (930).

[172] Ebenso *Sellner/Schnutenhaus*, NVwZ 1993, 928 (930).

[173] So etwa *Falk/Nissen*, DB 1995, 2101 (2104); *Sellner/Schnutenhaus*, NVwZ 1993, 928 (930).

daß gerade die von Art. 5 Abs. 3 EG-UAVO geforderte Tätigkeitsbeschreibung ebenso wie die Daten über den Rohstoffeinsatz **geheimhaltungsbedürftige Unternehmensvorgänge** betreffen können.[174] Art. 5 EG-UAVO, der die Vorgaben für die Umwelterklärung enthält, schweigt hinsichtlich der Behandlung von Betriebs- und Geschäftsgeheimnissen.

(1) Konfliktlage

242 Dieser Konflikt wird kaum darüber zu lösen sein, daß die Umwelterklärung knapp abzufassen ist. Das Problem stellt sich vielmehr bei der **Validierung der Umwelterklärung**. So sind durchaus Fälle vorstellbar, in denen der prüfende **Umweltgutachter** und die Unternehmensleitung unterschiedliche Ansichten über die **Geheimhaltungsbedürftigkeit** bestimmter standortbezogener Daten und die Notwendigkeit ihrer **Aufnahme in die Umwelterklärung** vertreten. Nach Art. 4 Abs. 5 Buchst. d, Abs. 6 EG-UAVO i. V. m. Anhang III Teil B Nr. 1 validiert der Umweltgutachter die Umwelterklärung nur, wenn sie alle wichtigen Umweltfragen in bezug auf den Standort berücksichtigt. Die Lösung dieses Konflikts wird sich trotz einer gewissen Sachnähe kaum in Parallele zum Umweltinformationsgesetz entwickeln lassen; dort entscheidet nach § 5 Abs. 2 UIG die Behörde, ob Betriebs- und Geschäftsgeheimnisse vorliegen, die im Rahmen der Informationsgewährung nicht unbefugt zugänglich gemacht werden dürfen (§ 8 Abs. 1 Satz 2 UIG).[175]

243 – Dem Unternehmer kann – zum einen – nicht ernsthaft angesonnen werden, die Entscheidung insoweit allein dem Umweltgutachter zu überlassen. Dies würde unter Umständen seine **Bereitschaft zur freiwilligen Teilnahme** am Gemeinschaftsystem für das Umweltmanagement und die Umweltbetriebsprüfung ernsthaft in Frage stellen.

244 – Zum zweiten bestehen erhebliche Zweifel, ob dieser **relative Geheimnisschutz** über das Merkmal der fehlenden Befugnis ausreichend ist. Diese Generalklausel eröffnet im Einzelfall für Beschränkungen im Bereich der grundrechtlich geschützten Betriebs- und Geschäftsgeheimnisse bedenklich breite Abwägungsspielräume. So dürfte die Wahrung eindeutig höherrangiger Rechtsgüter als Rechtfertigung für eine Offenbarung geheimhaltungsbedürftiger Unternehmensvorgänge nicht genügen, weil dieses Kriterium zu unbestimmt ist, um als Inhalts- und Schrankenbestimmung herangezogen werden zu können.[176]

245 – Zum dritten müssen die Umweltgutachter zwar über „ausreichende **Fachkenntnisse** über . . . einschlägige Rechts- und veröffentlichte Verwaltungsvorschriften“ verfügen (§ 7 Abs. 2 Buchst. e UAG), ob sie jedoch befähigt sind, Betriebs- und Geschäftsgeheimnisse rechtlich zutreffend zu erkennen, darf zumindest hinterfragt werden. Besonderes Gewicht erhält die Problematik dadurch, daß die Umweltgutachter in der Ausübung ihrer Tätigkeit natürlich unabhängig sind, aber der **Überprüfung durch die Zu-**

---

174 *Martens/Moufang*, NVwZ 1996, 246.

175 Siehe hierzu *Turiaux*, § 8 Rdnr. 57 m. w. N.

176 Zu recht kritisch in bezug auf § 8 Abs. 1 Satz 2 UIG deshalb *Fluck/Theuer*, § 8 Rdnr. 360 m. w. N.

lassungsstelle unterliegen. Zu diesem Zweck haben sie nach § 15 Abs. 2 Nr. 1 UAG Zweitschriften der von ihnen (mit)gezeichneten Vereinbarungen über Gegenstand und Umfang der Begutachtung, Berichte an die Unternehmensleitung, validierte Umwelterklärungen und Niederschriften über ihre Besuche auf dem Betriebsgelände sowie ihre Gespräche mit dem Betriebspersonal aufzubewahren und der Zulassungsstelle auf Verlangen vorzulegen.

Für den Unternehmer ergibt sich aus diesem Konflikt eine mißliche Si- **246** tuation: Einerseits kann eine vom Umweltgutachter geforderte **Offenbarung geheimhaltungsbedürftiger Informationen** die Stellung des Unternehmens am Markt nachteilig beeinflussen, wenn nicht gar gefährden. Andererseits wirkt sich – insbesondere bei Beteiligung einer großen Zahl von Mitbewerbern am Umweltauditsystem – unter Umständen das **Fehlen einer validierten Umwelterklärung** ebenfalls negativ aus. Vor allem, wenn es sich nicht um die erstmalige Gültigerklärung einer Umwelterklärung für den betreffenden Standort handelt, sondern der Konflikt erst bei einer der turnusmäßigen Wiederholungen auftritt, besteht für das Unternehmen faktisch keine Möglichkeit, die freiwillige Teilnahme am Umweltaudit zu beenden. Der „Rückzug" von der früher werbewirksam vorgetragenen Selbstverpflichtung zu einer kontinuierlichen Verbesserung des betrieblichen Umweltschutzes würde gewiß zu einem nachhaltigen **Imageverlust** und negativen **Reaktionen der Öffentlichkeit** führen.[177] Somit bleibt – wenn nicht eine **gütliche Einigung über Art und Weise der Darstellung** zu erzielen ist – nur die **Alternative der gerichtlichen Klärung der Validierungsvoraussetzungen** im Verhältnis zwischen Unternehmer und Umweltgutachter.

(2) Bestimmung von Betriebs- und Geschäftsgeheimnissen

Im allgemeinen werden Betriebsgeheimnisse dem **technischen Bereich** ei- **247** nes Unternehmens zugerechnet; sie betreffen etwa Produktionsmethoden, Verfahrensabläufe, Daten über Zusammensetzung und Identität verwendeter Stoffe, Vorlagen und Vorschriften technischer Art, insbesondere Zeichnungen, Schablonen, Schnitte, Modelle usw. Im **kaufmännischen Bereich** wird hingegen von Geschäftsgeheimnissen gesprochen, unter denen beispielsweise Kalkulationen, Ausschreibungsunterlagen, Umsätze, Geschäftsverbindungen, Bezugsquellen, Kundenlisten, Computerprogramme, Vertriebswege, Marketingstrategien, Marktanalysen usw. zusammengefaßt werden.[178] Eine genauere Unterscheidung erübrigt sich; sie ist weder möglich noch nötig, weil der rechtliche Schutz gleichartig ist.[179]

Bei Betriebs- und Geschäftsgeheimnissen handelt es sich um **Tatsachen**, **248** die

---

[177] So auch *Martens/Moufang*, NVwZ 1996, 246.

[178] Vgl. etwa *Scherzberg*, DVBl. 1994, 733 (742); *Baumbach/Hefermehl*, § 17 UWG Rdnr. 9 m. w. N.; *Turiaux*, § 8 Rdnr. 46; *Fluck/Theuer*, § 8 Rdnr. 203.

[179] Vgl. etwa *Martens/Moufang*, NVwZ 1996, 246; *Fluck*, NVwZ 1994, 1048 (1052); *Breuer*, NVwZ 1986, 171 (172); *Baumbach/Hefermehl*, § 17 UWG Rdnr. 2; *Turiaux*, § 8 Rdnr. 46; *Fluck/Theuer*, § 8 Rdnr. 203;

- mit einem **wirtschaftlichen Geschäftsbetrieb** im Zusammenhang stehen,
- **nicht offenkundig** sind, d.h. nur einem begrenzten Personenkreis zugänglich sind,
- nach dem ausdrücklich oder konkludent erklärten Willen des Unternehmers **geheimgehalten** werden sollen und
- an deren Geheimhaltung der Unternehmer ein **berechtigtes Interesse** hat.[180]

249 Der Schutz der Betriebs- und Geschäftsgeheimnisse dient der ungestörten Ausübung des Gewerbebetriebes. Die betreffende Information muß also in einem **konkreten Bezug zu dem Betrieb** stehen, der den Geheimnisschutz beansprucht. Fehlt es an der Möglichkeit einer solchen Zuordnung, weil es sich etwa um spezifische Angaben über die Wirtschaftsbranche als solche und nicht nur über das einzelne Unternehmen handelt, so liegt kein Unternehmensgeheimnis vor. Allerdings können auch allgemein bekannte Umstände oder Verfahren zu den Betriebs- und Geschäftsgeheimnissen zählen, wenn gerade die Tatsache geheimgehalten werden soll, daß ein solches Verfahren in diesem Betrieb angewandt wurde oder noch wird.[181] Die geheimzuhaltende Tatsache braucht also nicht etwa neu oder eigentümlich im Sinne des Patentrechts zu sein. Vielmehr reicht es aus, daß es sich um technisches oder geschäftliches Wissen handelt, das dem Durchschnittsfachmann zumindest nicht ohne weiteres zur Verfügung steht. Gerade besondere **„Kniffe"** bzw. **„Kunstgriffe"**, mit denen möglicherweise bekannte Einsatzstoffe und Verfahrensarten verbunden und angewandt werden, führen zu einem optimalen Betriebsergebnis und bilden wertvolles Know-how.[182] Auch **behördliche Genehmigungs- oder Untersagungsverfahren** können die wirtschaftliche Betätigung eines Unternehmens beeinfllussen, weshalb sie in der verwaltungsrechtlichen Literatur zu recht ebenfalls zu den Betriebs- und Geschäftsgeheimnissen gerechnet werden.[183] Dies wird lediglich unter dem Gesichtspunkt der Offenkundigkeit bei Verfahren mit Öffentlichkeitsbeteiligung anders zu beurteilen sein.[184]

250 Die betreffenden Tatsachen dürfen nicht offenkundig, sondern **nur einem begrenzten Personenkreis zugänglich** sein. Dies ist nicht der Fall, wenn die Angaben aus allgemein zugänglichen Informationsquellen wie etwa Fachveröffentlichungen, Fachseminaren usw. entnommen werden können. Eine die Geheimniseigenschaft aufhebende **Offenkundigkeit** liegt vor, wenn die Information dem beliebigen Zugriff Dritter preisgegeben ist. Hingegen ist die Offenkundigkeit zu verneinen, wenn die Information nur unter Überwindung erheblicher Schwierigkeit gewonnen werden kann. Letzteres ist etwa der Fall, wenn erst mittels aufwendiger Untersuchungen vom Produkt

---

[180] Vgl. *Fluck*, NVwZ 1994, 1048 (1052); *Baumbach/Hefermehl*, § 17 UWG Rdnr. 2ff. m. w. N.; *Turiaux*, § 8 Rdnr. 46; *Fluck/Theuer*, § 8 Rdnr. 204/206; *Kutscheidt*, in: *Landmann/Rohmer*, UmweltR, § 10 BImSchG Rdnr. 40; jeweils m. w. N.

[181] Vgl. BGH, GRUR 1963, 207 („Kieselsäure"); ferner *Fluck*, NVwZ 1994, 1048 (1052); *Turiaux*, § 8 Rdnr. 48; *Fluck/Theuer*, § 8 Rdnr. 233.

[182] So auch *Fluck*, NVwZ 1994, 1048 (1052).

[183] Vgl. *Bonk*, in: *Stelkens/Bonk/Sachs*, § 30 Rdnr. 10.

[184] So auch *Fluck/Theuer*, § 8 Rdnr. 211.

auf Herstellungsverfahren und Ausgangsstoffe geschlossen werden kann.[185] So ist die Rezeptur einer Reagenz nicht offenkundig, „wenn die quantitative Analyse für ausgebildete Chemiker einen mittleren Schwierigkeitsgrad bietet und die sinnvolle Verwendung der Bestandteile nicht ohne Detailkenntnisse und erst nach entsprechenden Überlegungen und Untersuchungen möglich ist.“[186]

Des weiteren ist der **Geheimhaltungswille** des Unternehmensinhabers erforderlich, der jedoch nicht ausdrücklich bekundet worden sein muß. Vielmehr genügt es wenn Mitwissern gegenüber konkludent zum Ausdruck gebracht wurde, daß die betreffende Tatsache geheimgehalten werden soll. An die entsprechende Willensäußerung sind keine allzu hohen Anforderungen zu stellen. Vielmehr kann grundsätzlich bis zum Beweis des Gegenteils der Wille des Unternehmens unterstellt werden, alle Betriebsinterna geheimzuhalten.[187] 251

Hinzutreten muß noch ein **berechtigtes wirtschaftliches Geheimhaltungsinteresse**, das im allgemeinen bejaht wird, wenn das Know-how für die Wettbewerbsfähigkeit des Unternehmens von Bedeutung, die Geheimhaltung also von wirtschaftlichem Interesse ist.[188] Für die tatbestandliche Feststellung des Vorliegens eines Betriebs- und Geschäftsgeheimnisses ist allein die **objektive Interessenlage** auf seiten des Unternehmers entscheidend. Maßgebend für die Berechtigung des Geheimhaltungsinteresses ist damit die Wettbewerbsrelevanz des Unternehmensgeheimnisses.[189] 252

(3) Einzelfälle

Im umweltrelevanten Bereich kommen etwa folgende Unternehmensaktivitäten für die Einstufung als Betriebs- und Geschäftsgeheimnisse in Betracht: 253

- **Bodendaten** über ein Unternehmensgrundstück, die Einfluß auf die Bewertung des Grundstücks haben,
- Informationen über **Betriebsstörungen**, **Stillstandszeiten** oder **Auslastungen**, **Nachrüstungsbedarf**, emissionsbegrenzende **Auflagen** für eine Anlage, sofern diese Angaben für die Stellung des Unternehmens am Markt Bedeutung haben,
- Gutachten und sonstige **Feststellungen über die Gefährlichkeit** von Produkten oder Anlagen eines Unternehmens,
- das Plasmid bei **gentechnischen Forschungsarbeiten** mit einem gentechnisch veränderten Organismus, der bis auf die Besonderheiten des verwendeten Plasmids, das zur Herstellung eines hochwirksamen Enzyms

---

[185] Vgl. *Baumbach/Hefermehl*, § 17 Rndr. 7 m. w. N.; *Fluck/Theuer*, § 8 Rdnr. 221 ff.; *Turiaux*, § 8 Rdnr. 50, jeweils m. w. N.

[186] So BAG, NJW 1983, 134 („Reagenz“) zu § 17 UWG.

[187] Vgl. etwa *Baumbach/Hefermehl*, § 17 UWG Rdnr. 5; *Turiaux*, § 8 Rdnr. 52; *Fluck/Theuer*, § 8 Rdnr. 270.

[188] Vgl. *Baumbach/Hefermehl*, § 17 Rdnr. 2; für den umweltrechtlichen Bereich *Fluck*, NVwZ 1994, 1048 (1053) m. w. N., *Turiaux*, § 8 Rdnr. 54 m. w. N.

[189] Siehe *Breuer*, NVwZ 1986, 171 (173); *Turiaux*, § 8 Rdnr. 54; weitergehend *Fluck*, NVwZ 1994, 1048 (1054), der jedes wirtschaftliche Interesse, auch ohne Wettbewerbsbezug genügen lassen will.

führen soll, bekannt ist; Betriebs- und Geschäftsgeheimnis ist – wenn die Mitbewerber ebenfalls an der gentechnischen Herstellung dieses Enzyms arbeiten – auch diese Tatsache.[190]

254 Im Zusammenhang mit der Umwelterklärung nach der EG-Verordnung sind insbesondere Angaben über die **Emissionen, Betriebsstörungen, Rechtsverstöße und Verwaltungsverfahren** von besonderer Bedeutung. Nach Art. 5 Abs. 3 Buchst. a bis d EG-UAVO umfaßt die Umwelterklärung insbesondere eine Beschreibung der Unternehmenstätigkeit am Standort und eine Beurteilung aller hiermit in Zusammenhang stehenden wichtigen Umfweltfragen, zusammenfassende Zahlenangaben über Schadstoffemissionen, Abfallaufkommen, Rohstoff-, Energie- und Wasserverbrauch und gegebenenfalls Lärm sowie andere bedeutsame umweltrelevante Aspekte und schließlich sonstige Faktoren des betrieblichen Umweltschutzes. Angesichts dieser detaillierten Auflistung dürfte wohl kein Zweifel bestehen, daß die eingangs genannten **sensiblen Informationen** hiervon erfaßt werden.

255 – Vom Länderausschuß für Immissionsschutz[191] und Teilen des Schrifttums[192] wird im Hinblick auf an die Umwelt abgegebenen **Emissionen, Abwässer, Abfälle** oder sonst in die Umwelt gelangte Stoffe die Ansicht vertreten, sie seien **für jedermann** (meßtechnisch) **zugänglich**, weshalb durch Informationen hierüber Betriebs- und Geschäftsgeheimnisse nicht berührt würden. Die **Möglichkeit der meßtechnischen Erfassung** betrieblicher Vorgänge außerhalb des Betriebsgeländes begründe deren Offenkundigkeit. Offenkundigkeit setzt jedoch voraus, daß die Informationsbeschaffung ohne größeren Aufwand erfolgen kann.[193] Sie ist also nur insofern zu bejahen, als ein Betriebsfremder außerhalb des Betriebsgeländes durch Messungen etwa bestimmte Stoffe in der Abluft feststellen kann. Die mengenmäßige Zusammensetzung der Emissionen, der Gehalt von Stoffen mit geringen Anteilen läßt sich durch solche Messungen regelmäßig nicht mit einer Genauigkeit ermitteln, die Rückschlüsse auf Produktionsverfahren und Kapazitätsauslastung zuläßt. Vor allem bei sich überschneidenden Einwirkungsbereichen mehrerer Anlagen, die alle als Emittenten der betreffenden Stoffe in Frage kommen, liegt keine Offenkundigkeit vor. Der für eine eindeutige Zuordnung und Bewertung erforderliche Aufwand übersteigt die Grenzen der Allgemeinzugänglichkeit.[194] Aus diesem Grunde kommt die Einstufung als Betriebs- und Geschäftsgeheimnisse in Betracht, wenn aus der Veröffentlichung von Angaben etwa über Art und Menge von Emissionen in der Umwelterklärung – gegebenenfalls in Verbindung mit anderen Informationen

---

[190] Diese und weitere Beispiele bei *Fluck/Theuer*, § 8 Rdnr. 332/335.

[191] Länderausschuß für Immissionsschutz (LAI), NVwZ 1986, 283 (284).

[192] Vgl. *Scherzberg*, DVBl. 1994, 733 (742); *Hansmann*, in: *Landmann/Rohmer*, UmweltR, § 27 BImSchG Rdnr. 27; *Jarass*, § 10 Rdnr. 28; wohl auch *Turiaux*, § 8 Rdnr. 98; a. A. zumindest für das immissionsschutzrechtliche Genehmigungsverfahren *Kutscheidt*, in: *Landmann/Rohmer*, UmweltR, § 10 BImSchG Rdnr. 42.

[193] Siehe Rdnr. 248, 250.

[194] So auch *Fluck/Theuer*, § 8 Rdnr. 253.

etwa über Einsatzstoffe – auf bestimmte Verfahrensweisen geschlossen werden kann.[195]

- Die Problematik wird etwa deutlich, wenn beim Betrieb von chemischen Anlagen bei bestimmten Reaktionen Katalysatoren eingesetzt werden, die in einer Folgereaktion zersetzt werden. Bei der Reaktion entsteht ein für den Einsatzstoff charakteristisches Spaltprodukt, das in den Emissionen nachgewiesen werden kann. So läßt das Auftreten bestimmter flüchtiger Stoffe in den Emissionen **Rückschlüsse auf Verfahrensweise, Reaktionstyp und Einsatzstoffe** und damit das **Know-how** zu. So ist für Zusatzstoffe, die in kleinen Mengen eingesetzt werden, wie etwa Katalysatoren, Stabilisatoren, Polymerisationsregler und Inhibitoren sowie bestimmte Einsatzstoffe anerkannt, daß sie bzw. ihre Verwendung ein Betriebs- und Geschäftsgeheimnis darstellen.[196] Aus der Proportionalität zwischen Emissionen und Produkt lassen sich wiederum Folgerungen auf Produktionsverfahren und Produktionsmenge ziehen.[197] Entsprechendes gilt, wenn auch eingeschränkt, für Menge und Zusammensetzung von Abwässern[198] und Abfällen.[199] Derartige Aussagen lassen sich ebenso für andere Wirtschaftsbranchen treffen. 256
- Aus detaillierten Angaben über Emissionsdauer und -menge lassen sich unter Umständen **Stillstandszeiten** ableiten, die ihrerseits Aussagen über die Produktivität einer Anlage, deren (zu- oder abnehmende) Auslastung oder deren Störanfälligkeit ermöglichen. Solche Informationen sind geeignet, die Stellung eines Unternehmens am Markt nachhaltig zu beeinflussen.[200] 257
- Auch **Betriebsstörungen**, die – anders als Störfälle – keine ernsten Gefahren verursachen,[201] können wegen ihrer wirtschaftlichen Relevanz Betriebs- und Geschäftsgeheimnisse darstellen.[202] Dennoch dürfte **Grenzwertüberschreitungen** wohl kaum Geheimnisschutz zuteil werden, weil die Inanspruchnahme von Umweltgütern über das in der Genehmigung festgelegte Maß hinaus nicht mehr von der grundrechtlich geschützten Berufs- und Gewerbefreiheit gedeckt ist. Eindeutige **Rechtsverstöße** wie das Betreiben von Anlagen ohne die erforderliche Zulassung sind ebenfalls nicht geheimhaltungsbedürftig. Nur umweltrechtskonforme Betriebsvorgänge erweisen sich als schutzwürdig.[203] Kritisch sind insoweit jedoch Fälle **behördlicher Duldungen.**[204] Es erscheint fraglich, ob Umwelt- 258

---

[195] So für das immissionsschutzrechtliche Genehmigungsverfahren *Kutscheidt*, in: *Landmann/Rohmer*, UmweltR, § 10 BImSchG Rdnr. 42; kritisch hinsichtlich der technischen Möglichkeiten eines solchen Rückschlusses *Turiaux*, § 8 Rdnr. 98.

[196] Vgl. *Fluck*, NVwZ 1994, 1048 (1054).

[197] Vgl. *Fluck/Theuer*, § 8 Rdnr. 342 ff.

[198] Vgl. *Fluck/Theuer*, § 8 Rdnr. 349 ff. m. w. N.

[199] Vgl. *Fluck*, NVwZ 1994, 1048 (1052).

[200] Wie hier *Fluck/Theuer*, § 8 Rdnr. 352.

[201] Siehe § 2 Abs. 1 und 2 der 12. BImSchV (Störfall-Verordnung).

[202] So etwa *Fluck*, NVwZ 1994, 1048 (1054), der insoweit zutreffend auf die negativen Börsenreaktionen auf die Störfälle bei der Fa. Hoechst AG im Jahre 1993 verweist.

[203] Vgl. *Scherzberg*, DVBl. 1994, 733 (742); *Turiaux*, § 8 Rdnr. 105.

[204] Zur Legalisierungswirkung behördlicher Duldungen im Altlastenbereich vgl. etwa *Kothe*, AltlastenR, S. 107 f. m. w. N.

gutachter oder Inhaber von Fachkenntnisbescheinigungen in der Lage sind, Inhalt und Reichweite einer solchen Duldung zutreffend zu erfassen und zu beurteilen.[205]

259 – Kritisch sind ferner **Verwaltungsverfahren ohne Öffentlichkeitsbeteiligung**. Behördliche Auflagen – wie etwa nachträgliche Anordnungen im Vorsorgebereich (§ 17 Abs. 1 Satz 1 BImSchG) – können geheimhaltungsbedürftige Tatsachen berühren. Soweit sie die Stellung des Unternehmens am Markt beeinflussen, genießen sie als Betriebs- und Geschäftsgeheimnis Schutz.[206] Gleichwohl liegt ihre Relevanz für den betrieblichen Umweltschutz auf der Hand.

(4) Lösungsansatz

260 So lassen sich zahlreiche betriebliche Vorgänge vorstellen, die der Unternehmer zu Recht den **Betriebs- und Geschäftsgeheimnissen** zuordnet, während der Umweltgutachter sie ebenso berechtigt für **wesentliche Faktoren i. S. des Art. 5 Abs. 2 Buchst. a bis d EG-UAVO** erachtet. In diesem Fall könnte er deren Erwähnung in der Umwelterklärung in seinem Bericht an die Unternehmensleitung und dessen nachfolgender Erörterung fordern (Anhang III Teil B Nr. 3, 4 Buchst. b 5. Spiegelstrich EG-UAVO) und unter Umständen die Validierung der Erklärung ablehnen. Wenn letzteres nicht geschieht, weil sich der Umweltgutachter der Bewertung des Unternehmers anschließt, verlagert sich das Problem möglicherweise auf die Überprüfung des Umweltgutachters durch die Zulassungsstelle, der er den Bericht an die Unternehmensleitung vorzulegen hat (§ 15 Abs. 2 Nr. 1 Buchst. b UAG). Diese Vorlagepflicht ist umso kritischer, als die Zulassungsstelle ihrerseits nach § 29 UAG der Aufsicht des Bundesministers für Umwelt, Naturschutz und Reaktorsicherheit untersteht, der wiederum die bei der Zulassungsstelle befindlichen Berichte und Akten einsehen kann.[207] Es ist keineswegs auszuschließen, daß sich der Umweltgutachter hierdurch veranlaßt sieht, eine restriktive Auffassung zu vertreten. Damit stellt sich die Frage nach der **Entscheidungsbefugnis über die materielle Geheimnisqualität**: Entscheidet der Unternehmer über die Erwähnung geheimhaltungsbedürftiger Tatsachen oder der Umweltgutachter, letzterer womöglich aufgrund von **Vorgaben der Zulassungsstelle bzw. des Umweltgutachterausschusses** gemäß § 15 Abs. 1 Nr. 1 UAG?

261 Die Lösung des Konflikts ist aus der **Angemessenheit des Erklärungsinhalts** abzuleiten. Das Kriterium der Angemessenheit beschränkt sich nicht lediglich auf die Zusammenfassung der Zahlenangaben (Art. 5 Abs. 3 Buchst. c EG-UAVO), sondern bezieht sich auf die Darstellung aller „wichtigen Umweltfragen, die für den Standort von Bedeutung sind" (Art. 4 Abs. 5 Buchst. d EG-UAVO). Die Frage nach der Angemessenheit beinhaltet eine **Abwägung** der Interessen des Unternehmers gegen das Informations-

---

[205] Siehe hierzu Rdnr. 317 ff.

[206] So wohl auch *Fluck*, NVwZ 1994, 1048 (1052); a. A. *Turiaux*, § 8 Rdnr. 106. Zu Genehmigungs- und Untersagungsverfahren siehe oben Rdnr. 249.

[207] Erhebliche Bedenken im Hinblick auf diese „Unsicherheitsfaktoren" äußern auch *Martens/Moufang*, NVwZ 1996, 246.

bedürfnis der Öffentlichkeit. Sie berührt damit grundrechtlich geschützte Positionen, denn Betriebs- und Geschäftsgeheimnisse bilden neben anderen Faktoren das **unternehmerische Know-how**. Dies ist die Grundlage der wirtschaftlichen Betätigung eines Unternehmens und bestimmt so dessen Stellung am Markt und damit letztlich dessen Wert. Betriebs- und Geschäftsgeheimnisse fallen deshalb in den Schutzbereich der **Eigentumsgarantie** (Art. 14 Abs. 1 GG) und der **Berufsfreiheit** (Art. 12 Abs. 1 GG).

Etwaige Differenzen werden kaum mit Hilfe sog. **Negativlisten** von Daten **262**
– wie sie **§ 22 Abs. 3 ChemG** oder **§ 17a Abs. 2 GenTG** enthalten – zu bewältigen sein.[208] Durch die genannten Bestimmungen wird bestimmten Angaben der Schutz als Betriebs- und Geschäftsgeheimnissen versagt. Die unterschiedlichen Inhalte dieser Negativlisten verdeutlichen, daß sie auf die spezielle Gegebenheiten der jeweiligen Fachgesetze zugeschnitten sind. Bereits aus diesem Grunde verbietet sich eine analoge Anwendung auf andere Sachverhalte. Außerdem setzt eine Analogie eine „planwidrige Lücke" innerhalb der rechtlichen Regelungen voraus, die jedoch fehlt. Der Gesetzgeber hat die unterschiedlichen Negativkataloge nur in das deutsche Recht übernommen, wenn es hierfür entsprechende Vorgaben auf europarechtlicher Ebene gab. Ferner sind derartige Schemata problematisch, weil sie als Inhalts- und Schrankenbestimmung des Eigentums fungieren, die erforderliche Einzelfallbeurteilung aber nicht zulassen.[209]

Die Lösung ist vielmehr in Anlehnung an die Regelung für das immis- **263**
sionsschutzrechtliche Genehmigungsverfahren zu entwickeln: Dort muß der Antragsteller **nach § 10 Abs. 2 BImSchG** den Inhalt von Unterlagen, die Betriebs- und Geschäftsgeheimnisse enthalten, **beschreiben**, soweit dies **ohne Preisgabe der Geheimnisse** geschehen kann. Diese Darstellung muß so ausführlich sein, daß es Dritten möglich ist, zu beurteilen, ob und in welchem Umfang sie von den Auswirkungen der Anlage betroffen werden können. Eine entsprechende Regelung findet sich für das atomrechtliche Genehmigungsverfahren in **§ 3 Abs. 3 Satz 3 AtVfV**. Dies bedeutet – übertragen auf die erste Umwelterklärung –, daß geheimhaltungsbedürftige Informationen so detailliert umschrieben werden, daß ersichtlich ist, ob und in welchem Umfang durch die betrieblichen Aktivitäten die Umwelt belastet wird und natürliche Ressourcen in Anspruch genommen werden, und wie das Ziel einer kontinuierlichen Verbesserung des betrieblichen Umweltschutzes erreicht werden soll. Die nachfolgenden Umwelterklärungen müssen darüber hinaus etwa erzielte Fortschritte und sonstige „bedeutsame Veränderungen" (Art. 5 Abs. 3 EG-UAVO) deutlich machen. Dies hat für die zwar interessierte und für den Umweltschutz sensibilisierte, fachlich aber regelmäßig nicht vorgebildete Öffentlichkeit, die nach Art. 5 Abs. 2 Satz 1 EG-UAVO Adressat der Umwelterklärung ist, in einer Art und Weise zu geschehen, die eine „**Parallelwertung in der Laiensphäre**" ermöglicht. Ziel der Umwelterklärung ist es nicht, einzelnen Dritten im Rahmen eines Genehmigungsverfahrens mit Öffentlichkeitsbeteiligung durch Informationsverschaffung die effektive Wahrnehmung ihrer Rechte zu ermöglichen,

---

[208] A. A. *Mertens/Moufang*, NVwZ 1996, 246 (247); *Führ*, NVwZ 1993, 858 (861).
[209] Vgl. *Fluck/Theuer*, § 8 Rdnr. 292 ff. m. w. N.

sondern die Öffentlichkeit als solche standortbezogen über die betriebliche Umweltschutzsituation zu unterrichten. Folglich ist – wenn es in den genannten Verwaltungsverfahren keiner Offenbarung von Betriebs- und Geschäftsgeheimnissen bedarf – eine solche Preisgabe von Geheimnissen in der Umwelterklärung erst recht nicht erforderlich. Eine Pflicht, „alle wichtigen Daten einschließlich der in Betracht zu ziehenden Alternativen und der Audit-Erklärung in ihrer Originalfassung ... zwingend" zu veröffentlichen, läßt sich deshalb nicht aus Art. 5 EG-UAVO ableiten.[210]

264 Im Rahmen seiner gutachterlichen Tätigkeit erlangt der Umweltgutachter selbstverständlich Kenntnis von Unternehmensgeheimnissen, soweit dies für die Auditierung erforderlich ist. Ebenso selbstverständlich ist er insoweit zur Verschwiegenheit verpflichtet (Art. 4 Abs. 7 EG-UAVO). Im Gegensatz zu den Behörden in immissionsschutz- oder atomrechtlichen Genehmigungsverfahren steht dem Umweltgutachter keine Entscheidungsbefugnis über die materielle Geheimnisqualität zu. Vielmehr hat er die **vom Unternehmer vorgenommene Qualifizierung betrieblicher Interna als Betriebs- und Geschäftsgeheimnisse** zu akzeptieren. Aufgabe des Umweltgutachters ist es in diesem Zusammenhang, darauf hinzuwirken, daß sensible Informationen – wenn ihre Erwähnung in der Umwelterklärung unverzichtbar ist – verständlich dargestellt werden, ohne etwaige Geheimnisse preiszugeben.

265 Der Umweltgutachter entscheidet mit der Gültigerklärung der Umwelterklärung abschließend über den von ihm zu prüfenden Sachverhalt. Er bestimmt in dem durch Anhang III Teil B Nr. 4 EG-UAVO vorgegebenen Rahmen über den Erklärungsinhalt, während die **Einschätzung des Unternehmers,** was das Vorliegen von Betriebs- und Geschäftsgeheimnissen anbelangt, für den Umfang und die Detailgenauigkeit der zu veröffentlichenden Informationen ausschlaggebend ist.

cc) Wettbewerbsrechtliche Anforderungen

266 Wesentliche Voraussetzung für das Funktionieren des Umweltauditsystems ist die **Glaubwürdigkeit der Informationen** über die betriebliche Umweltsituation. Die kritische Öffentlichkeit kann die fehlende Vollzugskompetenz der EG und etwaige innerstaatliche Vollzugsdefizite wenigstens teilweise kompensieren, sofern sie zuverlässig unterrichtet wird. Da die Teilnahme am Umweltaudit gezielt zu Zwecken der Imagewerbung eingesetzt werden soll, liegt es nahe, die Aussagen der Umwelterklärung an dem **Verbot irreführender Werbung** (§ 3 UWG) zu messen.

267 Während die Umweltpolitik der Öffentlichkeit lediglich zugänglich zu machen ist (Anhang I Teil A Nr. 2 EG-UAVO), ist die Öffentlichkeit **erklärter Adressat der Umwelterklärung** (Art. 5 Abs. 2 EG-UAVO). Hierdurch werden die angesprochenen „Verkehrskreise" i. S. des § 3 UWG definiert und zugleich sehr weit gefaßt. Sie setzen sich aus einer unbestimmten Vielzahl von Einzeladressaten zusammen, die über unterschiedliche Kenntnisse

---

[210] So aber die Forderung von *Führ*, NVwZ 1993, 858 (861); *ders.*, EuZW 1992, 468 (472).

und Erfahrungen in Umweltfragen verfügen. Wenngleich tatsächlich anzunehmen ist, daß nur Interessierte mit einem bestimmten Problembewußtsein mit Bedacht Umwelterklärungen von den Unternehmen anfordern werden, wird aus wettbewerbsrechtlicher Sicht von einem **fachunkundigen Publikum** auszugehen sein. Es sieht mangels eigener Fachkenntnis von einer eigenen Beurteilung ab und verläßt sich statt dessen auf die Anforderungen, die von den maßgeblichen Fachkreisen und von amtlichen Stellen, d.h. den auditierenden Umweltgutachtern und den für die Standortregistrierung zuständigen Stellen, an die Verwendung der Umwelterklärung gestellt werden. Insoweit liegt hier eine **verweisende Verbrauchervorstellung** vor,[211] anhand deren eine etwaige Irreführung zu beurteilen ist.

Die der Öffentlichkeit gesondert zugänglich zu machende **Umweltpolitik**, **268**
die in verkürzter Form auch Gegenstand der Umwelterklärung ist, enthält die umweltbezogenen Gesamtziele und Handlungsgrundsätze des Unternehmens, einschließlich der **Einhaltung aller einschlägigen Umweltvorschriften**. Die angesprochenen Verkehrskreise werden im Hinblick auf § 3 UWG zumindest erwarten, daß letzteres zutrifft.[212]

Es ist nicht auszuschließen, daß weite Teile der Öffentlichkeit und damit **269**
der angesprochenen Verkehrskreise aus dem in jeder **Teilnahmeerklärung** enthaltenen Hinweis auf die Unterrichtung der Öffentlichkeit Fehlvorstellungen hinsichtlich Qualität und Quantität der veröffentlichten Informationen ableiten werden.[213] Insoweit sind die Vorgaben der EG-Verordnung betreffend den Inhalt der Umwelterklärung und der Registrierungsvoraussetzungen jedoch eindeutig: Die Mitteilung etwaiger Verbesserungsvorschläge des Umweltgutachters in bezug auf den betrieblichen Umweltschutz ist danach nicht vorgesehen. Die EG-Verordnung läßt die Verwendung der Teilnahmeerklärung zu, sobald die in ihr geregelten Voraussetzungen erfüllt sind. Etwaige **weitergehende Qualitätsvorstellungen** in bezug auf den betrieblichen Umweltschutz dürften wegen der neutralen Formulierung der Teilnahmeerklärung kaum geweckt werden, so daß wettbewerbsrechtliche Probleme wie beispielsweise beim **Umweltzeichen** insoweit nicht zu befürchten sind.[214]

Sollten die Umweltstandards nicht eingehalten werden, so stellt sich **270**
nicht nur die Frage nach der Irreführung, sondern auch das Problem der **„Sittenwidrigkeit durch Rechtsbruch“** (§ 1 UWG): Können **Verstöße gegen umweltrechtliche Ge- und Verbote** von Mitbewerbern, Verbraucherverbänden usw. mit wettbewerbsrechtlichen Mitteln geahndet werden? Nach weit

---

[211] Wie hier *Falk/Nissen*, DB 1995, 2101 (2104); *Wiebe*, NJW 1994, 289 (293f.); allgemein etwa BGH, GRUR 1967, 30 (32) („Rum-Verschnitt“); ferner *Baumbach/Hefermehl*, § 3 UWG Rdnr. 108c m. w. N.

[212] Ähnlich *Wiebe*, NJW 1994, 289 (293), der etwaige Fehlvorstellungen des Publikums wegen des Anwendungsvorrangs des EG-Rechts jedoch für rechtlich folgenlos erachtet. Instruktiv zur wettbewerbsrechtlichen Sanktionierung von Umweltrechtsverstößen *Lappe*, WRP 1995, 170 (177ff.) m. w. N.

[213] Vgl. *Wiebe*, NJW 1994, 289 (293), unter Hinweis auf *Baumbach/Hefermehl*, § 1 UWG Rdnr. 422 zu irreführender Testwerbung.

[214] Vgl. hierzu *Wiebe*, NJW 1994, 289 (293) m. w. N.; *Baumbach/Hefermehl*, § 1 UWG Rdnr. 180f. m. w. N.

überwiegender Auffassung in Rechtsprechung und Literatur ist bei Normen, die nicht dem Wettbewerbsrecht angehören, hinsichtlich der Prüfung, ob ihre Verletzung sittenwidrig ist, danach zu differenzieren, ob es sich um wertbezogene oder wertneutrale Vorschriften handelt. **Wertbezogen** sind demzufolge Schutzvorschriften für wichtige Rechtsgüter der Allgemeinheit. Ein Verstoß gegen eine solche Bestimmung begründet automatisch die Sittenwidrigkeit der Wettbewerbshandlung, so daß § 1 UWG unmittelbar Anwendung findet.[215] **Wertneutral** hingegen sind Vorschriften ohne unmittelbaren Wettbewerbsbezug und ohne Schutzfunktion für besonders wichtige Gemeinschaftsgüter, die keinem sittlichem Gebot Geltung verschaffen sollen und nur aus Gründen der „ordnenden Zweckmäßigkeit" erlassen wurden.[216] Eine Verletzung solcher Normen begründet einen Verstoß gegen § 1 UWG nur, wenn der Wettbewerber vorsätzlich und planmäßig handelt, um sich einen **sachlich ungerechtfertigten Vorsprung vor seinen gesetzestreuen Mitbewerbern** zu verschaffen.[217] Ein derartiger Vorsprung kann etwa darin bestehen, daß ein Unternehmen infolge der Normverletzung ein vergleichbares Produkt preiswerter oder ein besseres Produkt zu einem günstigeren Preis anbieten kann als seine Mitbewerber.[218]

271 Bei Anlegung dieser Maßstäbe stellen sich zahlreiche Bestimmungen des Umweltverwaltungsrechts als wertbezogene Vorschriften dar; sofern sie **materielle Verhaltensanforderungen zum Schutz der Umwelt** hinreichend konkret und für den jeweiligen Adressaten verbindlich formulieren, dienen sie so einem besonders wichtigen Gemeinschaftsgut.[219] Gleichwohl steht die Rechtsprechung einer **Instrumentalisierung der wettbewerbsrechtlichen Lauterkeit** zum Zwecke des Umweltschutzes noch skeptisch gegenüber. So handele es sich etwa bei § 5 Abs. 1 Nr. 2 BImSchG „schon im Hinblick auf die in § 1 BImSchG angeführte Zielrichtung um eine sogenannte wertbezogene Vorschrift", dennoch könne der Vertrieb von Waren, bei deren Herstellung gegen umweltrechtliche Vorschriften verstoßen worden sei, nur dann untersagt werden, wenn sich der illegal Handelnde hierdurch nachweislich einen wettbewerblichen Vorsprung verschafft habe. Hierfür treffe nach den allgemeinen Grundsätzen den Kläger die Darlegungs- und Beweislast.[220] Wenngleich danach eine Ahndung von Umweltrechtsverstößen mit Hilfe der wettbewerbsrechtlichen „Transportnorm" des § 1 UWG grundsätzlich möglich erscheint, darf nicht übersehen werden, daß das Wettbewerbsrecht in erster Linie der **Bewältigung ökonomischer Konflikte** dient. Eine zu starke Gewichtung des Umweltschutzgedankens birgt die Gefahr in sich, das Sy-

---

[215] Vgl. BGHZ 81, 130 (132) („Grippewerbung"); BGHZ 44, 208 (209) („Novepetrin"); ferner *Baumbach/Hefermehl*, § 1 UWG Rdnr. 611 ff.

[216] Vgl. BGH, GRUR 1991, 845 f. („Nebenkosten"); BGH, GRUR 1991, 768 („Fahrschulunterricht").

[217] Zum Vorsprungsgedanken vgl. etwa BGH, GRUR 1957, 558 (559) („Bayern-Expreß"); ferner *Baumbach/Hefermehl*, § 1 UWG Rdnr. 655 ff.

[218] Siehe beispielsweise BGHZ 73, 655 (657) („Möbelauszeichnung").

[219] So auch *Brandner/Michael*, NJW 1994, 278 (279 f.); diesen folgend *Lappe*, WRP 1995, 170 (178) m. w. N.

[220] OLG Köln, BB 1993 1387 f. („Plastiktragetaschen").

stem des Lauterkeitsrechts nachhaltig zu verändern und die Funktionsfähigkeit der Wettbewerbsordnung zu beeinträchtigen.[221]

In dem dargestellten Umfang sichert das Wettbewerbsrecht ergänzend die Rahmenbedingungen des Umweltauditsystems. Von besonderem Gewicht ist hierbei die **erweiterte Klagebefugnis** nach § 13 Abs. 2 UWG. Danach sind Mitbewerber, Verbände zur Förderung gewerblicher Interessen, Verbraucherverbände sowie die Industrie- und Handelskammern und die Handwerkskammern aktivlegitimiert, **Unterlassungs- und Schadenersatzansprüche** wegen etwaiger Wettbewerbsverstöße gerichtlich geltend zu machen. Aufgrund dessen werden gewiß zahlreiche Auseinandersetzungen vor Gericht ausgetragen werden. Hierbei wird sich zeigen, ob das Wettbewerbsrecht mittelbar zu einer Verbesserung des betrieblichen Umweltschutzes beitragen kann, oder lediglich zu einer Zurückhaltung gegenüber dem Umweltauditsystem führt. 272

b) Publizität

Wenngleich die Umwelterklärung für die Öffentlichkeit bestimmt ist, 273
wird sie zunächst als **nichtöffentlicher Entwurf** verfaßt und ist als solcher Gegenstand der externen Begutachtung.[222] Erweist sich der Entwurf als „als genau, hinreichend detailliert und mit den Anforderungen des Systems vereinbar" (Anhang III Teil B Nr. 4 Buchst. a EG-UAVO), erfolgt die Gültigerklärung durch den Umweltgutachter. Hierdurch wird der Entwurf zur endgültigen Fassung; erst aufgrund der Validierung geschieht die **Bestimmung für die Öffentlichkeit**. Dies wird besonders deutlich, wenn der Entwurf der Erklärung nicht den Anforderungen genügt. Müssen Ergänzungen und/oder Änderungen der Erklärung vorgenommen werden, so hat der Umweltgutachter diese mit der Unternehmensleitung zu erörtern (Anhang III Teil B Nr. 4 Buchst. b EG-UAVO). Hat der Gutachter Mängel festgestellt, gibt er Empfehlungen für Verbesserungen ab und validiert die Erklärung erst, nachdem die Beanstandungen behoben wurden (Anhang III Teil B Nr. 4 Buchst. c EG-UAVO).

c) Häufigkeit

Die Umwelterklärung ist nach der ersten Umweltprüfung und nach jeder 274
folgenden Betriebsprüfung oder nach jedem Betriebsprüfungszyklus abzufassen (Art. 5 Abs. 1 EG-UAVO). Die Häufigkeit der Betriebsprüfungen ergibt sich aus Art. 4 Abs. 2 EG-UAVO i. V. m. Anhang II Teil H; die Prüfungen sind danach in Abständen von nicht mehr als drei Jahren durchzuführen. Dennoch ist die Umwelterklärung insofern vom Betriebsprüfungszyklus abgekoppelt, als sie in der Regel – wenn auch dann in vereinfachter Form – jährlich erstellt werden muß.[223] Die **vereinfachten Umwelterklärungen** können

---

221 Ähnlich *Lappe*, WRP 1995, 170 (180) m. w. N.
222 Dies folgt aus Anhang III Teil B Nr. 2 Abs. 3 a. E. EG-UAVO.
223 Vgl. *Sellner/Schnutenhaus*, NVwZ 1993, 928 (930).

sich auf eine Zusammenfassung der Zahlenangaben über Schadstoffemissionen, Abfallaufkommen, Rohstoff-, Energie- und Wasserverbrauch und gegebenenfalls über Lärm und andere umweltrelevante Aspekte (Art. 5 Abs. 3 Buchst. c EG-UAVO) beschränken und brauchen erst am Ende einer Betriebsprüfung oder eines Betriebsprüfungszyklus' validiert zu werden (Art. 5 Abs. 5 EG-UAVO). Dementsprechend werden sie erst im Anschluß daran, regelmäßig also gemeinsam mit der „normalen" Umwelterklärung der Öffentlichkeit zur Kenntnis gebracht (Art. 3 Buchst. h EG-UAVO).

275 Die Regelung über die vereinfachte Umwelterklärung erscheint durchaus sinnvoll: Zum einen ist der Unternehmer – ohne besonderen Anlaß (Anhang II Teil H EG-UAVO) – nicht gezwungen, jährlich den Aufwand einer umfassenden Umweltbetriebsprüfung und der Abfassung einer hierauf beruhenden Umwelterklärung zu betreiben. Auch die vereinfachten Erklärungen ermöglichen dem Umweltgutachter aber zum anderen eine Aussage, ob die Selbstverpflichtung zu einer kontinuierlichen Verbesserung des betrieblichen Umweltschutzes ernst genommen wird. Schließlich ist das Unternehmen – zum dritten – gehalten, ein funktionierendes **Umweltinformationssystem für den Standort** einzurichten.[224]

276 Unter bestimmten Voraussetzungen kann nach Art. 5 Abs. 6 EG-UAVO auf die jährliche Erstellung von Umwelterklärungen verzichtet werden. Dies betrifft etwa Standorte, für die aufgrund der Art und des Umfangs der dort ausgeübten Tätigkeiten, vor allem wenn es um kleinere und mittlere Unternehmen handelt, **nach Auffassung des Umweltgutachters** bis zum Abschluß der nächsten Umweltbetriebsprüfung keine weiteren Erklärungen erforderlich sind. Gleiches gilt für Standorte, an denen es seit der letzten Umwelterklärung nur wenige bedeutsame Änderungen gegeben hat. Die **Beurteilungskompetenz** dürfte insofern wiederum beim Umweltgutachter liegen. Wenngleich die EG-Verordnung dies nicht ausdrücklich sagt, so folgt dies doch aus seiner Prüfungsbefugnis, ob in der Umwelterklärung alle wichtigen Umweltfragen, die für den Standort von Bedeutung sind, angemessen berücksichtigt wurden (Art. 4 Abs. 5 Buchst. d EG-UAVO). Hierzu zählen auch die bedeutsamen Veränderungen i. S. des Art. 5 Abs. 4 EG-UAVO, weshalb umgekehrt auch das Fehlen solcher Änderungen vom Umweltgutachter zu beurteilen ist.

8. Validierung

277 An die unternehmensinternen **Auditierungsschritte** schließt sich deren **Validierung** durch einen zugelassenen unabhängigen Umweltgutachter an. Dieser prüft die Umweltpolitik, Umweltprogramme, Umweltmanagementsysteme, die Umweltprüfungs- oder Umweltbetriebsprüfungsverfahren und die Umwelterklärungen auf Übereinstimmung mit den Bestimmung der Umweltauditverordnung und erklärt sie auf der Grundlage von deren Anhang III für gültig (Art. 4 Abs. 3, Anhang III Teil B Nr. 1 EG-UAVO).

---

[224] So auch *Falk/Nissen*, DB 1995, 2101 (2104).

a) Stellung und Aufgaben des Umweltgutachters

aa) *Unabhängigkeit des Umweltgutachters*

Der zugelassene Umweltgutachter muß in zweierlei Hinsicht **unabhängig** 278
sein: Zum einen darf er nicht in einem Abhängigkeitsverhältnis von dem zu begutachtenden **Unternehmen** stehen, d.h. er darf keinem kommerziellen, finanziellen oder sonstigen Druck unterliegen, durch den sein Urteil beeinflußt oder das Vertrauen in seine Unabhängigkeit oder die Integrität bei seiner gutachterlichen Tätigkeit in Frage gestellt würde (Art. 2 Buchst. m, Anhang III Teil A Nr. 1 EG-UAVO).[225] Zum anderen muß er von dem **Betriebsprüfer** des Standortes unabhängig sein (Art. 4 Abs. 4 EG-UAVO).

bb) *Werkvertrag mit dem zu begutachtenden Unternehmen*

Für das Unternehmen wird der Umweltgutachter aufgrund einer **schriftlichen Vereinbarung** tätig, die den Gegenstand und den Umfang seiner Arbeit 279
festlegt und ihm die Möglichkeit gibt, professionell und unabhängig zu handeln. Das Unternehmen verpflichtet sich in diesem Vertrag – außer zur Zahlung der zu vereinbarenden Vergütung – zur Zusammenarbeit in dem jeweils erforderlichen Umfang (Anhang III Teil B Nr. 2 Abs. 1 EG-UAVO). Es handelt sich hierbei um einen **Werkvertrag** i.S. der §§ 631 ff. BGB, wobei der **geschuldete Erfolg** nicht in der unbedingten Validierung der Umwelterklärung, sondern in der Durchführung der Begutachtung als solcher einschließlich einer abschließenden Entscheidung besteht, ohne daß der Umweltgutachter in bezug auf deren Inhalt gebunden wäre. Der Umweltgutachter schuldet demnach die in Art. 4 Abs. 5 und 6, Anhang III Teil B EG-UAVO vorgesehenen Überprüfungen, Untersuchungen, Standortbesichtigungen, Gespräche mit dem Personal, Berichte an die Unternehmensleitung, Klärung der hierdurch aufgeworfenen Fragen und eine abschließende Entscheidung. Diese Aufgaben des Umweltgutachters sind in der EG-Verordnung festgelegt und sind deshalb nicht disponibel.[226]

Der **Mindestinhalt des Vertrages** mit dem unabhängigen Umweltgutachter 280
sollte folgende Punkte umfassen:

- die genaue **Bezeichnung des Standortes,**
- den **Umfang der Begutachtung** einschließlich der zu überprüfenden Anlagen und Einrichtungen,
- die Angabe der voraussichtlichen **Dauer der gutachterlichen Tätigkeit,**
- die Vereinbarung der **Honorierung des Umweltgutachters** – in Betracht kommen Zeit- und Pauschalhonorare – einschließlich der (vorsorglichen) Bestätigung, daß der Honoraranspruch auch bei begründeter Ablehnung der Validierung der Umwelterklärung besteht und zu einem zu vereinbarenden Zeitpunkt fällig wird,

---

[225] Ausführlich zum Erfordernis der Unabhängigkeit unten Rdnr. 424 ff.

[226] Vgl. *Falk/Frey*, UPR 1996, 58; *Lübbe-Wolff*, DVBl. 1994, 361 (368).

- die Zusicherung, daß die Unternehmensleitung und das Fachpersonal – insbesondere die Betriebsbeauftragten für Umweltschutz – mit dem Umweltgutachter **zusammenarbeiten** und ihn **unterstützen**,
- die Zusicherung der Gewährung ungehinderter **Einsicht in alle einschlägigen Unterlagen** einschließlich der Versicherung ihrer Vollständigkeit,
- die Zusicherung des **ungehinderten Betretens** des Geländes und der Betriebsgebäude am Standort,
- die Zusicherung, daß ungehindert **Gespräche mit dem Personal** geführt werden können,
- die Versicherung, daß keine Verwaltungs- oder Gerichtsverfahren wegen umweltrelevanter Vorgänge bezogen auf den Standort anhängig sind oder deren Offenlegung,
- die Erklärung der **Verschwiegenheitspflicht** des Umweltgutachters (Art. 4 Abs. 7, Anhang III Teil A Nr. 1 Abs. 3 EG-UAVO), deren Verletzung gegebenenfalls mit einer **Vertragsstrafe** sanktioniert werden sollte, nachdem die Geltendmachung etwaiger Schadenersatzansprüche problematisch sein dürfte und anderweitige Sanktionen, insbesondere strafrechtliche, fehlen,[227]
- die Erklärung des Umweltgutachters, von dem zu begutachtenden Unternehmen unabhängig zu sein,
- die Zusage, einen **Bericht über etwaige Verstöße und technische Mängel** mit Änderungs- und Ergänzungsvorschlägen für die Unternehmensleitung zu fertigen und mit dieser zu erörtern,
- den Hinweis, unter welchen Voraussetzungen eine **Validierung der Umwelterklärung** des Unternehmens erfolgt,
- unter Umständen **Haftungsregelungen**.[228]

b) Prüfungsgegenstand

281 Der Gegenstand der Prüfungen des Umweltgutachters wird in Art. 4 Abs. 3 EG-UAVO umrissen, in Abs. 5 derselben Bestimmung unter Bezugnahme auf die Anhänge I und II konkretisiert und schließlich in Anhang III näher ausgestaltet. Danach besteht die **Aufgabe des Umweltgutachters** darin, die Einhaltung aller Vorschriften der Umweltauditverordnung, vor allem in bezug auf die Umweltpolitik und das Umweltprogramm, die Umweltprüfung, das Funktionieren des Umweltmanagementsystems, das Umweltbetriebsprüfungsverfahrens und die Umwelterklärungen, ferner die **Zuverlässigkeit der Daten und Informationen** der Umwelterklärung und die ausreichende Berücksichtigung aller wichtigen für den Standort relevanten Umweltfragen in dieser Erklärung zu prüfen. Hierbei hat er insbesondere die **technische Eignung der Umweltprüfung oder Umweltbetriebsprüfung** oder anderer von dem Unternehmen angewandter Verfahren mit der erforderli-

---

[227] Zur Erforderlichkeit einer dementsprechenden Ergänzung des Straftatbestandes des § 203 Abs. 1 StGB (Verletzung von Privatgeheimnissen) siehe *Sanden*, wistra 1995, 283 (290).

[228] Ähnlich *Schottelius*, BB 1996, 1235 (1236).

chen fachlichen Sorgfalt zu untersuchen, wobei er jedoch auf unnötige Doppelarbeit verzichten soll.

Von besonderem Interesse sind insoweit zwei Aspekte der Selbstverpflichtung, die das Unternehmen zum Gegenstand seiner Umweltpolitik zu machen hat: zum einen die **Einhaltung bestehender Umweltschutzvorschriften** und zum anderen die **angemessene kontinuierliche Verbesserung des betrieblichen Umweltschutzes** (Art. 3 Buchst. a EG-UAVO). **282**

aa) Einhaltung bestehender Umweltschutzvorschriften

Teilweise wird eine Prüfungspflicht des Umweltgutachters in bezug auf die Einhaltung bestehender Umweltschutzvorschriften verneint. Diese ablehnende Auffassung stützt sich sowohl auf rechtliche als auch auf anwendungsbezogene Erwägungen. So sei die Einhaltung materieller Umweltvorschriften noch in Art. 11 des Vorentwurfs zur EG-Verordnung als Voraussetzung für das Recht, das Öko-Audit-Zeichen zu führen, enthalten gewesen,[229] jedoch nicht in den nunmehr geltenden Verordnungstext übernommen worden.[230] Auch ergebe sich aus Art. 4 Abs. 6 EG-UAVO **keine Rechtspflicht** des Gutachters, die tatsächliche Einhaltung aller einschlägigen Umweltschutzvorschriften zu prüfen. Dazu sei der Gutachter im Regelfall auch **technisch nicht in der Lage**, da er nicht über eigene Meß- und Analysetechnik verfügen müsse. Müßte er diese Aufgabe im Rahmen seiner Prüfung auf Dritte übertragen, wäre das Verfahren für die meisten Unternehmen aus Zeitgründen und wegen der finanziellen Belastung nicht zu verkraften. Als Ergebnis sei daher festzuhalten, daß der Umweltgutachter nicht berechtigt sei, wegen eines Verstoßes gegen Umweltvorschriften die Gültigerklärung der Umwelterklärung zu verweigern. Er habe auch nicht die Aufgabe, durch Messungen und Analysen solche Verstöße festzustellen.[231] **283**

Diese Ansicht vermag nicht zu überzeugen. So erwartet – erstens – Anhang III Teil B Nr. 1 Abs. 3 EG-UAVO vom Umweltgutachter insbesondere eine mit der erforderlichen fachlichen Sorgfalt durchzuführende Untersuchung der Umweltprüfung bzw. Umweltbetriebsprüfung auf ihre **technische Eignung**. Dies belegt, daß der Umweltgutachter auch **Messungen, Probenahmen und Analysen** veranlassen oder selbst vornehmen darf. Art. 4 Abs. 5 EG-UAVO ordnet – zweitens – an, daß der Umweltgutachter seine Prüfung „unbeschadet der Befugnisse der Vollzugsbehörden" durchzuführen hat; diese Regelung ergibt nur dann einen Sinn, wenn hinsichtlich der Prüfungskompetenz Überschneidungen bestehen. Gegenstand der Begutachtung sind also die **materiellen Umweltschutzanforderungen**. Dies bestätigt – drittens – auch ein Blick auf Art. 8 Abs. 4 EG-UAVO: Zwar richtet sich diese Bestimmung vornehmlich an die Registrierungsstelle, die – wenn ihr von einer Vollzugsbehörde ein Verstoß gegen einschlägige Umweltschutzvorschriften gemeldet wird – die Eintragung des Standortes ablehnt oder, so- **284**

229 ABlEG Nr. C 120 vom 30. 4. 1993, S. 15.
230 *Müggenborg*, DB 1995, 125 (127); *Wiebe*, NJW 1994, 289 (292).
231 *Müggenborg*, DB 1995, 125 (127).

fern sie bereits erfolgt ist, vorübergehend aufhebt. Wäre der Umweltgutachter jedoch nicht gleichfalls verpflichtet auf die Einhaltung der Vorschriften zu achten, so hätte dies die widersinnige Folge, daß er als Ergebnis seiner gutachterlichen Tätigkeit die **Eintragungsfähigkeit des Standortes** bescheinigte, die aufgrund einer vorhersehbaren Maßnahme der Vollzugsbehörde tatsächlich nicht gegeben ist. Mit der wohl überwiegenden Meinung ist Gegenstand der Prüfung durch den Umweltgutachter deshalb außer der **Einhaltung aller Vorschriften der Umweltauditverordnung** auch die **Erfüllung der gesetzlichen und behördlichen Umweltanforderungen**.[232]

285 Das eigentliche Problem bei der Einhaltung aller einschlägigen Umweltvorschriften liegt vielmehr auf einer anderen Ebene: Fraglich ist nämlich, ob die dahingehende Selbstverpflichtung auch **generalklauselartige, abstrakte Vorschriften** erfaßt, die bislang noch nicht durch Verwaltungsakte individuell konkretisiert oder durch untergesetzliche Ausführungsbestimmungen allgemein handhabbar umgesetzt wurden. Zu denken ist insoweit etwa an die **Grundpflichten** des § 5 BImSchG oder der §§ 5, 11 KrW-/AbfG, beispielsweise die Pflichten zur Vermeidung von Abfällen nach § 5 Abs. 1 KrW-/AbfG, solange Rechtsverordnungen nach §§ 23, 24 KrW-/AbfG noch ausstehen.

286 Nach einhelliger Meinung[233] begründet § 5 BImSchG **unmittelbar geltende Pflichten**, wenngleich sie für den Vollzug noch der Konkretisierung durch Rechtsverordnung oder Verwaltungsakt bedürfen. Gleiches gilt für die abfallrechtlichen Grundpflichten.[234] Aus diesem Grunde wird vertreten, daß – wenn diese Grundpflichten unabhängig von einer konkreten Umsetzung für den Unternehmer Geltung beanspruchen – sie auch von seiner **Selbstverpflichtung** umfaßt sein müssen.[235] Gleichwohl ist die Umweltauditverordnung nicht so weit auszulegen. Der Rat der EU hat vielmehr auf **vollzugs- und sanktionsfähige Umweltvorschriften** abgestellt, nicht aber auf unbestimmte Anforderungen, die noch der Konkretisierung bedürfen. Die nach dem Ordnungsrecht mangels untergesetzlicher Präzisierung fehlende Vollzugsreife kann im Umweltaudit nicht durch eigenverantwortlichen Selbstvollzug des Unternehmers ersetzt werden. Die **Konkretisierungsprärogative** fällt nicht dem Unternehmer, sondern dem (innerstaatlichen) Verordnungsgeber oder den Vollzugsbehörden zu. Diese Kompetenzverteilung ist im Ordnungsrecht angelegt, das den nationalen Rahmen für das Umweltauditsystem vorgibt; sie dient der gleichmäßigen Formulierung und Anwendung materieller Umweltschutzstandards. Für eine individuelle Definition dieser Standards durch den Unternehmer – gleichsam in Abhängigkeit von dessen Verantwortungsbewußtsein für die Umwelt – ist kein Raum.

287 Hierfür bietet auch die EG-Verordnung keinerlei Anhaltspunkte: Art. 8 Abs. 4 EG-UAVO sieht vor, daß ein Unternehmen bei Vorliegen eines **Ver-**

---

[232] Vgl. *Falk/Frey*, UPR 1996, 58 (59); *Lübbe-Wolff*, DVBl. 1994, 361 (369 f.); *Rehbinder*, S. 59. Ebenso *Martens/Moufang*, NVwZ 1996, 246 (247), und *Schottelius*, BB 1995, 1549 (1553), die dies jedoch wegen befürchteter Doppelkontrolle kritisch sehen.

[233] Vgl. etwa *Feldhaus*, Referat, S. 47 m. w. N.

[234] Siehe nur *Bender/Sparwasser/Engel*, Teil 10 Rdnr. 136.

[235] So *Lübbe-Wolff*, DVBl. 1994, 361 (370).

stoßes gegen einschlägige Umweltvorschriften nicht in das Verzeichnis eingetragen werden darf bzw. seine bereits erfolgte Eintragung vorübergehend aufzuheben ist. Diese Bestimmung kann nur die Einhaltung durch Verwaltungsakt oder Rechtsverordnung konkretisierter Umweltschutzstandards betreffen. Wenn die EG-Verordnung im Zusammenhang damit in Art. 4 Abs. 5 EG-UAVO eine Regelung für die Überschneidung der Prüfbefugnisse des Umweltgutachters und der Vollzugsbehörden dergestalt für erforderlich erachtet, daß ersterer unbeschadet der Kompetenzen letzterer gutachterlich tätig wird, so kann daraus kaum abgeleitet werden, daß der Umweltgutachter die weitergehenden Befugnisse habe solle. Das aber wäre der Fall, wenn die Konkretisierung unbestimmter Grundpflichten vom Unternehmer im eigenverantwortlichen Selbstvollzug vorgenommen würde und der Umweltgutachter dies als Teil der unternehmerischen Selbstverpflichtung zu begutachten hätte. Da der Umweltgutachter seinerseits der **Aufsicht der Zulassungsstelle** untersteht, die wiederum vom Bundesminister für Umwelt, Naturschutz und Reaktorsicherheit beaufsichtigt wird, würde letztlich dieser die **Inhalte der Grundpflichten definieren**. In den einzelnen Umweltschutzgesetzen vorgesehene Anhörungen der beteiligten Kreise sowie Mitwirkungsrechte des Bundesrates würden auf diese Weise umgangen.

Die Einhaltung der bestehenden Umweltschutzvorschriften beschränkt **288** sich somit auf die Erfüllung der **durch unmittelbare gesetzliche Regelungen, untergesetzliche Ausführungsbestimmungen und Verwaltungsakte konkretisierte Umweltschutzanforderungen.**[236] Mit diesem Inhalt ist das Erfordernis, die einschlägigen Vorschriften zu beachten, rechtsstaatlich bedenkenfrei und – vor allem – handhabbar und überprüfbar.

Daran schließt sich jedoch die weitere Frage an, ob insoweit – insbesonde- **289** re bei fortschreitendem Stand der Technik – auf **abstrakt-generell normierte Umweltstandards** oder auf **konkret-individuelle Umweltschutzanforderungen** durch Verwaltungsakt abzustellen ist, wenn deren **Schutzprofile divergieren**. Diese Frage stellt sich im Hinblick auf Festlegungen in verwaltungsbehördlichen Gestattungen gleich welcher Art, Auflagen und nachträglichen Anordnungen. Sind etwa – im Sinne der EG-Verordnung – die bestehenden Umweltschutzvorschriften eingehalten, wenn beim Betrieb einer immissionsschutzrechtlich genehmigten Anlage die im Zulassungsbescheid angegebenen **Grenzwerte** eingehalten werden, auch wenn das Emissionsverhalten der Anlage nicht mehr dem zwischenzeitlich fortentwickelten Stand der Technik entspricht? Erfüllt ein Unternehmen die Anforderungen bereits dann, wenn es etwa die Grenzwerte für die Abwassereinleitung entsprechend der ihm erteilten Erlaubnis einhält, obwohl die zwischenzeitlich fortgeschriebenen Abwasser-Verwaltungsvorschriften nach § 7 a WHG nunmehr strengere Werte vorsehen? Beides ist zu bejahen, denn die verwaltungsbehördlichen Gestattungen (Genehmigungen, Erlaubnisse, Bewilligungen, Zulassungen usw.) definieren bestimmungsgemäß Rechte und Pflichten des jeweiligen Betreibers bzw. Unternehmers in bezug auf die Anlage oder das Vorhaben, das Gegen-

---

236 So im Ergebnis auch *Feldhaus*, Referat, S. 47, der seine Auffassung mit der Erwägung begründet, daß die EG-Verordnung sich mit Umweltmindestleistungen begnüge und keinen „Umweltschutz de luxe“ fordere.

stand der Gestattung ist. Die **Anpassung genehmigter und genehmigskonform betriebener Altanlagen an veränderte Umweltschutzanforderungen** hat entweder behördlicherseits durch Auflagen oder nachträgliche Anordnungen herbeigeführt zu werden, die ihrerseits dann den einzuhaltenden Umweltvorschriften zuzurechnen sind, oder aber durch den Unternehmer im Rahmen seiner Selbstverpflichtung zu einer kontinuierlichen Verbesserung des betrieblichen Umweltschutzes bewirkt zu werden.[237]

290 Die zuvor aufgeworfene Frage stellt sich nicht für den **Betrieb nicht genehmigungsbedürftiger Anlagen** oder sonstige **nicht zulassungsbedürftige betriebliche Aktivitäten.** Hier ergeben sich die zu beachtenden Rechtspflichten des Betreibers unmittelbar aus den einschlägigen abstrakt-generellen Regelungen. Werden diese Rechtsvorschriften aktualisiert, indem höhere Standards festgeschrieben werden, so erwachsen hieraus **unmittelbare Anpassungspflichten.** Enthalten die Bestimmungen Anpassungsfristen, so werden die Vorschriften eingehalten, wenn die Angleichung fristgemäß erfolgt. Fehlen hingegen derartige Übergangsregelungen, werden die höheren Anforderungen sofort mit Inkrafttreten der Normänderung verbindlich. Solange die Anpassung unterbleibt, hält der Unternehmer zwar die einschlägigen Umweltvorschriften nicht ein, gleichwohl verstößt er nicht gegen die Selbstverpflichtung, sofern er unverzüglich geeignete Maßnahmen ergreift, um mit seinem Betrieb den gestiegenen Anforderungen zu genügen. Die Einhaltung der höheren Standards ohne angemessene **Übergangsfrist** zur Durchführung erforderlich werdender technischer Änderungen kann von ihm aus Gründen der Verhältnismäßigkeit nicht erwartet werden.[238]

291 Verstöße gegen einschlägige Umweltschutzbestimmungen wie etwa Grenzwertüberschreitungen lassen – je nach Ausmaß, Häufigkeit und Dauer – Rückschlüsse entweder auf **Fehler im Umweltmanagementsystem** oder auf eine **mangelnde technische Eignung der Umweltbetriebsprüfung** zu. Sofern sich derartige Mängel bestätigen, kann der Umweltgutachter die **Validierung** mit dieser Begründung **ablehnen.**[239]

bb) Verbesserung des betrieblichen Umweltschutzes

292 Nach Art. 3 Buchst. a EG-UAVO hat die betriebliche Umweltpolitk nicht nur die Einhaltung aller einschlägigen Umweltvorschriften vorzusehen, sondern auch **Verpflichtungen zur zur angemessenen kontinuierlichen Verbesserung des betrieblichen Umweltschutzes** zu umfassen. Das Umweltprogramm muß zur Erfüllung dieser Verpflichtungen dienen und die Festlegung der betrieblichen Umweltziele ist hierauf auszurichten (Art. 3 Buchst. c und e EG-UAVO). Danach kann kein Zweifel bestehen, daß diese Selbstverpflichtung und die Anstrengungen zur ihrer Erfüllung Gegenstand der Validierung durch den Umweltgutachter sind.

---

[237] So auch *Lübbe-Wolff*, DVBl. 1994, 361 (370); mißverständlich *Müggenborg*, DB 1996 125 (127).

[238] Wie hier *Lübbe-Wolff*, DVBl. 1994, 361 (370); ähnlich *Müggenborg*, DB 1996, 125 (127).

[239] So wohl auch *Müggenborg*, DB 1996, 125 (127).

Die EG-Verordnung definiert das Ziel dahin, die Umweltauswirkungen in einem solchen Umfang zu verringern, wie er sich mit der **wirtschaftlich vertretbaren Anwendung der besten verfügbaren Technik** erreichen läßt (Art. 3 Buchst. a 2. Hs. EG-UAVO). Bei dieser das zu erreichende Umweltschutzniveau begrenzenden Formulierung handelt es sich um die Ausfüllung des Begriffs der Angemessenheit.[240] Aufgrund dessen wird teilweise vertreten, daß die Anforderungen der Umweltauditverordnung hinter denen des deutschen Umweltrechts zurückblieben.[241] Angesprochen ist damit der Vergleich mit den **Dynamisierungsklauseln** betreffend den Stand der Technik (§ 5 Abs. 1 Nr. 2 BImSchG), die allgemein anerkannten Regeln der Technik (§ 7a Abs. 1 WHG) usw. 293

Zu den **allgemein anerkannten Regeln der Technik** zählen solche technische Verfahrensweisen, die sich in der Praxis bewährt haben und zur Problemlösung von der Mehrheit der Fachleute für richtig befunden werden, die also in den sachlich begrenzten beteiligten Verkehrskreisen Geltung beanspruchen. § 3 Abs. 6 BImSchG definiert den **Stand der Technik** als den Entwicklungsstand fortschrittlicher Verfahren, Einrichtungen oder Betriebsweisen, der die praktische Eignung einer Maßnahme zur Emissionsbegrenzung gesichert erscheinen läßt; zu seiner Bestimmung sind vor allem vergleichbare Methoden heranzuziehen, die mit Erfolg bereits im Betrieb erprobt wurden. Während technische Vorgehensweisen als „allgemein anerkannte Regeln" erst Eingang in die betriebliche Praxis gefunden haben müssen, sind sie bereits Stand der Technik, wenn der experimentelle Nachweis mit hinreichender Sicherheit ihre praktischen Eignung zur Problemlösung bestätigt hat. Wenngleich hierin die Unterschiede deutlich werden, so zeigt sich zugleich, daß derartige **technische Standards** regelmäßig eine Mischung aus Tatsachen und deren Bewertung sowie Prognosen beinhalten. Über die bewertenden und prognostischen Elemente fließt auch eine **Verhältnismäßigkeitsprüfung** in die Betrachtung ein. So kann davon ausgegangen werden, daß praktisch erprobte und deshalb allgemein anerkannte Regeln der Technik in wirtschaftlich vertretbarer Weise angewandt werden. Auch der Stand der Technik erfordert nicht die Verwirklichung des überhaupt technisch Machbaren, sondern lediglich die Umsetzung dessen, was sich aufgrund von Tests in angemessener Weise für die Lösung technischer Probleme auf betrieblicher Ebene als praktikabel erweist.[242] Vor diesem Hintergrund sind allenfalls noch **geringfügige Divergenzen** zwischen den europarechtlichen Anforderungen und den innerstaatlichen Dynamisierungsklauseln auszumachen. 294

Aus dieser weitgehenden Übereinstimmung der materiellen Anforderungen wird deshalb zu recht geschlossen, daß Unternehmen, die sich zur Ein- 295

---

[240] Zu dieser Ergänzung des ursprünglichen Entwurfstextes der Verordnung siehe oben bereits Rdnr. 18.

[241] So *Sellner/Schnutenhaus*, NVwZ 1993, 928 (930); ähnlich *Feldhaus*, Referat, S. 44, der davon ausgeht, der EG-Standard sei „sicher nicht schärfer, eher etwas schwächer" als die nationalen Anforderungen. In diesem Sinne wohl auch *Führ*, NVwZ 1993, 858 (859).

[242] So bereits *Feldhaus*, DVBl. 1981, 165 (169 ff.) m. w. N.

haltung des **deutschen Umweltrechts** verpflichten – soweit die Vorsorgepflicht des § 5 Abs. 1 Nr. 2 BImSchG reicht –, damit bereits grundsätzlich ihre betriebliche **Umweltpolitik** einschließlich ihrer Verpflichtung zu kontinuierlicher Verbesserung **EG-konform** festgelegt haben.[243] Damit stellt sich aber – insbesondere bei der wiederholten Durchführung des Audits – die Frage, ob ein Unternehmen, das untergesetzlich vorgeschriebene Emissionswerte bereits einhält, dennoch seinen betrieblichen Umweltschutz ständig weiter verbessern muß. Diese Frage wird zu verneinen sein, denn die Emissionswerte dokumentieren das nach dynamischem Stand der Technik derzeit in angemessener Weise erreichbare Maß an Verbesserungen. Weitergehende Fortschritte verlangt auch die Umweltauditverordnung nicht, derzufolge die Plicht zur kontinuierlicher Verbesserung dort endet, sobald die **beste verfügbare Technik ausgeschöpft** ist (Art. 3 Buchst a 2. Hs. EG-UAVO).

296 Daran schließt sich das weitere Problem an, ob die im Rahmen des Konzeptgebots des Bundesverwaltungsgerichts[244] im Interesse der Rechtssicherheit und des Bestandsschutzes erfolgende **vorübergehende Festschreibung** des Standes der Technik **in technischen Regelwerken** wie etwa der TA Luft oder den Abwasser-Verwaltungsvorschriften den Anforderungen der EG-Verordnung genügt. Kann sich das am Umweltauditsystem teilnehmende Unternehmen mit der Befolgung dieser technischen Regelwerke in seinem Betriebsablauf begnügen oder muß es zusätzliche Umweltschutzanstrengungen auf sich nehmen und bei der spätestens nach drei Jahren stattfindenden Wiederholungsprüfung die dann beste, angemessen verfügbare Technik anwenden?[245] Diese Frage ist überspitzt formuliert, indem sie die beiden Extrempositionen markiert: Zum einen sind in diesem Bereich die Übergänge von der Einhaltung der bestehenden Umweltvorschriften zu der anzustrebenden kontinuierlichen Verbesserung des betrieblichen Umweltschutzes fließend. Zum anderen fordern die Bestimmungen über Umweltpolitik, -programm und -ziele lediglich eine dahingehende unternehmerische Selbstverpflichtung und die Durchführung der vorgeschriebenen Prüfungen. Abweichungen der so getroffenen Festlegungen von den tatsächlichen Standortgegebenheiten sind nicht nur zulässig, sondern geboten, da gerade eine **Weiterentwicklung der betrieblichen Umweltschutzanstrengungen** über den bei der Prüfung festgestellten Stand gewollt ist. Es handelt sich insoweit um **systemimmanente Divergenzen.**[246]

297 Die **Erreichung der selbstgesetzten Umweltschutzziele** ist nicht Voraussetzung für die Validierung. Die Verbesserung des betrieblichen Umweltschutzes hat kontinuierlich, also schrittweise entsprechend den vom Unternehmen festgelegten Etappenzielen, zu erfolgen. Fortwährende Zielverfehlung, die jedoch erst bei mehrmaliger Wiederholung des Audits feststellbar sein

---

243 *Feldhaus*, Referat, S. 45.

244 BVerwG, NVwZ 1984, 371 (373 f.).

245 Diese Frage geht auf *Feldhaus*, Referat, S. 46, zurück, der sie jedoch nur ausweichend beantwortet.

246 So auch *Lübbe-Wolff*, DVBl. 1994, 361 (369); ihr folgend *Müggenborg*, DB 1996,125 (128).

wird, kann allerdings **Mängel des Umweltmanagementsystems** indizieren. Der Nachweis derartiger Fehler wiederum kann die **Versagung der Gültigerklärung** durch den Umweltgutachter rechtfertigen.

c) Prüfungsablauf und Prüfungstiefe

Schwierigkeiten bereiten im Hinblick auf die Tätigkeit der Umweltgutachter weniger der Prüfungsgegenstand und die Möglichkeiten der abschließenden Entscheidung, als vielmehr der **Prüfungsverlauf** und insbesondere die **Prüfungstiefe**. Ansatzpunkt ist Art. 4 Abs. 6 EG-UAVO: danach validiert der Gutachter die Umwelterklärung nur dann, wenn die in Art. 4 Abs. 3, 4 und 5 EG-UAVO genannten Voraussetzungen erfüllt sind. **298**

aa) Prüfungsablauf

Im Anschluß an eine **Systemprüfung**, die an Art. 3 EG-UAVO und den zugehörigen Anhängen I und II auszurichten ist und der Kontrolle dient, ob die von der EG-Verordnung vorgeschriebenen Verfahrensschritte durchlaufen wurden, wird der Umweltgutachter eine **Detailprüfung** vornehmen. Hierbei gilt es, die Übereinstimmung der einzelnen vom Unternehmen ergriffenen Maßnahmen mit den Anforderungen der Umweltauditverordnung festzustellen. Nach Art. 4 Abs. 5 EG-UAVO sind gleichsam vier „**Prüfungsblöcke**" zu bilden: **299**

- In einem ersten Schritt wird der Umweltgutachter der Frage nachgehen, ob das Unternehmen eine **betriebliche Umweltpolitik** formuliert hat, die sowohl die Einhaltung aller einschlägigen Umweltvorschriften als auch die Verpflichtung zu einer kontinuierlichen Verbesserung des betrieblichen Umweltschutzes mittels wirtschaftlich vertretbarer Anwendung der besten verfügbaren Technik beinhaltet. Eine solche Umweltpolitik muß ihrerseits den Anforderungen des Anhangs I zur EG-Verordnung, insbesondere den Teilen A und C, genügen (Art. 4 Abs. 5 Buchst. a EG-UAVO). **300**
- Der folgende Schritt dient der Feststellung, ob ein **Umweltmanagementsystem** und ein **Umweltprogramm** vorhanden sind, am Standort praktiziert werden und den Bestimmungen der Anhangs I der EG-Verordnung entsprechen (Art. 4 Abs. 5 Buchst. b EG-UAVO). **301**
- Im dritten Schritt prüft der Umweltgutachter, ob die **Umweltprüfung** und die **Umweltbetriebsprüfung** entsprechend den Maßgaben der Anhänge I und II der Umweltauditverordnung durchgeführt wurden (Art. 4 Abs. 5 Buchst. c EG-UAVO). **302**
- Schließlich untersucht der Umweltgutachter im vierten und letzten Schritt, ob die Angaben in der **Umwelterklärung** zuverlässig sind und ob die Erklärung alle wichtigen Umweltfragen, die für den Standort von Bedeutung sind, in angemessener Weise berücksichtigt (Art. 4 Abs. 5 Buchst. d EG-UAVO). **303**

Im **Verlauf der Begutachtung** ist er verpflichtet, Unterlagen einzusehen, den Standort zu besichtigen und hierbei Gespräche mit dem Personal zu führen, einen Bericht an die Unternehmensleitung zu erstellen sowie die **304** hierdurch aufgeworfenen Fragen zu klären (Anhang III Teil B Nr. 2 Abs. 2 EG-UAVO).

305 So kann der Umweltgutachter im Rahmen seiner Prüfungstätigkeit etwa Genehmigungen, nachträgliche Anordnungen, Ergebnisse behördlicher und betrieblicher Messungen, Analysen usw. einsehen. Das Unternehmen ist aufgrund des bestehenden Werkvertrages verpflichtet, ihm **alle relevanten Unterlagen** zur Verfügung zu stellen (Anhang III Teil B Nr. 2 Abs. 1 Satz 3 EG-UAVO).

306 Des weiteren hat der Umweltgutachter den Unternehmensstandort selbst zu besuchen und dort **Gespräche mit dem Personal** zu führen. Zu Inhalt und Dauer der **Standortbesichtigung** und der Gespräche macht die EG-Verordnung keine Angaben. Der Gutachter genießt aufgrund dessen große Entscheidungs- und Bewegungsfreiheit, in welchem Umfang er betriebliche Einrichtungen in Augenschein nimmt und mit welchen Mitarbeitern des Unternehmens er über welche Fragen spricht. Diese Gespräche können sich etwa auf den Stand des Umweltbewußtseins und diesbezügliche Schulungen oder auf die Verwirklichung der eingerichteten Aufbau- und Ablauforganisation beziehen, sich aber auch auf die Zuverlässigkeit der in die Umwelterklärung aufzunehmenden Zahlenangaben über Emissionen, Abfallaufkommen, Ressourcennutzung usw. erstrecken.

307 **Vor der Standortbesichtigung** muß der Umweltgutachter die Grunddokumentation über den Standort und die Tätigkeiten sowie die Unterlagen betreffend die Umweltpolitik und das Umweltprogramm, die Beschreibung des dortigen Umweltmanagementsystems, Einzelheiten und Aufzeichnungen über die vorangegangene Umwelt(betriebs)prüfung, etwaige aufgrund deren eingeleitete Korrekturmaßnahmen und den Entwurf der Umwelterklärung einsehen (Anhang III Teil B Nr. 2 Abs. 3 EG-UAVO). Während sich der Inhalt der übrigen Unterlagen unmittelbar aus der EG-Verordnung ergibt, sagt diese nicht, was unter einer **Grunddokumentation** zu verstehen ist. Aus dem von der zitierten Regelung vorgegebenen Zeitablauf folgt jedoch, daß der Gutachter hierdurch einen ersten Überblick über das Unternehmen und den Standort gewinnen soll, bevor die Örtlichkeit besucht. Dieser Zweckbestimmung entspricht eine **Beschreibung des Unternehmens**, aus der zu entnehmen ist, was Unternehmensgegenstand ist, wie der Standort diesem zugeordnet ist, insbesondere welche Produktions- und sonstigen betrieblichen Aktivitäten auf dem Gelände ausgeübt werden, wie die Standortumgebung bau- und planungsrechtlich beschaffen ist, welche Anlagen dort betrieben und welche Stoffe dort eingesetzt werden sowie welche umweltrelevanten Auswirkungen hieraus erwachsen.

308 Aufgrund dieser einzelnen Prüfungsschritte hat der Gutacher einen **Bericht an die Unternehmensleitung** zu erstellen, der Anlaß etwaiger Korrekturmaßnahmen seitens des Unternehmens sein kann und Grundlage der abschließenden Entscheidung des Gutachters ist.[247]

---

[247] Zur strafrechtlichen Relevanz dieses Verzeichnisses siehe Rdnr. 552.

bb) Prüfungstiefe

Der zuvor geschilderte Prüfungsablauf beeinflußt naturgemäß die **Prüfungstiefe**. So finden sich insbesondere in den Anhängen zu der EG-Verordnung detaillierte Kataloge etwa innerhalb des Umweltprogramms oder des Umweltmanagementsystems zu berücksichtigender Gesichtspunkte, die folglich auch Gegenstand der Überprüfung durch den Gutachter sind. Gleichwohl kann daraus zwar auf den Prüfungsumfang, nicht aber auf eine bestimmte Prüftiefe geschlossen werden,[248] weil zahlreiche **Unklarheiten** verbleiben. **309**

Als Beispiel mag das nach Anhang III Teil B Nr. 3 a. E. EG-UAVO zu erstellende „**Verzeichnis von Rechts- und Verwaltungsvorschriften** und sonstigen umweltpolitischen Anforderungen" dienen: Welche Rechts- und Verwaltungsvorschriften und welche umweltpolitischen Anforderungen sollen dort aufgeführt werden? Es erscheint wenig sinnvoll, alle irgendwie einschlägigen Vorschriften aufzulisten. Hier wird eine Auswahl nach der jeweiligen **Standortrelevanz** vorzunehmen sein. Die in das Verzeichnis aufzunehmenden umweltpolitischen Anforderungen werden auf diejenigen zu beschränken sein, die von einem breiten Konsens in der Bevölkerung getragen werden.[249] Diese Regelung kann in der praktischen Anwendung sicherlich Probleme aufwerfen, insbesondere wenn das Unternehmen das Verzeichnis nach anderen Kriterien zusammengestellt hat als der Umweltgutachter für richtig erachtet, für die Prüftiefe lassen sich daraus keinesfalls Schlüsse ziehen. **310**

Die **wenigen Anhaltspunkte zur näheren Bestimmung der Prüftiefe** finden sich vielmehr an anderen Stellen in der EG-Verordnung. **311**

So hat der Umweltgutachter bei der Überprüfung der von dem Unternehmen durchgeführten Umweltprüfung und Umweltbetriebsprüfung oder anderer angewandter Verfahren auf deren technische Eignung mit der gebotenen fachlichen Sorgfalt vorzugehen, aber **unnötige Doppelarbeit** zu vermeiden (Anhang III Teil B Nr. 1 Abs. 3 EG-UAVO). Nachdem sich diese Eignungsprüfung auf technische Fragen bezieht, ist dieses Gebot so zu verstehen, daß der Umweltgutachter davon absehen soll, mit der von dem Betriebsprüfer bereits durchgeführten Revision des betrieblichen Umweltschutzes von vorn zu beginnen. Dies belegt die englische Fassung des Verordnungstextes, derzufolge die Verfahren nicht unnötigerweise nochmals zu wiederholen sind.[250] Dies bedeutet aber keineswegs, daß es dem Umweltgutachter versagt wäre, in Zweifelsfällen über die Prüfung der einschlägigen Unterlagen hinaus bestimmte Sachverhalte detailliert unter Umwelt- und Organisationsgesichtpunkten zu prüfen oder eigene Messungen und Analysen vorzunehmen sowie Untersuchungen anzustellen. **Stichprobenartige Kontrollen** beinhalten keine unnötige Doppelarbeit, sondern sind durch die „erforderliche fachliche Sorgfalt" bedingt.[251] **312**

---

[248] A. A. *Schottelius*, BB 1195 1549 (1553).

[249] Vgl. *Müggenborg*, DB 1996, 125 (128).

[250] „... without unnecessarily duplicating those procedures."

[251] So auch *Falk/Frey*, UPR 1996, 58 (59); ähnlich *Schottelius*, BB 1995, 1549 (1553).

313 Hinsichtlich der Umwelterklärung des Unternehmens, die dem Gutachter vor der Standortbesichtigung in der Entwurfsfassung vorgelegt wird (Anhang III Teil B Nr. 2 Abs. 3 EG-UAVO), beschränkt sich dessen Aufgabe darauf, die **Zuverlässigkeit der** dortigen **Angaben** zu überprüfen. Damit wird ihm keine vollständige Verifizierung der Zahlenangaben über Schadstoffemissionen, Abfallaufkommen, Rohstoff-, Energie- und Wasserverbrauch usw. abverlangt, vielmehr genügt insoweit eine **Plausibilitätsprüfung**. Dies ergibt sich zum einen daraus, daß er nur die Angaben in der Erklärung – bei denen es sich bereits um eine **Zusammenfassung** handelt (Art. 5 Abs. 3 Buchst. c EG-UAVO) – überprüfen soll, nicht aber den gesamten dieser Kurzfassung zugrunde liegenden Datenbestand. Zum anderen fordert die EG-Verordnung gerade nicht den vollständigen Nachweis der Richtigkeit der einzelnen Fakten, sondern lediglich deren Zuverlässigkeit. Das damit angesprochene **Kriterium der Vertrauenswürdigkeit** bezieht notwendig die **Methoden der Datenerhebung** mit ein. Deshalb bietet es sich an, die Angaben der Umwelterklärung mit den entsprechenden Angaben in Antragsunterlagen, Genehmigungsbescheiden, Auflagen, nachträglichen Anordnungen, Begleitscheinen, Entsorgungsnachweisen usw. sowie mit den durch betriebliche oder behördliche Messungen und Analysen gewonnenen Daten **stichprobenartig** zu vergleichen.

314 Weckt eine solche Plausibilitätsprüfung **Zweifel an der Zuverlässigkeit**, sind eingehende Nachprüfungen angezeigt. Die Frage, wer derartige Nachforschungen anzustellen hat, ist nicht durch eine pauschale Aufgabenzuweisung zu beantworten. Vielmehr kommt es auf das Ausmaß der zutage getretenen Diskrepanzen und den Umfang des für die Klärung zu treibenden Aufwandes an, sowie darauf, ob es sich um schnell zu ermittelnde Flüchtigkeitsfehler oder tiefgreifende Systemfehler handelt. Insoweit können etwa die **Betriebsbeauftragten für den Umweltschutz**[252] wertvolle Hilfe leisten. Keinesfalls kann der Umweltgutachter etwa den (möglicherweise externen) Umweltbetriebsprüfer auffordern, etwaigen Bedenken nachzugehen.[253] Eine solche Weisung wäre von der werkvertraglichen Verpflichtung des Unternehmens zur Zusammenarbeit mit dem Umweltgutachter nicht (mehr) gedeckt und dürfte dessen Unabhängigkeit von dem zu begutachtenden Unternehmen nachhaltig in Frage stellen. Sofern solche Zweifelsfälle nicht in den seitens des Umweltgutachters mit dem Personal, zu dem auch der **Managementvertreter**[254] oder andere verantwortliche Mitarbeiter zählen, aufgeklärt werden können, sind sie in den **Bericht an die Unternehmensleitung** aufzunehmen und mit dieser in dem zur Klärung derartiger Fragen vorgesehenen Gespräch zu erörtern.

315 Die weitere Prüfung, ob alle wichtigen Umweltfragen, die für den Standort von Bedeutung sind, angemessen berücksichtigt wurden, erfordert außer hinreichender Kenntnis des Standortes und seiner Umgebung große Sachkunde und kritische Distanz des Umweltgutachters zu seinem Auftraggeber. Die Kriterien der **Wichtigkeit** und der **Angemessenheit** eröffnen viel-

---

[252] Zu deren Einbeziehung in das Umweltauditsystem vgl. Rdnr. 147 ff.
[253] So aber *Müggenborg*, DB 1996, 125 (129) m. w. N.
[254] Zu dessen Stellung und Aufgaben siehe Rdnr. 180.

fältige Möglichkeiten vertretbarer Entscheidungen. Dennoch begründen sie keinen Beurteilungsspielraum des Gutachters, der nur einer eingeschränkten gerichtlichen Kontrolle zugänglich wäre, sondern unterliegen als unbestimmte Rechtsbegriffe der **vollen gerichtlichen Nachprüfung.**[255]

Die gutachterliche Tätigkeit beschränkt sich demnach grundsätzlich auf **316** eine System- und Plausibilitätsprüfung, die stichprobenartige Detailprüfungen umfaßt und in Zweifelsfällen tiefergehende Nachforschungen nach sich ziehen muß. Es handelt sich demnach um eine **eingeschränkte Sachprüfung.**[256] Nach Sinn und Zweck der Umweltauditverordnung dient die Überprüfung durch den Umweltgutachter der **„Kontrolle der Kontrolleure"**, indem er außer dem Vorhandensein der Elemente des Auditsystems vor allem die Durchführung von Umwelt(betriebs)prüfungen überwacht. Durch letztere findet eine umfassende **betriebliche Eigenkontrolle** statt, deren Verläßlichkeit hauptsächlicher Gegenstand der Validierung ist.[257]

d) Sonderproblem: Behördliche Duldungen

Die **praktischen Schwierigkeiten**, die die Selbstverpflichtung zur Einhal- **317** tung aller einschlägigen Umweltvorschriften einerseits und die Bestimmung der Prüftiefe hinsichtlich der Auditierung durch den Umweltgutachter andererseits bereiten können, treten bei der Frage nach den **rechtlichen Auswirkungen behördlicher Duldungen** besonders deutlich zutage.

Vergleichsweise einfach zu beantworten ist diese Frage etwa für den Fall, **318** daß Anlagen zum Umgang mit wassergefährdenden Stoffen über einen längeren Zeitraum hinweg unter Verstoß gegen die einschlägigen Vorschriften betrieben werden und die Behörde eine **zeitlich und sachlich gestufte Sanierungsanordnung** erläßt oder mit dem Betreiber einen entsprechenden **öffentlich-rechtlichen Vertrag** abschließt.[258] Beide Regelungen beinhalten für die Dauer des Sanierungsvorganges eine **Duldung rechtswidriger Zustände**. Der darin liegende zeitweise Verzicht auf unverzügliches behördliches Einschreiten zur vollen Rechtsdurchsetzung mag im Einzelfall zulässig, aus Gründen der Verhältnismäßigkeit bei geringer Gefahr für die betroffenen Schutzgüter sogar geboten sein, dennoch verletzt der Anlagenbetreiber weiterhin geltendes Umweltrecht. Er genügt folglich auch dann nicht den einschlägigen Vorschriften, wenn er die Sanierung innerhalb des von der Behörde vorgegebenen oder mit ihr vereinbarten zeitlichen Rahmens durchführt.[259]

---

[255] Ebenso *Müggenborg*, DB 1996, 125 (129).

[256] Wie hier *Schottelius*, BB 1996, 1235 (1237f.); *ders.*, BB 1995, 1549 (1552f.); *Lübbe-Wolff*, DVBl. 1994, 361 (368ff.); für eine Beschränkung auf eine Systemprüfung dagegen *Müggenborg*, DB 1996, 125 (126ff.); *Janke*, S. 133ff.

[257] Die Umweltbetriebsprüfungen beinhalten ihrerseits eine umfassende Kontrolle der Einhaltung einschlägiger Umweltstandards; vgl. Rdnr. 211.

[258] Beispiel nach *Lübbe-Wolf*, DVBl. 1994, 361 (370).

[259] So auch *Lübbe-Wolf*, DVBl. 1994, 361 (370), deren polemische Kritik etwaiger gegenteiliger Ansichten jedoch deplaziert ist. Zu den Wirkungen behördlicher Duldungen im Zusammenhang mit der Entstehung von Altlasten vgl. *Kothe*, AltlastenR, S. 107f. m. w. N.

319 Problematischer und für den Umweltgutachter schwieriger zu beurteilen sind vielmehr diejenigen Fälle, in denen sich der Unternehmer aufgrund seiner **Einschätzung der Sach- und Rechtslage** so verhält, wie er es für richtig erachtet, und die Behörde in Kenntnis dieses Sachverhalts schweigt bzw. untätig bleibt, obwohl sie sich äußern bzw. handeln müßte. Dies betrifft vor allem Fallgestaltungen, in denen ein **die Richtigkeit des unternehmerischen Handelns bestätigender Verwaltungsakt** aussteht. Zwei Beispiele mögen die Problematik verdeutlichen:

320 – Ein Unternehmen, das spezielle keramische Erzeugnisse herstellt, betreibt an einem Standort insgesamt über vierzig immissionsschutzrechtlich genehmigte Anlagen unterschiedlicher Größe. § 27 BImSchG verpflichtet das Unternehmen zur regelmäßigen Abgabe von **Emissionserklärungen**. Dementsprechend hat es die erste Erklärung auf Anordnung der Behörde fristgemäß vorgelegt und zwei Jahre später eine aktualisierte Erklärung nachgereicht. Nach Erhalt der zweiten Erklärung teilt die Behörde dem Unternehmen mit, daß das besondere Emissionsverhalten der Anlagen der keramischen Industrie **eigens gestaltete Formulare** erfordere. Deren Verwendung verbessere die Darstellung und die Aussagekraft der Emissionserklärungen. Aus diesem Grunde werde die Behörde entsprechende Formulare vorbereiten und dem Unternehmen rechtzeitig vor dem Abgabetermin für die dritte Erklärung zur Verfügung stellen. Diese neuen Vordrucke seien anschließend zu verwenden (**§ 4 Abs. 3 der 11. BImSchV**). Zu gegebener Zeit wendet sich das Unternehmen mit der Bitte an die Behörde, nunmehr die neuen Formblätter zu übersenden. Die Behörde antwortet, die neuen Formulare seien zwar noch nicht fertiggestellt, dies würde aber demnächst geschehen. Solange solle das Unternehmen noch warten, es solle keinesfalls die alten Vordrucke verwenden. Dieses Frage- und Antwortspiel wiederholt sich mehrmals mit der Folge, daß das Unternehmen – mangels neuer Formblätter – seit acht Jahren keine Emissionserklärung abgegeben hat.

321 – Ein anderes Unternehmen leitet – mit stillschweigender behördlicher Duldung – Abwasser nach betriebsinterner Vorklärung in die öffentliche Kläranlage der Standortgemeinde ein. Die erforderliche **wasserrechtliche Erlaubnis** wurde zwar vor langer Zeit beantragt, aber von der zuständigen Behörde noch nicht erteilt. Die Antragsunterlagen sehen moderne Reinigungsmaßnahmen vor, die den allgemein anerkannten Regeln der Technik entsprechenden Werte betreffend die **Schadstofffracht des Abwassers** werden danach – wie regelmäßige Messungen belegen – unterschritten. Auch die Fachbehörde hat in ihrer Stellungnahme bereits bestätigt, daß die Abwassereinleitungen den Anforderungen genügen. Nachdem eine neue Verwaltungsvorschrift für das Erlaubnisverfahren nunmehr die Verwendung anderer Formulare vorsieht, schickt die untere Wasserbehörde die gesamten Antragsunterlagen mit der Aufforderung an das Unternehmen zurück, den vollständigen Antrag unter Verwendung der neuen Formblätter, im übrigen jedoch unverändert erneut einzureichen. Auf diese Weise zieht sich das Verwaltungsverfahren über mehr als fünf Jahre hin. Der Behörde und der Standortgemeinde ist be-

kannt, daß das Unternehmen nach Vorliegen der positiven Stellungnahme der Fachbehörde mit der Einleitung des betrieblichen Abwassers begonnen hat.

Es handelt sich hierbei keineswegs um entlegene Beispiele, die geschil- 322
derten Fälle stehen vielmehr stellvertretend für in der täglichen Praxis häufige Konstellationen. Sie beleuchten eine bislang zu wenig beachtete Seite des vielfach beklagten **Vollzugsdefizits in der Umweltverwaltung**. Im ersten Fallbeispiel bemüht sich das Unternehmen um vorschriftgemäßes Verhalten, scheitert damit jedoch, weil die Behörde trotz mehrmaliger Aufforderung nicht die erforderlichen Rahmenbedingungen schafft. Das Unternehmen verletzt aus diesem Grunde einschlägige Vorschriften nicht nur mit behördlicher Billigung, sondern gleichsam auf behördliche Veranlassung. Im zweiten Fallbeispiel verstößt das Unternehmen in noch gravierenderer Weise gegen umweltrechtliche Bestimmungen. Die Regelung des § 7a WHG beinhaltet ein repressives Verbot mit Erlaubnisvorbehalt, woraus zurecht abgeleitet wird, daß das Fehlen der Erlaubnis zugleich die materielle Rechtswidrigkeit der Abwassereinleitung begründet. In diesem Bereich lassen sich – anders als etwa im Baurecht – **formelle und materielle Rechtswidrigkeit** nicht eindeutig trennen.[260] In beiden Fällen werden die rechtswidrige Zustände von den Behörden geduldet.

aa) Begriff der Duldung

Bei der Duldung handelt es sich lediglich um einen **Sammelbegriff**, mit 323
dem **unterschiedliche Fallgestaltungen** bezeichnet werden, in denen eine Behörde untätig bleibt, obwohl die Voraussetzungen für ein Einschreiten vorliegen. So kann sich die Behörde etwa aus Gründen des Vertrauensschutzes, wegen Unklarheit der Rechtslage, wegen materieller Genehmigungsfähigkeit des Anlagenbetriebs, wegen noch nachteiligerer Folgen einer sofortigen Unterbindung des illegalen Zustandes, wegen unvorhersehbarer Not- und Katastrophenfälle, aber auch während eines laufenden Genehmigungsverfahrens oder während Reinigungs- oder Reparaturarbeiten an Klär- bzw. Filtereinrichtungen zur Duldung entschließen. Ferner können behördliche Duldungen aus bloßer Bequemlichkeit nicht ausgeschlossen werden.[261] Diese unterschiedlichen Erscheinungsformen lassen sich in drei Kategorien einteilen:

- Es liegt ein **bloßes Vollzugsdefizit** infolge rechtswidrigen Nichtgebrauchs des der Behörde eingeräumten Opportunitätsermessens vor.
- Die Behörde ist aufgrund fehlerfreier Ermessensausübung zu dem Ergebnis gelangt, daß **andere Aufgaben vordringlich** zu erledigen sind.
- Die Behörde sieht sich **aus Gründen der Verhältnismäßigkeit** an einem Einschreiten gehindert.

Die Formen der Duldung bewegen sich damit zwischen fehlerfreier **Inter- 324
essenabwägung** im Rahmen der **Ausübung des behördlichen Eingriffsermessens** einerseits und bloßer Untätigkeit ohne Ausübung eines behördlichen

[260] Vgl. nur BVerwG, DVBl. 1979, 67 (69).

[261] Beispiele nach *Heider*, NuR 1995, 335 (336).

Gestaltungswillens andererseits. Gemeinsam ist ihnen, daß die Behörde gegen einen ihr bekannten rechtswidrigen Zustand nicht einschreitet. Das der Behörde grundsätzlich zustehende Ermessen, ob und wie sie etwa gegen den rechtswidrigen Betrieb einer Anlage angehen will, kann bei eindeutiger Interessenlage sowohl in Richtung einer Pflicht zum Tätigwerden als auch einer Pflicht zu einer (zeitweisen) Duldung schrumpfen. Zusammenfassend läßt sich die Duldung definieren als das **Unterlassen behördlichen Einschreitens gegen ein der Behörde als rechtswidrig bekanntes Handeln des Bürgers** in Kenntnis des maßgeblichen Sachverhalts und trotz Vorliegens der Voraussetzungen für ein Einschreiten.[262]

bb) Zulässigkeit und Grenzen behördlicher Duldungen

325 Rechtsgrundlage der behördlichen Duldung ist das Opportunitätsprinzip. Bei dem Umweltverwaltungsrecht handelt es sich um besonderes Polizeirecht, das durch den Opportunitätsgrundsatz geprägt ist.[263] Den Behörden ist bei der Behandlung rechtswidrigen Anlagenbetriebes ein **Ermessen** eingeräumt, dessen Ausübung grundsätzlich auch die Duldung des illegalen Zustandes einschließt.

326 Die **Grenzen behördlicher Duldungen** ergeben sich aus der **allgemeinen Ermessensfehlerlehre**. Danach führt ein Ermessensausfall bzw. ein Ermessensnichtgebrauch stets zur Unzulässigkeit einer Duldung. Demgegenüber ist bei einer Ermessensüberschreitung oder einem Ermessensfehlgebrauch jeweils zu differenzieren. Die Ermessensausübung wird maßgeblich von der **Abwägung widerstreitender Interessen** geprägt. Den Belangen des jeweiligen Anlagenbetreibers in der konkreten Situation stehen die Schutzgüter gegenüber, die in den verschiedenen Gebieten des Umweltrechts unterschiedlich gewichtet sind. Den **Schutzzwecken der einzelnen Sachgebiete des Umweltverwaltungsrechts** wie etwa des Atom-, Immissionsschutz-, Abfall-, Wasserrechts usw. in ihren unterschiedlichen normativen Ausgestaltungen kommt damit entscheidungserhebliche Bedeutung zu.

327 **Kerntechnische Anlagen** bedürfen wegen des mit ihrem Betrieb verbundenen enormen Gefahrenpotentials eines aufwendigen Planfeststellungsverfahrens, in dem möglichst frühzeitig und umfassend unter anderem alle sicherheitstechnischen Interessen und die Schutzbedürftigkeit Dritter berücksichtigt werden. Die behördliche Duldung ihres ungenehmigten Betriebes würde deshalb stets das Eingriffsermessen überschreiten und unzulässig sein. Anders verhält es sich bei **immissionsschutzrechtlich genehmigungsbedürftigen Anlagen**, zu denen – mit Ausnahme von Deponien – auch ortsfeste Abfallbeseitigungsanlagen zählen (§ 31 Abs. 1 KrW-/AbfG). Die von ihnen ausgehenden Gefahren erreichen bei weitem nicht das Ausmaß der von atomrechtlichen planfeststellungsbedürftigen Anlagen ausgehenden, weshalb Duldungen in Ausnahmefällen, insbesondere in Detailfragen des Be-

---

[262] Vgl. etwa *Heider*, NuR 1995, 335 (336) m. w. N.; *Fluck*, NuR 1990, 197 (198). m. w. N.

[263] So auch *Heider*, NuR 1995, 335 (336); allgemein *Drews/Wacke/Vogel/Martens*, S. 370.

triebs wie Dokumentationspflichten, zulässig sein können. Ähnlich ist die **wasserrechtliche** Situation, weshalb auch hier Duldungen zulässig sein können.[264]

cc) Rechtliche Wirkungen behördlicher Duldungen

Die rechtlichen Folgen einer Duldung hängen von der **Rechtsnatur der Duldungserklärung** durch die Behörde ab.[265] In Betracht kommen sowohl formelles Verwaltungshandeln durch Zusicherung (§ 38 VwVfG),[266] Duldungsverwaltungsakt (§ 35 VwVfG),[267] gerichtlichen Vergleich (§ 106 VwGO)[268] und öffentlich-rechtlichen Vertrag (§ 54 VwVfG) als auch informelles Verwaltungshandeln. Jedenfalls tritt infolge der Duldung eine **Selbstbindung der Behörde** ein. Der **Umfang der Bindungswirkung** ergibt sich bei formellem Handeln aus den einschlägigen gesetzlichen Bestimmungen, bei informellem Vorgehen oder stillschweigender Duldungserklärung richtet er sich danach, ob und inwieweit ein schutzwürdiges Vertrauen des Anlagenbetreibers hervorgerufen wurde.[269] 328

Eine solche Duldung verschafft dem Anlagenbetreiber – unabhängig von der konkreten behördlichen Handlungsweise – **keine dauerhafte Rechtsposition**. Verändert sich die Situation[270] oder gewinnt die Behörde neue Erkenntnisse,[271] kann sie rechtsfehlerfrei ihre bisher geübte Duldungspraxis aufgeben. Gleichwohl erlangt vor dem Hintergrund des Verhältnismäßigkeitsgrundsatzes ein lange währendes Nichteinschreiten der Behörde besonderes Gewicht, so daß die Behörde hierdurch an einem kurzfristigen Eingreifen gehindert sein kann.[272] 329

Ungeachtet dessen entfaltet eine auch noch so lange andauernde behördliche Duldung **keine legalisierende Wirkung**. Zum einen fehlt es an einer positiven Willensäußerung der Behörde in Form eines genehmigenden Verwaltungsaktes, der Anknüpfungspunkt einer Legalisierungswirkung sein könnte. Zum anderen setzt die Duldung begrifflich einen rechtswidrigen Zustand voraus; ein rechtswidriger geduldeter Anlagenbetrieb einerseits und ein rechtmäßiger genehmigter andererseits schließen sich deshalb gegenseitig aus.[273] 330

---

[264] Ähnlich *Heider*, NuR 1995, 335 (337).

[265] So auch *Fluck*, NuR 1990, 197 (199); ihm folgend *Heider*, NuR 1995, 335 (337) m.w.N.

[266] Vgl. VGH Bad.-Württ., ZfW 1991, 113.

[267] Vgl. VGH Bad.-Württ., VBlBW 1987, 137 (139); OVG Berlin, NJW 1983, 777 (778).

[268] Vgl. VGH Bad.-Württ., VBlBW 1988, 254; OVG NW, NVwZ 1988, 370.

[269] So auch *Heider*, NuR 1995, 335 (337) m.w.N.; *Fluck*, NuR 1990, 197 (201) m.w.N.

[270] Vgl. hierzu *VGH Bad.-Württ.*, ZfW 1991, 113 (115f.); ferner *Heider*, NuR 1995, 335 (337).

[271] Siehe §§ 49 Abs. 2 Nr. 3 und 4, 38 Abs. 3, 60 VwVfG.

[272] Vgl. etwa für den Altlastenbereich *Kothe*, AltlastenR, S. 108, 118ff. m.w.N., siehe dort auch zu Fragen des Verzichts, der Verwirkung und der Verjährung polizeilicher Eingriffsbefugnisse.

[273] So die h.M., vgl. zum Streitstand *Heider*, NuR 1995, 335 (337) m.w.N.; vgl. ferner *Kothe*, AltlastenR, S. 108 m.w.N.

dd) Folgerungen für die Auditierung

331 Die von behördlichen Duldungen betroffenen Unternehmen grundsätzlich von der **Teilnahme am Umweltauditsystem** ausschließen zu wollen, erschiene nicht sachgerecht. Hier muß der Umweltgutachter Lösungswege suchen, indem er die Sachverhalte aufgrund der von ihm geforderten ausreichenden **Fachkenntnisse über einschlägige Rechts- und veröffentlichte Verwaltungsvorschriften** sowie Normen des betrieblichen Umweltschutzes (§ 7 Abs. 2 Nr. 2 Buchst. e UAG) beurteilt. Anderenfalls träten zu dem hohen Umweltschutzniveau in Deutschland, das bereits als Standortnachteil empfunden wird,[274] im Einzelfall handfeste **Wettbewerbsverzerrungen** aufgrund von Vollzugsdefiziten.

332 Der Umweltgutachter wird deshalb zu differenzieren haben: Diejenigen Unternehmen, deren Anlagenbetrieb lediglich aus Gründen der Verhältnismäßigkeit vorübergehend geduldet wird, halten die einschlägigen Vorschriften fraglos nicht ein. Anders verhält es sich mit denjenigen Unternehmen, die ihrerseits alles erforderliche unternommen haben. Wenn sie die einschlägigen Vorschriften lediglich infolge behördlicher Untätigkeit nicht einhalten können, kann ihnen wohl kaum angesonnen werden, die Behörden im Verwaltungsrechtsweg zum Tätigwerden zu veranlassen, um sich anschließend auditieren zu lassen. Die Dauer verwaltungsgerichtlicher Verfahren ist nicht dazu angetan, die im Hinblick auf das **Umweltauditsystem als Instrument des Wettbewerbs** gebotene schnelle Abhilfe zu schaffen.

333 So wird der Umweltgutachter – um auf die zuvor erwähnten Fallbeispiele zurückzukommen – die **Validierung der Umwelterklärung** wohl nicht versagen können, wenn das Unternehmen die zur Erstellung der Emissionserklärungen erforderlichen Messungen regelmäßig durchführt, aber gleichwohl keine Emissionserklärungen abgibt, weil die von der Behörde angekündigten neuen Formulare noch nicht existieren. Problematisch erscheinen die Fälle fehlender Genehmigungen. Im Falle gebundener Genehmigungen wird der Umweltgutachter bei Vorliegen der Genehmigungsfähigkeit, bereits erfolgter Antragstellung und sicherer Indizien für eine behördliche Duldung ebenfalls von der Einhaltung der Vorschriften ausgehen können. Dies gilt etwa für immissionsschutzrechtliche Genehmigungen und entspricht dem Charakter **präventiver Verbote mit Erlaubnisvorbehalt**.

334 Anders werden hingegen Fälle **repressiver Verbote mit Befreiungsvorbehalt** wie etwa wasserrechtliche Erlaubnisse oder Bewilligungen zu behandeln sein. Hier vermag eine etwaige Duldung mangels positiver Willensäußerung grundsätzlich nicht die noch ausstehende Ermessensentscheidung zu ersetzen oder auch nur vorzuprägen. Zwar könnten sich bei **Ermessensreduzierungen** wiederum Abweichungen hinsichtlich der Bewertung behördlicher Duldungen ergeben,[275] derartige Fallgestaltungen dürften den Umweltgutachter aber vor für ihn unüberwindliche Schwierigkeiten stellen. Die Frage, ob tatsächlich eine Ermessensschrumpfung vorliegt, ist ange-

---

[274] Tendenziell in diesem Sinne wohl *Martens/Moufang*, NVwZ 1996, 246f.; *Schottelius*, BB 1995, 1549 (1550)

[275] *Heider*, NuR 1995, 335 (340), spricht insoweit von „gebotenen Duldungen".

sichts der Komplexität der zu begutachtenden Sachverhalte keineswegs einfach zu beurteilen und wird häufig erst von einem Verwaltungsgericht beantwortet. Der Umweltgutachter, der lediglich über ausreichende Fachkenntnisse einschlägiger umweltrechtlicher Vorschriften, nicht aber über weitergehendes verwaltungsrechtliches Wissen verfügen muß, dürfte mit solchen Fragestellungen selbst bei Vorliegen ausdrücklicher Duldungserklärungen aufgrund formellen Verwaltungshandelns überfordert sein. Sofern er also bei seiner Auditierung auf solche Sachverhalte stößt, sollte er die Umwerklärung wegen Nichteinhaltung einschlägiger Vorschriften am Standort nicht validieren.

Das Unternehmen wird in solchen Fällen auf die Behörde mit dem Ziel 335
einwirken müssen, die erforderliche Genehmigung nunmehr zu erteilen. Notfalls ist die Erhebung einer **Untätigkeitsklage** geboten. Darüber hinaus stellt sich die Frage, ob das Unternehmen möglicherweise **Amtshaftungsansprüche** geltend machen kann. Besonders problematisch dürften insoweit der Nachweis eines quantifizierbaren Schadens infolge der Nichtteilnahme am Umweltauditsystem und der der Ursächlichkeit der behördlichen Untätigkeit hierfür sein.

e) Abschluß der Prüfung

Über das Ergebnis seiner Prüfung hat der Umweltgutachter einen **Bericht** 336
an die Unternehmensleitung zu verfassen, in dem ganz allgemein die festgestellten Verstöße gegen die EG-Verordnung und insbesondere die bei der Umweltprüfung, bei der Methode der Umweltbetriebsprüfung oder bei dem Umweltmanagementsystem oder bei allen sonstigen Verfahren aufgetretenen technischen Mängel und die Einwände gegen den Entwurf der Umwelterklärung sowie Einzelheiten der Änderungen bzw. Zusätze, die zur **Validierungsfähigkeit** in die Umwelterklärung aufgenommen werden müßten, enthalten sein müssen (Anhang III Teil B Nr. 3 EG-UAVO). Nach der Verordnung hat der Umweltgutachter anschließend drei Entscheidungsmöglichkeiten:

- Gibt es keine Beanstandungen und erweist sich die Umwelterklärung als 337
  genau, hinreichend detailliert und **mit den Anforderungen des Systems vereinbar**, so erklärt der Umweltgutachter die Umwelterklärung – selbstverständlich – für gültig (Anhang III B Nr. 4 Buchst. a EG-UAVO).
- Entsprechen Umweltpolitik, Umwelt(betriebs)prüfung, Umweltpro- 338
  gramm und Umweltmanagementsystem den Anforderungen der EG-Verordnung, bedarf aber die Umwelterklärung gewisser **Änderungen oder Zusätze**, so erörtert der Umweltgutachter dies mit der Unternehmensleitung und erklärt die Umwelterklärung erst dann für gültig, wenn das Unternehmen die entsprechenden Änderungen oder Zusätze in die Umwelterklärung aufgenommen hat (Anhang III Teil B Nr. 4 Buchst. b EG-UAVO). Dies gilt auch, wenn der Umweltgutachter feststellt, daß für eines der Vorjahre, in dem keine Validierung erfolgte, die Erklärung unrichtig oder irreführend war oder wurde eine solche gar nicht abgegeben wurde. Diese Regelung betrifft in erster Line vorangegangene **vereinfach-**

te Erklärungen, die gemäß Art. 5 Abs. 5 Satz 2 EG-UAVO erst mit der nächsten „normalen" Umwelterklärung validiert werden. In diesen Fällen ist die aktuelle Erklärung mit Hinweisen auf erforderliche Korrekturen der vorangegangenen Erklärungen oder seinerzeit nicht veröffentlichen Zusatzinformationen zu versehen. Lehnt das Unternehmen die Änderungen oder Zusätze ab, wird die Umwelterklärung nicht für gültig erklärt.

339 – Stellt der Umweltgutachter gravierende Mängel fest, hat er der Unternehmensleitung die **notwendigen Verbesserungen** zu empfehlen. Solche Mängel liegen vor, wenn also die Umweltpolitik nicht mit den einschlägigen Vorschriften der Umweltauditverordnung übereinstimmt, die Umwelt(betriebs)prüfung in technischer Hinsicht nicht zufriedenstellend ist, im Umweltprogramm nicht alle wichtigen Fragestellungen angesprochen wurden oder das Umweltmanagementsystem nicht allen Anforderungen des Anhangs I der EG-Verordnung genügt. In diesen Fällen erklärt der Gutachter die Umwelterklärung erst für gültig, nachdem die Mängel behoben, die Verfahren soweit erforderlich wiederholt und die Umwelterklärung entsprechend geändert wurden. Folgt das Unternehmen dagegen seinen Empfehlungen nicht, wird er die Umwelterklärung nicht für gültig erklären.

9. Standortregistrierung

340 Die Befugnis zur Verwendung der Teilnahmeerklärung setzt die vorherige Eintragung des Standorts in das entsprechende Verzeichnis voraus. Die **Standortregistrierung** erfolgt, nachdem der registerführenden Stelle die validierte Umwelterklärung vorgelegt, eine etwaige Eintragungsgebühr entrichtet und glaubhaft gemacht wurde, daß der Standort alle Bedingungen der Umweltauditverordnung erfüllt. Im Anschluß daran setzt die Registrierungsstelle die Unternehmensleitung von der vollzogenen Eintragung in Kenntnis.

a) Registrierungsstellen

341 Nach Art. 18 Abs. 1 EG-UAVO hatte jeder Mitgliedstaat innerhalb von zwölf Monaten nach Inkrafttreten der EG-Verordnung die für die Standortregistrierung zuständige Stelle zu benennen und die EG-Kommission hiervon zu unterrichten. Der Bundesgesetzgeber hat den **Industrie- und Handelskammern** und den **Handwerkskammern** durch § 32 Abs. 1 UAG die Registrierung der geprüften Standorte, insbesondere die Wahrnehmung der Aufgaben nach Art. 8 und 9 EG-UAVO, übertragen. Nach § 32 Abs. 2 UAG benennen die Industrie- und Handelskammern sowie die Handwerkskammern eine gemeinsame Stelle durch eine schriftliche Vereinbarung, die der EG-Kommission über das Bundesministerium für Umwelt, Naturschutz und Reaktorsicherheit gemäß Art. 9 Abs. 1 EG-UAVO ein **jährlich aktualisiertes Standortverzeichnis** übermittelt. Dieses Verzeichnis wird außerdem der Zulassungsstelle und dem Umweltgutachterausschuß vollständig und den zuständigen obersten Landesbehörden auszugsweise für das jeweilige Bundesland vorgelegt.

Außerdem können die Industrie- und Handelskammern sowie die Handwerkskammern schriftlich vereinbaren, die in § 32 Abs. 1 Satz 1 UAG genannten Aufgaben ganz oder teilweise auf eine dieser Kammern zu übertragen (§ 32 Abs. 3 UAG). Diese **Aufgabenübertragung** bedarf der Genehmigung der Aufsichtsbehörde im Einvernehmen mit der zuständigen Umweltbehörde. **342**

Diese Aufgabenzuweisung folgt dem Gedanken des von den Wirtschaftsverbänden propagierten **Selbstverwaltungsmodells**, das seinerseits Ausdruck der Freiwilligkeit einer Beteiligung am Umweltauditsystem ist.[276] Sie wird teilweise bereits deshalb kritisiert, weil durch die gesetzliche Regelung eine **Aufgabenübertragung auf mehrere Stellen** erfolgt, die zwar ihrerseits mit entsprechender Genehmigung eine Aufgabenkonzentration auf eine Stelle herbeiführen können, während die EG-Verordnung in Art. 18 Abs. 1 EG-UAVO nur von einer Stelle je Mitgliedstaat spricht. Die durch § 32 Abs. 1 UAG getroffene Zuordnung verstoße deshalb gegen den Wortlaut der EG-Verordnung und behindere eine europaweit einheitliche Registrierungspraxis, die für das Funktionieren des Umweltauditsystems besonders wichtig sei.[277] Diese Kritik vermag nicht zu überzeugen. Sie kann sich zwar auf den Wortlaut des Art. 18 Abs. 1 EG-UAVO stützen, wenn aber Art. 18 Abs. 2 EG-UAVO Anforderungen an die Zusammensetzung „der zuständigen Stellen“ formuliert, ist die bundesgesetzlich gefundene Lösung damit ebenso vereinbar wie die Auslegung, diese Regelung beziehe sich auf die Gesamtheit der Mitgliedstaaten der EU.[278] Die Aufgabenübertragung auf mehrere Stellen steht der **Funktionsfähigkeit des System** zumindest nicht a priori entgegen. **343**

Die **materiellen Eintragungsvoraussetzungen** ergeben sich unmittelbar aus der Umweltauditverordnung, Unterschiede könnten sich demnach nur hinsichtlich des Verfahrens ergeben. Insoweit bestimmt § 35 UAG jedoch, daß die Industrie- und Handelskammern sowie die Handwerkskammern das **Registrierungsverfahren** durch Satzung näher regeln können, die der Genehmigung der Aufsichtsbehörde im Einvernehmen mit der obersten für den Umweltschutz zuständigen Landesbehörde bedarf. Erfahrungsgemäß ist davon auszugehen, daß sämtliche Kammern von der ihnen eingeräumten **Satzungskompetenz** Gebrauch machen werden. Auf diese Weise ist eine zumindest landesweite Vereinheitlichung des Verfahrens sichergestellt, so daß insoweit der Forderung des Art. 18 Abs. 2 Satz 2 EG-UAVO Rechnung getragen wird. **344**

Problematisch erscheint hingegen die Übertragung der Aufgaben gerade auf die Industrie- und Handelskammern sowie die Handwerkskammern, da Art. 18 Abs. 2 Satz 1 EG-UAVO eine Zusammensetzung der Registrierungsstellen verlangt, die die Gewähr für deren **Unabhängigkeit und Neutra-** **345**

---

276 Vgl. dazu bereits Rdnr. 21.

277 *Lübbe-Wolff*, NuR 1996, 217 (224).

278 So *Lübbe-Wolff*, NuR 1996, 217 (224), dortige Fußn. 65.

lität bietet. Dies könnte insofern zweifelhaft sein, als § 1 Abs. 1 IHKG und § 90 Abs. 1 HandwO den gesetzlichen Auftrag der genannten Kammern dahin vorgeben, daß es sich bei ihnen um **Interessenvertretungen** der in ihnen zusammengeschlossenen Betriebe handelt. Hieraus könnten sich **Bedenken im Hinblick auf objektive Aufgabenerfüllung** ergeben, wenn erforderlichenfalls harte Entscheidungen gegen Kammermitglieder zu treffen sind, wie Ablehnung einer Eintragung, vorübergehende Aufhebung einer Eintragung und Streichung aus dem Standortverzeichnis.[279]

346 Diese Kritik scheint, auch wenn sie auf einen Ausschnitt aus dem gesamten Aufgabenspektrum der Kammern bezogen ist, Ausdruck grundsätzlicher Zweifel am Kammerwesen zu sein. Sie rührt daher, daß es sich bei den Industrie- und Handelskammern ebenso wie bei den Handwerkskammer um öffentlich-rechtliche Selbstverwaltungskörperschaften der Wirtschaft handelt, sie übersieht jedoch, daß die Kammern in erster Linie das **Gesamtinteresse der ihnen angehörenden Gewerbetreibenden** bzw. die **Interessen des Handwerks als Berufsstand**, nicht aber Einzelinteressen ihrer Mitglieder wahrzunehmen haben. Diesem Gesamtinteresse wäre es jedoch abträglich, wenn der Eindruck individueller Bevorzugung entstünde; eine nachsichtige Behandlung einiger „schwarzer Schafe" liefe auch dem Interesse der Wirtschaft an dem von ihr propagierten Selbstverwaltungsmodell zuwider. Außerdem zeigt die Praxis der Erledigung herkömmlicher Kammeraufgaben ein ausreichendes Maß an Durchsetzungskraft. Schließlich bestünde die beschworene Gefahr der Lösung etwaiger Zielkonflikte zugunsten der Kammer in ihrer Funktion als Interessenvertretung und zulasten einer strikten Wahrnehmung der Vollzugsaufgaben[280] nur dann, wenn ihnen ein Ermessensspielraum eröffnet worden wäre. Ein solcher besteht jedoch nicht; die eingeschränkten **Prüfungsbefugnisse der Registrierungsstellen** sind in Art. 8 Abs. 3 und 4 EG-UAVO und §§ 33, 34 UAG genau definiert.[281] Allenfalls die Anforderungen an die Glaubhaftmachung der Eintragungsvoraussetzungen könnten als „Einfallstor" für eine von Interessen beeinflußte Nachgiebigkeit sein. Insoweit formuliert § 33 UAG jedoch zum einen **Mindesterfordernisse**, zum anderen sieht diese Bestimmung – mangels fachlicher Kompetenz der Industrie- und Handelskammern sowie der Handwerkskammern in bezug auf die Einhaltung der Umweltstandards – die **Mitwirkung der zuständigen Umweltbehörden** vor. Zum dritten führt § 35 UAG zu einer Vereinheitlichung der Satzungen über Registrierungsverfahren.

347 Ob diese Aufgabenübertragung auf die Kammern der **Akzeptanz des Umweltauditsystems** in der Öffentlichkeit dienlich ist, ist eine andere Frage. In der Tat könnte die aus ihrem gesetzlichen Auftrag resultierende Nähe der Kammern zu ihren Mitgliedern gerade in der durch das Gemeinschaftssystem angesprochenen **kritischen Öffentlichkeit** Bedenken hervorrufen. Hier sind jedoch die Kammern gefordert, ihre Stellung und Aufgaben innerhalb des Systems einerseits und die der unabhängigen Umweltgutachter anderer-

---

[279] In diesem Sinne *Lübbe-Wolff*, NuR 1996, 217 (224).
[280] So die plakative Kritik von *Lübbe-Wolff*, NuR 1996, 217 (224).
[281] Siehe nachfolgend Rndr. 348 ff.

seits deutlich zu machen. Letztere validieren Umwelterklärung, -managementsystem, -betriebsprüfung usw. und üben auf diese Weise im wesentlichen die **materielle Prüfungsfunktion** aus. Daneben besteht die **behördliche Überwachung** im Grundsatz fort; außerdem ist durch die bundesgesetzliche Konstruktion die Rückkopplung mit den Überwachungsbehörden gesichert. Im Vergleich dazu erfüllen die Registrierungsstellen nachgeordnete Vollzugsaufgaben. Im übrigen müssen sich Kritiker nach Alternativen fragen lassen. Die Überbürdung auch der Aufgaben nach Art. 8 und 9 EG-UAVO etwa auf die staatlichen Überwachungsbehörden, deren Vollzugsleistungen von denselben Kritikern zutreffend als defizitär angesehen werden, oder die Schaffung zusätzlicher Stellen zwischen staatlichen Ordnungsbehörden einerseits und Selbstverwaltungseinrichtungen der Wirtschaft andererseits, die erhebliche Zuordnungs- und Kompetenzprobleme aufwerfen und zusätzliche **bürokratische Reibungsverluste** hervorrufen würde, kann nicht ernsthaft als Lösung in Erwägung gezogen werden. Aus diesem Grunde sollte dem jetzigen Umsetzungsmodell Gelegenheit gegeben werden, sich in der Praxis zu bewähren.[282]

b) Prüfungsbefugnis der Registrierungsstellen

Die verordnungsrechtlichen Vorgaben in Art. 8 EG-UAVO und deren in- **348**
nerstaatliche Umsetzung durch §§ 33 und 34 UAG räumen den Registrierungsstellen eine **eingeschränkte Prüfungskompetenz** ein.

aa) Glaubhaftmachung der Eintragungsvoraussetzungen

Nach Art. 8 Abs. 1 EG-UAVO erfolgt die Eintragung eines Standortes **349**
erst, wenn der Registrierungsstelle die validierte Umwelterklärung vorgelegt, eine etwaige Eintragungsgebühr entrichtet und glaubhaft gemacht wurde, daß der Standort die Bedingungen der EG-Verordnung erfüllt. Die Bestimmung selbst läßt offen, wie diese **Glaubhaftmachung** erfolgen soll. Nach Sinn und Zweck des Umweltauditsystems, insbesondere der **Auditierung des Standortes durch den unabhängigen Umweltgutachter,** wird die durch ihn erfolgte Validierung grundsätzlich als ausreichend zu erachten sein.

Die zusätzlichen Anforderungen an die Glaubhaftmachung beziehen sich **350**
in erster Linie auf die **Zulassung und Fachkunde der validierenden Personen.**[283] So ist die erforderliche Glaubhaftmachung insbesondere dann nicht gegeben, wenn

- die Gültigerklärung der Umwelterklärung nicht von einem zugelassenen Umweltgutachter oder einer zugelassenen Umweltgutachterorganisation verantwortlich gezeichnet ist oder

---

[282] Die polemischen Anwürfe von *Lübbe-Wolff*, NuR 1996, 217 (224), denenzufolge aus einer Selbstverwaltungsangelegenheit eine Selbstbedienungsangelegenheit gemacht worden sei, sind der Sache nicht dienlich. Im übrigen läßt ihre Kritik auch insoweit jegliches konstruktive Element vermissen.

[283] Diese Ansicht äußerten *Sellner/Schnutenhaus*, NVwZ 1993, 928 (931), bereits aufgrund des Verordnungstextes.

– die Personen, die die Gültigerklärung der Umwelterklärung mitgezeichnet haben, nach dem **Inhalt ihrer Zulassung, Fachkenntnis- oder Lehrgangsbescheinigung** insgesamt nicht über die erforderliche Fachkunde zur Begutachtung des geprüften Standortes verfügen (§ 33 Abs. 1 Satz 1 UAG).

351 § 33 Abs. 1 Satz 2 UAG bestimmt, daß es zur Glaubhaftmachung nicht erforderlich ist, daß diejenigen Personen, die die Umwelterklärung des Unternehmens validiert haben, bei demselben Umweltgutachter angestellt sind oder derselben Organisation angehören. Vielmehr können Umweltgutachter, -organisationen und Inhaber von Fachkenntnisbescheinigungen auch aufgrund gesonderter Vereinbarungen **im Rahmen einzelner Begutachtungsaufträge** zusammenwirken.[284]

352 Sowohl der Wortlaut des Art. 8 Abs. 1 EG-UAVO als auch derjenige des § 33 Abs. 1 UAG verdeutlichen, daß sich die Prüfungsbefugnis nicht auf die genannten rein **formalen Entscheidungskriterien** beschränkt, sondern sich auch inhaltliche Anforderungen in bezug auf die **verordnungskonforme Auditierung** des Standortes erstreckt. So können sich die Registrierungsstellen zwar regelmäßig auf die Gültigerklärung der Umwelterklärung durch den unabhängigen Umweltgutachter verlassen, müssen es aber nicht. Dies ergibt sich nicht nur daraus, daß Art. 8 Abs. 1 EG-UAVO die Erforderlichkeit der Glaubhaftmachung auf die Erfüllung der Voraussetzungen nach der EG-Verordnung bezieht und § 33 Abs. 1 UAG nicht abschließend auf Zulassung und Fachkunde der validierenden Personen abstellt, sondern vor allem aus Art. 8 Abs. 3 EG-UAVO. Danach kann die registerführende Stelle, wenn sie selbst – d. h. **aufgrund eigener Prüfungsbefugnisse** – „zu einem beliebigen Zeitpunkt" feststellt, daß ein Standort nicht mehr alle Anforderungen der Umweltauditverordnung erfüllt, diesen aus dem Verzeichnis streichen. Gleichwohl haben der EG-Ministerrat und die EG-Kommission in einer **gemeinsamen Erklärung zum Ministerratsprotokoll** erklärt, „daß zur Vermeidung von Doppelprüfungen durch Umweltgutachter und zuständige Stelle die zuständige Stelle **keine eigenständige materielle Prüfungen** im Hinblick auf den Standort vorzunehmen hat."[285] Wenngleich diese Erklärung ausdrücklich nur das Verhältnis zwischen dem Umweltgutachter und der Registrierungsstelle betrifft, hat sie auch Indizwirkung für das Verhältnis letzterer zur Umweltverwaltung, denn die materielle Prüfungskompetenz kann sinnvollerweise nur einheitlich beurteilt werden.[286]

353 Die materiellen Maßstäbe sind unmittelbar der EG-Verordnung zu entnehmen. Hierzu zählt unter anderem die **Einhaltung sämtlicher einschlägigen Umweltvorschriften**. Weder die Industrie- und Handelskammern noch die Handwerkskammern besitzen die fachliche Kompetenz, um aus eigener Anschauung beurteilen zu können, ob ein Unternehmen gegen einschlägige Umweltstandards verstoßen hat.[287] Aus diesem Grunde führt die register-

---

[284] Siehe ausführlicher zu den Kooperationsmöglichkeiten Rdnr. 448ff.

[285] Zitiert nach *Waskow*, in: *Feldhaus*, BImSchR, M 1 Rdnr. 313.

[286] Ähnlich *Waskow*, in: *Feldhaus*, BImSchR, M 1 Rdnr. 313.

[287] So auch die Bundesregierung in ihrer Gegenäußerung, BT-Drs. 13/1687, S. 14, mit der sie den im Regierungsentwurf noch vorgesehenen § 33 Abs. 3 UAG-E gegen die vom Bundesrat geforderte ersatzlose Streichung verteidigte. Der Bundesrat be-

führende Stelle vor der beabsichtigten Eintragung eines Standortes eine **Anhörung der zuständigen Umweltbehörden** durch; diese erhalten Gelegenheit, sich innerhalb von vier Wochen zu äußern. Hält die Umweltbehörde einen Verstoß gegen einschlägige Umweltvorschriften für gegeben und bestreitet das Unternehmen das Vorliegen eines solchen Rechtsverstoßes, wird die **Entscheidung über die Standortregistrierung** bis zur Klärung zwischen Umweltbehörde und Unternehmen **ausgesetzt** (§ 33 Abs. 2 UAG). Diese Regelung entspricht zwar nicht dem Wortlaut, wohl aber Sinn und Zweck der verordnungsrechtlichen Vorgabe: Nach Art. 8 Abs. 4 Satz 1 EG-UAVO lehnt die Registrierungsstelle die Eintragung ab, wenn sie von der zuständigen Umweltbehörde von einem derartigen Verstoß unterrichtet wurde. Diese **Ablehnungsentscheidung** wird zurückgenommen, sobald die betreffende Stelle von der staatlichen Überwachungsbehörde „hinreichende Zusicherungen dahin erhalten hat, daß der Verstoß abgestellt wurde und hinreichende Vorkehrungen getroffen wurde, die eine Wiederholung ausschließen" (Art. 8 Abs. 4 Satz 2 EG-UAVO).

Sofern der von der Behörde behauptete Rechtsverstoß Gegenstand eines Rechtsbehelfsverfahrens ist, kann das Unternehmen im Obsiegensfall auf eine ihm günstige Entscheidung als „**hinreichende Zusicherung**" verweisen und so die Standorteintragung erreichen. Problematischer dürfte im Unterliegensfall der Nachweis „**hinreichender Vorkehrungen**, die eine Wiederholung ausschließen" sein. Auch insoweit bedarf es nach der EG-Verordnung einer hinreichenden Zusicherung der jeweiligen Umweltbehörde. Diese kann nur im Erlaß eines **feststellenden Verwaltungsakts** bestehen, weil die geforderte behördliche Erklärung einen rechtlich erheblichen Sachverhalt verbindlich feststellt. Der Registrierungsstelle gegenüber wirkt die **Tatbestandswirkung** dieses Verwaltungsakts.[288] 354

bb) Streichung und Aufhebung erfolgter Registrierungen

Art. 8 Abs. 3 EG-UAVO sieht die **Streichung des Standortes** aus dem Verzeichnis für die Fälle vor, daß 355
- ein Unternehmen es entweder versäumt, der Registrierungsstelle nach vorheriger Aufforderung innerhalb von drei Monaten eine validierte Umwelterklärung vorzulegen oder die Eintragungsgebühr zu entrichten,

---

gründete seinen Streichungsvorschlag im wesentlichen damit, daß die Übertragung der Registrierungsaufgaben auf Selbstverwaltungeinrichtungen der Wirtschaft nicht dazu führen dürfe, daß die Umweltbehörden der Länder im Rahmen des Verwaltungsverfahrens zur Eintragung eines Standortes nicht die gesamte Verantwortung tragen und die entsprechende Arbeit übernehmen sollten. Nachdem der Vermittlungsausschuß den Streichungsvorschlag in seine Beschlußempfehlung übernommen hatte, wurde ihm im weiteren Gesetzgebungsverfahren gefolgt. Vgl. ferner *Sellner/Schnutenhaus*, NVwZ 1993, 928 (933).

[288] Die Hoffnung des Bundesrates, durch die Streichung des § 33 Abs. 3 UAG-E zusätzliche Feststellungsverfahren vor den Umweltbehörden vermieden zu haben (vgl. die vorangegangene Fußn.), dürfte sich als trügerisch erwiesen haben. Die Länderkammer verkannte offenbar Art. 8 Abs. 4 Satz 2 EG-UAVO; vgl. hierzu nachfolgend Rdnr. 373.

– oder die Registrierungsstelle feststellt, daß der Standort die Anforderungen der Umweltauditverordnung nicht mehr erfüllt.

Die erstgenannte **Sanktionsmöglichkeit** dürfte vor allem Wiederholungsaudits betreffen; der Bundesgesetzgeber erachtete es nicht für erforderlich, insoweit Ausführungsbestimmungen zu erlassen. Die zweite Möglichkeit der **Streichung** faßte er hingegen mit der **vorübergehenden Aufhebung** einer bereits erfolgten Standortregistrierung zusammen.

356 Art. 8 Abs. 4 EG-UAVO regelt nicht nur den Fall der Ablehnung einer Standortregistrierung, wenn die Umweltbehörde die Registrierungsstelle von einem Verstoß gegen einschlägige Umweltrechtsvorschriften unterrichtet, sondern auch die Feststellung derartiger Verstöße nach erfolgter Eintragung, die mit einer vorübergehenden Aufhebung der Eintragung sanktioniert wird. Die Unternehmensleitung wird jeweils hiervon unterrichtet. Auch diese **Aufhebungsentscheidung** wird erst zurückgenommen, wenn die Registrierungsstelle „hinreichende Zusicherungen dahin erhalten hat, daß der Verstoß abgestellt wurde und hinreichende Vorkehrungen getroffen wurde, die eine Wiederholung ausschließen" (Art. 8 Abs. 4 Satz 2 EG-UAVO).

357 Der Bundesgesetzgeber hat die **Sanktionen nachträglich festgestellter oder gemeldeter Rechtsverstöße** bei bereits eingetragenen Standorten nach Art. 8 Abs. 3 und 4 EG-UAVO gemeinsam durch § 34 UAG konkretisiert. Danach führt die Registrierungsstelle vor einer etwaigen Streichung oder vorübergehenden Aufhebung eine **Anhörung** sowohl des betroffenen Unternehmens als auch der zuständigen Umweltbehörde durch. Bestreitet das Unternehmen das Vorliegen eines solchen Rechtsverstoßes und macht es glaubhaft, daß die Streichung oder vorübergehende Aufhebung der Standortregistrierung erhebliche wirtschaftliche oder sonstige Nachteile nach sich ziehen würde, so darf die Sanktionsmaßnahme erst getroffen werden, wenn wegen des Verstoßes ein vollziehbarer Verwaltungsakt, ein rechtskräftiger Bußgeldbescheid oder eine rechtskräftige strafgerichtliche Verurteilung vorliegt.

358 Die in diesem Zusammenhang geforderte **Glaubhaftmachung schwerwiegender sanktionsbedingter Nachteile** dürfte dem Unternehmen nicht schwerfallen: Es hat sich erhebliche Wettbewerbs- und sonstige Vorteile durch die Teilnahme am Umweltauditsystem versprochen und – hierdurch motiviert – die Mühen und Kosten der Auditierung auf sich genommen. Infolgedessen wird es gewiß entsprechende Nachteile bei Wegfall der Befugnis zur Verwendung der Teilnahmeerklärung zumindest glaubhaft machen können.[289]

359 Ausschlaggebende Bedeutung gewinnt danach die **Dokumentation eines Verstoßes gegen einschlägige Umweltstandards durch die Tatbestandswirkung** eines vollziehbaren Verwaltungsakts, eines rechtskräftigen Bußgeldbescheides oder einer rechtskräftigen strafgerichtlichen Verurteilung. Es handelt sich hierbei nicht um Regelungen, die die Streichungs- und Aufhebungsentscheidung von zusätzlichen, nicht verordnungskonformen Voraussetzungen abhängig machen.[290] § 34 Satz 2 UAG trägt zunächst der Überzeugung des

---

[289] So auch *Lübbe-Wolff*, NuR 1996, 217 (225).

[290] So aber *Lübbe-Wolff*, NuR 1996, 217 (225), aus deren Kritik ein tiefsitzendes Mißtrauen gegen jedwede Tätigkeit zumindest von Wirtschaftsunternehmen, insbe-

Gesetzgebers Rechnung, daß die mit den Registrierungsaufgaben betrauten Industrie- und Handelskammern und Handwerkskammern fachlich nicht in der Lage sind, etwaige Umweltverstöße verbindlich festzustellen. Die **verbindliche Entscheidung** bleibt vielmehr – wenn das Unternehmen das Vorliegen eines Rechtsverstoßes bestreitet – den hierzu berufenen staatlichen Stellen einschießlich der Strafgerichtsbarkeit vorbehalten. Diese **Aufgabenverteilung** zwischen den Registrierungsstellen einerseits sowie den Überwachungsbehörden und den Strafgerichten andererseits entspricht auch dem Anliegen der EG-Verordnung. Anderenfalls hätte Art. 8 Abs. 4 Satz 2 EG-UAVO den Registrierungsstellen zugebilligt, aus eigener Kompetenz beurteilen zu können, ob ein festgestellter Rechtsverstoß zwischenzeitlich abgestellt und hinreichende Vorkehrungen zur Vermeidung künftiger Wiederholungen getroffen wurden, und nicht einer **„hinreichenden Zusicherung" der zuständigen Umweltbehörde** vorbehalten.

Eine eigenständige, von jeglicher Behördenentscheidung unabhängige 360
Sanktionsbefugnis räumt Art. 8 Abs. 3 EG-UAVO den Registrierungsstellen nur insoweit ein, als Verfristungen zu beurteilen sind. Im übrigen dienen Maßnahmen der Überwachungsbehörden jeweils als **Regulativ**. Die EG-Verordnung basiert auf der Überlegung, daß die freiwillige Implementierung eines Umweltmanagementsystems in die Unternehmensstruktur und die regelmäßige Durchführung von Umweltbetriebsprüfungen, die ihrerseits durch unabhängige Umweltgutachter kontrolliert werden, zur Einhaltung bestehender Umweltstandards und zur kontinuierlichen Verbesserung des betrieblichen Umweltschutzes führen. Hierdurch sollen erklärtermaßen bestehende ordnungsbehördliche Überwachungsstrukturen in den einzelnen Mitgliedstaaten ergänzt und etwaige Vollzugsdefizite ausgeglichen werden. Letztlich soll der „Druck" der kritischen Öffentlichkeit zielführend sein.[291] Diesem Ansatz widerspräche es, aus den verordnungsrechtlichen Bestimmungen die Schaffung einer mit allen Überwachungsbefugnissen ausgestatteten Kontrollinstanz herauslesen zu wollen. Die über die **Verlautbarungsfunktion der Registrierungsstellen** hinausgehende Prüfungsbefugnis beschränkt sich insoweit auf eine **Anstoßfunktion**: Die Unternehmen sollen dazu angehalten werden, Rechtsverstöße zu beheben; wenn dies nicht gelingt, sollen die Überwachungsbehörden zu einem Einschreiten veranlaßt werden.

Dieses Verständnis entspricht einer sachgerechten Auslegung des Art. 8 361
EG-UAVO. Die **verbindliche Feststellung eines Umweltrechtsverstoßes** kann in erster Linie nur von der fachlich hierzu berufenen Behörde getroffen werden, deren Entscheidung in einem nachfolgenden förmlichen Widerspruchs- und verwaltungsgerichtlichen Klageverfahren überprüft werden kann. Der registerführenden Stelle fehlt hierfür die erforderliche fachliche Kompetenz; sie kann einen Umweltrechtsverstoß deshalb nur dann zum

---

sondere gegen deren Gesetzestreue, spricht. Eine derartige pauschale Verdammung bestimmter gesellschaftlicher Kräfte ist in keiner Weise geeignet, eine sachliche Diskussion um die Ursachen tatsächlicher Vollzugsdefizite und deren Bekämpfung zu befruchten.

[291] Siehe oben Rdnr. 227.

Anlaß von Sanktionen nehmen, wenn das Unternehmen ihn einräumt, indem es ihn nicht bestreitet. Zwar sind mitunter tatsächlich umfangreiche und zeitaufwendige Detailermittlungen erforderlich, um einen auf Beseitigung eines Verstoßes gegen Umweltstandards gerichteten Verwaltungsakt begründen zu können.[292] Derartige **Vollzugsprobleme** bestehen aber unabhängig vom Umweltauditsystem. Daß Widerspruch und Klage dem **Gebot effektiven Rechtsschutzes** folgend aufschiebende Wirkung entfalten, die von der Behörde durch die Anordnung der sofortigen Vollziehbarkeit nur nach Maßgabe des § 80 Abs. 2 Nr. 4 VwGO beseitigt werden kann, spricht ebenfalls nicht gegen das Umweltauditsystem.[293]

362 Die harsche Kritik verkennt das Anliegen des Umweltaudits. Das Gemeinschaftssystem für das Umweltmanagement und die Umweltbetriebsprüfung verleiht bislang rein **unternehmensinternen Organisationsstrukturen und Kontrollmechnismen** insofern **Außenwirkung** als die Zertifizierung durch einen unabhängigen Umweltgutachter anhand normativer Vorgaben nicht nur Wettbewerbs- und sonstige Vorteile mit sich bringt, sondern infolge entsprechender Informationspflichten auch den **„Druck" einer kritischen Öffentlichkeit** erzeugt. Auf diese Weise soll die Erfüllung der unternehmerischen Selbstverpflichtung zur Einhaltung aller einschlägigen Umweltvorschriften und zur kontinuierlichen Verbesserung des betrieblichen Umweltschutzes überprüft werden.

363 Es ist hingegen nicht Ziel des Umweltauditsystems mit den Registrierungsstellen zusätzliche Kontrollinstanzen zwischen externer staatlicher Überwachung und betriebsinterner Eigenüberwachung zu schaffen, deren Instrumentarium das der Umweltbehörde an Schärfe übertrifft. Dies aber wäre der Fall, wenn Umweltrechtsverstöße, die die zuständige Überwachungsbehörde zwar nicht zum Anlaß eines Einschreitens nähme, aber gleichwohl der Registrierungsstelle meldete, die Sanktionsmaßnahmen des Art. 8 Abs. 3 und 4 EG-UAVO rechtfertigen würden. Hierdurch entstünde eine **rechtliche „Grauzone"**: Die Überwachungsbehörden könnten versucht sein, das betreffende Unternehmen bereits bei der Vermutung eines Umweltrechtsverstoßes zu vermeintlichen Abhilfemaßnahmen zu veranlassen, indem sie ihm in Aussicht stellten, ansonsten die jeweilige Registrierungsstelle zu unterrichten. Die behördliche Verpflichtung zur richtigen und vollständigen **Sachverhaltsermittlung** (§ 24 VwVfG) würde faktisch unterlaufen, der Rechtsschutz des Unternehmens ausgehöhlt. Noch gravierender wären die Folgen bei der im Umweltverwaltungsrecht stets kritischen **Verhältnismäßigkeitsprüfung**. Drohende marktwirtschaftliche Nachteile wären geeignet, Unternehmen zur Erfüllung umweltrechtlicher Anforderungen zu bewegen, die etwa bei einer verwaltungsgerichtlichen Überprüfung aus Gründen der Verhältnismäßigkeit keinen Bestand hätten, nur um eine Streichung ihres Standortes aus dem Verzeichnis oder eine vorübergehende Aufhebung der Registrierung mit entsprechend negativer Öffentlichkeitswirkung zu vermeiden. Entsprechendes gilt für die **prognostischen Bewertungen von Umweltauswirkungen**, die Anlaß eines behördlichen Tätigwerdens

---

[292] Hier setzt unter anderem die Kritik von *Lübbe-Wolff*, NuR 1996, 217 (225), an.

[293] A. A. offenbar *Lübbe-Wolff*, NuR 1996, 217 (225).

sein können. Der Verzicht auf einen vollziehbaren Verwaltungsakt wäre mit den Grundsätzen rechtsstaatlichen Verfahrens unvereinbar. Wenn tatsächlich bestehende Vollzugsdefizite in der Umweltverwaltung abgebaut werden sollen, dann gewiß nicht dadurch, daß den Behörden informelle Möglichkeiten an die Hand gegeben werden, die rechtlich bedenklich sind. Gegenteiliges ist Art. 8 Abs. 3 und 4 EG-UAVO auch nicht im Wege der Auslegung zu entnehmen.[294]

Das vermeintlich verordnungskonforme Verständnis, demzufolge die bloße Mitteilung eines Umweltrechtsverstoßes durch die staatliche Behörde an die Registrierungsstelle, die erstere zwar nicht oder noch nicht zum Einschreiten veranlaßte, letztere aber zur Streichung des Standortes aus dem Verzeichnis oder zur vorübergehenden Aufhebung der Registrierung berechtigte,[295] hätte darüber hinaus unsinnige Folgen. Die Auseinandersetzung über das tatsächliche Vorliegen eines solchen Verstoßes gegen Umweltstandards müßte im Verhältnis zwischen dem fachlich versierten Unternehmen und der Registrierungsstelle, der die nötige Sachkunde regelmäßig fehlen wird, geführt werden. Es fände lediglich eine **Verlagerung der Kontroverse** statt. Die Standortregistrierung, deren vorübergehende Aufhebung und die Streichung des Standortes aus dem Verzeichnis stellen Verwaltungsakte dar, die selbstverständlich mit den statthaften Rechtsbehelfen angegriffen werden können. Diese Rechtsbehelfe wiederum entfalten aufschiebende Wirkung, der die registerführende Stelle mit der Anordnung der sofortigen Vollziehbarkeit gemäß § 80 Abs. 2 Nr. 4 VwGO begegnen kann. Insoweit jedoch sind der Begründungszwang und die Begründungsnöte der Registrierungsstelle denjenigen, denen sich die Überwachungsbehörde ausgesetzt sieht, ohne weiteres vergleichbar; sie dürften bei fehlender eigener Sachkunde eher noch größer sein. Aus diesem Grunde ist nicht ersichtlich, inwiefern dieser Weg dem Anliegen der EG-Verordnung besser gerecht werden sollte.[296] **364**

Der **Tatbestandswirkung** eines Verwaltungsakts der zuständigen Umweltbehörde steht diejenige eines rechtskräftigen **Bußgeldbescheides** oder einer rechtskräftigen **strafgerichtlichen Veurteilung** gleich. **365**

cc) Rechtliche Qualität von Eintragung und Sanktionen

Sowohl die Eintragung eines Standortes in das Verzeichnis als auch die Ablehnung der Registrierung, die Streichung des Standortes aus dem Verzeichnis und die vorübergehenden Aufhebung der Eintragung sind **Verwaltungsakte** i. S. des § 35 VwVfG. Es handelt sich jeweils um hoheitliche Maßnahmen, die die Registrierungsstelle – als Behörde i. S. des § 1 Abs. 4 VwVfG – zur Regelung von Einzelfällen auf dem Gebiet des öffentlichen Rechts trifft und die auf unmittelbare Rechtswirkung nach außen gerichtet sind. **366**

---

294 A. A. offenbar *Lübbe-Wolff*, NuR 1996, 217 (225).

295 So wohl das Verständnis von *Lübbe-Wolff*, NuR 1996, 217 (225).

296 Wiederum läßt die plakative Kritik von *Lübbe-Wolff*, NuR 1996, 217 (225), konstruktive Elemente vermissen.

367 Eine Besonderheit bei diesen Verwaltungsverfahren stellt die Regelung des § 33 Abs. 2 UAG dar. Danach setzt die Registrierungsstelle das Eintragungsverfahren aus, sofern zwischen dem Unternehmen und der Umweltbehörde Streit über das Vorliegen eines Umweltrechtsverstoßes besteht. Eine **Aussetzung des Verfahrens** erscheint in solchen Fällen sinnvoll, weil der Registrierungsstelle regelmäßig die fachliche Kompetenz zur Beurteilung des streitigen Sachverhalts fehlen wird und sie aus diesem Grunde aus der Auseinandersetzung herausgehalten werden soll.[297] Zwar wäre die Aussetzung auch ohne ausdrückliche gesetzliche Regelung möglich, weil sie Teil des **behördlichen Verfahrensermessens** ist; sie kommt im übrigen besonders dann in Betracht, wenn **Vorfragen** von anderen Behörden oder Gerichten zu entscheiden sind. Sobald das Hindernis beseitigt ist, besteht zumindest in Verfahren, die auf Antrag eingeleitet werden, eine **Pflicht zur Fortsetzung** des begonnenen Verfahrens.[298] Insofern begründet § 33 Abs. 2 UAG in Anlehnung an § 94 VwGO[299] nicht nur die Verpflichtung der Registrierungsstelle, das Eintragungsverfahren bei Vorliegen der Voraussetzungen auszusetzen, sondern begrenzt die Dauer der Aussetzung zugleich auf die Klärung der streitigen Frage, so daß hieraus auch eine Pflicht zur Fortführung des Verfahrens erwächst.

c) Mitwirkung der zuständigen Umweltbehörden

368 Die Mitwirkung der zuständigen Umweltbehörden im Registrierungsverfahren besteht im wesentlichen in der **Unterrichtung** der Registrierungsstellen **von Umweltrechtsverstößen** einerseits und in der Erteilung **hinreichenden Zusicherungen** gemäß Art. 8 Abs. 4 Satz 2 EG-UAVO andererseits.

369 Die Mitteilung eines Verstoßes gegen umweltrechtliche Bestimmungen ist als **Auskunft** i. S. des § 26 Abs. 1 Satz 2 Nr. 1 VwVfG der zuständigen Umweltbehörde zu qualifizieren, die die Registrierungsstelle im Rahmen der Anhörung nach § 33 Abs. 2 UAG einholt. Regelmäßig wird die Behörde in dieser Situation einen solchen Verstoß nicht nur festgestellt haben, sondern bereits selbst ein **Verwaltungsverfahren** zu dessen Beseitigung eingeleitet haben. Wenn die Behörde etwa in Ausübung ihrer Überwachungstätigkeit dahingehende Anhaltspunkte erhalten hat und nun – dem **Untersuchungsgrundsatz** des § 24 VwVfG folgend – den Sachverhalt von Amts wegen vollständig ermittelt, so prüft sie die Voraussetzungen des Erlasses eines Verwaltungsaktes und bereitet diesen gegebenenfalls vor (§ 9 VwVfG). Die Unterrichtung der Registrierungsstelle über dieses Verwaltungsverfahren dient dieser zu **Beweiszwecken** und hat folglich keinen regelnden Charakter.

370 Ähnliches gilt für die **Stellungnahmen nach § 34 UAG**. Zwar kann es hier zum Streit zwischen dem Unternehmen und der Umweltbehörde über das

---

[297] Vgl. die amtl. Begr., BT-Drs. 13/1192, S. 34.

[298] So auch *Clausen*, in: *Knack*, § 9 Rdnr. 5.2; *Stelkens*, in: *Stelkens/Bonk/Sachs*, § 9 Rdnr. 124; die Pflicht zur Wiederaufnahme des Verfahrens dagegen offen lassend BVerwG, NJW 1988, 926.

[299] Vgl. zum Aufgreifen des Rechtsgedankens des § 94 VwGO *Lütkes*, NVwZ 1996, 230 (235).

Vorliegen eines Umweltrechtsverstoßes kommen, dennoch wird der Äußerung der Behörde gegenüber der Registrierungsstelle kein Maßnahmecharakter beizumessen sein. Hiergegen spricht die Regelung des § 34 Satz 2 UAG. Danach darf die Registrierungsstelle etwaige Sanktionen nicht allein auf die behördliche Erklärung stützen, sofern das Unternehmen mit vertretbaren Gründen widerspricht und erhebliche sanktionsbedingte Nachteile glaubhaft macht. Die Streichung oder vorübergehende Aufhebung der Eintragung des Standortes im Verzeichnis setzt dann das Vorliegen eines vollziehbaren Verwaltungsakts voraus. Wenn aber danach nur eine vollziehbare behördlich Anordnung als Grundlage der Sanktion zu dienen vermag, ist für einen feststellenden Verwaltungsakt „im Vorfeld" kein Raum. Es kann deshalb nicht davon ausgegangen werden, die Umweltbehörde habe mit ihrer Stellungnahme eine hoheitliche Maßnahme zur Regelung eines Einzelfalles mit unmittelbarer Rechtswirkung nach außen treffen wollen (§ 35 Satz 1 VwVfG).

Anders verhält es sich dagegen mit den **hinreichenden Zusicherungen** **371** i. S. Art. 8 Abs. 4 Satz 2 EG-UAVO im Hinblick darauf, daß der zuvor festgestellte Umweltrechtsverstoß nunmehr abgestellt wurde und hinreichende Vorkehrungen getroffen wurden, die eine Wiederholung ausschließen. Um **Zusicherungen** i. S. des § 38 VwVfG kann es sich hierbei nicht handeln, da sie nicht auf den späteren Erlaß eines Verwaltungsakts abzielen. Auch liegen keine bloßen **Auskünfte** vor; Auskünfte i. S. des § 26 Abs. 1 Satz 2 Nr. 1 VwVfG dienen als **Bekundungen von Tatsachen** durch amtliche Stellen zu Beweiszwecken.[300] Auf die Wiedergabe von Fakten beschränkte Erklärungen der Umweltbehörden würden aber den Anforderungen des Art. 8 Abs. 4 Satz 2 EG-UAVO nicht genügen, denn diese Bestimmung verlangt eine **zukunftsgerichtete Bewertung**. Bereits die Aussage, daß der erkannte Verstoß zwischenzeitlich abgestellt wurde, beinhaltet eine rechtliche Würdigung, die nicht Gegenstand einer Auskunft sein kann.[301] Erst recht geht die Beurteilung, ob die vom Unternehmen getroffenen Vorkehrungen zur Verhinderung künftiger Verstöße derselben Art tatsächlich und rechtlich geeignet – also hinreichend – sind, weit über die bloße Tatsachenbekundung hinaus.

Diese Zusicherungen sind vielmehr als feststellende Verwaltungsakte zu **372** qualifizieren. Durch einen **feststellenden Verwaltungsakt** werden ein Rechtsverhältnis oder einzelne sich daraus ergebende Rechte und Pflichten im Verhältnis zum Bürger verbindlich und in einer der Rechtsbeständigkeit fähigen Weise festgestellt.[302] Dies umfaßt die **Feststellung rechtserheblicher Eigenschaften** in bezug auf einen Einzelfall.[303] Einer ausdrücklichen **Rechtsgrundlage** hierfür bedarf es grundsätzlich nicht,[304] wenngleich die unmittelbar geltende Bestimmung des Art. 8 Abs. 4 Satz 2 EG-UAVO als solche an-

300 Einhellige Ansicht, vgl. *Clausen*, in: *Knack*, § 26 Rdnr. 4.1 m. w. N.

301 Siehe nur *Kopp*, VwVfG, § 26 Rdnr. 9.

302 Vgl. BVerwGE 72, 265 ff.; *Kopp*, VwVfG, § 35 Rdnr. 36.

303 So auch *Stelkens*, in: *Stelkens/Bonk/Sachs*, § 35 Rdnr. 128 m. w. N.; *Henneke*, in: *Knack*, § 35 Rdnr. 5.2.4 m. w. N.

304 Vgl. *Kopp*, VwVfG, § 35 Rdnr. 36; *Henneke*, in: *Knack*, § 35 Rdnr. 5.2.4; *Stelkens*, in: *Stelkens/Bonk/Sachs*, § 35 Rdnr. 128.

zusehen ist, die zugleich die Verwaltungsaktseigenschaft indiziert.[305] Entscheidendes Kriterium für die Beurteilung, ob eine „**regelnde Feststellung**" rechtsverbindlich getroffen und damit als Verwaltungsakt erlassen werden soll, ist außer dem Wortlaut vor allem der Zusammenhang, in dem die Feststellung erfolgt. Die für die Bejahung eines Verwaltungsakts erforderliche **Regelungswirkung** besteht darin, daß in einer rechtlich ungewissen oder strittigen Situation die Sach- und Rechtslage durch eine verbindliche Feststellung geklärt wird.[306] Diese Verbindlichkeit genügt der Anforderung des Art. 8 Abs. 4 Satz 2 EG-UAVO, derzufolge die Zusicherung hinreichend sein muß. Durch sie vermittelt die behördliche Feststellung der Registrierungsstelle die Bestätigung, daß der festgestellte Umweltrechtsverstoß abgestellt wurde und hinreichende Vorkehrungen getroffen wurden, die eine Wiederholung ausschließen, mit der **erforderlichen, aber auch ausreichenden Wahrscheinlichkeit**.

373 Die damit als feststellender begünstigender Verwaltungsakt zu qualifizierende hinreichende Zusicherung der Umweltbehörde entfaltet gegenüber allen anderen Behörden und öffentlich-rechtlichen Rechtsträgern – insbesondere der Registrierungsstelle – sowie gegenüber allen Gerichten **Tatbestandswirkung**. Die Tatbestandwirkung bedeutet nicht nur, daß an die Tatsache des Vorhandenseins des Verwaltungsakts angeknüpft wird, vielmehr sind alle rechtsanwendenden Organe auch an den **Regelungsgehalt des fremden Verwaltungsakts** gebunden. Er ist von ihnen – ungeachtet seiner Rechtmäßigkeit und seiner Unanfechtbarkeit – als wirksamer Bestandteil der Rechtsordnung gegenüber jedermann zu beachten und ihren eigenen einschlägigen Entscheidungen als gegeben zugrundezulegen.[307] Diese **Bindung** besteht, solange der Verwaltungsakt nicht nichtig ist (§ 43 Abs. 3 VwVfG)[308] oder aus anderen Gründen der Wirksamkeit entbehrt.[309]

10. Teilnahmeerklärung

374 Unternehmen, die sich erfolgreich einer Auditierung unterzogen haben, können die sogenannte **Teilnahmeerklärung** zu verwenden. Art. 10 Abs. 1 EG-UAVO greift insofern nochmals den Gedanken der **Freiwilligkeit** der Beteiligung am Umweltauditsystem auf, als die Unternehmen berechtigt, aber nicht verpflichtet sind, die Teilnahmeerklärung zu benutzen.

---

[305] Zur Indizwirkung ausdrücklicher normativer Regelungen vgl. *Kopp*, VwVfG, § 35 Rdnr. 36 m. w. N.

[306] Vgl. VGH Bad.-Württ., NVwZ 1983, 100; ferner *Henneke*, in: *Knack*, § 35 Rdnr. 5.2.4; *Kopp*, VwVfG, § 35 Rdnr. 36.

[307] So die einhellige Ansicht in Rspr. und Lit., vgl. etwa BVerwGE 74, 320; BVerwGE 60, 117; BVerwGE 59, 345; BVerwG, NJW 1990, 930; BVerwG, NVwZ 1988, 942; *Kopp*, VwVfG, Vorbem. § 35 Rdnr. 26; *Sachs*, in: *Stelkens/Bonk/Sachs*, § 43 Rdnr. 106; *Henneke*, in: *Knack*, Vor § 35 Rdnr. 6.1.2 f.

[308] Vgl. BGHZ 74, 114 (117); OLG Lüneburg, NJW 1985, 1572; OLG Düsseldorf, NJW 1981, 2478.

[309] Vgl. *Sachs*, in: *Stelkens/Bonk/Sachs*, § 43 Rdnr. 106.

a) Inhalt

Bei der Teilnahmeerklärung handelt es sich nicht um das im Kommissionsentwurf vom März 1992 ursprünglich vorgesehene vergleichsweise plakative **Logo**,[310] das auf Drängen sowohl der Industrie als auch der Umweltverbände nicht in die endgültige Verordnung übernommen wurde. Auf Seiten der Industrie dürften insoweit Wettbewerbsüberlegungen eine Rolle gespielt haben: Vor allem deutsche Unternehmen befürchteten, das Zeichen sei in anderen Mitgliedstaaten der EG unter erleichterten Bedingungen zu erlangen, während der Eindruck der Einhaltung europaweit einheitlicher Umweltstandards erweckt werde. Die Umweltverbände hingegen argwöhnten, daß das Logo zu Mißverständnissen führen werde, weil es sich trotz optischer Ähnlichkeiten mit herkömmlichen Umweltzeichen nicht auf ein bestimmtes Produkt, sondern auf den Standort beziehe. So könne ein Produkt Umweltprobleme nach sich ziehen, obwohl der Hersteller an einzelnen Standorten den Anforderungen des Umweltauditsystems genüge. Diese **Kritik** war Anlaß, das Zeichen zu einer nüchternen Graphik abzumildern und mit der sachlichen Bezeichnung Teilnahmeerklärung zu versehen.[311] **375**

Anhang IV EG-UAVO unterscheidet nunmehr **vier Typen von Teilnahmeerklärungen**. Ihnen ist eine Graphik von zwölf kreisförmig angeordneten EG-Sternen gemeinsam, in der deutschen Fassung des Verordnungstextes mit der Inschrift „EG-System für das Umweltmanagement und die Umweltbetriebsprüfung", innerhalb eines viereckigen Rahmens. Die Erklärungen unterscheiden sich durch den mit der vorgenannten Graphik verbundenen Text mit Hinweisen auf die teilnehmenden Standorte. Im Text wird jeweils auf das **Vorhandensein eines Umweltmanagementsystems** und die **Unterrichtung der Öffentlichkeit über den betrieblichen Umweltschutz** entsprechend dem Gemeinschaftssystem für das Umweltmanagement und die Umweltbetriebsprüfung aufmerksam gemacht. **376**

Der oder die **Standorte** sind in der Teilnahmeerklärung gemäß Art. 10 Abs. 2 EG-UAVO anzugeben. Handelt es sich lediglich um einen Standort, so wird die Erklärung lediglich für diesen unter Angabe der Nummer, unter der er registriert wurde, verwandt. Mehrere Standorte sind in einer einheitlichen Erklärung jeweils mit **Namen und Registernummer** anzugeben. Vereinfachungen ergeben sich, wenn alle Standorte eines Unternehmens in einem oder mehreren zu benennenden EG-Mitgliedstaaten oder dessen sämtliche Standorte innerhalb der EG zertifiziert wurden. Bei dieser Bezeichnung der auditierten Standorte handelt es sich um die „eigentliche" **Teilnahmeerklärung**, von der die Verordnung in Art. 10 Abs. 1 Satz 2 EG-UAVO die **Graphik** unterscheidet. **377**

---

310 Vgl. ABlEG Nr. C 76, S. 6 vom 27.3. 1992, Anhang III; das Logo ist ebenfalls abgedruckt bei *Knopp/Striegl*, BB 1992, 2009 (2015).

311 Vgl. zu dieser Entwicklung etwa *Sellner/Schnutenhaus*, NVwZ 1993, 928 (931); *Führ*, NVwZ 1993, 858 (860); *ders.*, EuZW 1992, 468 (473).

b) Verwendung

378 Die Verwendung der Teilnahmeerklärung unterliegt besonderen Einschränkungen. So darf die Graphik nicht ohne eine der Teilnahmeerklärungen benutzt werden (Art. 10 Abs. 1 Satz 2 EG-UAVO), so daß der jeweilige **Standortbezug** in dem vorgesehenen Maß verdeutlicht wird.

379 Nach Art. 10 Abs. 3 EG-UAVO darf die Teilnahmeerklärung weder in der Produktwerbung verwendet noch auf den Erzeugnissen selbst oder auf ihrer Verpackung angegeben werden. Sie dient also eindeutig der **unternehmerischen Selbstdarstellung** und kann etwa auf Schautafeln an zertifizierten Standorten, auf dem Briefkopf, auf den Umwelterklärungen, in Broschüren, Presseinformationen usw. sowie in Zusammenhang mit sonstigen **Formen der Imagewerbung** des Unternehmens verwendet werden.

c) Publizität

380 Der Wortlaut der Teilnahmeerklärung verweist auf Art. 3 Buchst. h EG-UAVO. Danach muß ein teilnehmendes Unternehmen seine Umwelterklärung nach erfolgter Standortregistrierung der **Öffentlichkeit** in diesem Staat zur Kenntnis bringen. Diese Form der **Unterrichtung** ist ausreichend, nachdem der Umweltgutachter gemäß Art. 4 Abs. 5 Buchst. d EG-UAVO geprüft hat, ob alle standortrelevanten Umweltfragen in der Erklärung angemessen berücksichtigt wurden. Die sich für das Unternehmen ergebende Verpflichtung beschränkt sich auf die Übersendung der Umwelterklärung auf Anfrage. Im übrigen steht es ihm frei, ob und auf welche Weise es den Dialog mit der Öffentlichkeit führt; zu einer Beantwortung weitergehender Fragen oder einer Veröffentlichung von Daten in bezug auf Umweltauswirkungen des Unternehmens ist es nicht verpflichtet. Um aber zu gewährleisten, daß das nach der EG-Verordnung vorgesehene **Mindestmaß an Information der Öffentlichkeit** eingehalten wird, ist der entsprechende **Hinweis in der Teilnahmeerklärung** enthalten. Auf diese Weise werden die Bürger auf ihren gegen das Unternehmen gerichteten **Auskunftsanspruch** aufmerksam gemacht.[312]

11. Rechtsschutz des Unternehmens

381 Das am Umweltauditsystem teilnehmende Unternehmen steht in vielfältigen Rechtsbeziehungen zu den anderen Beteiligten an diesem System, insbesondere dem Umweltgutachter, der Registrierungsstelle, der Umwelt-

[312] *Sanden*, wistra 1995, 283 (287), empfindet diese Regelung offenbar als unbefriedigend, denn er kritisiert, daß der Bundesgesetzgeber im Umweltauditgesetz keine Veröffentlichungspflicht vorgesehen hat. Er übersieht hierbei aber, daß den Mitgliedstaaten durch das Wort „gegebenenfalls" in Art. 3 Buchst. h EG-UAVO keine Normierungsbefugnis eröffnet wurde, vielmehr ist die unmittelbar geltende EG-Verordnung insoweit abschließend.

behörde und den Wettbewerbern. Der **Rechtsschutz der Unternehmens** ist entsprechend den materiell-rechtlichen Verhältnissen aufgespalten.

a) Rechtsschutz im Verhältnis zum Umweltgutachter

Das Verhältnis des Unternehmens zu dem unabhängigen Umweltgutachter wird von der schriftlichen Vereinbarung nach Anhang III Teil B Nr. 2 Abs. 1 EG-UAVO geprägt und ist als **Werkvertrag** i. S. der §§ 631 ff. BGB zu qualifizieren.[313] Der vom Umweltgutachter geschuldete Erfolg besteht nicht in der Gültigerklärung der unternehmerischen Umwelterklärung, sondern nur in der Überprüfung des an dem betreffenden Standort eingerichteten Systems von Umweltmanagement und Umweltbetriebsprüfung entsprechend den Vorgaben der EG-Verordnung. **Rechtsschutz** in diesem Verhältnis wird gleichwohl in erster Linie Meinungsverschiedenheiten über die Voraussetzungen der Validierung und Fragen der pflichtwidrigen Verzögerung des Bestätigungsvermerks betreffen. Mit Ausnahme der Haftungsbegrenzung in § 30 UAG enthalten weder die Umweltauditverordnung noch das Umweltauditgesetz **Haftungsregelungen**, so daß insoweit auf die zivilrechtlichen Haftungsvorschriften zurückgegriffen werden muß. 382

aa) Haftung des Umweltgutachters

Differenzen zwischen dem beauftragenden Unternehmen und dem unabhängigen Umweltgutachter können sich vornehmlich in bezug auf die Frage ergeben, ob der Standort den **Anforderungen der EG-Verordnung** genügt (Art. 4 Abs. 6 EG-UAVO). Dies kann einzelne Elemente der Betriebsorganisation oder der Umweltbetriebsprüfung konkret betreffen, aber etwa auch bei Wiederholungsaudits Meinungsverschiedenheiten darüber, ob eine kontinuierliche Verbesserung des betrieblichen Umweltschutzes erreicht wurde. Sollte der Umweltgutachter eine Verbesserung verneinen, könnte er diesen Umstand als **Indiz eines unzureichenden Umweltprogramms** werten. Als weitere Streitpunkte kommen in Betracht die Fragen, ob **bedeutsame Veränderungen** seit der letzten Erklärung eingetreten sind (Art. 5 Abs. 4, 6 EG-UAVO), welche **Angaben sonstiger Faktoren** in die Umwelterklärung aufzunehmen sind (Art. 5 Abs. 3 Buchst. d EG-UAVO). 383

Etwaige Auseinandersetzungen werden wohl kaum im Hinblick auf den geschuldeten Erfolg als solchen, d. h. die mit dem Bericht an die Unternehmensleitung abschließende Auditierung des Standortes, entstehen, möglicherweise aber wegen **zeitlicher Verzögerung** in diesem Zusammenhang. Die Durchsetzung von **Erfüllungsansprüchen** des Unternehmens gegen den Umweltgutachter wird aller Voraussicht nach kaum relevant werden. Dies gilt auch für die im Rahmen der Gewährleistung in erster Linie geschuldete **Nachbesserung** (§ 633 Abs. 2 BGB). Die **unzutreffende Bewertung** des im Unternehmen eingerichteten Systems von Umweltmanagement und -betriebsprüfung stellt keinen Mangel dar, weil sich der Umweltgutachter nur 384

[313] Hierzu und zu dem vertraglichen Mindestinhalt siehe Rdnr. 279 f.

zur Auditierung, nicht aber zur Validierung vertraglich verpflichtet hat. Vielmehr haftet er insoweit zunächst für schuldhafte Verletzungen der von ihm übernommenen Vertragspflichten nach den Grundsätzen über die **positive Vertragsverletzung**. Daneben besteht die Haftung nach §§ **823, 826 BGB**.

385 Voraussetzung einer Haftung des Umweltgutachters ist somit primär eine schuldhafte Verletzung der von ihm vertraglich übernommenen und sonstigen Pflichten, durch die ein Schaden verursacht wurde. Verpflichtungen können sich insbesondere aus den **Anforderungen an seine fachliche Kompetenz** nach Anhang III Teil A Nr. 1 EG-UAVO und § 7 Abs. 2 Nr. 2 UAG ergeben. Hierzu zählen unter anderem Kenntnisse der technischen Zusammenhänge der zu begutachtenden betrieblichen Tätigkeiten und der einschlägigen Rechts- und veröffentlichten Verwaltungsvorschriften. Sollte dem Umweltgutachter insoweit eine Fehleinschätzung unterlaufen, so läge darin zugleich eine Pflichtverletzung. Bereits der Verschuldensgrad leichter Fahrlässigkeit genügt. Ein Schaden kann etwa darin bestehen, daß kostenintensive, tatsächlich aber unnötige Maßnahmen ergriffen werden, eine erneute Begutachtung durchgeführt wird, die nicht erforderlich gewesen wäre, usw. Naturgemäß wird auch die hierdurch bedingte Verschleppung der Validierung für das Unternehmen **wirtschaftliche Nachteile** nach sich ziehen, die sich aber kaum quantifizieren lassen. Schließlich darf die Teilnahmeerklärung nur zu Zwecken der **Imagewerbung** eingesetzt werden, weshalb sich etwaige zeitliche Verzögerungen im Rahmen des Umweltaudits nicht in eine direkte Beziehung zu möglichen Umsatzeinbußen oder entgangenen Gewinnen setzen lassen.

386 Außenstehende **Dritte**, die einem von dem Umweltgutachter sorgfaltswidrig erteilten Testat vertrauen, sind regelmäßig nur in den engen **Grenzen des § 826 BGB** wegen sittenwidriger vorsätzlicher Schädigung schadenersatzberechtigt. Nur bei Vorliegen eines besonderen Vertrauensverhältnisses kann ausnahmsweise ein Schadenersatzanspruch wegen Verschuldens bei Vertragsschluß gegeben sein.[314]

bb) Haftungsbegrenzung zugunsten des Umweltgutachters

387 Die Ersatzpflicht von Personen, die fahrlässig gehandelt haben, ist für eine Prüfung auf DM 500.000,– beschränkt (§ 30 UAG i.V.m. § 323 Abs. 2 HGB). Diese Vorschrift wurde im Gesetzgebungsverfahren unter anderem deshalb kritisiert, weil sie nicht erkennen läßt, für welche Personen sie gilt. So kommen neben **Umweltgutachtern und Umweltgutachterorganisationen** die Inhaber von Fachkenntnis- und Lehrgangsbescheinigungen, aber auch der Umweltgutachterausschuß, dessen Mitglieder, der Widerspruchsausschuß und die Zulassungsstelle in Betracht.[315] Für das beauftragende

[314] Vgl. *Herrmann*, in: *Heymann*, § 323 Rdnr. 7 m.w.N., zur vergleichbaren Haftung des Abschlußprüfers.

[315] So unter anderem die Begründung des Bundesrates für seinen Vorschlag, die Norm ersatzlos zu streichen, vgl. BT-Drs. 13/1687, S. 7. Die Bundesregierung hat sich in ihrer Gegenäußerung mit dieser Frage nicht befaßt, sondern auf die Möglichkeiten der Haftungsbeschränkungen für Freiberufler verwiesen, vgl. BT-Drs. 13/1687, S. 13, 14.

Unternehmen sind die vier erstgenannten Personen bzw. Personengruppen von besonderem Interesse.

Die **Haftungsobergrenze** gilt jeweils für eine Begutachtung, unabhängig von der Anzahl der Pflichtverletzungen. Sie ändert sich auch nicht dadurch, daß mehrere Personen fahrlässig ihre Pflichten verletzt, andere Beteiligte aber vorsätzlich gehandelt haben. Sie gilt nicht für vorsätzliche, auch bedingt vorsätzliche Pflichtverletzungen. Da § 323 Abs. 2 HGB entsprechend angewandt werden soll und diese Bestimmung nicht auch für **Schadenersatzansprüche aus anderen Rechtsgründen**, etwa §§ 823 Abs. 2, 826 BGB, gilt, dürften diese vom der Haftungsbegrenzung nach § 30 UAG ebenfalls nicht erfaßt werden.[316] Nachdem § 30 UAG nicht auch auf § 323 Abs. 4 HGB verweist, ist davon auszugehen, daß die Haftung des Umweltgutachters zumindest durch Individualvereinbarung ausgeschlossen und durch dessen allgemeine Geschäftsbedingungen weitgehend beschränkt werden kann. Die **Verjährung** richtet sich nach für die jeweiligen Anspruchsgrundlagen geltenden Vorschriften. 388

b) Rechtsschutz im Verhältnis zur registerführenden Stelle

Bei Auseinandersetzungen zwischen dem Unternehmen und der Registrierungsstelle ist der **Verwaltungsrechtsweg** gegeben. Bei der Eintragung des Standortes in das Verzeichnis, deren Ablehnung, der Streichung des Standortes aus dem Verzeichnis und der vorübergehenden Aufhebung der Registrierung handelt es sich jeweils um Verwaltungsakte. Statthafte Rechtsbehelfe sind also **Widerspruch** und **Verpflichtungs- oder Anfechtungsklage**, je nachdem, ob die Eintragung erstritten oder eine der Sanktionen abgewehrt werden soll. 389

Rechtsbehelfsverfahren, die die **Versäumung der Frist zur Vorlage der validierten Umwelterklärung** oder der **Entrichtung der Eintragungsgebühr** nach vorangegangener Aufforderung (Art. 8 Abs. 3, 1. und 2. Alt. EG-UAVO) zum Gegenstand haben, werden sich auf die Überprüfung rein formeller Fragen beschränken können. Problematisch werden insoweit die an den Inhalt der Aufforderung zu stellenden Anforderungen sein, um sie von bloßen **Erinnerungsschreiben**, die vor allem im Zusammenhang mit Wiederholungsaudits sicherlich ebenfalls veranlaßt sein können, unterscheiden zu können. Hier wird von der Registrierungsstelle zu verlangen sein, daß sie hinreichend deutlich macht, welche **negativen Konsequenzen** mit dem fruchtlosen Verstreichen der Frist verbunden sind. Der Zugang der Aufforderung ist von der registerführenden Stelle nachzuweisen. 390

Art. 8 Abs. 3, 3. Alt. EG-UAVO sieht die **Streichung des Standortes** aus dem Verzeichnis für den Fall vor, daß die Registrierungsstelle feststellt, daß der Standort nicht mehr allen Anforderungen der EG-Verordnung genügt. Die hiergegen gerichteten Rechtsbehelfsverfahren werden sich nicht 391

---

[316] Vgl. *Baumbach/Duden/Hopt*, § 323 Rdnr. 9; *Morck*, in: *Koller/Roth/Morck*, § 323 Rdnr. 7; *Herrmann*, in: *Heymann*, § 323 Rdnr. 9.

auf eine rein formale Überprüfung beschränken können,[317] weil die Umweltauditverordnung auch inhaltliche Erwartungen an Umweltpolitik, -ziele, -programm, -management und -betriebsprüfung des Unternehmens und die nachfolgende Auditierung stellt.

392 Bei der **Ablehnungsentscheidung** und der **vorübergehenden Aufhebung der Registrierung** nach Art. 8 Abs. 4 Satz 1 EG-UAVO werden die meisten Rechtsbehelfsverfahren aller Voraussicht nach im Rahmen des Verfahrensermessens der Ausgangs- oder der Widerspruchsbehörde oder nach § 94 VwGO im verwaltungsgerichtlichen Verfahren ausgesetzt werden. § 34 Satz 2 UAG verlangt – wenn das Unternehmen den ihm vorgeworfenen Umweltrechtsverstoß bestreitet und erhebliche sanktionsbedingte Nachteile geltend macht – einen **vollziehbaren Verwaltungsakt**, einen rechtskräftigen Bußgeldbescheid oder eine rechtskräftige strafrechtliche Verurteilung. In den beiden letztgenannten Fallgestaltungen wird die Aussetzung bereits des Ablehnungs- oder Aufhebungsverfahrens erfolgen, um zunächst den Ausgang des Straf- oder Ordnungswidrigkeitenverfahrens abzuwarten. Der Verwaltungsakt hingegen wird Gegenstand einer **eigenständigen verwaltungsgerichtlichen Überprüfung** sein, der bis zu deren Abschluß ausgesetzt werden wird.

c) Rechtsschutz im Verhältnis zur Umweltbehörde

393 Die Umweltbehörde ist insofern in das Auditsystem einbezogen, als jeweils sie einerseits die Registrierungsstelle von etwaigen Umweltrechtsverstößen **unterrichtet** (Art. 8 Abs. 4 Satz 1 EG-UAVO) und andererseits in Form eines **feststellenden Verwaltungsaktes** die „hinreichende Zusicherung" erteilt, daß ein zuvor erkannter Verstoß abgestellt wurde und „hinreichende Vorkehrungen getroffen wurden, die eine Wiederholung ausschließen" (Art. 8 Abs. 4 Satz 2 EG-UAVO).[318]

394 Liegt kein Verstoß gegen umweltrechtliche Vorschriften vor und hat die Behörde somit eine unzutreffende Auskunft erteilt, kommt entweder eine **allgemeine Leistungsklage** auf Erteilung der richtigen Auskunft oder eine **Feststellungsklage**, die auf die Feststellung abzielt, daß der behauptete Umweltrechtsverstoß nicht vorliegt, in Betracht.[319]

395 Hat die Behörde einen Verwaltungsakt erlassen, durch den dem Unternehmer aufgegeben wurde, einen vermeintlichen Umweltrechtsverstoß abzustellen, und hat sie die Registrierungsstelle über das von ihr eingeleitete Verwaltungsverfahren unterrichtet, so sind **Widerspruch** und **Anfechtungsklage** gegen die behördliche Anordnung gegeben. Im Obsiegensfall hat der Unternehmer den Nachweis erbracht, daß ein Verstoß nicht vorlag.

396 Lag hingegen tatsächlich ein Umweltrechtsverstoß vor und hat das Unternehmen diesen abgestellt sowie die erforderlichen und ausreichenden Vorkehrungen getroffen, um eine Wiederholung zu verhindern, benötigt es

---

[317] A. A. *Sellner/Schnutenhaus*, NVwZ 1993, 928 (934).
[318] Siehe oben Rdnr. 372.
[319] Ähnlich *Waskow*, in: *Feldhaus*, BImSchR, M 1 Rdnr. 324.

eine dementsprechende „hinreichende Zusicherung" der Umweltbehörde. Diesen feststellenden Verwaltungsakt kann es – sofern die Behörde den entsprechenden Antrag ablehnt – mit **Widerspruch** und **Verpflichtungsklage** erstreiten.

d) Rechtsschutz im Wettbewerb

Im Wettbewerb ergeben sich vornehmlich Probleme, wenn der Inhalt der **397**
Umwelterklärung irreführend ist, eine Teilnahmeerklärung verwandt wird, obwohl die Voraussetzungen hierfür nicht erfüllt sind, und Umweltschutzvorschriften zuwider gehandelt wird. Hierin liegen jeweils Verstöße gegen §§ 1, 3 UWG, die mit **Unterlassungs- und Schadenersatzansprüchen** gerichtlich geahndet werden können. Hierzu aktivlegitimiert sind im Rahmen der **erweiterten Klagebefugnis** nach § 13 Abs. 2 UWG Mitbewerber, Verbände zur Förderung gewerblicher Interessen, Verbraucherverbände sowie die Industrie- und Handelskammern und die Handwerkskammern.[320]

---

[320] Ausführlich hierzu oben Rdnr. 266 ff.

III. Umweltgutachter und -organisationen

398 Die Umweltauditverordnung der EU hat die Ausgestaltung der Zulassung der Umweltgutachter und der Aufsicht über sie weitestgehend den einzelnen Mitgliedstaaten überlassen. Sie begnügte sich mit der Definition in Art. 2 Buchst. m EG-UAVO, dem Regelungsauftrag an die Mitgliedstaaten in Art. 6 EG-UAVO und den Anforderungen an die Zulassung der Umweltgutachter und deren Aufgaben in Anhang III. Die wesentlichen Fragen werden deshalb in nationalen Ausführungsbestimmungen behandelt. Hierdurch werden die **Freiheit der Berufswahl und -ausübung** geregelt, weshalb in Deutschland wegen des **Gesetzesvorbehalts des Art. 12 Abs. 1 GG** ein Zulassungsgesetz erforderlich war.

399 Die Verordnung definiert den „**zugelassenen Umweltgutachter**" als „eine vom zu begutachtenden Unternehmen unabhängige Person oder Organisation, die gemäß den Bedingungen und Verfahren des Art. 6 zugelassen worden ist" (Art. 2 Buchst. m EG-UAVO). Das deutsche Zulassungsgesetz nimmt – ohne Unterschied in der Sache – bei den Begriffsbestimmungen eine Differenzierung vor. Danach sind Umweltgutachter i. S. des Umweltauditgesetzes nur **natürliche Personen**, die zur Wahrnehmung der Aufgaben i. S. des die Umweltbetriebsprüfung und die Gültigerklärung der Umwelterklärung betreffenden Art. 4 Abs. 3 bis 6 EG-UAVO in Deutschland nach dem Umweltauditgesetz oder in einem anderen Mitgliedstaat der EU nach dem dortigen nationalen Recht zugelassen sind (§ 2 Abs. 2 UAG). Umweltgutachterorganisationen sind als **juristische Personen** definiert, genauer: als eingetragene Vereine, Aktiengesellschaften, Kommanditgesellschaften auf Aktien, Gesellschaften mit beschränkter Haftung, eingetragene Genossenschaften, offene Handelsgesellschaften, Kommanditgesellschaften und Partnerschaftsgesellschaften,[321] die zur Wahrnehmung der vorgenannten Aufgaben nach dem Umweltauditgesetz zugelassen sind; ebenfalls hierunter fallen ausländische **Personenvereinigungen**, die in einem Mitgliedstaat der EU nach dem dortigen innerstaatlichen Recht als Umweltgutachterorganisationen zugelassen sind (§ 2 Abs. 3 UAG).

400 Die EG-Verordnung geht tendenziell offenbar davon aus, als **uneingeschränkt zugelassene Umweltgutachter** kämen nur **Organisationen** mit einem größeren Mitarbeiterstab und entsprechend breit angelegter Qualifikation in Betracht. Für diese Annahme spricht zunächst in tatsächlicher Hinsicht die enorme Bandbreite hoher fachlicher Anforderungen, denen der Gutachter zu genügen hat.[322] Darüber hinaus scheinen dies auch die Formulie-

---

[321] Bereits diese vollständige Aufzählung aller in Betracht kommenden juristischen Personen des Privatrechts veranschaulicht die Akribie, mit der der deutsche Gesetzgeber die Ausführungsbestimmungen zur EG-Verordnung formuliert hat.

[322] So etwa *Sellner/Schnutenhaus*, NVwZ 1993, 928 (933); *Schottelius*, BB 1995, 1549 (1552).

rung dieser Anforderungen in Anhang III Teil A Nr. 1 EG-UAVO und die Sonderstellung von Einzelgutachtern nach der dortigen Nr. 2 zu indizieren.[323] So sind als fachliche Voraussetzungen in Nr. 1 die Fähigkeiten genannt, über die das **Personal des Umweltgutachters** verfügen muß. Des weiteren findet sich in Nr. 2 eine Sonderregelung für Einzelpersonen, denen eine **beschränkte Zulassung** erteilt werden kann. Diese Zulassung ist danach begrenzt auf die Tätigkeiten, für die der Betreffende im Hinblick auf deren Art und Umfang über die erforderliche Befähigung und Erfahrung verfügt, um die bei der Validierung einer Umwelterklärung anfallenden Aufgaben zu erfüllen. Letztere sind in Anhang III Teil B genannt und beinhalten Aussagen über den Inhalt der vorzunehmenden Prüfungen, die Verhandlungen mit der Unternehmensleitung und verfahrensabschließende Entscheidung. Da es sich insoweit um den gesamten von einem Umweltgutachter abzuarbeitenden Aufgabenkatalog handelt, gilt die Einschränkung nicht für die Bandbreite der Gutachtertätigkeit, sondern ist standortbezogen zu verstehen.[324] Die **Begrenzung auf bestimmte Standorte** bedeutet somit gerade keine eingeschränkte Qualifikation, wie sich aus Anhang III Teil A Nr. 2 Abs. 2 EG-UAVO ergibt. Wenn danach derjenige, der die Zulassung zum Umweltgutachter als Einzelperson begehrt, „ausreichendes Fachwissen ... **entsprechend dem Geltungsbereich der Zulassung** ... nachzuweisen" hat, ist die fachliche Beschränkung folglich gesondert von der standortbezogenen zu beurteilen. Im übrigen verlangt auch Anhang III Teil A Nr. 1 EG-UAVO lediglich, daß ein Gutachter „für die Aufgaben innerhalb des Geltungsbereichs der Zulassung fachkundig sein" muß. Ferner ist zu berücksichtigen, daß die Organisation ebenfalls Gegenstand einer Sonderbestimmung ist, wenn auch nur in Form eines Unterpunktes der vorgenannten Nr. 1. Ein wie auch immer gearteter (rechtlicher) Vorrang läßt sich deshalb aus dem Verordnungstext nicht ableiten, wenngleich der tatsächliche Vorteil einer arbeitsteiligen Organisation nicht von der Hand zu weisen ist.

Der deutsche Gesetzgeber ging bei der Festlegung des Zulassungs- und **401**
Aufsichtssystems jedenfalls vom **Umweltgutachter als Einzelperson** aus und regelte **Organisationen von Umweltgutachtern** im wesentlichen durch Verweisung.[325] Die Regelungen über die Betriebsbeauftragten für die Bereiche Immissions- und Gewässerschutz, Abfall sowie Störfälle dienten in gewisser Weise als Vorbild: Die standortbezogenen, fachübergreifenden Prüfungsaufgaben eines Umweltgutachters gehen über diejenigen eines einzelnen

[323] In diesem Sinne etwa *Lübbe-Wolff*, DVBl. 1994, 361 (366).

[324] Ebenso *Lübbe-Wolff*, DVBl. 1994, 361 (366).

[325] Die von *Schottelius*, BB 1995, 1549 (1552), erhobenen Vorwürfe treffen m. E. den Falschen. Zwar liegt die Vermutung nahe, daß die Begutachtung durch eine Umweltgutachterorganisation teuerer sein dürfte, als diejenige durch einen Einzelgutachter, dann aber ist das Problem des Kostendrucks für kleine und mittlere Unternehmen bereits in der EG-Verordnung angelegt und nicht vom deutschen Gesetzgeber zu verantworten. Im übrigen dürfte eine Organisation dieselbe Gutachterleistung wahrscheinlich im Vergleich zu einer Einzelperson in kürzerer Zeit erbringen können. Vgl. ferner *Waskow*, in: *Feldhaus*, BImSchR, M 1 Rdnr. 235.

Betriebsbeauftragten hinaus, weshalb an die Fachkunde des Umweltgutachters seinem breiteren Tätigkeitsspektrum entsprechend höhere Anforderungen zu stellen sind.

1. Zulassung von Umweltgutachtern

402 Art. 6 Abs. 4 EG-UAVO verweist hinsichtlich der Zulassungskriterien auf die Anforderungen des Anhangs III. Danach dürfen – vereinfacht ausgedrückt – als Umweltgutachter nur Personen zugelassen werden, die fachlich qualifiziert, unabhängig und objektiv sind. Das deutsche Umweltauditgesetz erweitert diesen Anforderungskatalog um das Erfordernis der Zuverlässigkeit. Nach § 4 Abs. 1 UAG besitzen Umweltgutachter die für die Wahrnehmung iher Aufgaben erforderliche **Zuverlässigkeit, Unabhängigkeit und Fachkunde**, wenn sie die in §§ 5 bis 7 UAG genannten Voraussetzungen erfüllen. Vor der Behandlung dieser Kriterien ist jedoch zunächst der Gegenstand der Zulassung zu umreißen.

a) Inhalt und Umfang der Zulassung

403 Die EG-Verordnung geht offenbar im Grundsatz von einer **uneingeschränkten einheitlichen Zulassung** aus. So prüft der zugelassene unabhängige Umweltgutachter Umweltpolitik, Umweltprogramme, Umweltmanagementsysteme, Umweltprüfungs- oder Umweltbetriebsprüfungsverfahren und Umwelterklärungen des **Unternehmens** auf Übereinstimmung mit den Bestimmungen der Verordnung (Art. 3, 4 Abs. 3 EG-UAVO). Art. 2 Buchst. j EG-UAVO definiert das Unternehmen als die Organisation, die die Betriebskontrollc über die **Tätigkeit** an einem gegebenen Standort **insgesamt** ausübt. Die Begutachtung ist auf den Standort begrenzt, deckt die dort ausgeübten umweltrelevanten Tätigkeiten aber vollständig ab. Die Möglichkeit einer nur **beschränkten Zulassung** erwähnt erst Anhang III EG-UAVO, indem er mehrfach – so in etwa Teil A Nr. 1 und 2 – vom **Geltungsbereich der Zulassung** spricht. Diese Alternative wird damit von der Verordnung zwar vorausgesetzt, scheint aber eher Ausnahmecharakter zu haben. Wie der Geltungsbereich einer nur eingeschränkten Zulassung zu begrenzen ist, führt die Verordnung – von der Beschränkung auf bestimmte Standorte nach Anhang III Teil A Nr. 2 Abs. 2 EG-UAVO abgesehen[326] – nicht aus.

404 Gegenstand der Zulassung ist nach dem Umweltauditgesetz hingegen grundsätzlich die Befugnis, in einem definierten **Unternehmensbereich** als Umweltgutachter tätig zu sein. Dies folgt mittelbar aus § 9 Abs. 1 Satz 2 UAG, wenn danach die Zulassung unter bestimmten Voraussetzungen „auch auf Unternehmensbereiche zu erstrecken ist, für die der Umweltgutachter nicht selbst über die erforderliche Fachkunde verfügt“. Der jeweilige Unternehmensbereich ist sich damit im Grundsatz als nationale „Grenzzie-

---

[326] Siehe hierzu oben Rdnr. 400.

hung" des Geltungsbereichs einer nur beschränkten Zulassung dar; sie ist darüber hinaus zu erweitern, wenn der Anwärter auf die Zulassung die Vorbedingungen des § 9 Abs. 1 Satz 2 UAG erfüllt. Nach dem Wortlaut wäre die Beschränkung der Zulassung auf einen einzelnen Bereich eines größeren Unternehmens, d. h. auf einen Ausschnitt aus der gesamten Tätigkeitspalette eines Unternehmens naheliegend. „Versteckt" in § 7 Abs. 3 UAG findet sich aber eine sog. „Klammerdefinition", derzufolge Unternehmensbereiche als **gewerbliche und nichtgewerbliche Unternehmensbereiche** zu verstehen sind. Diese Erläuterung erscheint zunächst wenig hilfreich, ist sie doch – zum einen – sprachlich ungeschickt, weil tautologisch formuliert und – zum anderen – dort systemwidrig angesiedelt, weil sie sinnvollerweise den Begriffsbestimmungen in § 2 UAG hätte zugeordnet werden müssen. Bei genauerer Betrachtung stellen jedoch die Adjektive die Verbindung zu der Definition der gewerblichen Tätigkeit in Art. 2 Buchst. i EG-UAVO einerseits und zur Befugnis der Mitgliedstaaten her, weitere, nämlich nichtgewerbliche wirtschaftliche Betätigungsfelder wie etwa Handel und öffentlichen Dienstleistungsbereich in das Umweltaudit einzubeziehen (vgl. Art. 14 EG-UAVO, § 3 UAG). Diese Unterscheidung zwischen gewerblichen und nichtgewerblichen Unternehmen nach der EG-Verordnung ist enger als nach dem Sprachgebrauch des deutschen Rechts,[327] deshalb darf nicht das weitere deutsche Verständnis von gewerblicher Tätigkeit der Auslegung des Begriffs „Unternehmensbereich" zugrunde gelegt werden. Vielmehr geht das Umweltauditgesetz insoweit auf die Begrifflichkeit der EG-Verordnung zurück, deren Ausführung sie dient. Aus diesem Zusammenhang wird deutlich, daß mit Unternehmensbereichen Bereiche von Unternehmen, also **Wirtschaftsbranchen,** gemeint sind. Allerdings wäre eine sprachlich eindeutige Begriffsbestimmung in § 2 UAG vorzuziehen gewesen. Außerdem hätte es – nachdem Art. 2 Buchst. i EG-UAVO auf die Verordnung (EWG) Nr. 3037/90 des Rates vom 9. 10. 1990 betreffend die statistische Systematik der Wirtschaftszweige in der Europäischen Gemeinschaft verweist – nahegelegen, von dort den Begriff des **„Wirtschaftszweiges"** zu übernehmen.

Der **Branchenbezug der Zulassung** wird insofern kritisiert, als die Zulassung für einen bestimmten Unternehmensbereich wie etwa die chemische Industrie, die Mineralölverarbeitung, den Maschinenbau usw. **alle Umweltbereiche** dieses Unternehmensbereichs beeinhaltet.[328] Dies dürfte im Ergebnis jedoch nicht zu beanstanden sein, da die Fachgebiete eines Unternehmensbereichs, die der Umweltgutachter gemäß § 7 Abs. 2 Nr. 2 UAG abdecken muß, zugleich – wenn auch in unterschiedlichem Umfang – **branchenübergreifend** sind. So setzt etwa das Wissen um die Methodik der Umweltbetriebsprüfung in einer bestimmten Branche Kenntnisse der Methodik allgemeiner Umweltbetriebsprüfungen voraus. Auch ist Know-how im betrieblichen Management nicht so branchenspezifisch, daß diesbezügliche Kenntnisse nur für einen Unternehmensbereich erworben und in diesem angewandt werden könnten. Kenntnisse betriebsbezogener Umweltangele- **405**

[327] Vgl. oben Rdnr. 46 ff.
[328] *Schottelius*, BB 1995, 1549 (1551).

genheiten bauen notwendig auf dem Wissen über allgemeine umweltrelevante Faktoren auf. Schließlich verfolgt das deutsche Umweltrecht mit dem medialen, dem kausalen, dem vitalen und dem integrierten Umweltschutz zwar unterschiedliche Ansätze zur Lösung derselben problembezogenen Querschnittsaufgabe; die Aufgabenstellung verdeutlicht aber zugleich, daß sich das **Umweltrecht weitgehend branchenneutral** verhält. Hingegen ist die erforderliche Einsicht in die technischen Zusammenhänge der zu begutachtenden Unternehmenstätigkeiten zwangsläufig branchenspezifisch geprägt.[329] Diese Hürde läßt sich jedoch mit Hilfe von anderen Umweltgutachtern, Inhabern entsprechender Fachkenntnisbescheinigungen oder anderen Fachkundigen i. S. des § 9 Abs. 2 UAG überwinden.

406 Die Zulassung als Umweltgutachter nach dem Umweltauditgesetz umfaßt darüber hinaus noch die Befugnis zur **Zertifizierung nach anderen Verfahren**, sofern diese von der EG-Kommission nach Art. 12 Abs. 1 EG-UAVO anerkannt wurden (§ 9 Abs. 3 UAG). Anträge auf Anerkennung nationaler Standards für Umweltmanagementsysteme und Umweltbetriebsprüfungen liegen der EG-Kommission bereits aus Spanien, Irland und Großbritannien vor. Darüber hinaus wird auf der europäischen CEN-Normungsebene geprüft, ob die nunmehr vorliegende ISO-Normenserie 14.000 ff. als CEN-Norm übernommen werden und unter welchen Voraussetzungen sie ebenfalls als gleichwertig anerkannt werden kann.[330] Nach den CEN-Regularien müssen bislang anerkannte nationale Standards wieder zurückgezogen werden, sobald eine entsprechende CEN-Norm verabschiedet wird; dies hätte – im Falle ihrer Anerkennung nach Art. 12 EG-UAVO – zur Folge, daß die ISO/CEN-Normenserie 14.000 ff. als einzige neben die EU-Verordnung träte.

b) Fachliche Kompetenz

407 Das fachliche Anforderungsprofil erschließt sich zumindest nicht beim ersten Lesen des Annexes der EG-UAVO. Innerhalb der Bedingungen für die Zulassung von Umweltgutachtern stellt Anhang III Teil A Nr. 1 im Zusammenhang mit deren Personal eher beiläufig die Forderung auf, der **Umweltgutachter** müsse „innerhalb des Geltungsbereichs der Zulassung **fachkundig** sein". Anläßlich der Zulassung von Einzelpersonen wird dieses Kriterium dahin erläutert, daß der Antragsteller „insbesondere **ausreichendes Fachwissen in technischen, ökologischen und rechtlichen Fragen** entsprechend dem Geltungsbereich der Zulassung sowie **in bezug auf Überprüfungsmethoden und -verfahren** nachzuweisen" hat (Anhang III Teil A Nr. 2 Abs. 2 EG-UAVO). Nachdem die Zulassung von Einzelpersonen als Umweltgutachter nach der EG-Verordnung vorgesehen ist, müssen diese – wenn sie eine uneingeschränkte Zulassung begehren – über die gleiche Bandbreite fachlicher Qualifikationen verfügen wie eine Organisation mit entsprechend diversifiziertem Mitarbeiterstab. Auch der einzelne Umweltgutachter muß

329 Ähnlich *Bohnen*, BB 1995, 1757 (1758).
330 Vgl. *Lütke*, NVwZ 1996, 230 (233).

deshalb wie das Personal einer Organisation „über **geeignete Qualifikationen, Ausbildung und Erfahrungen** im Hinblick zumindest auf die nachstehenden Bereiche“ (Anhang III Teil A Nr. 1 EG-UAVO) verfügen:
- Methodologien der Umweltbetriebsprüfung,
- Managementinformation und -verfahren,
- Umweltfragen,
- einschlägige Rechtsvorschriften und Normen einschließlich eines eigens für die Zwecke dieser Verordnung entwickelten Leitfadens sowie
- einschlägige technische Kenntnisse über die Tätigkeiten, auf die sich die Begutachtung erstreckt.

Der deutsche Gesetzgeber hat diese Vorgaben dahin konkretisiert, daß **408** ein Umweltgutachter die erforderliche Fachkunde besitzt, wenn er aufgrund seiner **Ausbildung, beruflichen Bildung und praktischen Erfahrung** zu einer ordnungsgemäßen Erfüllung der ihm obliegenden Aufgaben geeignet ist (§ 7 Abs. 1 UAG).

In bezug auf die Ausbildung erfordert die Fachkunde zunächst grundsätz- **409** lich den Abschluß eines wirtschafts- oder verwaltungswissenschaftlichen, eines naturwissenschaftlichen oder technischen, eines biowissenschaftlichen oder juristischen Studiums an einer anerkannten deutschen Hochschule i. S. des § 1 HRG (§ 7 Abs. 2 Nr. 1 UAG). Der **Studienabschluß** kann somit sowohl an einer **Universität** als auch an einer **Fachhochschule** erworben werden; die Einbeziehung auch der Fachhochschulen folgt aus dem Verweis auf § 1 HRG.[331] Die weite Formulierung der Studiengebiete entspricht dem breit angelegten, interdisziplinären Tätigkeitsbereich des Umweltgutachters und zielt darauf ab, möglichst viele Studienabschlüsse als Ausbildungsvoraussetzung zuzulassen. So sollen beispielsweise auch landwirtschaftliche Studienabschlüsse mit betriebswirtschaftlichem oder ingenieurwissenschaftlichem Schwerpunkt den Anforderungen genügen. Der Begriff der Biowissenschaften umfaßt etwa auch ein Medizinstudium, das somit ebenfalls die Voraussetzungen des § 7 Abs. 2 Nr. 1 UAG erfüllt.

Von dem Erfordernis eines **abgeschlossenen Hochschulstudiums** kann je- **410** doch abgesehen werden, wenn eine entsprechende Qualifikation anderweitig, d. h. durch eine **Kombination aus bestimmten Ausbildungsabschlüssen mit einer mehrjährigen Berufspraxis**, nachgewiesen wird. Nach § 7 Abs. 3 UAG können Ausnahmen zugelassen werden, „wenn in den gewerblichen oder nichtgewerblichen Unternehmensbereichen . . ., für die die Zulassung beantragt ist,
1. eine Fachschulausbildung, die Qualifikation als Meister oder eine gleichwertige Zulassung oder Anerkennung durch eine oberste Bundes- oder Landesbehörde oder eine Körperschaft des öffentlichen Rechts vorliegt und
2. Aufgaben in leitender Stellung oder als Selbständiger mindestens acht Jahre hauptberuflich wahrgenommen wurden.“

§ 7 Abs. 3 UAG eröffnet der Zulassungsstelle allerdings kein freies, son- **411** dern ein **intendiertes Ermessen**:[332] In der Norm selbst ist bereits angelegt,

[331] Vgl. die amtl Begr., BT-Drs. 13/1192, S. 26.

[332] Zur Figur des intendierten Ermessens vgl. *Busch*, in: *Knack*, § 40 Rdnr. 7.3 m. w. N.; kritisch: *Sachs*, in: *Stelkens/Bonk/Sachs*, § 40 Rdnr. 15 m. w. N.

wie dieses Ermessen grundsätzlich auszuüben ist, denn – zum einen – fordert § 7 Abs. 2 Nr. 1 UAG ein abgeschlossenen Hochschulstudium nur, „soweit nicht die Voraussetzungen des des Absatzes 3 vorliegen." Zum anderen beläßt Anhang III Teil A Nr. 2 Abs. 2 EG-UAVO dem nationalen Normgeber zwar einen Regelungsspielraum, trifft aber mit der Forderung nach „ausreichendem Fachwissen" gerade keine Entscheidung für einen bestimmten Bildungsweg zur Erlangung der fachlichen Qualifikation, verlangt wird lediglich die **Gleichwertigkeit verschiedener Ausbildungsgänge**. Die Ausnahme ist also in der Regel zu erteilen, wenn die genannten Vorbedingungen hinsichtlich Ausbildungsabschluß und Berufspraxis erfüllt sind. Hierdurch wird vor allem besonders qualifizierten Personen aus Handwerksbetrieben sowie aus anderen kleinen und mittleren Unternehmen die Möglichkeit eröffnet, als Umweltgutachter tätig zu sein.

412 Die Fachkunde erfordert darüber hinaus noch **ausreichende Fachkenntnisse** über

- **Methoden und Durchführung der Umweltbetriebsprüfung**,
- **betriebliches Management**,
- **betriebsbezogene Umweltangelegenheiten**,
- **technische Zusammenhänge** zu Tätigkeiten, **auf die sich die Begutachtung erstreckt**, und
- **einschlägige Rechts- und veröffentlichte Verwaltungsvorschriften sowie Normen des betrieblichen Umweltschutzes** (§ 7 Abs. 2 Nr. 2 UAG).

Nach Ansicht des Gesetzgebers entsprechen diese Fachgebiete den in Anhang III Teil A Nr. 1 Abs. 1 EG-UAVO genannten Bereichen. Zur besseren Verständlichkeit und Abgrenzbarkeit der Fachgebiete wurden deren Bezeichnungen an die Zielsetzung der Verordnung – kontinuierliche Verbesserung des betrieblichen Umweltschutzes – sprachlich angepaßt und vereinfacht.[333] Ob aber § 7 Abs. 2 Buchst. d UAG wirklich besser zum Ausdruck bringt, was Anhang III Teil A Nr. 1, 5. Spiegelstrich EG-UAVO fordert, nämlich einschlägige technische Kenntnisse über die Tätigkeiten, auf die sich die Begutachtung erstreckt, erscheint angesichts der Wortwahl fraglich.

413 Vom Umweltgutachter wird nicht nur die Kenntnis der einschlägigen **Rechtsvorschriften**, also der Gesetze und Verordnungen sowie der hierzu ergangenen höchstrichterlichen Rechtsprechung und der vorliegenden Fachliteratur, sondern auch der Verwaltungsvorschriften gefordert. Das Wissen um die **Verwaltungsvorschriften** war im Gesetzentwurf nicht vorgesehen und wurde erst im Vermittlungsausschuß auf Drängen des Bundesrates eingefügt, der sogar die strikte Beachtung der Verwaltungsvorschriften gefordert hatte.[334] Den Verwaltungsvorschriften kommt im deutschen Umweltrecht eine erhebliche praktische Bedeutung zu, soweit sie **unbestimmte Rechtsbegriffe** und damit die jeweiligen Normen selbst **interpretieren** und **konkretisieren**. Der Umweltgutachter hat deshalb bei seiner Prüfungstätigkeit diese Verwaltungsvorschriften auch dann zu bedenken, wenn sie etwa

---

[333] So die amtl. Begr., BT-Drs. 13/1192, S. 26.

[334] Vgl. den Vorschlag des Bundesrates und dessen Begründung, BT-Drs. 13/1687, S. 4f.

nicht ausdrücklich Eingang in Genehmigungsbescheide, nachträgliche Anordnungen usw. gefunden haben. Von ihm als einem privaten Dritten aber die strikte Beachtung der Verwaltungsvorschriften zu verlangen, wäre mit deren Qualität als bloßen Verwaltungsinterna unvereinbar gewesen. Verwaltungsvorschriften regeln insoweit den staatlichen Binnenbereich und sind deshalb zwar für die Behörden verbindlich, Außenstehenden gegenüber entfalten sie aber gerade keine (unmittelbare) Bindungswirkung. Durch die Einführung einer solchen Bindungswirkung über die „Hintertür" mittels Verbindlichkeit für den Umweltgutachter würde letztlich das Gewaltenteilungsprinzip unterlaufen. Folglich werden Umweltgutachter, Umweltgutachterorganisationen und Inhaber von Fachkenntnisbescheinigungen durch die schließlich Gesetz gewordene Fassung des § 15 Abs. 2 Nr. 5 UAG nur zur **Beachtung auch der zu den einschlägigen Rechtsvorschriften ergangenen amtlich veröffentlichten Verwaltungsvorschriften** des Bundes und der Länder verpflichtet. Hiermit korrespondieren die Anforderungen an die spezielle fachliche Qualifation des Umweltgutachters in § 7 Abs. 2 Buchst. e UAG.

Schließlich ist noch eine mindestens dreijährige eigenverantwortliche **414** hauptberufliche Tätigkeit als Freiberufler, in der Wirtschaft, in der Umweltverwaltung oder bei in der Umweltberatung tätigen Stellen, bei der **praktische Kenntnisse über den betrieblichen Umweltschutz** erworben wurden, erforderlich (§ 7 Abs. 2 Nr. 3 UAG). Die Berufserfahrung kann somit auf verschiedenen Arbeitsfeldern und bei verschiedenen Stellen gewonnen werden. Die Tätigkeit muß danach zwar **hauptberuflich** ausgeübt worden sein, sie braucht sich aber nicht ausschließlich auf Angelegenheiten des betrieblichen Umweltschutzes bezogen zu haben. Vielmehr kann sie darüber hinaus auch andere – etwa wirtschaftliche, technische oder rechtliche – Gegenstände betroffen haben. Durch das Kriterium der **Eigenverantwortlichkeit** sollen hierbei reine Hilfstätigkeiten ausgeschlossen werden.[335]

c) Persönliche Integrität

Der Umweltgutachter muß allerdings nicht nur fachlich qualifiziert, son- **415** dern auch **zuverlässig** und **unabhängig** sein (§§ 5 und 6 UAG). Nach Ansicht des Gesetzgebers handelt es sich bei den beiden letztgenannten Kriterien nur Konkretisierungen der Regelung in Anhang III Teil A Nr. 1 Abs. 2 EG-UAVO. Danach muß der Umweltgutachter **unabhängig** und **unparteiisch** sein.

aa) Zuverlässigkeit

Anhang III Teil A Nr. 1 Abs. 2 EG-UAVO fordert lediglich die Unabhän- **416** gigkeit und Objektivität des Umweltgutachters, seine Zuverlässigkeit wird dort nicht ausdrücklich verlangt. Ferner muß er den **Nachweis** erbringen, daß keine Gründe vorliegen, die die Unabhängigkeit und Integrität seiner Organisation und seines Personals in Frage stellen. Die dort für das **Perso-**

---

[335] Vgl. die amtl. Begr., BT-Drs. 13/1192, S. 26.

nal des Umweltgutachters geforderte Integrität wird vielfach mit dem Erfordernis der Zuverlässigkeit des Umweltgutachters selbst gleichgesetzt.[336] Diese Ableitung läßt sich aber nur schwer damit in Einklang bringen, daß Anhang III Teil A Nr. 2 Abs. 2 Satz 2 EG-UAVO von Einzelpersonen als Umweltgutachtern nur erwartet, daß sie den zuvor genannten Kriterien „hinsichtlich Unabhängigkeit, Objektivität und Verfahren genügen“. Die Forderung nach **Integrität** stimmt somit mit derjenigen nach **Objektivität** überein, sie deckt sich nicht mit dem gewerberechtlich geprägten Verständnis von Zuverlässigkeit im deutschen Ausführungsgesetz.[337] Unzuverlässigkeit wird deshalb eher als ein (sicheres) Indiz für eine nachhaltige Gefährdung der Unabhängigkeit und der Objektivität des künftigen Umweltgutachters zu verstehen sein. Schließlich muß derjenige, der die Zulassung als Umweltgutachter begehrt, den Nachweis erbringen, daß keine Gründe vorliegen, die das **Vertrauen** in seine Unabhängigkeit und Objektivität in Frage stellen (Anhang III Teil A Nr. 1 Abs. 2 EG-UAVO).

417 Nach § 5 Abs. 1 UAG besitzt derjenige die erforderliche **Zuverlässigkeit**, der aufgrund seiner persönlichen Eigenschaften, seines Verhaltens und seiner Fähigkeiten zur ordnungsgemäßen Erfüllung der ihm obliegenden Aufgaben geeignet ist. § 5 Abs. 2 UAG nennt katalogartig **Regelvermutungen**, unter welchen Voraussetzungen nicht von der Zuverlässigkeit auszugehen ist. Diese Vorschriften lehnen sich eng an die Anforderungen an die Zuverlässigkeit von Immissionsschutz- und Störfallbeauftragten in § 10 der 5. BImSchV an. Grundsätzlich ist entscheidend, daß die **gesetzlichen Vorschriften eingehalten**, **allgemeinverbindliche Maßstäbe nicht verletzt** und **Dritte nicht geschädigt** werden.

418 § 5 Abs. 2 Nr. 1 UAG enthält einen Katalog von gemeingefährlichen Straftaten und Ordnungswidrigkeiten und solchen gegen die Umwelt; soweit er Eigentums-, Vermögens-, Urkunds- und Konkursdelikte nennt, geht er über § 10 Abs. 2 Nr. 1 der 5. BImSchV hinaus. Der Gesetzgeber erblickte auch hierin einen besonderen Bezug zur Tätigkeit des Umweltgutachters, während er andere Straftaten und Ordnungswidrigkeiten mangels Nähe zu derselben nicht in den Katalog aufnahm.[338] In der Tat wird nicht nur die Begehung von **umweltrelevanten Delikten im weiteren Sinn**, sondern auch die Verletzung von Vorschriften über die **Vermögensbetreuung im weiteren Sinn** die Unzuverlässigkeit des Umweltgutachters begründen. Immerhin hat er sich im Rahmen seiner Prüfungstätigkeit gerade mit den umweltrelevanten Teilbereichen der Betriebsführung und -prüfung der zu begutachtenden Unternehmen zu befassen, weshalb er insoweit über ein ausreichendes Unrechtsbewußtsein verfügen und insoweit hinreichend sensibilisiert sein muß. Durch § 51 BZRG ist gewährleistet, daß bereits getilgte Straftaten nicht herangezogen werden können; sie schließen die Zuverlässigkeit des Umweltgutachters also nicht aus.

---

[336] So etwa *Lütke*, NVwZ 1996, 230 (232).

[337] Die Tätigkeit als Umweltgutachter ist zwar nach § 4 Abs. 2 UAG keine gewerbsmäßige, die gewerberechtliche Herkunft des Zuverlässigkeitserfordernisses ist gleichwohl nicht zu leugnen.

[338] Vgl. die amtl. Begr., BT-Drs. 13/1192, S. 25.

Voraussetzung für die Anwendung des Regelbeispielkatalogs ist die Verurteilung zu einer Freiheits- oder Geldstrafe oder die Verhängung einer Geldbuße von mehr als DM 1.000,–. Durch dieses **Mindestmaß der verwirkten Strafe oder Geldbuße** sollen dem Verhältnismäßigkeitsgrundsatz entsprechend geringfügige Gesetzesübertretungen außer Betracht bleiben. Aus durchaus sachgerechten Erwägungen wollte der Bundesrat hier eine höhere Schwelle normieren, weil etwa bereits die Verletzung der Auskunftspflicht nach § 52 BImSchG je nach den wirtschaftlichen Verhältnissen des Täters mit einer Geldbuße von DM 20.000,– geahndet werden kann.[339] Zum einen fließen die wirtschaftlichen Verhältnisse als eine von mehreren Komponenten stets in die Bemessung von Geldbußen zur Ahndung von Ordnungswidrigkeiten ein. Zum anderen hätte dies zu einem unüberbrückbaren Wertungswiderspruch zu § 10 Abs. 2 Nr. 1 der 5. BImSchV geführt. Nach dieser Vorschrift ist regelmäßig von der Unzuverlässigkeit der Immissionsschutz- und Störfallbeauftragten auszugehen, wenn diese mit einer Geldbuße von mindestens DM 1.000,– oder einer Geld- oder Freiheitsstrafe belegt wurden. Es wäre deshalb sachlich nicht zu rechtfertigen gewesen, an die Zuverlässigkeit des Umweltgutachters geringere Anforderungen zu stellen.[340] Dem berechtigten Anliegen des Bundesrates kann meines Erachtens dadurch Rechnung getragen werden, daß die **Regelvermutung** – und nur um eine solche handelt es sich bei § 7 Abs. 2 Nr. 1 UAG ebenso wie bei § 10 Abs. 2 Nr. 1 der 5. BImSchV – **im Einzelfall widerlegt** wird. Für eine derartige Korrektur trägt zwar derjenige die Darlegungs- und Beweislast, der die Zulassung als Umweltgutachter begehrt, dies erscheint aber durchaus sachgerecht, weil dem Antragsteller die Aufklärung der näheren Umstände, die zu Verhängung und Bemessung der Strafe oder Geldbuße führten, in aller Regel möglich und zumutbar ist. Im übrigen entspricht dies den Anforderungen des Anhangs III Teil A Nr. 1 Abs. 2 bzw. Nr. 2 Abs. 2 EG-UAVO; danach hat der Antragsteller den Nachweis zu erbringen, daß das Vertrauen in seine Unabhängigkeit und Objektivität gerechtfertigt ist. **419**

Darüber hinaus führt nach § 5 Abs. 2 Nr. 3 UAG eine strafgerichtliche Verurteilung dann zur Unzuverlässigkeit des Umweltgutachters, wenn sie mit der **Aberkennung der Fähigkeit zur Bekleidung öffentlicher Ämter** verbunden ist. **420**

Auch ohne Verurteilung zu einer Strafe oder Geldbuße begründet die **wiederholte und grob pflichtwidrige Verletzung von Vorschriften** des Immissionsschutz-, Abfall-, Wasser-, Natur- und Landschaftsschutz-, Chemikalien-, Gentechnik-, Atom- und Strahlenschutzrechts, des Lebensmittel-, Arzneimittel-, Pflanzenschutz- oder Seuchenrechts, des Gewerbe- oder Arbeitsschutzrechts und schließlich des Betäubungsmittel-, Waffen- oder Sprengstoffrechts die Unzuverlässigkeit (§ 5 Abs. 2 Nr. 2 Buchst. a UAG). Entsprechendes gilt nach § 5 Abs. 2 Buchst. b UAG für ehemalige Betriebsbeauftragte für Immissionsschutz, Gewässerschutz und Abfall sowie frühere **421**

[339] Vgl. den Änderungsvorschlag des Bundesrates und dessen Begründung, BT-Drs. 13/1687, S. 3.

[340] Ähnlich die Gegenäußerung der Bundesregierung, vgl. BT-Drs. 13/1687, S. 10.

Strahlenschutz- und Störfallbeauftragte, die ihre **Verpflichtungen als Beauftragte verletzt** haben.

422 Gemäß § 5 Abs. 2 Nr. 4 UAG soll darüber hinaus unzuverlässig sein, wer sich in **ungeordneten wirtschaftlichen Verhältnissen** befindet, es sei denn, die Interessen der Auftraggeber oder anderer Personen würden hierdurch nicht gefährdet. Naturgemäß wächst in derartigen Situationen die Gefahr der Beeinflußbarkeit durch finanziellen oder wirtschaftlichen Druck. Hierbei ergeben sich Überschneidungen mit dem auch die wirtschaftliche Seite umfassenden Erfordernis der **Unabhängigkeit** nach § 6 UAG, denn die Ursache möglicher Abhängigkeit begründet im Fall nicht geordneter wirtschaftlicher Verhältnisse bereits die **Unzuverlässigkeit**. Dabei ist nicht ersichtlich, unter welchen Voraussetzungen die Ausschlußklausel zugunsten desjenigen, der die Zulassung als Umweltgutachter begehrt, eingreifen soll. Im Zeitpunkt ihrer Entscheidung über den Antrag dürfte die Zulassungsstelle wohl kaum beurteilen können, ob und bejahendenfalls welche der künftig möglicherweise zu begutachtenden Unternehmen gefährdet sein können. Unklar ist auch, welche anderen Personen geschützt werden sollen und wie die Zulassungsstelle diesen Personenkreis bereits im Zeitpunkt der Zulassung bestimmen soll. Einen Sinn ergibt diese Klausel hingegen insoweit, als sie auf die **Inhaber von Fachkenntnisbescheinigungen** angewandt wird. Diese haben gemäß § 8 Abs. 1 Satz 1 UAG ebenfalls die Voraussetzungen des § 5 UAG zu erfüllen. Da sie die gutachterliche Tätigkeit nicht allein ausüben, sondern stets für einen Umweltgutachter oder eine Umweltgutachterorganisation, dürfte auf diese Weise eventuell zu gewährleisten sein, daß deren Auftraggeber nicht gefährdet werden. Somit bleibt die auch hier nicht befriedigend zu beantwortende Frage, wie der Schutz der anderen Personen, deren Gefährdung vermieden werden soll, sicherzustellen ist.

423 Schließlich trägt § 5 Abs. 2 Nr. 5 UAG dem Umstand Rechnung, daß Umweltgutachter bestimmte **körperliche und geistige Voraussetzungen** mitbringen müssen, um ihren Beruf ordnungsgemäß ausüben zu können. Die Feststellung der **Unzuverlässigkeit** beinhaltet kein moralisches Werturteil, weder Verschulden noch Charaktermängel sind erforderlich, vielmehr genügen **objektive, nicht vorwerfbare Gegebenheiten** wie körperliche oder geistige Gebrechen.

bb) Unabhängigkeit

424 Die Forderung nach der persönlichen Unabhängigkeit des Umweltgutachters kommt in der EG-Verordnung an verschiedenen Stellen zum Ausdruck:

- Die Definition in Art. 2 Buchst. m EG-UAVO beschreibt den Umweltgutachter bereits als „eine vom zu begutachtenden Unternehmen unabhängige Person oder Organisation".
- Art. 4 Abs. 3 EG-UAVO umreißt die Aufgaben des „zugelassenen unabhängigen Umweltgutachters".
- Art. 4 Abs. 4 EG-UAVO betont, daß der Umweltgutachter auch nicht in einem Abhängigkeitsverhältnis von dem Betriebsprüfer des Standorts stehen darf.

– Schließlich füllt Anhang III EG-UAVO diese Anforderung inhaltlich aus.

Unter der Überschrift „Unabhängigkeit und Objektivität" bestimmt Anhang III Teil A Nr. 1 EG-UAVO, daß der Umweltgutachter unabhängig und unparteiisch sein muß. Diese Voraussetzung erfüllt er, wenn er **nachweist**, „daß seine Organisation und sein Personal keinem kommerziellen, finanziellen oder sonstigen Druck unterliegen, der ihr Urteil beeinflussen oder das Vertrauen in ihre Unabhängigkeit und Integrität bei ihrer Tätigkeit in Frage stellen könnte. Ferner muß er nachweisen, daß sie allen in diesem Zusammenhang anwendbaren Vorschriften gerecht werden." **425**

Diesen Anforderungen sollen Umweltgutachter genügen, die der EN 45012, Art. 4 und 5 entsprechen. Dieser Verweis auf die EN 45012, die vom DIN übernommen wurde und damit als **DIN/EN 45012 – Allgemeine Kriterien für Stellen, die Qualitätssicherungssysteme zertifizieren** – zugleich den Status einer deutschen Norm hat, bewirkt nur scheinbar eine Konkretisierung der genannten Anforderungen. Bedenklich stimmt hingegen, daß die EN 45012 in gewisser Weise eine Abhängigkeit des Lenkungsgremiums institutionalisiert. Die einschlägigen Bestimmungen lauten: **426**

„4. **Verwaltungsstruktur** **427**

Die Zertifizierungsstelle muß unparteiisch sein und

a) über eine Struktur vefügen, die die Auswahl der Mitglieder ihres Lenkungsgremiums aus den am Zertifizierungssystem interessierten Gruppen fordert, ohne daß Einzelinteressen dominieren. Es wird davon ausgegangen, daß bei einer Struktur, die die Unparteilichkeit sichert und die Teilnahme aller Parteien bezüglich Inhalt und Arbeitsweise eines Zertifizierungssystems ermöglicht, dieses Kriterium erfüllt wird;
b) über angestelltes Personal unter einem dem Lenkungsgremium verantwortlichen Leiter verfügen, das die täglichen Arbeiten erledigt; dieses Personal muß von denjenigen, die ein kommerzielles Interesse an den betreffenden Erzeugnissen und Diensten haben, unabhängig sein.

5. **Aufgabenbereich des Lenkungsgremiums** **428**

Das Lenkungsgremium muß für die Durchführung der Zertifizierung im Sinne dieser Norm verantwortlich sein. Seine Aufgaben müssen u. a. umfassen:

a) Festlegung der Geschäftspolitik für die Tätigkeit der Zertifizierungsstelle;
b) Aufsicht über die Umsetzung der Geschäftspolitik;
c) Aufsicht über die Finanzen der Zertifizierungsstelle;
d) erforderlichenfalls Einsetzung von Ausschüssen, denen bestimmte Aufgaben übertragen werden."

Eine Umweltgutachterorganisation, deren „Lenkungsgremium" sich aus Mitgliedern von am Umweltaudit interessierten Gruppen zusammensetzt und für die Durchführung der Zertifizierung verantwortlich ist, dürfte wohl kaum als unabhängig anzusehen sein. Das Erfordernis einer Begutachtung durch einen externen Umweltgutachter wäre im Falle einer solchen Organisation zwar formal, inhaltlich aber nur schwerlich zu erfüllen. Gerade von der **Distanz des Umweltgutachters** zu dem zu begutachtenden – selbstverständlich am Umweltaudit interessierten – Unternehmen einerseits und der Umweltverwaltung andererseits hängen der **Wert der validier-** **429**

ten Umwelterklärung und der Standortregistrierung sowie die **Akzeptanz des Umweltaudits** selbst sowohl in der Öffentlichkeit als auch auf Unternehmerseite ab.[341] Zu recht hatte die Wirtschaft um ihrer Eigenverantwortung für einen betrieblichen Umweltschutz willen darauf gedrungen, die Zulassungs- und Aufsichtsstelle für Umweltgutachter nach dem Selbstverwaltungsmodell zu gestalten. Der gefundene Kompromiß stellt meines Erachtens die **Grenze staatlicher Einflußnahmemöglichkeiten** auf dieses System dar. Ein Mitspracherecht einer staatlichen Stelle innerhalb des Lenkungsgremiums einer Gutachterorganisation wäre mit den Grundgedanken des Umweltauditsystems nicht vereinbar. Ebensowenig wäre es umgekehrt für die Umweltverwaltung akzeptabel, den Vertreter eines zu begutachtenden Unternehmens in einem solchen Lenkungsgremium zu wissen. Dieser Interessenlage tragen die „Abhängigkeitsvermutungen" des § 6 Abs. 2 UAG Rechnung. Hierin kommt einer der wesentlichen Unterschiede zwischen dem rein betriebs- bzw. unternehmensinternen Qualitätssicherungssystem einerseits und dem **standortbezogenen außenwirksamen Umweltauditsystem** andererseits zum Ausdruck.

430 Die Verweisung auf EN 45012 erhebt keinen Ausschließlichkeitsanspruch. Vielmehr können Umweltgutachter und ihre Organisationen auch zugelassen werden, wenn der Nachweis der Unabhängigkeit auf andere Weise erbracht wird. Andernfalls wären **Einzelgutachter**, deren Zulassung die EG-Verordnung ebenfalls vorsieht, mangels Organisation von vornherein ausgeschlossen.

431 Die Prüfungstätigkeit eines Umweltgutachters hat zwangsläufig unmittelbare Auswirkungen auf die Wettbewerbsfähigkeit des geprüften Unternehmens. Aus diesem Grunde und wegen seines breiten, interdisziplinär angelegten Tätigkeitsfeldes kann der Umweltgutachter vielfältigen Interessenkonflikten ausgesetzt sein. Nach § 6 Abs. 1 UAG besitzt ein Umweltgutachter die erforderliche Unabhängigkeit deswegen nur, wenn er **keinem wirtschaftlichen, finanziellen oder sonstigen Druck unterliegt**, der sein Urteil beeinflussen oder das Vertrauen in die unparteiische Aufgabenwahrnehmung in Frage stellen kann. Die Anforderungen stimmen nahezu wörtlich mit denen des Anhangs III Teil A Nr. 1 Abs. 2 EG-UAVO überein.

432 Die Situation des Umweltgutachters ist derjenigen eines Wirtschaftsprüfers oder Steuerberaters vergleichbar. § 6 Abs. 2 UAG orientiert sich deshalb erklärtermaßen an §§ 43 und 44 WPO, indem er einen Katalog von **Regelbeispielen** aufstellt, bei deren Vorliegen die Unabhängigkeit typischerweise zu verneinen ist.[342] Die **Ausschlußgründe** fußen – erstens – auf der Überlegung, daß die Unabhängigkeit eines Umweltgutachters regelmäßig nur gewährleistet ist, wenn er nicht selbst als **Inhaber, Mehrheitseigner oder Angestellter eines Unternehmens**, das am Umweltauditsystem teilnehmen kann, ein Interesse an einer bestimmten inhaltlichen und verfahrensmäßigen Ausgestaltung der Umweltbetriebsprüfungen hat (§ 6 Abs. 2 Nr. 1 Buchst. a und b UAG). Zweitens erfordert die Tätigkeit des Umweltgutach-

---

[341] Bedenken in dieser Richtung äußert auch *Lübbe-Wolff*, DVBl. 1994, 361 (367); vgl. ferner *Müggenborg*, DB 1996, 125 (126).

[342] Vgl. die amtl. Begr., BT-Drs. 13/1192, S. 25 f.

ters, daß er ihr hauptberuflich seine ganze Arbeitskraft widmet, weshalb sie mit **öffentlichen Dienstverhältnissen im weiteren Sinn**, die ihrerseits die ganze Arbeitskraft fordern, unvereinbar sind (§ 6 Abs. 2 Nr. 1 Buchst. c und d UAG). Hiervon ausgenommen sind lediglich ehrenamtliche sowie vom Katalog nicht erfaßte beratende und wissenschaftliche Tätigkeiten. Schließlich ist die Unabhängigkeit – drittens – bei **Weisungsgebundenheit** aufgrund vertraglicher oder sonstiger Beziehungen (§ 6 Abs. 2 Nr. 2 UAG) oder bei **organisatorischen, wirtschaftlichen und personellen Verflechtungen** mit Dritten (§ 6 Abs. 2 Nr. 3 UAG) nicht gegeben, wenn deren Einflußnahme auf die Gutachtertätigkeit nicht auszuschließen ist.

Hieraus folgt eine Einschränkung für beamtete Hochschullehrer, die wegen des Beamtenverhältnisses nicht als Umweltgutachter zugelassen werden dürfen. Gerechtfertigt wird dies mit der Erfahrung, daß **Forschungseinrichtungen der Hochschulen** gerade auch im naturwissenschaftlich-technischen Bereich auf Forschungsaufträge und Zuwendungen aus der Industrie in großen Umfang finanziell angewiesen sind. Möglicherweise aus dieser Lage resultierende Interessenkonflikte, die für die Zulassungsstelle nicht erkennbar sind, sollen von vornherein verhindert werden. Zwar kann die Interessenlage bei **privaten Forschungsinstituten** ähnlich sein; etwaigen Konflikten glaubt der Gesetzgeber aber in diesem Bereich mit § 6 Abs. 2 Nr. 2 und 3 UAG wirkungsvoll begegnen zu können.[343] Der Ausschluß beamteter Hochschullehrer von der Gutachtertätigkeit ist dem Ausschluß von Rechtslehrern von der anwaltlichen Tätigkeit[344] vergleichbar und wie dieser mit dem Grundgesetz vereinbar.[345] **433**

Die **Aufzählung des § 6 Abs. 2 UAG** ist **keineswegs abschließend** („... in der Regel ...“), weshalb auch dort nicht genannte Umstände das Fehlen der erforderlichen Unabhängigkeit begründen können. Allerdings dürfte einer Zulassung als Umweltgutachter nicht entgegenstehen, daß der Antragsteller selbst oder die Organisation, der er angehört, zuvor im Einzelfall in einer Frage beraten hat, die mit dem Auditierungsverfahren im Zusammenhang steht.[346] Zwar ist zuzugeben, daß derjenige, der einen bestimmten Rat etwa in Fragen technischer Art zum Anlagenbetrieb oder Bereich der Management- bzw. Umweltberatung erteilt hat, sich in gewisser Weise selbst gebunden hat. Der Vergleich mit der Auswahl der Abschlußprüfer nach § 319 HGB, den die Gegenauffassung als Beleg für **Zweifel an der Unparteilichkeit und Unabhängigkeit infolge** einer solchen **Selbstbindung** zieht, hinkt insoweit. Bei der Bestellung von Wirtschaftsprüfern und Wirtschaftsprüfergesellschaften zu Abschlußprüfern geht es nicht um eine generelle Zulassung derselben für jedwede Abschlußprüfung einer unbestimmten Vielzahl von Kapitalgesellschaften. Vielmehr ist die Auswahl der Abschlußprüfer konkret auf die zu prüfende Kapitalgesellschaft bezogen. Nur insoweit steht eine frühere Beratungs-, Prüfungs- oder sonstige Tätigkeit in der **434**

---

[343] Vgl. die amtl. Begr., BT-Drs. 13/1192, S. 25 f.; ferner *Müggenborg*, DB 1996, 125.

[344] Siehe hierzu BVerfG, AnwBl. 1988, 490.

[345] So die amtl. Begr. 13/1192, S. 25 f.

[346] So aber *Müggenborg*, DB 1996, 125.

bzw. für die Kapitalgesellschaft für einen bestimmten Zeitraum nach deren Beendigung der Bestellung zum Abschlußprüfer entgegen. Dies hindert den betroffenen Wirtschaftsprüfer jedoch nicht, für eine andere Kapitalgesellschaft als Abschlußprüfer tätig zu sein. Ebensowenig kann eine zurückliegende Beratungstätigkeit in einem konkreten Einzelfall die Versagung der Zulassung als Umweltgutachter im allgemeinen rechtfertigen.[347] Sofern sich später im Einzelfall Zweifel an einer objektiven Begutachtung (§ 15 Abs. 2 Nr. 3 UAG) ergeben, mag dies Anlaß zu Aufsichtsmaßnahmen der Zulassungsstelle sein.

435 Nach § 7 Abs. 2 Nr. 3 UAG wird als Nachweis der praktischen Erfahrung eine mindestens dreijährige eigenverantwortliche hauptberufliche Tätigkeit verlangt, die unter anderem gerade in der Umweltberatung ausgeübt worden sein kann. Gemäß § 6 Abs. 3 UAG ist **eine in öffentlich-rechtlichem Rahmen erfolgende Beratungstätigkeit** mit dem Beruf des Umweltgutachters vereinbar. Angesprochen sind hiermit Bedienstete von Industrie- und Handelskammern, Handwerkskammern, Berufskammern oder sonstigen Körperschaften des öffentlichen Rechts, die Selbsthilfeeinrichtungen für Unternehmen sind, die sich ihrerseits an dem Umweltauditsystem beteiligen können, sofern diese Bediensteten dort nur beratende Tätigkeiten ausüben, keine Registrierungsaufgaben wahrnehmen und in ihrer Tätigkeit als Umweltgutachter weisungsunabhängig sind. Hierdurch soll den Bemühungen vor allem zahlreicher Handwerkskammern Rechnung getragen werden, die Umweltschutzzentren eingerichtet haben; deren Berater sind aufgrund ihrer Erfahrungen im handwerklichen Bereich für eine Gutachtertätigkeit besonders geeignet.[348] Eine solche in öffentlich-rechtlichem Rahmen erfolgende Beratungstätigkeit soll gegenüber einer in privatrechtlichem Rahmen nicht benachteiligt werden.

436 Im übrigen wird eine **Selbstbindung im allgemeinen** anzunehmen sein, wenn sich derjenige, der die Zulassung als Umweltgutachter beantragt, zuvor etwa wissenschaftlich in Vortrags- oder Diskussionsveranstaltungen, im Rahmen eines Lehrauftrags oder von Veröffentlichungen hinsichtlich bestimmter Fragen allgemeiner Natur festgelegt hat. Hieraus werden sich jedoch keine Zweifel an seiner Unabhängigkeit oder Unparteilichkeit ergeben. Jede Auditierung wird in gewisser Weise vom jeweiligen Verständnis des prüfenden Umweltgutachters geprägt, unabhängig davon, ob dieser seine Anschauung nun zuvor im vorbeschriebenen Sinne publik gemacht hat oder nicht. Aus diesem Grunde wird eine solche Selbstbindung ebensowenig die Annahme der Abhängigkeit und Parteilichkeit nahelegen wie entsprechende Verhaltensweisen etwa die Ablehnung eines Richters wegen der **Besorgnis der Befangenheit**.[349] Vertritt der Gutachter hingegen in fachli-

---

[347] Insoweit scheint bei *Müggenborg*, DB 1996, 125, ein Mißverständnis vorzuliegen, das darin zum Ausdruck kommt, daß er von der „Ablehnung des Gutachters" spricht.

[348] So die Begründung des Bundesrates für seinen Vorschlag zu § 6 Abs. 3 des Gesetzentwurfs, vgl. BT-Drs. 13/1687, S. 3.

[349] Vgl. etwa zu § 54 VwGO *Redeker/von Oertzen*, § 54 Rdnr. 11; *Kopp*, VwGO, § 54 Rdnr. 11 b, jeweils m. w. N. aus der Rspr.

cher Hinsicht eine irrige Auffassung, so wird die Lösung dieses Problems im Verhältnis zu dem Unternehmen, dessen Standort zu begutachten ist, innerhalb des zwischen beiden bestehenden Vertragsverhältnisses zu suchen sein.[350] Im übrigen dürfte es sich dabei auch um ein Problem der Aufsicht über diesen Umweltgutachter handeln, sofern sich infolgedessen Zweifel an seiner fachlichen Qualifikation ergeben.

d) Zulassungsverfahren

Nach § 9 Abs. 1 UAG ist die Zulassung als Umweltgutachter zu erteilen, **437**
wenn der Antragsteller die Anforderungen nach § 4 Abs. 1 UAG und §§ 5 bis 7 UAG erfüllt. Den hiernach gegebenen **Rechtsanspruch auf Zulassung**[351] hat der Gesetzgeber tautologisch normiert, denn gemäß § 4 Abs. 1 UAG besitzt der Umweltgutachter die für die Wahrnehmung seiner Aufgaben erforderliche Zuverlässigkeit, Unabhängigkeit und Fachkunde, wenn er die Voraussetzungen der §§ 5 bis 7 UAG erfüllt. Die Zulassung wird **branchenbezogen** erteilt, wie sich im Umkehrschluß daraus ergibt, daß sie unter bestimmen Bedingungen auch auf solche Branchen zu erstrecken ist, für die der Umweltgutachter nicht selbst über die erforderliche Fachkunde verfügt (§ 9 Abs. 1 Satz 2 UAG).

Das **Zulassungsverfahren** selbst richtet sich nach §§ 11 und 12 UAG und **438**
der aufgrund von § 11 Abs. 5 UAG erlassenen Rechtsverordnung.[352] Es setzt zunächst einen **schriftlichen Antrag** voraus, in dem derjenige, der die Zulassung als Umweltgutachter begehrt, insbesondere Angaben zu seiner Person, der Branche, für die er die Zulassung beantragt, seiner eigenen Fachkunde und der der bei ihm beschäftigten Personen und seiner Zuverlässigkeit entsprechend den Regelbeispielen des § 5 Abs. 2 UAG machen muß. Dem Antrag sind vor allem Unterlagen, die die Ausbildung, berufliche Bildung und praktische Erfahrung des Antragstellers betreffen, aber auch Erklärungen über seine wirtschaftlichen Verhältnisse, seine Weisungsungebundenheit (§ 6 Abs. 2 Nr. 2 UAG) und das Nichtbestehen von Verflechtungen i. S. des § 6 Abs. 2 Nr. 3 UAG sowie ein Führungszeugnis beizufügen (§ 1 Abs. 1 und 2 UAGZVV). Um diejenigen, die im Zeitpunkt der Antragstellung noch als Inhaber, Mehrheitseigner oder Angestellte teilnahmeberechtigter Unternehmen tätig sind, nicht dazu zu zwingen, vor der Antragstellung insoweit ihre wirtschaftliche Existenzgrundlage aufzugeben, sieht § 1 Abs. 3 UAGZVV vor, daß der Nachweis des Nichtbestehens eines solchen Rechtsverhältnisses auch noch nach Ablegung der mündlichen Prüfung erbracht werden kann.

---

[350] Gerade weil zwischen Umweltgutachter und Unternehmen privatautonom eine zivilrechtliche Vereinbarung getroffen wird, ist der Begriff der „Ablehnung“ eines Gutachters deplaziert.

[351] So auch *Waskow*, in: *Feldhaus*, BImSchR, M 1 Rdnr. 264, 275.

[352] Verordnung über das Verfahren zur Zulassung von Umweltgutachtern und Umweltgutachterorganisationen sowie zur Erteilung von Fachkenntnisbescheinigungen nach dem Umweltauditgesetz (UAG-Zulassungsverfahrensordnung – UAGZVV) vom 18. 12. 1995 (BGBl. I S. 1841).

439 Während schriftliche Leistungen nicht zu erbringen sind, findet nach § 11 Abs. 2 UAG eine **mündliche Prüfung** gemäß § 12 UAG i.V.m. §§ 4f. UAGZVV statt. Sie ist unselbständiger Teil des Zulassungs- und Bescheinigungsverfahrens. Über ihren wesentlichen Inhalt und Ablauf ist eine Niederschrift zu fertigen

440 Die Mitglieder des Prüfungsausschusses müssen über ein abgeschlossenes Hochschulstudium auf ihrem Fachgebiet verfügen. Ferner werden von ihnen mindestens fünfjährige eigenverantwortliche, hauptberufliche Erfahrungen in der Praxis des betrieblichen Umweltschutzes verlangt (§ 12 Abs. 2 UAG). Diese **persönlichen Anforderungen** ergeben sich aus der Notwendigkeit, die Qualifikation der Antragsteller kompetent beurteilen zu können. Personen, die Prüfungsleistungen zu bewerten haben, müssen mindestens über dieselbe oder eine vergleichbare Qualifikation verfügen wie diejenige, die durch die Prüfung festgestellt werden soll.[353] Dies gilt vor allem dann, wenn nicht nur die Erreichung eines Ausbildungsziels, sondern darüber hinaus Art und Umfang der beruflichen Erfahrung geprüft werden sollen.

441 Die den Ausschuß bildenden Prüfer werden von der Zulassungsstelle aus der gemäß § 21 Abs. 1 Satz 2 Nr. 2 UAG vom Umweltgutachterausschuß zusammenzustellenden Liste ausgewählt. Sie müssen die erforderliche Fachkunde für diejenigen Branchen und Fachgebiete besitzen, die Gegenstand der beantragten Zulassung sind; der Prüfer für das Fachgebiet „Recht" muß darüber hinaus die Befähigung zum Richteramt besitzen (§ 12 Abs. 3 Sätze 2 und 3 UAG). Die Anzahl der zu prüfenden Fachgebiete beeinflußt somit **Größe und Zusammensetzung des Prüfungsausschusses**; er besteht aus mindestens drei und höchstens fünf Mitglieder. Die Zulassungsstelle bestimmt den Vorsitzenden. Mindestens ein Prüfer muß zugelassener Umweltgutachter sein (§ 12 Abs. 3 Satz 5 UAG); innerhalb einer Übergangszeit bis zum 31. 12. 1997 kann nach § 38 Abs. 3 UAG von diesem Erfordernis abgesehen werden, um sicherzustellen, daß eine ausreichende Anzahl von Prüfern zur Verfügung steht.

442 Die mündliche Prüfung selbst besteht aus zwei Teilen, einem **Kurzvortrag** von etwa 10 Minuten über ein Sachthema aus der beruflichen Tätigkeit des Umweltgutachters und einem **Prüfungsgespräch** von ca. 15 Minauten für jedes Fachgebiet (§ 5 UAGZVV). Im Anschluß daran entscheidet der Prüfungsausschuß mit Stimmenmehrheit, ob die mündliche Prüfung bestanden, nicht bestanden sowie ob und mit welchen Auflagen die Zulassung zu versehen ist. Bei Stimmengleichheit entscheidet die Stimme des Vorsitzenden. Nach bestandener mündlicher Prüfung wird die **Zulassung erteilt**, sobald die erforderlichen Unterlagen nach § 1 Abs. 3 UAGZVV vorliegen.

---

[353] Vgl. etwa zu den Qualifikationsanforderungen an Prüfer in Promotions- und Habilitationsverfahren BVerwGE 45, 39; ferner *Redeker/von Oertzen*, § 42 Rdnr. 116.

2. Zulassungsstelle

Im Vorgriff auf das Umweltauditgesetz war als Folge des erzielten Kompromisses über ein wirtschaftsnahes Modell bereits im Mai 1995 die **Deutsche Akkreditierungs- und Zulassungsgesellschaft für Umweltgutachter mbH (DAU)** mit Sitz in Bonn gegründet worden. Ihre Gesellschafter sind BDI, DIHT, ZDH und BFB. Sie wurde durch Rechtsverordnung[354] des Bundesministeriums für Umwelt, Naturschutz und Reaktorsicherheit mit den **Aufgaben der Zulassungsstelle** beliehen (§ 1 Abs. 1 UAGBV). **443**

Durch die **Beleihung** nutzt der beleihende Staat grundsätzlich die Sachkunde, die Initiative und die Interessen sowie die technische und betriebliche Ausstattung Privater und entlastet damit zugleich seinen eigenen Verwaltungsapparat. Der Beliehene behält unverändert den Status eines Privatrechtssubjekts, kann aber **in funktional-begrenztem Umfang** nunmehr **hoheitlich tätig** werden. Er wird in die mittelbare Staatsverwaltung einbezogen.[355] Die vergleichsweise seltene Rechtsfigur der Beleihung, die dem Laien in der Regel nur in der Gestalt der Bezirksschornsteinfeger und der Sachverständigen der Technischen Überwachungsvereine begegnet, drängte sich somit für den Kompromiß zwischen dem Behördenmodell einerseits und dem Selbstverwaltungsmodell der Wirtschaft geradezu auf. **444**

Auf diese Weise kann die DAU als ein Unternehmen der Privatwirtschaft nach außen als selbständiger Hoheitsträger auftreten. Sie ist insoweit **Behörde i.S. des § 1 Abs. 4 VwVfG** und kann innerhalb ihres Kompetenzbereichs Verwaltungsakte erlassen, Gebühren erheben[356] und sonstige hoheitliche Maßnahmen treffen. Wegen der damit verbundenen Übertragung von Hoheitsrechten muß die Beleihung durch Gesetz oder aufgrund einer gesetzlichen Ermächtigung – hier: auf der Grundlage des § 28 UAG durch die UAG-Beleihungverordnung – erfolgen.[357] § 28 UAG ermächtigt das Bundesministerium für Umwelt, Naturschutz und Reaktorsicherheit, eine oder mehrere juristische Personen des Privatrechts mit den Aufgaben der Zulassungsstelle zu betrauen. Die **Option zusätzlicher Zulassungsstellen** betrifft die Einrichtung eigenständiger Zulassungs- und Aufsichtssysteme für den Fall der Einbeziehung weiterer Branchen in den Anwendungsbereich des Umweltauditsystems nach Art. 14 EG-UAVO, § 3 Abs. 1 UAG.[358] **445**

Im Innenverhältnis zum Staat entsteht durch die Beleihung **ein öffentlich-rechtliches Auftragsverhältnis**, das durch das zugrunde liegende Gesetz und **446**

---

[354] Verordnung über die Beleihung der Zulassungsstelle nach dem Umweltauditgesetz (UAG-Beleihungsverordnung – UAGBV) vom 18.12. 1995 (BGBl. I S. 2013).

[355] Vgl. *Waskow*, in: *Feldhaus*, BImSchR, M 1 Rdnr. 207 ff.; allgemein *Maurer*, § 23 Rdnr. 56 f.

[356] Die Gebührenerhebung richtet sich nach der Verordnung über Gebühren und Auslagen für Amtshandlungen der Zulassungsstelle und des Widerspruchsausschusses bei der Durchführung des Umweltauditgesetzes (UAG-Gebührenverordnung – UAGGebV) vom 18.12. 1995 (BGBl. I S. 2014).

[357] So auch *Maurer*, § 23 Rdnr. 58.

[358] Vgl. *Lütkes*, NVwZ 1996, 230 (232).

den Beleihungsakt konkretisiert wird. Der Beliehene ist zur Wahrnehmung der ihm übertragenen Aufgaben nicht nur berechtigt, sondern auch verpflichtet, und er unterliegt der **Aufsicht des Beleihenden**. Die Aufsicht erstreckt sich auf die Rechtmäßigkeit der Zulassungs- und Aufsichtstätigkeit und einige einschneidende Maßnahmen wie etwa die Untersagung gutachtlicher Tätigkeiten und den Widerruf von Zulassungen und Fachkenntnisbescheinigungen, die im Ermessen der Zulassungsstelle stehen (§ 29 UAG). Es handelt sich somit grundsätzlich um eine reine **Rechtsaufsicht** und lediglich in Fällen weitreichender Eingriffe in durch das Grundrecht der Berufsfreiheit (Art. 12 GG) geschützte Positionen um eine **Rechts- und Zweckmäßigkeitsaufsicht**.[359]

447 Dementsprechend umreißt § 2 Abs. 4 UAGBV klar die von der DAU zu erfüllenden Verpflichtungen. Danach hat diese sicherzustellen, daß – positiv – eine Person mit der Befähigung zum Richteramt an Entscheidungen im Rahmen der Aufgabenerfüllung als Zulassungsstelle mitwirkt und – negativ – keine in der Begutachtung tätigen Umweltgutachter oder Inhaber von Fachkenntnisbescheinigungen angestellt sind. Als besonders wirkungsvoll dürften sich die **Mitwirkungsrechte** des Bundesministeriums für Umwelt, Naturschutz und Reaktorsicherheit erweisen: Der **Gesellschaftszweck** ist eindeutig vorgegeben, seine Erweiterung bedarf der Zustimmung, die **Bestellung des Geschäftsführers** erfolgt in Abstimmung mit dem Ministerium, diesem ist über Änderungen des Gesellschaftsvertrages und durch Jahresabschlüsse und Lageberichte Rechenschaft zu legen (§ 2 Abs. 1 bis 3 und 5 UAGBV). Die Beleihung endet mit ihrer Aufhebung (§ 3 UAGBV).

3. Organisationsformen, ausländische Umweltgutachter

448 Das Umweltauditgesetz kennt mehrere Formen, in denen Personen eine Gutachtertätigkeit ausüben können. Neben den zuvor behandelten Einzelgutachtern ist dies die Aufgabenwahrnehmung durch Umweltgutachterorganisationen, Inhaber von Fachkenntnisbescheinigungen, von Lehrgangsbescheinigungen und von sonstigen Qualifikationsnachweisen i. S. des § 13 Abs. 2 UAG, bei letzteren im Zusammenwirken mit zugelassenen Umweltgutachtern und -organisationen. Außerdem können noch Umweltgutachter aus anderen Mitgliedstaaten der EU, die dort nach innerstaatlichem Recht zugelassen sind, in der Bundesrepublik Deutschland tätig werden (Art. 6 Abs. 7 EG-UAVO, §§ 2 Abs. 2, 18 UAG).

---

[359] Hinsichtlich der Zweckmäßigkeitsaufsicht in bezug auf Entscheidungen nach §§ 16 Abs. 2, 17 Abs. 3 Nr. 2 und 18 Abs. 2 Satz 3 UAG vgl. die amtl. Begr., BT-Drs. 13/1192, S. 33, den Vorschlag des Bundesrates, BT-Drs. 13/1687, S. 6, 7, und die Gegenäußerung der Bundesregierung, BT-Drs. 13/1687, S. 13; ferner *Lütkes*, NVwZ 1996, 230 (232).

a) Umweltgutachterorganisationen

Die Voraussetzungen für die Zulassung einer Umweltgutachterorganisation sind in § 10 UAG geregelt. Auch hier stand die Wirtschaftsprüferordnung Pate. So verlangt § 10 Abs. 1 Nr. 1 UAG in Anlehnung an § 28 WPO, daß mindestens ein Drittel der persönlich haftenden Gesellschafter, Partner, Mitglieder des Vorstands oder Geschäftsführer selbst als Umweltgutachter zugelassen sind oder aus Personen mit Fachkenntnisbescheinigungen und wenigstens einem Umweltgutachter besteht. Durch diese **Anforderungen an die Leitungsebene** einer Umweltgutachterorganisation soll gewährleistet werden, daß die Organisation als solche durch die wahrzunehmenden Umweltbelange geprägt wird. Ferner soll hierdurch sichergestellt werden, daß die Leitungsebene nicht durch Einzelinteressen dominiert wird und unparteiisch ist.[360] 449

§ 10 Abs. 1 Nr. 2 UAG regelt den **Umfang der Zulassung** einer Umweltgutachterorganisation. Die Zulassung kann danach für jede Branche erteilt werden, für die ein Vertretungsberechtigter[361] der Organisation 450

- als Umweltgutachter zugelassen ist,
- die erforderliche Fachkenntnisbescheinigung besitzt oder
- über eine Lehrgangsbescheinigung oder einen sonstigen Qualifikationsnachweis i. S. des § 13 Abs. 2 UAG und mindestens ein weiteres Fachgebiet verfügt und den übrigen Anforderungen des § 7 UAG und der §§ 5 und 6 UAG genügt.

Die Bestimmung erlaubt der Umweltgutachterorganisation ihre Reichweite durch eine Art „**Baukastensystem**“[362] zu erweitern. Es stellt eine erhebliche organisatorische Erleichterung dar, daß die Erlangung weiterer Zulassungen nicht an die Einstellung zusätzlicher zugelassener Umweltgutachter geknüpft, sondern die Innehabung anderer, hinsichtlich der Breite der interdisziplinären Fachkunde minderer Qualifikationsnachweise ausreichend ist. Die parallele Regelung in § 9 Abs. 1 Satz 2 Nr 1 Buchst. c UAG ermöglicht auch dem Einzelgutachter die Erweiterung seiner Zulassung auf andere Branchen. Die Verknüpfung der Zulassungen und Bescheinigungen an die **Zeichnungsbefugnis** folgt aus den Verantwortlichkeiten innerhalb einer Umweltgutachterorganisation bei der **Validierung von Umwelterklärungen**. Hierdurch wird außerdem dem Bedürfnis der Registrierungsstellen nach eindeutigen Eintragungsvoraussetzungen Rechnung getragen.

Bemerkenswert ist, daß es bereits eine Zulassungsvoraussetzung ist, daß die Umweltgutachterorganisation ihren zeichnungsberechtigten Vertretern und Angestellten die **regelmäßige Teilnahme an Fortbildungsveranstaltungen** ermöglichen muß (§ 10 Abs. 1 Nr. 3 UAG). Hier findet sich ebenfalls die Paralle zu den Vorschriften für den Einzelgutachter in § 9 Abs. 1 Nr. 2 451

[360] So die amtl. Begr., BT-Drs. 13/1192, S. 28 f., unter ausdrücklichem Hinweis auf Art. 4 Buchst. a EN 45012.

[361] § 10 Abs. 1 Nr. 2 UAG spricht insoweit von den zeichnungsberechtigten Vertretern und zeichnungsberechtigten Angestellten.

[362] Amtl. Begr., BT-Drs. 13/1192, S. 28.

UAG. Auch im übrigen sind die Anforderungen an die Zulassung von Umweltgutachterorganisationen in gleicher Weise wie für diejenige von Einzelgutachtern geregelt. Dies gilt entsprechend für das Zulassungsverfahren nach § 2 UAGZVV.

b) Inhaber von Fachkenntnisbescheinigungen

452 Die Einbeziehung von Inhabern von **Fachkenntnisbescheinigungen** in die Umweltgutachtertätigkeit nach der Umweltauditverordnung nach dem deutschen Recht stellt eine in der EG-Verordnung nicht vorgesehene **Untergliederung der Zulassung** dar.[363] Sie entspricht angesichts der breitgefächerten branchen- und fachbezogenen Kenntnisse, die die interdisziplinäre Tätigkeit als Umweltgutachter erfordert, einem hohen praktischen Bedürfnis. Personen, die über besonderes, für viele Branchen relevantes Fachwissen verfügen, sollen so die Möglichkeit erhalten, im Zusammenwirken mit zugelassenen Umweltgutachtern und anderen Spezialisten eine gutachterliche Tätigkeit auszuüben. Eine solche Unterteilung ist rechtlich nicht zu beanstanden: Zwar hat der Rat der EG den Verordnungsweg gewählt, nach Art. 189 EWG-Vertrag beansprucht die Umweltauditverordnung deshalb unmittelbare Geltung in jedem Mitgliedstaat. Gleichwohl sind die Regelungsaufträge in Art. 6 Abs. 1 und 18 Abs. 1 EG-UAVO auf eine verfahrens- und materiellrechtliche Ausfüllung durch die Mitgliedstaaten angelegt und haben deshalb Richtliniencharakter.[364] Nicht zuletzt wegen des Subsidiaritätsprinzips[365] kann deshalb daraus nicht geschlossen werden, nationale Einteilungen hätten hierdurch unterbunden werden sollen. Vielmehr legt Art. 6 Abs. 4 EG-UAVO i. V. m. Anhang III Teil A Nr. 1 eine solche Lösung sogar nahe, indem er Anforderungen an Qualifikation, Ausbildung und Erfahrung auch des Personals eines Umweltgutachters normiert. Solange die Regelungen über die Tätigkeit und die Befugnisse der Umweltgutachter nicht beeinträchtigt werden, unterliegen mit einer minderen Kompetenz verbundene Untergliederungen innerhalb des Zulassungssystems keinen Bedenken.

453 Der Inhaber einer Fachkenntnisbescheinigung muß hinsichtlich seiner **Zuverlässigkeit und Unabhängigkeit** den gleichen Anforderungen genügen wie ein Umweltgutachter; § 7 Abs. 1 Satz 1 UAG verweist insoweit uneingeschränkt auf §§ 5 und 6 UAG.[366] Auch hinsichtlich der Ausbildung und der praktischen Erfahrung ergeben sich keine Unterschiede; die **Fachkundeanforderungen** nach § 7 Abs. 2 Nr. 1 UAG – in entsprechender Anwendung der Ausnahmeregelung in § 7 Abs. 3 UAG – und nach § 7 Abs. 2 Nr. 3 UAG sind ebenso zu erfüllen.[367]

---

[363] So auch *Lütkes*, NVwZ 1996, 230 (233).

[364] Wie hier *Lütkes*, NVwZ 1996, 230 f.

[365] Vgl. zu der gerade im Bereich des Umweltrechts deutlich zutage tretenden Ambivalenz europäischer Integration einerseits und mitgliedstaatlicher Souveränität andererseits *Everling*, NVwZ 1993, 209 ff.

[366] Siehe hierzu oben Rdnr. 416 ff., 424 ff.

[367] Siehe hierzu oben Rdnr. 407 ff.

Der wesentliche Unterschied besteht darin, daß **Fachkenntnisse** nicht in allen in § 7 Abs. 1 Nr. 2 UAG genannten Bereichen nachgewiesen werden müssen. Ausreichend, aber auch erforderlich sind Kenntnisse in wenigstens einem der dort genannten Fachgebiete. Das zu deren Nachweis zu durchlaufende **Bescheinigungsverfahren** entspricht weitgehend dem Zulassungsverfahren für einen Umweltgutachter, insbesondere ist auch eine **mündliche Prüfung** abzulegen (§§ 11 Abs. 4, 12 UAG i. V. m. § 3 UAGZVV). Die bei bestandener Prüfung zu erteilende **Fachkenntnisbescheinigung** trifft verbindliche Aussagen darüber, auf welchen Fachgebieten und für welche Unternehmensbereiche die erforderlichen Fachkenntnisse vorliegen. Sie berechtigt nur im Zusammenwirken mit einem zugelassenen Umweltgutachter, der seinerseits für Berichte und Validierung von Umwelterklärungen verantwortlich zeichnet, zu einer gutachterlichen Tätigkeit. **454**

c) Inhaber von Lehrgangsbescheinigungen

Ohne mündliche Prüfung können Fachkenntnisse in den Gebieten des § 7 Abs. 2 Nr. 2 UAG durch **Lehrgangsbescheinigungen** nachgewiesen werden. Voraussetzung ist nach § 13 Abs. 1 UAG die erfolgreiche Teilnahme an einem Lehrgang, wenn dieser von der Zulassungsstelle im Einvernehmen mit dem Umweltgutachterausschuß allgemein anerkannt ist. Ein solcher Lehrgang muß den Anforderungen der Prüfungsrichtlinien des Umweltgutachterausschusses inhaltlich und methodisch entsprechen und mit einer **schriftlichen Prüfung** abschließen. **455**

Die Geltung der Lehrgangsbescheinigung als Fachkenntnisnachweis ist auf drei Jahre seit ihrer Ausstellung **zeitlich befristet**. Diese Regelung soll dem Umstand Rechnung tragen, daß diese Form der Nachweisführung nach Ansicht des Gesetzgebers mit Unsicherheiten belastet sein soll, weil mit der Anerkennung des Lehrgangs als solchem nicht die Qualität seiner Durchführung gesichert sei.[368] Diese Begründung überzeugt insofern nicht, als keine Aussage über die Qualität der schriftlichen Prüfung getroffen wird. Letzterer muß ausschlaggebendes Gewicht zukommen; es wird nachhaltig von den Richtlinien des Umweltgutachterausschusses bestimmt werden. Bestimmend scheint deshalb eher das Bestreben gewesen zu sein, die Lehrgangsbescheinigung nicht zum Dauerzustand werden zu lassen, sondern gleichsam zu einem **Einstieg in den Erwerb einer Zulassung** oder zumindest einer **Fachkenntnisbescheinigung** auszugestalten.[369] **456**

Die übrigen Anforderungen an die Ausbildung und praktische Erfahrung sowie an die Zuverlässigkeit und Unabhängigkeit werden im Zusammenhang mit dem Erwerb einer Lehrgangsbescheinigung nicht gestellt. Sie ergeben sich für denjenigen, der aufgrund dieser Bescheinigung im Zusammenwirken mit Umweltgutachtern oder Inhabern von Fachkenntnisbescheinigungen **gutachterlich tätig werden** will, aus §§ 9 Abs. 1 Satz 2 Nr. 1 Buchst. c, 10 Abs. 1 Nr. 2 Buchst. c UAG. **457**

---

368 So die amtl. Begr., BT-Drs. 13/1192, S. 29 f.

369 Vgl. hierzu die amtl. Begr., BT-Drs. 13/1192, S. 29 f.

d) Inhaber sonstiger Qualifikationsnachweise

458 Nach § 13 Abs. 2 Satz 1 UAG soll die Zulassungsstelle im Einvernehmen mit dem Umweltgutachterausschuß auch sonstige Qualifikationen als Nachweise der Fachkunde auf den Gebieten des § 7 Abs. 2 Nr. 2 UAG allgemein anerkennen. Voraussetzung ist wiederum, daß diese **Qualifikationsnachweise** den vom Gutachterausschuß erlassenen Richtlinien inhaltlich und methodisch entsprechen und in einem rechtlich geregelten Prüfungsverfahren erworben wurden. Der Gesetzgeber nennt in der Begründung als Beispiel hierfür das Prüfungsverfahren nach der Wirtschaftsprüferordnung,[370] die sich jedoch allenfalls mittelbar auf eines der in § 7 Abs. 2 Nr. 2 UAG genannten Fachgebiete bezieht. Die **Anerkennungsentscheidung** kann gemäß § 13 Abs. 2 Satz 2 UAG **befristet** werden.

e) Umweltgutachter und -organisationen aus anderen EU-Staaten

459 Nach Art. 6 Abs. 7 EG-UAVO dürfen die in einem Mitgliedstaat zugelassenen Umweltgutachter auch in allen anderen Mitgliedstaaten gutachterlich tätig werden, sofern dies dem Zulassungssystem des Mitgliedstaates, in dem die gutachterliche Tätigkeit ausgeübt werden soll, zuvor angezeigt wird und sofern diese Tätigkeit der Aufsicht des dortigen Zulassungssystems unterliegt. Der deutsche Gesetzgeber hat die Tätigkeit der Umweltgutachter und Umweltgutachterorganisationen aus anderen EU-Staaten im Bundesgebiet der **Aufsicht der Zulassungsstelle** unterworfen und in § 18 UAG die Einzelheiten der **Notifikation** normiert. Die Anzeige ist unter Angabe des Namens, einer zustellungsfähigen Anschrift und – bei Umweltgutachtern – der Staatsangehörigkeit **vor** Aufnahme der gutachterlichen Tätigkeit an die Zulassungsstelle zu richten. Mit der Anzeige sind eine Ausfertigung oder beglaubigte Abschrift der Zulassung und eine beglaubigte deutsche Übersetzung vorzulegen (§ 18 Abs. 1 UAG). Diese Anzeigepflicht ist gemäß § 37 Abs. 1 Nr. 8 UAG bußgeldbewehrt.

460 Anhang III Teil A Nr. 1, 4. Spiegelstrich EG-UAVO verlangt von allen Umweltgutachtern und Umweltgutachterorganisationen die Kenntnis der „einschlägigen Rechtsvorschriften und Normen". Im Hinblick darauf, daß zugelassene Gutachter grundsätzlich in allen Mitgliedstaaten der EU gutachterlich tätig werden dürfen, ist fraglich, welche Anforderungen hier gestellt werden können. Einerseits ist es schlechterdings ausgeschlossen, die **genaue Kenntnis der Rechtsvorschriften und technischen Regelwerke** aller Mitgliedstaaten als nahezu uneinnehmbare Zulassungshürde aufzubauen. Andererseits darf nicht verkannt werden, daß eine ordnungsgemäße Begutachtung die Kenntnis der einschlägigen Rechtsnormen und technischen Regelwerke desjenigen Mitgliedstaates erfordert, in dem sie durchgeführt wird. Es hätte deshalb einem praktischen Bedürfnis entsprochen, wenn die EG-Verordnung außer der Notifizierung der Gutachtertätigkeit vor deren Auf-

---

[370] Amtl. Begr., BT-Drs. 13/1192, S. 30.

nahme in einem anderen Mitgliedstaat als dem, in dem die Zulassung erteilt wurde, auch den vorherigen Nachweis eben dieses rechtlichen und technischen Wissens gefordert hätte. In Ermangelung einer solchen Regelung kann der **Kenntnisstand** außerhalb des zulassenden Mitgliedstaats nur **ex post** im Rahmen der Aufsicht **kontrolliert** werden.[371]

Das deutsche Ausführungsgesetz stellt insoweit an Umweltgutachter und Umweltgutachterorganisationen aus anderen Mitgliedstaaten der EU hohe Anforderungen, als diese – ebenso wie ihre deutschen Pendants – nach §§ 15 Abs. 2 Nr. 5, 18 Abs. 2 Satz 3 UAG „bei der Überprüfung von Standorten **neben den einschlägigen Rechtsvorschriften auch die hierzu ergangenen amtlich veröffentlichten Verwaltungsvorschriften des Bundes und der Länder** zu berücksichtigen" haben.[372] Auch im übrigen unterliegen die betreffenden Personen und Organisationen weitestgehend denselben Verpflichtungen wie deutsche Umweltgutachter und -organisationen. Aufgabe der Zulassungsstelle ist es, die ausländischen Umweltgutachter und -organisationen ebenso wie deutsche Gutachter **regelmäßig** zu **überprüfen**. Spätestens alle 36 Monate nach Zugang der Anzeige hat sich diese Prüfung darauf zu erstrecken, ob die betreffenden Personen und Organisationen noch über **gültige Zulassungen ihrer Heimatstaaten** verfügen. Gegenstand der Kontrolle ist auch hier die **Qualität der im Bundesgebiet vorgenommenen Begutachtungen** (§ 18 Abs. 2 UAG). Mit Ausnahme der Fortbildungsverpflichtung unterliegen die Umweltgutachter und -organisationen aus anderen EU-Staaten im Bundesgebiet denselben **Mitwirkungs- und Duldungspflichten** wie ihre deutschen Kollegen. Hinsichtlich der **Aufsichtsmaßnahmen** verweist § 18 Abs. 2 Satz 3 UAG zwar nur auf § 16 UAG und nicht auch auf § 17 UAG, dennoch wird – wenn § 17 Abs. 3 Nr. 1 UAG bei fehlender zustellungsfähiger Anschrift im Bundesgebiet den Widerruf der einem inländischen Gutachter erteilten Zulassung oder Fachkenntnisbescheinigung rechtfertigt – in einer solchen Situation einem ausländischen Gutachter gegenüber die Untersagung der gutachterlichen Tätigkeit auszusprechen sein.[373] **461**

f) Kooperationen

Von Bedeutung ist in diesem Zusammenhang, daß das Umweltauditgesetz auch **Kooperationen** von Umweltgutachtern, Umweltgutachterorganisationen und Inhabern von Fachkenntnisbescheinigungen zuläßt: Nach Art. 8 Abs. 1 EG-UAVO, § 33 Abs. 1 Satz 1 UAG hängt die Standortregistrierung von der vorherigen **Glaubhaftmachung** ab, daß alle Anforderungen der Umweltauditverordnung erfüllt sind; diesem Zweck dient die Validierung der Umwelterklärung. Nach § 33 Abs. 1 Satz 2 UAG ist es nun nicht erforderlich, daß alle Personen, die die Umwelterklärung für gültig erklärt haben, bei demselben Umweltgutachter angestellt sind oder derselben Umweltgut- **462**

---

371 So auch bereits *Lübbe-Wolf*, DVBl. 1994, 361 (367).

372 Zur Prüfungstiefe siehe oben Rdnr. 309 ff.

373 Zu den Pflichten der Umweltgutachter und Umweltgutachterorganisationen sowie den Aufsichtsmitteln der Zulassungsstelle siehe nachfolgend Rdnr. 466 ff.

achterorganisation angehören. Vielmehr können Umweltgutachter, Umweltgutachterorganisationen und Inhaber von Fachkenntnisbescheinigungen auch aufgrund gesonderter Vereinbarungen **im Rahmen einzelner Begutachtungsaufträge** zusammenwirken.[374]

463 Der Unternehmer ist somit nicht gehalten, die Standortbegutachtung hinsichtlich aller Fragen „en bloc" zu vergeben. Er kann die Prüfung also zeitlich strecken bzw. verschiedene Personen mit der Abnahme unterschiedlicher Komplexe beauftragen. Hierdurch wird ihm ermöglicht, innerhalb der Umweltbetriebsprüfung selbst erkannte Schwachstellen, die einer **gesonderten Beurteilung** zugänglich sind, zunächst zu beheben, bevor insoweit eine abgetrennte Begutachtung stattfindet. Ein solches Vorgehen kann sich etwa bei rechtlichen Unklarheiten in bezug auf Einzelaspekte wie der behördlichen Duldung einer genau definierten Abwassereinleitung anbieten, die zwar der Sache nach nicht zu beanstanden ist, für die aber die Genehmigung noch aussteht.

4. Registrierung und Aufsicht

464 Der Zulassungsstelle beaufsichtigt die Umweltgutachter, Umweltgutachterorganisationen und Inhaber von Fachkenntnisbescheinigungen. Dies beginnt mit der Führung eines **Zulassungsregisters**, das die Vorgenannten und den Gegenstand ihrer Zulassungen bzw. Bescheinigungen der eingetragenen Personen und Organisationen enthält.

465 Gemäß § 14 Abs. 2 UAG ist jedermann berechtigt, dieses Register nach Maßgabe des Umweltinformationsgesetzes einzusehen. Der Kreis der Anspruchsberechtigten deckt sich damit mit § 4 Abs. 1 UIG. Der Anwendungsbereich ist unproblematisch, da sich der **Informationsanspruch** auch nach § 2 UIG nur auf vorhandene Daten bezieht. Er ist gegen die Zulassungsstelle zu richten (§ 9 Abs. 1 Satz 1 UIG). Ausschlüsse zum Schutz öffentlicher oder privater Belange (§§ 7 und 8 UIG) dürften angesichts der begrenzten Angaben, die im Zulassungsregister enthalten sind, regelmäßig nicht gegeben sein. Die **Informationsgewährung** setzt einen Antrag voraus, über den innerhalb von zwei Monaten zu entscheiden ist (§ 5 UIG). Sie geschieht durch die Erteilung von Auskünften, die Gewährung von Akteneinsicht und die Zurverfügungstellung von Informationsträgern in sonstiger Weise (§ 4 Abs. 1 Satz 2 UIG). Wenngleich § 10 UIG für Amtshandlungen aufgrund des Umweltinformationsgesetzes die Erhebung von Gebühren und Auslagen vorsieht, enthält die UAG-Gebührenverordnung insoweit keinen Gebührentatbestand. Angesichts der Zielsetzung, möglichst viele Unternehmen für die freiwillige Teilnahme am Umweltauditsystem zu gewinnen, dürften diese Regelungen vorliegend wohl äußerst kulant angewandt werden. Zwar dient das Zulassungsregister bestimmungsgemäß auch Überwachungszwecken (vgl. Art. 7 EG-UAVO, § 14 UAG), gleichwohl darf nicht

[374] Diese Regelung geht auf die Beschlußempfehlung des Vermittlungsausschusses zurück, vgl. BR-Drs. 602/95.

verkannt werden, daß das Register auch eine wichtige **Servicefunktion** erfüllt. Es ergibt keinen Sinn, ein beteiligungswilliges Unternehmen zwei Monate auf die Beantwortung der Frage warten zu lassen, welche Umweltgutachter und -organisationen über die für seine Branche erforderliche Zulassung verfügen, und für diese Auskunft noch hohe Gebühren zu fordern. Entsprechendes gilt für Anfragen von Umweltgutachtern in bezug auf Inhaber von Fachkenntnisbescheinigungen, mit denen sie zusammenarbeiten können.

Mit den **Aufsichtsrechten** der Zulassungsstelle korrespondieren **Mitwirkungs- und Duldungspflichten** der Umweltgutachter, Umweltgutachterorganisationen und Inhaber von Fachkenntnisbescheinigungen. So hat die Zulassungsstelle die betreffenden Personen und Organisationen im Rahmen ihrer **Aufsichtstätigkeit** in regelmäßigen Abständen, mindestens alle 36 Monate nach Erteilung der Zulassung bzw. Bescheinigung überprüfen. Diese **Regelüberprüfung** bezieht sich darauf, ob die Voraussetzungen der Zulassung bzw. der Erteilung der Fachkenntnisbescheinigung nach §§ 8 bis 10 UAG weiterhin vorliegen, und umfaßt auch die **Qualität der vorgenommenen Begutachtungen** (§ 15 Abs. 1 UAG). Zu diesem Zweck sind die Umweltgutachter, Umweltgutachterorganisationen und Inhaber von Fachkenntnisbescheinigungen unter anderem verpflichtet, Zweitschriften der von ihnen (mit)gezeichneten 466

- Vereinbarungen mit den Unternehmen über Gegenstand und Umfang der Begutachtung,
- Berichte an die Unternehmensleitung,
- für gültig erklärten Umwelterklärungen und
- Niederschriften über Besuche auf dem Betriebsgelände und über Gespräche mit dem Betriebspersonal

bis zur Überprüfung durch die Zulassungsstelle, jedoch nicht länger als fünf Jahre aufzubewahren (§ 15 Abs. 2 Nr. 1 UAG) und auf Verlangen vorzulegen (§ 15 Abs. 2 Nr. 4 UAG).

Die übrigen Verpflichtungen der betroffenen Personen und Organisationen, 467

- die Zulassungsstelle unverzüglich über alle Veränderungen zu unterrichten, die Einfluß auf die Zulassung oder die Fachkenntnisbescheinigung haben können (§ 15 Abs. 2 Nr. 2 UAG), und
- sich bei Begutachtungen unparteiisch zu verhalten (§ 15 Abs. 2 Nr. 3 UAG),

dürften eher im Zusammenhang mit der **Überwachung aus besonderem Anlaß** zu sehen sein, die naturgemäß neben der Regelüberwachung jederzeit möglich ist, sobald Anhaltspunkte für die Notwendigkeit von Aufsichtsmaßnahmen vorliegen.

Die Pflicht, bei der Überprüfung von Standorten außer den einschlägigen Rechtsvorschriften auch die hierzu ergangenen amtlich bekanntgemachten Verwaltungsvorschriften des Bundes und der Länder zu berücksichtigen (§ 15 Abs. 2 Nr. 5 UAG), betrifft die Frage der **Prüfungstiefe** bei der Begutachtung und wurde in diesem Zusammenhang bereits behandelt.[375] 468

---

[375] Siehe oben Rdnr. 283 ff.

469 Nach § 15 Abs. 3 UAG haben sich nicht nur Umweltgutachter und Inhaber von Fachkenntnisbescheinigungen, sondern auch die Inhaber von Lehrgangsbescheinigungen und sonstigen Qualifikationsnachweisen i. S. des § 13 Abs. 2 UAG **fortzubilden.**[376] Die Teilnahme an Fortbildungsveranstaltungen wird zum Zwecke der Überprüfung in geeigneter Form nachzuweisen sein; eine Verletzung dieser Pflicht kann gemäß § 16 Abs. 2 Nr. 2 UAG die vorläufige und/oder teilweise Untersagung der gutachterlichen Tätigkeit zur Folge haben.

470 Schließlich steht der Zulassungsstelle ein **Betretungsrecht** hinsichtlich der Geschäftsräume der zu überprüfenden Personen und Organisationen zu den üblichen Geschäftszeiten zu, sofern dies zur Feststellung der Anforderungen nach §§ 8 bis 10 UAG erforderlich ist (§ 15 Abs. 4 UAG).

471 Die der Zulassungsstelle zur Verfügung stehenden **Sanktionsmöglichkeiten** sind vielfältig. So ermächtigt § 16 Abs. 1 UAG sie, die „erforderlichen Maßnahmen" gegen Umweltgutachter, Umweltgutachterorganisationen und Inhaber von Fachbescheinigungen zu treffen. § 16 Abs. 2 UAG sieht insbesondere bei bestimmten Verstößen gegen Pflichten aufgrund der EG-Verordnung und des Umweltauditgesetzes sowie gegen vollziehbare Anordnungen der Zulassungsstelle die **vorläufige vollständige oder teilweise Untersagung** der Fortführung der gutachterlichen Tätigkeit vor. § 17 Abs. 1 und 2 UAG regeln in Anlehnung an §§ 48, 49 VwVfG **Rücknahme und Widerruf** von Zulassung und Fachkenntnisbescheinigung. Der Widerruf kann außerdem erfolgen, wenn der Umweltgutachter keine ladungsfähige Anschrift im Bundesgebiet angegeben hat, oder er sich bei der Durchführung von Begutachtungsaufträgen in ein **Abhängigkeits- oder Weisungsverhältnis** begeben hat und insoweit **Wiederholungsgefahr** besteht (§ 17 Abs. 3 UAG). Schließlich sind die Pflichten nach §§ 15 Abs. 2 Nr. 2, 2 und 4, 16 Abs. 1 UAG gemäß § 37 UAG **bußgeldbewehrt**.

5. Umweltgutachterausschuß

472 Die Einrichtung des Umweltgutachterausschusses beim Bundesministerium für Umwelt, Naturschutz und Reaktorsicherheit nach § 21 UAG ist eine der bemerkenswertesten Neuerungen, die durch das Umweltauditgesetz eingeführt wurden. Dieses pluralistisch besetzten Expertengremium erfüllt eine entscheidende **Schnittstellenfunktion** zwischen staatlicher Verwaltung einerseits und unterschiedlichen gesellschaftlichen Interessen andererseits zu. Seine Bestimmung ist es, durch eine **Konkretisierung der gemeinschafts- und bundesrechtlichen Vorgaben** für das Umweltaudit zu einer möglichst breiten Akzeptanz in der Öffentlichkeit beizutragen.

---

[376] Trotz Fehlens einer Regelung über die Nachhaltigkeit der Fortbildung ist der Gesetzgeber der Ansicht, hier eine Pflicht zur regelmäßigen Fortbildung normiert zu haben; vgl. die amtl. Begr., BT-Drs. 13/1192, S. 30.

a) Zusammensetzung des Umweltgutachterausschusses

Der Umweltgutachterausschuß setzt sich aus 25 Mitgliedern und deren Stellvertretern zusammen, die vom Bundesministerium für Umwelt, Naturschutz und Reaktorsicherheit auf Vorschlag der **Bundesdachverbände der Wirtschaft, der freien Berufe, der Gewerkschaften und der Umweltverbände** sowie der zuständigen obersten Bundes- und Landesbehörden auf die Dauer von drei Jahren berufen werden (§ 22 Abs. 3 UAG). Als Bundesdachorganisationen in diesem Sinne kommen der Bundesverband der Deutschen Industrie (BDI), der Deutsche Industrie- und Handelstag (DIHT), der Zentralverband des Deutschen Handwerks (ZDH), der Bundesverband Freier Berufe (BFB), der Deutsche Gewerkschaftsbund (DGB) und der Deutsche Naturschutzring in Betracht. Auf Behördenseite steht das Vorschlagsrecht den jeweiligen **Umwelt- und Wirtschaftsministerien** zu. 473

Auswahlkriterium für diejenigen, die in das Expertengremium entsandt werden, ist die **Wahrnehmung von Belangen im Umweltauditsystem**. Mithin sitzen im Gutachterausschuß zunächst sechs Vertreter der **Unternehmen** oder ihrer Organisationen, weil sie sich der Umweltbetriebsprüfung unterziehen. Die **Umweltgutachter**, die die ordnungsgemäß durchgeführte Umweltbetriebsprüfungen zertifiziern, oder deren Organisationen entsenden vier Vertreter. Der **Bund** verfügt über zwei Vertreter der Umwelt- und einen der Wirtschaftsverwaltung, während die **Länder** doppelt so viele Vertreter aus denselben Verwaltungsbereichen stellen; beide haben die Einhaltung der Rechtsvorschriften zu überwachen. Da nach Anhang III Teil B Nr. 2 Abs. 2 EG-UAVO Gespräche mit dem Personal Gegenstand der Begutachtung sind und ein effizientes Umweltmanagementsystem auf seiten der Betriebsangehörigen ein umweltbewußtes Verhalten voraussetzt, das den Guten Managementpraktiken (Anhang I Teil D Nr. 1) entsprechend zu fördern ist, werden die **Gewerkschaften** durch drei Vertreter repräsentiert. Schließlich entsenden auch die **Umweltverbände** drei Vertreter in das Gremium, stellvertretend für die Öffentlichkeit, für die die Umwelterklärung gemäß Art. 5 Abs. 2 EG-UAVO ausdrücklich verfaßt wird.[377] 474

Die **Zahlenverhältnisse** im Ausschuß (§ 22 Abs. 1 UAG) sollen dessen Arbeitsfähigkeit gewährleisten, durch die Abstufung der Mitgliederzahlen, den unterschiedlichen Grad der Betroffenheit der vertretenen Gruppen durch das Umweltauditsystem widerspiegeln und den Vertretern ökologischer und wirtschaftlicher Gruppen – und natürlich auch den Bundes- und Landesvertretern – bei Entscheidungen in Zulassungs- und Aufsichtsangelegenheiten nach § 23 Abs. 3 Nr. 1 UAG eine Sperrminorität gewährleisten.[378] 475

Die Ausschußmitglieder werden **ehrenamtlich** tätig und sind hierbei **weisungsunabhängig** (§ 22 Abs. 1 Satz 3). Folgerichtig sind §§ 83 und 84 VwVfG entsprechend anwendbar, so daß die Mitglieder zur gewissenhaften und unparteiischen Aufgabenerfüllung ebenso verpflichtet sind wie zur Verschwiegenheit. Mangels Verweisung auch auf § 85 VwVfG sind Auslagen und Ver- 476

[377] Vgl. die amtl. Begr., BT-Drs. 13/1192, S. 31 f.
[378] Vgl. die amtl. Begr., BT-Drs. 13/1192, S. 31 f.

dienstausfall der Ausschußmitglieder nicht vom Bund, sondern in der Regel von den entsendenden Institutionen zu tragen, in deren Namen sie tätig werden.

477 Ihre fachliche Kompentenz zur sachgerechten Aufgabenwahrnehmung müssen die Ausschußmitglieder durch **gründliche Fachkenntnisse in Angelegenheiten des betrieblichen Umweltschutzes** und eine **mindestens dreijährige praktische Erfahrung** nachweisen (§ 22 Abs. 2 UAG). Auch wenn dies nicht ausdrücklich geregelt ist, so können hier wohl keine geringeren Anforderungen gestellt werden als an Ausbildung, berufliche Bildung und praktische Erfahrung der Umweltgutachter selbst, denn deren Zulassung und die Aufsicht über sie sind wesentlicher Gegenstand der vom Umweltgutachterausschuß zu erlassenden Richtlinien.

b) Aufgaben des Umweltgutachterausschusses

478 Der Umweltgutachterausschuß hat die Aufgabe,
- **Richtlinien** für die Auslegung und Anwendung der §§ 4 bis 18 UAG und der aufgrund dieser Rechtsvorschriften ergangenen Rechtsverordnungen zu erlassen,
- eine **Prüferliste** für die Besetzung der Prüfungsausschüsse der Zulassungsstelle zu führen,
- **Empfehlungen** für die Besetzung des Widerspruchsausschusses mit Beisitzern auszusprechen,
- das Bundesministerium für Umwelt, Naturschutz und Reaktorsicherheit in allen Zulassungs- und Aufsichtsangelegenheiten zu **beraten** (§ 21 Abs. 1 Satz 2 UAG).

479 Von besonderer Bedeutung ist hierbei die erstgenannte Aufgabe: Das Expertengremium erläßt hiernach für die Zulassungsstelle bindende **Richtlinien für die** gesamte Bandbreite der ihr übertragenen **Zulassungs- und Aufsichtstätigkeit**, die naturgemäß auch Auswirkungen auf den Inhalt und die Ausgestaltung der Tätigkeit der Umweltgutachter selbst haben werden. Diese Richtlinien haben die Qualität von **Verwaltungsvorschriften i. S. des Art. 86 GG**; sie werden gemäß § 21 Abs. 1 Satz 3 UAG vom Bundesministerium für Umwelt, Naturschutz und Reaktorsicherheit im Bundesanzeiger veröffentlicht. Bemerkenswert ist daran, daß sich der Staat durch die Bildung des Umweltgutachterausschusses insoweit seiner eigenen Befugnisse zur Formulierung bindender Vorgaben für die Zulassungsstelle begibt und sie auf die neugeschaffene Einrichtung überträgt. Hier ist die staatliche Umwelt- und Wirtschaftsverwaltung zwar mit insgesamt neun Mitgliedern vertreten, gleichwohl befindet sie sich deutlich in der Minderheit. Diese **Kompetenzverlagerung** ist im Zusammenhang mit der Beleihung der DAU als privatrechtlich organisierter Zulassungsstelle zusehen. Der auf diese Weise gesicherte Einfluß der Wirtschaft ist ein Element des Gesetz gewordenen Kompromisses zwischen dem „Behördenmodell" und dem „Selbstverwaltungsmodell der Wirtschaft".[379]

---

[379] Zu den anfangs diskutierten unterschiedlichen Modellen vgl. oben Rdnr. 21.

§ 23 Abs. 3 UAG normiert je nach Bedeutung der anstehenden Entscheidung unterschiedliche Anforderungen an die zu erreichende Mehrheit und setzt gerade in Richtlinienfragen eine Zweidrittel-Mehrheit voraus. Die Ausübung der **Sperrminorität** durch die staatlichen Vertreter setzt infolgedessen deren einheitliches Abstimmungsverhalten voraus.[380] Dies gilt in gleicher Weise für die übrigen im Ausschuß vertretenen gesellschaftlichen Kräfte. Sie alle müssen die ihnen übertragenen Aufgaben verantwortlich, sachgerecht und kompetent wahrnehmen, wenn das Umweltaudit als neuartiges Instrument betrieblichen Umweltschutzes von einer breiten Öffentlichkeit akzeptiert werden soll. Da die wesentlichen Entscheidungen mit einer Mehrheit von zwei Dritteln (17 Stimmen) getroffen werden, dürfen sie um des erklärten Ziels willen nicht durch gruppenspezifische Interessen verhindert werden. Das **Beschlußverfahren** des § 23 Abs. 3 Nr. 1 UAG soll vermeiden, daß der Ausschuß von einer Gruppe majorisiert werden kann. Auch soll die Sperrminorität von neun Stimmen verhindern, daß eine Fraktion die Ausschußarbeit blockiert.[381] So muß jede Gruppe Verbündete gewinnen, um Beschlüsse fassen oder verhindern zu können. Nur sofern die Vertreter der Umwelt- und Wirtschaftsverwaltung des Bundes und der Länder – wie das Gesetz den Anschein erweckt – in der Tat vier verschiedene Gruppierungen bilden, gilt dies hinsichtlich der Sperrminorität auch für sie. Deren Interessen dürften sich jedoch wesentlich leichter in Übereinstimmung bringen lassen als die der übrigen Ausschußmitglieder. Wenn stets nur der kleinste gemeinsame Nenner Inhalt der Richtlinien würde, wäre der Sache nicht gedient. 480

c) Rechtsfähigkeit des Umweltgutachterausschusses

Der Umweltgutachterausschuß ist eine **teilrechtsfähige bundesunmittelbare Körperschaft des öffentlichen Rechts**. Er ist mit eigenen Rechten und Pflichten ausgestattet, soweit seine Befugnisse nach § 21 Abs. 1 UAG reichen; dies gilt insbesondere für den Erlaß bindender Richtlinien für die Zulassungsstelle. Insoweit untersteht er der **Rechtsaufsicht** des Bundesministeriums für Umwelt, Naturschutz und Reaktorsicherheit (§ 27 UAG). Infolge der für den Umweltgutachterausschuß charakteristischen Selbstverwaltungselemente beschränkt sich die Aufsicht auf die Rechtmäßigkeit der Ausschußtätigkeit und orientiert sich in ihrer Ausgestaltung eng an den herkömmlichen Instrumenten körperschaftlicher Rechtaufsicht wie der Kommunalaufsicht und der Aufsicht über die Handwerkskammern (§§ 105, 115 HandwO). Außerdem wurde die gesetzliche Konzeption des Zulassungs- und Aufsichtssystems maßgeblich von „Abfallentsorgungs- und Altlastensanierungsverband Nordrhein-Westfalen“[382] beeinflußt, der zu den **Kooperationsmodellen** für das Zusammenwirken von Staat und Wirtschaft im Umweltschutz zählt.[383] 481

---

[380] Hieran zweifelnd etwa *Lütke*, NVwZ 1996, 230 (234).
[381] So die amtl. Begr., BT-Drs. 13/1192, S. 32.
[382] Siehe das Gründungsgesetz vom 21.6. 1988 (GVBl. NW S. 268).
[383] Vgl. die amtl. Begr., BT-Drs. 13/1192, S. 33.

482 Die Aufsichtsbefugnisse (§ 27 Abs. 2 bis 4 UAG) umfassen vergleichsweise harmlose Befugnisse wie die Teilnahme an Sitzungen des Umweltgutachterausschusses, das Ergreifen des Wortes bei solchen Sitzungen, das Verlangen von schriftlichen Berichten und ein umfassendes Akteneinsichtsrecht, aber auch einschneidende Maßnahmen. So bedürfen die Beschlüsse des Umweltgutachterausschusses der **Genehmigung** der Aufsichtsbehörde. Diese hat insoweit ein **Beanstandungs- und Aufhebungsrecht**, ein **Anordnungs- und Selbsteintrittsrecht** und als ultima ration ein **Auflösungsrecht**. Gerechtfertigt werden diese weitgehenden Befugnisse mit dem Erfordernis einer Präventivkontrolle der Aufgabenwahrnehmung durch eine Körperschaft vor dem Hintergrund des Demokratie- und des Rechtsstaatsprinzips.[384]

483 Hingegen besitzt der Umweltgutachterausschuß **im allgemeinen Rechtsverkehr** keine eigene Rechtspersönlichkeit. So bestimmt zwar § 26 UAG, daß für die Ausschußarbeit eine **Geschäftsstelle** einzurichten ist, die den Weisungen des Ausschußvorsitzenden unterliegt, eigenes Personal kann der Umweltgutachterausschuß gleichwohl nicht einstellen. Die Aufgabe der Geschäftsstelle nimmt der Verband der Technischen Überwachungsvereine e. V. wahr; sie wurde ihm vom Bundesministerium für Umwelt, Naturschutz und Reaktorsicherheit aufgrund einer Ausschreibung nach VOL/A, an der sich 29 private Einrichtungen beteiligten, übertragen.[385]

6. Rechtsschutz im Zulassungs- und Aufsichtssystem

484 Bei der Erteilung von Zulassungen und Fachkenntnisbescheinigungen gemäß §§ 8 Abs. 2, 9 Abs. 1 und 10 Abs. 2 UAG handelt es sich ebenso wie bei den Aufsichtsmaßnahmen nach §§ 16 ff. UAG um **Verwaltungsakte** der Zulassungsstelle. Gegen sie ist zunächst der Rechtsbehelf des **Widerspruchs** gegeben, über den der beim Bundesministerium für Umwelt, Naturschutz und Reaktorsicherheit eingerichtete **Widerspruchsausschuß** (§ 24 UAG) entscheidet; für das Verfahren gelten die Bestimmungen der §§ 25 UAG, 68 bis 73 VwGO. Bemerkenswert ist, daß bei Widersprüchen gegen Entscheidungen der Zulassungsstelle etwaige **Aufwendungen** des Widerspruchsführers zur zweckentsprechenden Rechtsverfolgung und -verteidigung nach § 80 Abs. 1 Satz 1 und 2 VwVfG **von dem privaten Rechtsträger der Zulassungsstelle zu erstatten** sind.

485 Nach erfolglosem Widerspruchsverfahren ist – je nach Rechtsschutzziel – ein Verwaltungsgerichtsverfahren durchzuführen. Regelmäßig wird es sich hierbei die Erhebung von **Anfechtungs- und Verpflichtungsklagen** handeln. Insoweit ergeben sich keinerlei Besonderheiten; entsprechendes gilt für den einstweiligen Rechtsschutz nach §§ 80 und 123 VwGO. Nicht vorstell-

---

[384] Vgl. die Gegenäußerung der Bundesregierung, BT-Drs. 13/1687, S. 13, zu dem Vorschlag des Bundesrates, das Genehmigungserfordernis zu streichen (BT-Drs. 13/1687, S. 6).

[385] Vgl. *Lütke*, NVwZ 1996, 230 (234).

bar erscheinen Konkurrentenklagen, weil Zulassungen, Fachkenntnisbescheinigungen usw. nicht kontingentiert sind, so daß nicht etwa einem Antragsteller die begehrte Zulassung oder Bescheinigung versagt werden kann, weil sie bereits ein anderer erhalten hat.

Zu beachten ist, daß den Entscheidungen der Zulassungsstelle über die **486**
Erteilung von Zulassungen und Fachkenntnisbescheinigungen die **Feststellung der Fachkunde** des Antragstellers **durch den Prüfungsausschuß** aufgrund einer mündlichen Prüfung vorausgeht (§ 11 Abs. 2 ff. UAG). Diese ist nach § 12 Abs. 1 Satz 1 UAG unselbständiger Teil der Zulassungs- und Bescheinigungsverfahren und somit Bestandteil der verfahrensbeendigenden Entscheidung. Eine **selbständige Anfechtung** der mündlichen Prüfung **scheidet** deshalb **aus**; es handelt sich hierbei lediglich um eine Verfahrenshandlung, die nur gemeinsam mit der Sachentscheidung durch den insoweit statthaften Rechtsbehelf angegriffen werden kann (§ 44 a VwGO).

In Betracht kommt insoweit die Erhebung einer **Verpflichtungsklage** auf **487**
Erteilung der Zulassung oder Fachkenntnisbescheinigung überhaupt bzw. ohne modifizierende Auflagen;[386] da es sich nach §§ §§ 8 Abs. 2, 9 Abs. 1 und 10 Abs. 2 UAG jeweils um gebundene Entscheidungen handelt, entfällt die Möglichkeit einer Bescheidungsklage. Der Beurteilung der Zuverlässigkeit (§ 5 UAG), der Unabhängigkeit (§ 6 UAG) sowie der Ausbildung (§ 7 Abs. 2 Nr. 1, Abs. 3 UAG) und der Berufserfahrung (§ 7 Abs. 2 Nr. 3 UAG) liegen objektive Kriterien zugrunde, dieser Teil der Entscheidung der Zulassungsstelle unterliegt deshalb der **uneingeschränkten gerichtlichen Kontrolle**.

Bei der Beurteilung ausreichender Fachkenntnisse nach § 7 Abs. 2 Nr. 2 **488**
UAG aufgrund der mündlichen Prüfung hingegen handelt es sich um eine **Prüfungsentscheidung** mit den sich daraus ergebenden Konsequenzen für den **Umfang einer gerichtlichen Überprüfung**. Das Urteil des Prüfungsausschusses ist keine eigentliche Ermessensentscheidung, die in dem durch § 114 VwGO umschriebenen Ausmaß durch die Verwaltungsgerichte überprüft werden könnte. Für eine echte Wahl zwischen mehreren rechtlich gleichwertigen Entscheidungsmöglichkeiten, die für eine Ermessensentscheidung kennzeichnend ist, ist kein Raum. Vielmehr wird den Prüfern ein **Beurteilungsspielraum** eröffnet. Aus diesem Grunde entzieht sich deren Werturteil in seinem pädagogischen und wissenschaftlichen Gehalt einer verwaltungsgerichtlichen Nachprüfung. Prüfungsentscheidungen lassen sich nicht etwa unter Hinzuziehung eines Sachverständigen inhaltlich auf ihre Richtigkeit überprüfen, dies widerspräche ihrem Wesen als höchstpersönliche, unvertretbare Leistungen in nicht wiederholbaren konkreten Prüfungssituationen. Die Überprüfung beschränkt sich deshalb auf die **Einhaltung der Verfahrensvorschriften** – hier: der §§ 12 UAG, 4 ff. UAGZVV und der vom Umweltgutachterausschuß zu erlassender Richtlinien – und die **Beachtung verfassungsrechtlicher Grundsätze** wie des Gleichheitsgrundsatzes (Art. 3 GG). Die Kontrolle erstreckt sich darauf, ob der Prüfer von falschen

---

[386] Vgl. hierzu die Entscheidungsmöglichkeiten des Prüfungsausschusses nach § 6 Abs. 1 UAGZVV.

Tatsachen ausging, allgemeingültige Bewertungsgrundsätze mißachtete oder sich von sachfremden Erwägungen leiten ließ.[387]

489 Wegen der bereits erwähnten Servicefunktion der Zulassungsstelle in bezug auf die Führung des Zulassungsregisters dürfte die **Klage auf Informationsgewährung** wohl eher theoretischer Natur sein. Der Anspruch aus § 14 Abs. 2 UAG ist mittels einer Verpflichtungsklage – bei Überschreitung der zweimonatigen Bescheidungsfrist des § 5 Abs. 2 Satz 2 UIG in Form der Untätigkeitsklage (§ 75 VwGO) – vor den Verwaltungsgerichten zu verfolgen.

7. Exkurs: Strafrechtliche Verantwortlichkeit des Umweltgutachters

490 Die Frage nach der strafrechtlichen Verantwortlichkeit des Umweltgutachters kann sich in mehrfacher Hinsicht stellen, im vorliegenden Zusammenhang ist allein eine **Validierung trotz Fehlens der Voraussetzungen** von Interesse. Ansatzpunkt ist jeweils die Gültigerklärung der Umwelterklärung des Unternehmens, obwohl es den Anforderungen der EG-Verordnung nicht genügt. Dies kann vorsätzlich oder fahrlässig geschehen; die **Fehlerquellen** sind angesichts des **Prüfungsumfangs** nach Anhang III Teil B EG-UAVO vielfältig. Die Überprüfung der unternehmerischen Selbstverpflichtung zur Einhaltung bestehender Umweltstandards und vor allem zur kontinuierlichen Verbesserung des betrieblichen Umweltschutzes erweist sich wegen der bestehenden **Interpretationsspielräume** insoweit als anfällig.[388]

491 Begeht der Umweltgutachter hier einen Fehler, so handelt es sich bei der „Gültigkeitserklärung" der Umwelterklärung mangels Identitätstäuschung nicht etwa um eine Urkundenfälschung (§ 267 Abs. 1 1. Alt. StGB), sondern eine **straflose schriftliche Lüge**. Dies gilt auch für den Fall, daß ein Gutachter, der nicht über die erforderliche Zulassung, Fachkenntnis- oder Lehrgangsbescheinigung oder sonstige Qualifikation verfügt, eine Umwelterklärung für gültig erklärt oder eine Gültigerklärung mitzeichnet. Hier fehlt es gleichfalls an einem Irrtum über die Person des wirklichen Urkundenherstellers, so daß die Gültigkeitserklärung keine falsche Urkunde ist. Der nicht oder nicht ausreichend qualifizierte Gutachter begeht aber eine **Ordnungswidrigkeit** (§§ 19, 37 Abs. 1 Nr. 9 UAG), die mit einer Geldbuße bis zu DM 50.000,– geahndet werden kann. Schließlich scheidet der Umweltgutachter als tauglicher Täter einer mittelbaren Falschbeurkundung (§ 271 Abs. 1 StGB) aus, denn die Standortregistrierung wird nicht von ihm, sondern von dem Unternehmen beantragt. Somit bedient sich nicht der Umweltgutachter bei der Validierung einer Umwelterklärung trotz fehlender Voraussetzungen eines (gutgläubigen) Amtsträgers der Registrierungsstelle

---

[387] Vgl. etwa BVerwGE 38, 105; BVerwGE 14, 31; zur gerichtlichen Kontrolle von Prüfungsentscheidungen allgemein *Redeker/von Oertzen*, § 42 Rdnr. 116; *Kopp*, VwGO, § 114 Rdrn. 30; jeweils mit zahlreichen Rechtsprechungsnachweisen.

[388] Vgl. *Sanden*, wistra 1995, 283 (289) m. w. N.

zu einer **inhaltlich unwahren Beurkundung im Standortregister**, sondern allenfalls der Antragsteller.

Der Umweltgutachter kann des weiteren nicht als **Mittäter** oder als **mittelbarer Täter** in bezug auf später von Mitarbeitern des zertifizierten Unternehmens begangene Umweltstraftaten, sofern es sich nicht ohnehin um Sonderdelikte handelt, angesehen werden. Es fehlt ihm die Tatherrschaft, sein Beitrag zur späteren Verwirklichung einer Umweltstraftat durch einen eine erkannte Schwachstelle ausnutzenden Mitarbeiter des Unternehmens ist von untergeordneter Bedeutung. Bei der Validierung der Umwelterklärung durch den Umweltgutachter handelt es sich nicht um die genehmigungsgleiche Freigabe umweltrelevanten Handelns. Er ist keine „Zentralgestalt“, in deren Macht es steht, eine „Rechtsschranke“ für die Herbeiführung des tatbestandsmäßigen Erfolges zu öffnen, denn aufgrund des beschränkten Umfanges seiner Begutachtung, kann die von ihm vorgenommene Validierung nicht die Rechtsqualität einer Genehmigung besitzen. Auch genehmigt die Registrierungsstelle nicht etwa eine umweltschädigende Handlung aufgrund seiner Gültigerklärung, sondern trägt den Standort lediglich als den Anforderungen der Umweltauditverordnung genügend in das Verzeichnis ein.[389] 492

Das gefundene Ergebnis entspricht der strafrechtlichen Verantwortlichkeit der **Betriebsbeauftragten für Umweltschutz**. Dieser Beauftragte innerhalb der Betriebsorganisation hat keine Entscheidungs- und Anordnungsbefugnisse,[390] weshalb er als Mittäter oder mittelbarer Täter nicht in Betracht kommt. Seiner Funktion entsprechend muß der Betriebsbeauftragte für Umweltschutz aber als Überwachungsgarant für die ihm obliegenden Kontroll-, Informations- und Initiativpflichten einstehen, so daß er tauglicher **Teilnehmer einer Umweltstraftat innerhalb des Betriebes** sein kann. Voraussetzung einer Beihilfe durch Unterlassen ist aber, daß ihm die Erfüllung der genannten Pflichten möglich und zumutbar war und er die Umweltschädigung hierdurch abgewendet „oder zumindest die Vollendung oder Fortsetzung der strafbaren Handlung erschwert hätte“.[391] Hierin zeigen sich Parallelen zu Aufgabe und Stellung des Umweltgutachters: Auch er besitzt keine eigenen Entscheidungsbefugnisse innerhalb des zu begutachtenden Unternehmens, unterstützt und berät aber dessen Leitungsebene. Vor allem verpflichten ihn Anhang III Teil B Nr. 2 Abs. 2, Nr. 3 und Nr. 4 Buchst. b EG-UAVO, die Unternehmensleitung durch seinen Bericht und dessen Erörterung auf etwaige **Mißstände in der Betriebsorganisation** und mögliche **technische Mängel** hinzuweisen. Eine Kontrollpflicht trifft ihn nur insoweit, als er die Unternehmensleitung nach Anhang III Teil B Nr. 4 Buchst. b und c EG-UAVO zu seines Erachtens erforderlichen Änderungen veranlaßt. In diesem Umfang kommt der Umweltgutachter grundsätzlich als **tauglicher Gehilfe** in Betracht, was die Verwirklichung von Umweltstraf- 493

389 So auch *Sanden*, wistra 1995, 283 (289) unter Hinweis auf BVerfG, UPR 1995, 25, und BGH, UPR 1995, 26 (27) m. w. N.

390 Vgl. Rdnr. 147 ff., 151 ff.

391 Vgl. OLG Frankfurt a. M., NStZ 1987, 508; ferner *Sanden*, wistra 1995, 283 (289) m. w. N.

taten anbelangt. Im Einzelfall bedarf es jedoch des wohl nur schwer zu erbringenden Nachweises durch die Strafverfolgungsbehörden, daß die Umweltschädigung durch einen **Hinweis des Umweltgutachters** im Rahmen seiner Tätigkeit hätte abgewendet werden können oder eine von ihm ausgesprochene **Warnung** tatsächlich die Vollendung oder Fortsetzung der strafbaren Handlung erschwert hätte.[392]

---

[392] So auch *Sanden*, wistra 1995, 283 (289), der zutreffend ein praktisches Bedürfnis für strafrechtliche Sanktionen des Gebotes der unparteiischen Begutachtung und der Verschwiegenheitspflicht des Umweltgutachters erkennt.

IV. Umweltaudit und Umweltinformation

Für das Verständnis und die Anwendung des Umweltaudits ist nicht nur die Einhaltung der bestehenden materiell-rechtlichen Umweltschutzanforderungen von Bedeutung. Bei der Entscheidung über die Teilnahme am Umweltaudit sind vielmehr auch die **Wechselbeziehungen** dieses neuen Instruments zu anderen Regelungen zu berücksichtigen. Da die für gültig erklärte Umwelterklärung als Ergebnis des Umweltaudits in erster Linie dazu bestimmt ist, der Öffentlichkeit zugänglich gemacht zu werden, ist das **Verhältnis zur Umweltinformation** von besonderem Interesse.[393] **494**

Das **Umweltinformationsgesetz (UIG)** ist am 16.7. 1994 in Kraft getreten.[394] Sein Zweck ist es, den **freien Zugang zu** den bei den Behörden vorhandenen **Informationen über die Umwelt** sowie die Verbreitung dieser Informationen zu gewährleisten und die grundlegenden Voraussetzungen festzulegen, unter denen derartige Informationen zugänglich gemacht werden sollen. Unter Informationen über die Umwelt sind alle in Schrift, Bild oder auf sonstigen Informationsträgern vorliegenden **Daten** über den **Zustand** der Umweltmedien sowie über umweltrelevante **Tätigkeiten** und **Maßnahmen** zu verstehen (§ 3 Abs. 2 UIG). Gemeint ist zum einen der Zustand der Gewässer, der Luft, des Bodens, der Tier- und Pflanzenwelt und der natürlichen Lebensräume. Zum zweiten werden Tätigkeiten, einschließlich solcher, von denen Belästigungen wie beispielsweise Lärm ausgehen, oder Maßnahmen, die den Zustand der Umweltmedien beeinträchtigen oder beeinträchtigen können, erfaßt. Schließlich fallen hierunter – zum dritten – Tätigkeiten oder Maßnahmen zum **Schutz dieser Umweltbereiche** einschließlich der verwaltungstechnischen Maßnahmen und Programme zum Umweltschutz. Zu den beeinträchtigenden Tätigkeiten zählen alle Handlungen, die einer **umweltrechtlichen Eröffnungskontrolle oder Überwachung** unterliegen, wie etwa die Errichtung und der Betrieb einer genehmigungsbedürftigen Anlage oder das Inverkehrbringen von Stoffen und Zubereitungen. Die schützenden Tätigkeiten umfassen vor allem behördliche Maßnahmen wie die **Erteilung von Genehmigungen** und die **Durchführung von Überwachungsmaßnahmen**. Informationsträger sind folglich Antrags- und Genehmigungsunterlagen, Änderungsanzeigen, Überwachungsakten, Verwaltungsvorgänge über nachträgliche Anordnungen usw. **495**

---

[393] Auskunftsansprüche gegen die Zulassungsstelle aufgrund von § 14 Abs. 2 UAG wurden zuvor unter Rdnr. 465, 489 behandelt.

[394] Durch das Umweltinformationgesetz (UIG) vom 8.7. 1994 (BGBl. I S. 1490) wurde mit anderthalbjähriger Verspätung die Richtlinie 90/313/EWG des Rates vom 7.6. 1990 über den freien Zugang zu Informationen über die Umwelt – Umweltinformationsrichtlinie (UIRL) – (ABlEG 1990 L 158, 56 = NVwZ 1990, 844 f.) in nationales Recht umgesetzt.

496 Dieser **Datenzugriff** beschränkt sich zwar **ausschließlich auf vorhandene Informationen**. So besteht **keine Pflicht zur Neuerhebung** von Informationen oder zur Beschaffung von anderen Stellen. Eine weitere Begrenzung ergibt sich daraus, daß nur **Tatsachen**, nicht aber Bewertungen, Interpretationen oder Prognosen zugänglich zu machen sind. Erklärtes Ziel der Umweltinformationsrichtlinie der EU war der **Abbau von Wettbewerbsverzerrungen** infolge eines unterschiedlichen Informationszugangsrechts in den einzelnen Mitgliedstaaten.[395] Das **Informationsniveau** der deutschen Öffentlichkeit ist jedoch bereits sehr hoch und die **Informationsmenge** infolge weitergehender Regelungen und eines besseren Verwaltungsvollzuges umfangreicher als in anderen Mitgliedstaaten der EU. Aufgrund dessen wird teilweise befürchtet, daß sich die Bestrebungen der EU aus deutscher Sicht in ihr Gegenteil verkehren und nun Wettbewerbsnachteile eintreten.[396]

497 Für Unternehmen mit umweltrelevanter Betriebstätigkeit ist der Umstand besonders gravierend, daß nach § 4 Abs. 1 Satz 1 UIG **jedermann anspruchsberechtigt** ist. Derjenige, der einen solchen Auskunftsanspruch stellt, muß also weder eine Beeinträchtigung in eigenen Rechten noch ein besonderes Interesse darlegen. Vielmehr kann er sich an alle Behörden des Bundes, der Länder, der Gemeinden und Gemeindeverbände sowie der sonstigen juristischen Personen des öffentlichen Rechts, die Aufgaben des Umweltschutzes wahrzunehmen haben, wenden (§ 2 Nr. 1 UIG). Ausgenommen sind lediglich oberste Bundes- oder Landesbehörden, soweit sie im Rahmen der Gesetzgebung oder beim Erlaß von Rechtsverordnungen tätig werden, sowie Behörden, soweit sie Umweltbelange lediglich nach den für alle geltenden Rechtsvorschriften zu beachten haben, und schließlich noch Gerichte, Strafverfolgungs- und Disziplinarbehörden (§ 3 Abs. 1 Satz 2 UIG). Darüber hinaus kann sich das **Auskunftsbegehren** aber gemäß § 2 Nr. 2 UIG auch gegen natürliche oder juristische Personen des privaten Rechts richten, die öffentlich-rechtliche Aufgaben im Bereich des Umweltschutzes wahrnehmen und der Aufsicht von Behörden unterstellt sind. Zuständig für die **Auskunftserteilung** sind – ganz pragmatisch – diejenigen Behörden, bei denen die begehrten Informationen vorhanden sind, und diejenigen Behörden, die die Aufsicht über die Privaten ausüben (§ 9 Abs. 1 UIG).

498 Es liegt auf der Hand, daß dieser jedermann zustehende Informationsanspruch gerade im Unternehmensbereich ganz sensible Felder berührt. Aus diesem Grunde hat der Gesetzgeber hier zahlreiche **Schutzvorkehrungen** durch Ausschlüsse und **Beschränkungen des Auskunftsanspruches** vorgesehen. So besteht zum Schutz privater Belange ein Informationsanspruch nicht, wenn hierdurch personenbezogene Daten offenbart und dadurch schutzwürdige Interessen beeinträchtigt würden (§ 8 Abs. 1 Satz 1 Nr. 1 UIG). Ein weiterer Ausschluß betrifft den **Schutz geistigen Eigentums** (§ 8 Abs. 1 Satz 1 Nr. 2 UIG). Zu den Rechten des geistigen Eigentums zählen insbesondere das **Patentrecht**, das **Markenrecht** und das **Urheberrecht**. Strit-

[395] Vgl. den fünften der der Umweltinformationsrichtlinie vorangestellten Erwägungsgründe.

[396] So etwa *Fluck*, NVwZ 1994, 1048 (1049).

tig ist, ob auch das **„Know-how"** zum geistigen Eigentum gerechnet werden kann mit der Folge, daß insoweit ein Auskunftsanspruch entfällt. Unter dem im anglo-amerikanischen Rechtskreis wurzelnden Begriff des „Know-how" wird das nicht allgemein zugängliche, nicht durch ein Schutzrecht geschützte technische oder betriebswirtschaftliche Wissen eines anderen verstanden. Gerade wegen des (noch) fehlenden Schutzrechts unterfällt das „Know-how" nicht dem Schutz geistigen Eigentums, sondern ist den Betriebs- und Geschäftsgeheimnissen zuzuordnen.[397]

Besonders empfindlich sind naturgemäß **Betriebs- und Geschäftsgeheimnisse**; insoweit ist der Informationsanspruch nach § 8 Abs. 1 Satz 2 UIG ausgeschlossen. Betriebsgeheimnisse gehören zum technischen, Geschäftsgeheimnisse zum kaufmännischen Bereich des Unternehmens. Als Betriebs- und Geschäftsgeheimnis ist jede Tatsache einzustufen, die im Zusammenhang mit einem wirtschaftlichen Geschäftsbetrieb steht, die nicht offenkundig ist, also nur einem begrenzten Personenkreis bekannt ist, die nach dem Willen des Unternehmers geheimgehalten werden soll und die schließlich Gegenstand eines berechtigten wirtschaftlichen Interesses des Unternehmers ist. So können etwa gesetzlich nicht geschützte Erfindungsleistungen, Fabrikationsverfahren, Konstruktionen, sonstige die Technik bereichernde Leistungen, aber auch nicht geschützte, den Pflanzenbau bereichernden Leistungen auf dem Gebiet der Pflanzenzucht zu den Betriebsgeheimnissen gehören.[398] **499**

Darüber hinaus werden die Interessen des Unternehmers mittelbar durch **Ausschlüsse und Beschränkungen zum Schutz öffentlicher Belange** geschützt. Hierunter fallen vor allem die Ausschlüsse während andauernder Verwaltungsverfahren hinsichtlich derjenigen Daten, die der Behörde aufgrund der jeweiligen Verfahren zugehen. Gemeint sind in erster Linie **Genehmigungs- und Rechtsbehelfsverfahren**, aber auch andere Verwaltungsverfahren. Weitere Ausschlüsse gelten während **noch nicht abgeschlossener Verwaltungsvorgänge** und andauernder Gerichtsverfahren oder strafrechtlicher Ermittlungsverfahren (§ 7 Abs. 1 UIG). Ferner dürfen **freiwillig durch Dritte übermittelte Informationen** nur mit deren Zustimmung offenbart werden (§ 7 Abs. 4 UIG). Schließlich berechtigt eine offensichtlich mißbräuchliche Antragstellung gemäß § 7 Abs. 3 UIG zur Auskunftsverweigerung. **500**

Trotz der zuvor erörterten Ausschlüsse bleibt noch ein weiter Bereich, in dem jedermann Informationen begehren kann. Der **Auskunftsanspruch** kann hierbei auch so gestellt werden, daß die zu offenbarenden Daten konkret ein Unternehmen betreffen. Auf diese Weise gewonnene Informationen sind naturgemäß als **Argumente in Standortdiskussionen oder anderen Verfahren mit Öffentlichkeitsbeteiligung** geeignet. Hier kann ein sinnvoller Einsatz der Umwelterklärung als Ergebnis der Teilnahme am Umweltaudit mehr **Transparenz schaffen** und **„Berührungsängste" abbauen**. Die Umwelterklärung, die eine Bewertung aller betriebsbezogenen Umweltfragen ebenso beinhaltet wie eine Darstellung der Umweltpolitik, des Umweltprogramms **501**

---

[397] So auch *Fluck*, NVwZ 1994, 1048 (1050).

[398] Vgl. die detailliertere Darstellung der Betriebs- und Geschäftsgeheimnisse oben Rdnr. 241 ff., 247 ff.

und des Umweltmanagements, leistet somit mehr als die bloße Auskunft über Tatsachen, zu der die Behörden nach dem Umweltinformationsgesetz verpflichtet sind. Hier kann der Unternehmer den betrieblichen Umweltschutz aus seiner Sicht darstellen. Es ist für ihn regelmäßig die einzige Möglichkeit, auf die **Bewertung der zu offenbarenden Tatsachen** Einfluß zu nehmen. Da der Unternehmer jedoch regelmäßig nicht verpflichtet ist, die Umwelterklärung allen Behörden, die über Umweltinformationen in bezug auf den jeweiligen Standort verfügen, zugänglich zu machen, empfiehlt es sich, diesen die Umwelterklärung mit der ausdrücklichen Zustimmung zur Weitergabe an Auskunftsbegehrende freiwillig zu übermitteln (§ 7 Abs. 4 Satz 1 UIG). Hierdurch wird die eigene Veröffentlichung der Umwelterklärung durch den Unternehmer sinnvoll ergänzt, denn deren Wirkungen sind sowohl zeitlich als auch hinsichtlich des erreichbaren Adressatenkreises begrenzt. Die Effekte von Verlautbarungen etwa in den im Umkreis des Standortes erscheinenden Lokalzeitungen und – sofern es sich um größere Unternehmen handelt – in der überregionalen Presse beschränken sich auf vergleichsweise kurze Zeiträume nach der Veröffentlichung. Im Rahmen der Öffentlichkeitsarbeit im übrigen werden in aller Regel nur diejenigen erreicht, die sich von sich aus an das Unternehmen wenden. Aus diesem Grunde ist es aus Unternehmersicht zweckmäßig, den bei den auskunftsverpflichteten Stellen abfragbaren Umweltdaten eine **eigene Interpretation des betrieblichen Umweltschutzes**, die von einem unabhängigen Umweltgutachter auf ihre Übereinstimmung mit den Anforderungen der Umweltauditverordnung geprüft wurde, beizufügen.

V. Umweltaudit und Umwelthaftung

Unternehmerische Entscheidungen werden naturgemäß in erster Linie 502
von wirtschaftlichen Überlegungen bestimmt. Regelmäßig wird zunächst eine Vorentscheidung getroffen, ob eine bestimmte Investition, Maßnahme oder Vorgehensweise wirtschaftlich sinnvoll ist, bevor Möglichkeiten bzw. Art und Weise ihrer Umsetzung in die Praxis unter Berücksichtigung auch aller übrigen Gesichtspunkte technischer und rechtlicher Art geprüft werden. Bei dieser Gesamtbetrachtung spielen **Haftungsfragen** bislang eine zwar nicht unerhebliche, gleichwohl aber untergeordnete Rolle.[399] Angesichts der in der Gesetzgebung und der Rechtsprechung auf nationaler und europäischer Ebene festzustellenden **Tendenzen in Richtung einer Haftungsverschärfung** wären die Unternehmen jedoch gut beraten, in ihren Entscheidungsprozessen eine andere Gewichtung vorzunehmen. Die ständig wachsende Sensibilisierung der Öffentlichkeit für Umweltprobleme und deren zunehmend bessere Information nicht zuletzt aufgrund der Auskunftsansprüche nach dem Umweltinformationsgesetz einerseits sowie die Suche der Unternehmen nach neuen Märkten und Technologien andererseits geben begründeten Anlaß zu der Vermutung, daß gerade in der dichtbesiedelten Bundesrepublik Deutschland vermehrt Haftungsprobleme auftreten werden. Aus diesem Grunde wird die **Funktion des Umweltaudits im zivilrechtlichen Haftungssystem** künftig erhebliche Bedeutung gewinnen. Gegenstand des zivilen Haftungsrechts ist – im vorliegenden Zusammenhang – der individuelle **Ausgleich zwischen Schädiger und Geschädigtem** für Umwelteinwirkungen durch Schadenersatz, Beseitigung oder Unterlassung.

1. Deliktische Haftung

Die zivilrechtliche Haftung wird – von besonderen Regelungen abgese- 503
hen – vom **Verschuldensgrundsatz** geprägt. Nach § 823 Abs. 1 BGB haftet auf Schadenersatz, wer widerrechtlich und schuldhaft Leben, Körper, Gesundheit, Freiheit, Eigentum und „sonstige Rechte" eines anderen verletzt. In Betracht kommen Sachverhalte wie etwa die Ablagerung von Fäkalien im Wassereinzugsgebiet oder die Verunreinigung des Grundwassers im Einzugsgebiet eines Wasserwerks durch Mineralölabfälle eines Unternehmens der Petrochemie. Für solche gleichsam „normalen" Fallgestaltungen werden Schadenersatzansprüche aus unerlaubter Handlung wohl regelmäßig

---

[399] Vgl. den Bericht von *Küpper*, BB 1996, 541 ff., über eine Umfrage bei Unternehmen der Eisen, Blech und Metall verarbeitenden Industrie, welchen Einfluß Haftung und Versicherung auf die Investitionstätigkeit der Unternehmen im Umweltbereich haben.

zu bejahen sein.[400] Der Bundesgerichtshof[401] hat insoweit bereits früh entschieden, daß der Produzent von Industrieabfällen,[402] die ohne besondere Vorkehrungen eine Quelle von Umweltgefahren darstellen, unbeschadet weiterer besonders normierter Verhaltensregeln bereits aufgrund der aus § 823 Abs. 1 BGB abgeleiteten **allgemeinen Verkehrssicherungspflicht** verpflichtet ist, die erforderlichen Maßnahmen zu ergreifen, damit sich dieses Gefahrenpotential nicht zum Schaden Dritter auswirken kann Dieser allgemeine Grundsatz des Deliktsrechts sei hinsichtlich der **objektiven Zurechenbarkeit** das Gegenstück des öffentlich-rechtlichen Verursacherprinzips.

504 Dem Verschuldensvorwurf in Form der Sorgfaltspflichtverletzung kann der Unternehmer nur begegnen, indem er alles in seinen Kräften stehende unternimmt, damit sich etwaige Umweltgefahren nicht realisieren.[403] Dies geschieht sinnvollerweise durch eine entsprechende **Gestaltung der Aufbau- und der Ablauforganisation** des Unternehmens, denn der Unternehmer darf nicht etwa darauf vertrauen, daß bei regelmäßigen behördlichen Überwachungsmaßnahmen in der Vergangenheit der betriebliche Umweltschutz nicht beanstandet wurde. Derartige **externe Kontrollen** lassen lediglich eine **punktuelle Aussage** des Inhalts zu, daß die Überwachungsbeamten zum Zeitpunkt der Überprüfung nichts Vorschriftswidriges festgestellt haben. Die bloße Abwesenheit von Mängeln in dieser Hinsicht bietet somit keine Gewähr für die ordnungsgemäße Einhaltung der vorgeschriebenen Umweltstandards und gefahrenadäquater Umweltschutzmaßnahmen während der übrigen Zeit und begründet auch keine dahingehende Vermutung zugunsten des Unternehmers.[404]

505 Der Unternehmer kann **sich seiner Verkehrssicherungspflicht** in gewissem Umfang **entledigen**, indem er sie auf Dritte überträgt. So kann er etwa ein anderes Unternehmen mit der Entsorgung seiner Produktionsabfälle beauftragen, muß insoweit jedoch sicherstellen, daß das eingeschaltete Unternehmen die erforderlichen Schutzmaßnahmen trifft. Diese Vorkehrungen beginnen mit der sorgfältigen **Auswahl des zu beauftragenden Unternehmens** im Hinblick auf dessen Leistungsfähigkeit, Qualifikation und Zuverlässigkeit bei der Beherrschung der in Rede stehenden Umweltgefahren. Bei einer erhöhten Gefahrenlage[405] oder bei berechtigten Zweifeln an der dem zu beherrschenden Umweltrisiko entsprechenden Ausstattung des eingeschalteten Unternehmens[406] ist der delegierende Unternehmer zu dessen Überwachung verpflichtet und muß erforderlichenfalls selbst wieder umweltsichernde Maßnahmen ergreifen.[407] Nur unter diesen Voraussetzungen

---

[400] Vgl. etwa *Kothe*, AltlastenR, S. 180f.

[401] BGH, NJW 1976, 46.

[402] Bemerkenswert ist aus heutiger Sicht die frühzeitige „Vorwegnahme" des erst jetzt in § 3 Abs. 5 KrW-/AbfG normierten Begriffs des Abfallerzeugers.

[403] Vgl. BGH, NJW 1976, 46 (47).

[404] Vgl. BGHZ 105, 346 (354); ferner *Balzereit/Kassebohm/Kettler*, BB 1996, 117 (118).

[405] So bereits BGH, NJW 1965, 197 (199).

[406] Siehe BGH, VersR 1966, 145 (146).

[407] Vgl. BGH, NJW 1976, 46 (47); ferner *Balzereit/Kassebohm/Kettler*, BB 1996, 117 (118).

haftet etwa ein Unternehmer nicht, wenn er seine Sonderabfälle einem Entsorgungsunternehmen zur weiteren Behandlung überläßt und dieses die Abfälle anschließend unter Verletzung der vertraglich übernommenen Verpflichtungen in das Grundwasser leitet.[408]

Eines der Hauptprobleme bei der Prüfung deliktischer Ansprüche wegen **506** Umweltschäden besteht in der Klärung der Frage, ob der Betrieb der Anlage schuldhaft rechtswidrig erfolgte. Verschuldensmaßstäbe sind Vorsatz und Fahrlässigkeit (§ 276 BGB). Hierbei geht es vor allem um die **Einhaltung der** durch gesetzliche und untergesetzliche Bestimmungen sowie behördliche Genehmigungen und Auflagen vorgegebenen **Umweltschutzstandards**. Für Schäden an Gesundheit und Eigentum durch Industrieemissionen, die sich innerhalb der danach zulässigen Grenz- oder Richtwerte bewegen, ist die Haftung zwar in der Regel, aber nicht per se ausgeschlossen.[409] Derartige Werte enthaltende Normen wie etwa TA Luft[410] und TA Lärm[411] werden zum Teil nur als **rechtliche Mindeststandards** verstanden, so daß die Verkehrssicherungspflichten des Unternehmers im Einzelfall bei besonderen Umweltgefahren weiterreichen können; er darf sich dann nicht damit begnügen, „nur" diese einzuhalten.[412]

In seiner grundlegenden **Kupolofen-Entscheidung** vom 18.9. 1984[413] hat **507** der Bundesgerichtshof ausgeführt, daß es sich bei der TA Luft zwar nur um eine Verwaltungsvorschrift handele, die darin genannten Werte jedoch als Anhalt dafür genommen werden könnten, welche staubförmigen Emissionen denjenigen zuzumuten sind, die sich im Einwirkungsbereich der emittierenden Anlage aufhalten. Der Unternehmer dürfe sich beim Anlagenbetrieb an den Emissionswerten der TA Luft ausrichten, weil für die schadenrechtliche Beurteilung davon auszugehen sei, daß bei Einhaltung dieser Werte regelmäßig keine schädlichen, unzulässigen Immissionen einträten. Der der TA Luft zugrunde liegende Zweck, schädliche Umwelteinwirkungen zu vermeiden, stehe im Einklang mit der vom Haftungsrecht geforderten **Pflichtenstellung des Betreibers**. Die Werte der TA Luft seien gleichwohl nur ein **allgemeiner Richtwert** dafür, daß bei Einhaltung der dortigen Emissionswerte schädliche Immissionen für die umliegenden Grundstückseigentümer verhindert würden. Die **konkreten Verhältnisse**, an denen

---

408 So auch *Paschke/Köhlbrandt*, NuR 1993, 256 (258f., 263); ebenso zu § 22 WHG BGH, ZfW 1977, 92 (93); vgl. ferner *Diederichsen*, BB 1986, 1723 (1728); *Kothe*, AltlastenR, S. 183.

409 So etwa *Balzereit/Kassebohm/Kettler*, BB 1996, 117 (118); weitergehend *Knopp/Striegl*, BB 1992, 2009 (2011), die auch eine fahrlässige Schadenverursachung verneinen wollen, wenn der Emittent „auf gesellschaftliche oder gar behördliche Toleranz vertraut hat".

410 Erste Allgemeine Verwaltungsvorschrift zum Bundes-Immissionsschutzgesetz (Technische Anleitung zur Reinhaltung der Luft – TA Luft) vom 27.2. 1986 (GMBl. S. 95).

411 Allgemeine Verwaltungsvorschrift über genehmigungsbedürftige Anlagen nach § 16 der Gewerbeordnung – GewO – Technische Anleitung zum Schutz gegen Lärm (TA Lärm) vom 16.7. 1968 (Beil. Banz. Nr. 137), übergeleitet nach § 66 Abs. 2 BImSchG.

412 *Balzereit/Kassebohm/Kettler*, BB 1996, 117 (118).

413 BGH, NJW 1985, 47 (49).

sich der Emittent zu orientieren habe, könnten hingegen anders liegen. Zwar entlaste ihn die Einhaltung der Emissionswerte der TA Luft regelmäßig vom Verschuldensvorwurf. Anders sei es dann, wenn besondere Umstände den Emittenten zu Zweifeln daran veranlaßten, daß die Beachtung der Werte der TA Luft ausreichten. Dann erwüchsen dem Anlagenbetreiber **zusätzliche Gefahrenabwendungspflichten** über die entsprechenden Normen hinaus. In Anlehnung an das vom Bundesgerichtshof insoweit herangezogene Kriterium der **Ortsüblichkeit** hat in solchen Fallgestaltungen[414] der Anlagenbetreiber zu seiner Rechtsverteidigung auch haftungsrechtlich nachzuweisen, daß er diesen zusätzlichen Pflichten genügte.

508 Auch wenn die Gefahrenabwendungspflichten im Einzelfall die gesetzlich und untergesetzlich vorgegebenen Umweltstandards nicht übersteigen, gelangt die Rechtsprechung aus Gründen der **Sachnähe** bzw. **Nähe zur Gefahr** zu einer **Beweislastumkehr**. Sie verweist insoweit auf die dem § 906 Abs. 2 BGB und der **Produzentenhaftung** vergleichbare Situation, in der dem Geschädigten regelmäßig die Einsicht in die Verhältnisse, unter denen eine emittierende Anlage betrieben wird, fehlt. Steht etwa fest, daß wesentliche Beeinträchtigungen durch Emissionen einer bestimmten Anlage verursacht wurden, so muß deren Betreiber darlegen und beweisen, daß er alle erforderlichen Maßnahmen zur Emissionsbegrenzung ergriffen hat. „Allein der Betreiber vermag zu übersehen, ob die Emission unter Einhaltung der erforderlichen Sicherheitsmaßnahmen bewirkt worden ist. Er ist eher als der Geschädigte, der den emissionsträchtigen Vorgängen regelmäßig fernsteht, in der Lage, diese aufzuklären.“[415]

509 Zwar bereitet dem Geschädigten der **Nachweis des Verursachungszusammenhangs** zwischen Rechtsgutsverletzung, Verletzungshandlung und Schadeneintritt erhebliche Schwierigkeiten, weil er insoweit die Darlegungs- und Beweislast trägt.[416] Gleichwohl darf die Haftung aus § 823 Abs. 1 BGB deshalb nicht unterschätzt werden;[417] es gibt immer wieder Beispiele, in denen die Rechtsprechung eine **deliktische Umwelthaftung** bejaht hat.[418] Wie zuvor gezeigt, greifen vielfach **Beweiserleichterungen** zugunsten des Geschädigten ein.

2. Haftung kraft Nachbarrechts

510 Von der deliktischen Haftung unterscheidet sich die nachbarrechtliche nach § 906 Abs. 2 Satz 2 BGB bzw. § 14 Satz 2 BImSchG infolge ihrer **Immobiliarbezogenheit** dadurch, daß sie **verschuldensunabhängig** ist. Beide An-

---

[414] Für das Vorliegen derartiger Fallgestaltungen ist allerdings nach wie vor der Geschädigte darlegungs- und beweispflichtig, vgl. BGH, NJW 1985, 47 (49).

[415] BGH, NJW 1985, 47 (49); vgl. ferner *Balzereit/Kassebohm/Kettler*, BB 1996, 117 (118); *Landsberg/Lüllig*, § 6 Rdnr. 12ff.

[416] Für den Bereich der Altlasten vgl. etwa *Kothe*, AltlastenR, S. 181.

[417] *Knopp/Striegl*, BB 1992, 2009 (2011f.) halten sie für „wenig praktikabel“.

[418] Vgl. BGH, NJW 1983, 2935f.; BGH, NuR 1989, 146f.; BGH, VersR 1970, 1107f.; ferner *Balzereit/Kassebohm/Kettler*, BB 1996, 117 (119).

spruchsgrundlagen ermöglichen deshalb die Gewährung von Entschädigung und Schadenersatz für von Nachbargrundstücken ausgehende Einwirkungen, die nicht mehr zu dulden sind, weil sie das Maß des Ortüblichen übersteigen und durch technisch mögliche und wirtschaftlich zumutbare Maßnahmen nicht zu verhindern sind.[419] Von der Rechtsprechung wird **§ 906 Abs. 2 Satz 2 BGB analog** angewandt, wenn die von einem Grundstück auf ein benachbartes Grundstück ausgehende Einwirkung zwar rechtswidrig ist und deshalb nicht geduldet zu werden braucht, der betroffene Eigentümer oder Besitzer aber aus besonderen Gründen gehindert ist, diese Einwirkung zu unterbinden und er dadurch Nachteile erleidet, die das Maß einer entschädigungslos hinzunehmenden Beeinträchtigung übersteigen. Insoweit kommt es allein auf die **Rechtswidrigkeit der Einwirkung** an, nicht hingegen auf die Ortsüblichkeit der Beeinträchtigung.[420]

3. Spezialgesetzliche Haftungstatbestände

In verschiedenen Sonderregelungen ist eine verschuldens- und rechtswid- **511**
rigkeitsunabhängige **Gefährdungshaftung** normiert worden, die ebenfalls für eine Haftung für Umweltschäden in Betracht kommen: § 32 GenTG, § 25 AtomG, §§ 1, 2 HpflG, § 7 StVG, § 33 LuftVG und § 22 WHG. Die letztgenannte soll hier wegen ihrer unmittelbaren Umweltrelevanz genauer betrachtet werden.

Mit § 22 WHG wurde ab dem 1.3. 1960 eine **verschuldensunabhängige** **512**
Gefährdungshaftung für **„Änderungen der Beschaffenheit des Wassers"** in den alten Bundesländern eingeführt, die seit dem 1.7. 1990 auch in den neuen Bundesländern Anwendung findet.[421] Das Wasserhaushaltsgesetz ist damit in wesentlichen Teilen unmittelbar geltendes Recht, das – obwohl es sich lediglich um ein Rahmengesetz handelt – dem Landesgesetzgeber keinen Spielraum läßt und das Recht der ehemaligen DDR verdrängt.[422] Durch § 22 WHG wurden zwei Tatbestände geschaffen, in denen auf die die Wirksamkeit deliktischer Haftung begrenzende Voraussetzung eines Verschuldens des Schädigers verzichtet wird. Diese Gefährdungshaftung gilt für **alle Gewässer i. S. des § 1 Abs. 1 WHG**, also für oberirdische Gewässer, Küstengewässer und das Grundwasser; letzteres macht sie zum Ansatzpunkt zivilrechtlicher Haftung. Auf diese auch **Vermögensschäden** erfassende Haftungsnorm können Schadenersatzansprüche **konkurrierend** neben den deliktischen Ansprüchen aus § 823 Abs. 1, Abs. 2

---

[419] Vgl. hierzu etwa *Balzereit/Kassebohm/Kettler*, BB 1996, 117 (119f.); *Knopp/Striegl*, BB 1992, 2009 (2012).

[420] So etwa OLG Hamm, NJW 1988, 1031, zum Ersatz der Vegetations- und Viehhaltungsschäden eines Landwirts infolge von das genehmigte Maß überschreitenden Thallium-Emissionen eines Zementwerks.

[421] Vgl. Art. 3 § 2 URG i. V. m. Anlage 1, der nach dem Einigungsvertrag insoweit fortgilt.

[422] Vgl. *Kothe*, AltlastenR, S. 182f. m. w. N.

BGB oder sonstigen Ansprüchen aus Gefährdungshaftung gestützt werden.[423]

a) Handlungshaftung nach § 22 Abs. 1 WHG

513 Der Grundtatbestand der Gefährdungshaftung verlangt ein **„Einbringen“, „Einleiten“ oder „Einwirken“** in oder auf ein Gewässer (§ 22 Abs. 1 WHG). Nach anfänglichem Streit darüber, ob hierunter „zielgerichtetes“ „bewußtes“ oder gar subjektiv „finales“ Handeln zu verstehen ist, besteht heute insoweit Einigkeit, als einerseits die **bloße Verursachung nicht genügt**, andererseits eine objektive Zuordnung des Handelns zu einem Gewässer ausreichen muß.[424] So haftet etwa ein Unternehmen nicht nach § 22 Abs. 1 WHG, wenn es seine Sonderabfälle einem Entsorgungsunternehmen zur weiteren Behandlung überläßt und dieses die Abfälle anschließend unter Verletzung der vertraglich übernommenen Verpflichtung ins Grundwasser leitet.[425]

b) Anlagenhaftung nach § 22 Abs. 2 WHG

514 § 22 Abs. 2 WHG begründet eine praktisch kaum begrenzte Anlagenhaftung. Zu den **Anlagen** im Sinne dieser Vorschrift gehören etwa **gewerbliche Fabrikationsbetriebe** und Abfallbeseitigungsanlagen gleichermaßen. Von der zuvor behandelten Verhaltenshaftung unterscheidet sich diejenige des § 22 Abs. 2 WHG insbesondere dadurch, daß die Haftung bereits ausgelöst wird, wenn die wassergefährdenden Stoffe aus einer der genannten Anlagen **irgendwie** in ein Gewässer gelangen, weshalb praktisch alle **betrieblichen Vorgänge** bis hin zum Versickern von CKW erfaßt werden.[426]

515 Die **Weite des Anlagenbegriffs** wird in gewisser Weise dadurch wieder ausgeglichen, daß die Haftung nach § 22 Abs. 2 WHG immer nur den **Inhaber** einer Anlage trifft, d. h. denjenigen, der die **tatsächliche Verfügungsgewalt** über die Anlage (mit) inne hat. So haftet im zuvor im Zusammenhang mit der Handlungshaftung genannten Beispiel derjenige, der einem selbständigen Unternehmer der Abfallbeseitigung Industrieabfälle aus dem eigenen Betrieb zur schadlosen Vernichtung überläßt, selbst **nicht** nach § 22 Abs. 2 WHG für Grundwasserverunreinigungen, die auf unsachgemäße Maßnahmen jenes Unternehmers bei der Abfallbeseitigung zurückzuführen sind, weil die Schadstoffe das Produktionsunternehmen bereits verlassen haben und von einer anderen Anlage aus in das Grundwasser gelangt sind. Die **Anlagenhaftung** trifft in diesem Fall den Entsorgungsunternehmer.[427]

---

[423] Vgl. etwa *Diederichsen*, BB 1986, 1723 (1728 f.); *Kothe*, AltlastenR, S. 183 m. w. N.

[424] Vgl. *Diederichsen*, BB 1986, 1723 (1728); *Kothe*, AltlastenR, S. 183 f. m. w. N.; ferner zum Streitstand *Gieseke/Wiedemann/Czychowski*, WHG, 6. Aufl., § 22 Rdnr. 7 m. w. N.

[425] Vgl. BGH, ZfW 1977, 92 (93); ferner *Diederichsen*, BB 1986, 1723 (1728).

[426] Vgl. *Diederichsen*, BB 1986, 1723 (1729); *Kothe*, AltlastenR, S. 184 m. w. N.; *Gieseke/Wiedemann/Czychowski*, § 22 Rdnr. 47 f. m. w. N.

[427] Vgl. BGH, ZfW 1977, 92 (93); ferner *Diederichsen*, BB 1986, 1723/1729; *Kothe*, AltlastenR, S. 184 m. w. N.

Besondere Bedeutung erlangt die Anlagenhaftung des § 22 Abs. 2 WHG durch die von der Rechtsprechung bereits früh entwickelte **Beweisvermutung**. Der Bundesgerichtshof hat hierzu folgenden Leitsatz aufgestellt: „Gelangen in ein Gewässer aus mehreren Anlagen i. S. des § 22 Abs. 2 WHG schädliche Stoffe, von denen jeder geeignet ist, zumindest im Zusammenwirken mit den übrigen Schadstoffen einen bestimmten Schaden herbeizuführen, so haftet grundsätzlich jeder Inhaber einer einzelnen Anlage für den vollen Schaden als Gesamtschuldner, ohne daß der Geschädigte die Kausalität des Schadensbeitrages aus der einzelnen Anlage für den eingetretenen Schaden nachweisen müßte.“[428] Das Gericht vermutet somit aufgrund der **Eignung zur Schadenverursachung** einen Kausalbeitrag zur Schädigung, erkennt dieser Vermutung einen grundsätzlichen Geltungsanspruch zu und verknüpft sie mit einer **gesamtschuldnerischen Haftung** mehrerer Anlageninhaber. Im Ergebnis handelt es sich damit um eine entsprechende Anwendung des § 830 Abs. 1 Satz 2 BGB auf Ansprüche aus § 22 Abs. 2 WHG.[429] 516

Ebenso wie bei § 830 Abs. 1 Satz 2 BGB ist derjenige, der allein wegen der Eignung seiner Anlage zur Schadensverursachung als potentieller Schädiger in Anspruch genommen wird, gehalten, den Nachweis zu führen, daß der Betrieb seiner Anlage für den eingetretenen Schaden nicht ursächlich war. Unter dem Gesichtspunkt der Darlegungs- und Beweislast führt diese Rechtsprechung zu einer **Beweislastumkehr** hinsichtlich des Kausalzusammenhanges zwischen Anlagenbetrieb und Schadenseintritt. 517

4. Anlagenhaftung nach dem Umwelthaftungsgesetz

a) Anlagenhaftung im Überblick

Neben die herkömmlichen zivilrechtlichen Haftungsregelungen ist mit Wirkung vom 1. 1. 1991 das **Umwelthaftungsgesetz**[430] getreten. Dieses Gesetz begründet eine **verschuldensunabhängige Gefährdungshaftung** für Schäden, die durch Umwelteinwirkungen entstanden sind. Die Regelung betrifft alle Schadensarten, nämlich die Tötung oder Verletzung von Menschen ebenso wie die Beschädigung von Sachen. Schadenersatzpflichtig ist jeweils der Inhaber einer bestimmten Anlage (§ 1 UmweltHG); diese Haftung trifft somit grundsätzlich keine Privatpersonen, sondern die gewerbliche Wirtschaft. Durch das Umwelthaftungsgesetz werden nicht alle Arten betrieblicher Einrichtungen, sondern nur die in Anhang 1 zu diesem Gesetz verzeichneten Anlagen[431] erfaßt. Dieser Katalog enthält insgesamt **96 verschiedene Anlagentypen** von Anlagen zur Wärmeerzeugung wie etwa Kraftwerken für bestimmte Brennstoffe mit näher definierten Leistungsmerkma- 518

[428] BGHZ 57, 257 (262).
[429] So auch *Landsberg/Lülling*, § 6 Rdnr. 19 m. w. N.
[430] Umwelthaftungsgesetz (UmweltHG) vom 10. 12. 1990 (BGBl. I S. 2634).
[431] Zum Anlagenbegriff siehe § 3 Abs. 2 und 3 UmweltHG.

len über Anlagen zur Herstellung chemischer Erzeugnisse bis hin zu Lagereinrichtungen für brennbare oder aus anderen Gründen gefährliche Stoffe. Durch diese Typisierung hat der Gesetzgeber eine erhebliche **Bandbreite von ortsfesten Einrichtungen** wie Betriebsstätten und Lager einschließlich Maschinen, Geräten, Fahrzeugen und Nebeneinrichtungen abgedeckt. Angesichts dessen sind nicht nur Großbetriebe, sondern auch **kleine und mittlere Unternehmen** betroffen.

519 Die Haftungsregelungen betreffen nicht nur **Störfälle**, sondern gerade auch den **störungsfreien Normalbetrieb**. Sie beschränken sich nicht nur auf **in Betrieb befindliche Anlagen**, vielmehr werden in gleicher Weise **noch nicht fertiggestellte Anlagen und nicht mehr betriebene Anlagen** erfaßt (§§ 1, 2 UmweltHG). Ausschlaggebend ist allein, ob die schädigenden Umwelteinwirkungen auf Umständen beruhen, die die Gefährlichkeit der Anlage nach ihrer Fertigstellung begründen oder während des Betriebes, also vor der Betriebseinstellung, begründet haben.

520 Ähnlich weit gefaßt ist der Begriff der **Schadensverursachung durch Umwelteinwirkung**: So fällt hierunter sowohl die Verursachung durch Stoffe, Erschütterungen, Geräusche, Druck, Strahlen, Gase, Dämpfe, Wärme als auch durch sonstige Erscheinungen. Die Ausbreitung dieser Schadenursachen kann über Boden, Luft oder Wasser geschehen. § 3 Abs. 1 UmweltHG erfaßt auf diese Weise **alle** in Betracht kommenden **Schadenursachen** und **sämtliche** vorstellbaren **Ausbreitungspfade**.

521 Die besondere Problematik für den Unternehmer besteht – im Verhältnis zu anderen Haftungsvorschriften – in den gesetzlich angeordneten **Beweiserleichterungen zugunsten des Geschädigten**. Zum einen hat der Geschädigte im Schadenfall einen **Auskunftsanspruch** gegen den Anlageninhaber (§ 8 UmweltHG) und gegen die Genehmigungs- und Überwachungsbehörden (§ 9 UmweltHG). Zum anderen kann er sich auf eine **Ursachenvermutung** stützen: Wenn eine Anlage geeignet ist, den eingetretenen Schaden zu verursachen, so wird kraft Gesetzes vermutet, daß der Schaden durch diese Anlage verursacht wurde (§ 6 Abs. 1 UmweltHG). Das Umwelthaftungsgesetz gibt somit die Schlußfolgerung von der Eignung zur Schädigung auf die Verursachung der Schädigung vor. Diese Ursachenvermutung ist nach § 7 UmweltHG lediglich dann ausgeschlossen, wenn andere Anlagen oder andere Umstände als Ersatzursachen in Betracht kommen. Im übrigen aber zwingt die **Beweislastumkehr** den Anlagenbetreiber, die Ursachenvermutung zu widerlegen.

522 Für die **Widerlegung der Ursachenvermutung** muß der Unternehmer den **Nachweis des bestimmungsgemäßen Betriebes** erbringen. Hierzu muß er darlegen, daß er die besonderen Betriebspflichten, die sich aus der Anlagengenehmigung und deren Nebenbestimmungen, aus behördlichen Anordnungen und sonstigen Rechtsvorschriften ergeben, eingehalten hat und keine Störung des Betriebes vorgelegen hat (§ 6 Abs. 2 und 3 UmweltHG). Zugunsten des Anlagenbetreibers wird vermutet, daß die Betriebspflichten eingehalten wurden, wenn sich bei der **Durchführung von Kontrollen** im maßgeblichen Zeitraum des Schadeneintritts keine Anhaltspunkte für eine Verletzung von Betriebspflichten ergeben haben (§ 6 Abs. 4 Nr. 1 UmweltHG). Das ist gemäß § 6 Abs. 4 Nr. 2 UmweltHG auch anzunehmen, wenn regelmäßige Kontrollen zur Überwachung der Betriebspflichten vorgeschrieben sind und ein Zeitraum von mehr als 10 Jahren zwischen Geltendmachung des Ersatzanspruches und der schädigenden Umwelteinwirkung liegt.

Der Vollständigkeit halber ist noch zu erwähnen, daß auch der **Anlagen-** 523
inhaber einen **Auskunftsanspruch** gegen den Geschädigten, die Inhaber anderer Anlagen und die Behörden hat (§ 10 UmweltHG). Darüber hinaus ist der **Umfang einer etwaigen Ersatzpflicht** ebenso gesetzlich geregelt wie **Haftungshöchstgrenzen**[432] und eine dementsprechende Deckungsvorsorge für bestimmte Anlagen (§§ 12ff. 15, 19 UmweltHG).

b) Ursachenvermutung und Beweislastumkehr

Die Besonderheit dieser verschuldensunabhängigen Gefährdungshaftung 524
besteht in der gesetzlich begründeten Vermutung des Ursachenzusammenhangs zwischen Anlagenbetrieb und Schädigung nach § 6 Abs. 1 UmweltHG. Die Ursachenvermutung zugunsten des Geschädigten setzt die **Eignung** der in Rede stehenden Anlage **zur Schadenverursachung** voraus. Sie beurteilt sich nach dem Betriebsablauf, den verwendeten Einrichtungen, der Art und Konzentration der eingesetzten und freigesetzten Stoffe, den meteorologischen Gegebenheiten, nach Zeit und Ort des Schadeneintritts und nach dem Schadenbild sowie allen sonstigen Umständen, die im Einzelfall für oder gegen die Schadenverursachung sprechen (§ 6 Abs. 1 Satz 2 UmweltHG). Insoweit trägt grundsätzlich der Geschädigte die **Darlegungs- und Beweislast** entsprechend den allgemeinen Regeln. Danach muß im Falle der Rechtsverfolgung jede Partei die ihr günstigen Tatsachen darlegen und beweisen.

So hat vorliegend der Geschädigte, der in den Genuß der gesetzlichen 525
Ursachenvermutung gelangen will, die generelle **Eignung der betreffenden Anlage zur Verursachung des konkret eingetretenen Schadens** darzutun und – wenn der Anlageninhaber sie bestreitet – anhand von **Einzeltatsachen** regelmäßig auch zu beweisen. Hierzu muß der Geschädigte etwa den Nachweis führen, daß durch den Betrieb der Anlage bestimmte Schadstoffe freigesetzt werden. Dann muß er die Entfernung zwischen der Anlage und dem Ort des Schadeneintritts überbrücken, indem er eine räumlich-zeitliche Beziehung zwischen den emittierten Schadstoffen und dem Schaden aufzeigt. Schließlich muß er noch belegen, daß diese Schadstoffe geeignet waren, den erlittenen Schaden zu verursachen. Eine Möglichkeit, die generelle Eignung eines Stoffes zur Schädigung nachzuweisen, bieten etwa – angesichts komplexer Expositionsbedingungen schwierige – umweltepidemiologische Untersuchungen.

Die allgemeinen Regeln der Darlegungs- und Beweislast werden bereits 526
eingeschränkt, wenn als Schadenursache die **Verletzung einer Betriebspflicht** oder ein **Störfall** behauptet wird. Der Geschädigte braucht insoweit nur darzulegen und zu beweisen, daß die Anlage die Eignung zur Schadenverursa-

---

[432] Für Personen- und Sachschäden jeweils DM 160.000.000,–.

chung infolge möglicher Betriebspflichtverletzungen oder Störfälle besitzt. In diesem Fall obliegt es dem in Anspruch genommenen Anlageninhaber, der diese Ursachen bestreitet, seinerseits darzutun und zu beweisen, daß die Betriebspflichten beachtet wurden und sich kein Störfall ereignet hat.[433]

527 Eine weitere **Beweiserleichterung** zugunsten des Geschädigten folgt aus dem **Auskunftsanspruch** gegen den Anlageninhaber nach § 8 UmweltHG. Dieser Anspruch besteht, soweit Auskünfte erforderlich sind, um festzustellen, ob ein Schadenersatzanspruch nach dem Umwelthaftungsgesetz gegeben ist. Die **Auskunftsobliegenheit** des Inhabers der Anlage beschränkt sich jedoch auf Angaben über die verwendeten Einrichtungen, die Art und Konzentration der eingesetzten und freigesetzten Stoffe und die sonst von der Anlage ausgehenden Wirkungen sowie die besonderen Betriebspflichten i. S. des § 6 Abs. 3 UmweltHG. Der Grund für diese gesetzliche Regelung besteht darin, daß dem Geschädigten regelmäßig der Einblick in die anlageninternen Betriebsabläufe fehlt, während der Anlageninhaber aufgrund seiner Sachnähe über diese Kenntnisse verfügt.[434] Durch die Beschränkung auf bestimmte Informationen soll dem **Schutz von Geschäfts- und Betriebsgeheimnissen** Rechnung getragen werden. Der Gesetzgeber hat hier die höchstrichterliche Rechtsprechung zur Beweislastverteilung für die deliktische Haftung in derartigen Fallgestaltungen nachgezeichnet.[435]

528 Kommt der Anlageninhaber seiner Auskunftspflicht nicht nach, kann dies bei einer gerichtlichen Auseinandersetzung um eine etwaige Schadenersatzforderung dazu führen, daß dem Geschädigten die Beweisführung bis hin zu **Beweislastumkehr** erleichtert wird. Diese Möglichkeit bietet sich im Rahmen der richterlichen Beweiswürdigung nach den von der Rechtsprechung entwickelten Grundsätzen zur **Beweisvereitelung**.[436] Eine solche Fallgestaltung liegt etwa vor, wenn der Anlageninhaber außerstande ist, die geforderten Auskünfte zu erteilen, weil er die entsprechenden Informationen pflichtwidrig nicht aufgezeichnet oder die aufgezeichneten Informationen pflichtwidrig nicht aufbewahrt hat.[437]

c) Ursachenvermutung und besondere Betriebspflichten

529 Die Ursachenvermutung entfällt, wenn die Anlage bestimmungsgemäß betrieben wurde. Mit **bestimmungsgemäßem Betrieb** ist der Normalbetrieb einer Anlage gemeint, der durch ihre Konstruktion sowie ihre Arbeits- und Funktionsweise vorgegeben ist. Hierzu zählt zunächst die Einhaltung der öffentlich-rechtlichen Betriebspflichten, wie sie sich aus den Genehmi-

---

[433] Vgl. *Feldhaus*, UPR 1992, 161 (163 f.); *Landsberg/Lülling*, § 6 Rdnr. 56.

[434] Vgl. *Landsberg/Lülling*, § 6 Rdnr. 59.

[435] Siehe oben Rdnr. 503 ff., 507 ff.

[436] Vgl. hierzu BGH, NJW 1980, 888; BGH, VersR 1978, 282; BGH, NJW 1976, 1316; BGH, NJW 1972, 1131; BGH, NJW 1963, 389; BGHZ 6, 226; RGZ 128, 125; RGZ 101, 198; ferner *Feldhaus*, UPR 1992, 161 (164); *Landsberg/Lülling*, § 6 Rdnr. 58; *Stephan*, in: *Zöller*, Vor § 284 Rdnr. 21.

[437] Vgl. BGHZ 72,137; BGHZ 6, 226; ferner *Feldhaus*, UPR 1992, 161 (164); *Landsberg/Lülling*, § 6 Rdnr. 58.

gungsunterlagen ergeben. Nach § 6 Abs. 2 Satz 2 UmweltHG umfaßt der bestimmungsgemäße Betrieb auch die Einhaltung der **besonderen Betriebspflichten** und das Nichtvorliegen von **Betriebsstörungen**.

Die genannten besonderen Betriebspflichten müssen sich aus **Verwaltungsakten** – etwa immissionsschutzrechtlichen Genehmigungen (§ 4 BImSchG), Auflagen (§ 12 BImSchG) oder nachträglichen Anordnungen (§ 17 BImSchG), wasserrechtlichen Erlaubnissen oder Bewilligungen (§§ 7, 8 WHG), abfallrechtlichen Planfeststellungsbeschlüssen (§ 31 Abs. 2 KrW-/AbfG) usw. – oder **Rechtsvorschriften** – d. h. den einschlägigen umweltrechtlichen Gesetzen und Verordnungen – ergeben. Die hieraus folgenden Betriebspflichten sind umwelthaftungsrechtlich relevant, wenn sie der Verhinderung von Umwelteinwirkungen dienen, die für die Verursachung des Schadens in Betracht kommen. 530

Zu den besonderen Betriebspflichten ist deshalb beispielsweise die Verpflichtung nach §§ 7, 8 Störfall-Verordnung zu rechnen, eine **Sicherheitsanalyse** anzufertigen und zu aktualisieren. Obwohl es sich hierbei in erster Linie um ein internes **Kontrollinstrument** des Betreibers handelt, das ihm durch die Erkennung von Schwachstellen ermöglichen soll, die Anlagensicherheit zu verbessern,[438] erlangt es über § 6 Abs. 3 UmweltHG Außenwirkung gegenüber Dritten. 531

Der Konstruktion des § 6 Abs. 2 und 3 UmweltHG ist sicherlich formaljuristisch klar und insoweit nicht zu beanstanden, führt in der betrieblichen Praxis gleichwohl zu Schwierigkeiten. Dort wird der bestimmungsgemäße Betrieb einer Anlage in erster Linie durch die tatsächlichen und in zweiter Linie durch die rechtlichen Verhältnisse festgelegt. Die **herkömmliche betriebsinterne Überwachungspraxis** ist vorrangig auf einen **störungsfreien technischen Ablauf** und damit auf die Einhaltung betriebstechnischer Bestimmungen ausgerichtet. Bei dieser Gelegenheit wird auch die Beachtung der rechtlichen Vorgaben überprüft; sie steht aber regelmäßig nicht im Vordergrund. Demgegenüber verengt § 6 Abs. 2 und 3 UmweltHG das Blickfeld auf Rechts- und Verwaltungspflichten.[439] 532

5. Ausblick: Umwelthaftung in der Europäischen Union

Bereits im März 1993 hat der Europarat eine „Konvention über die zivilrechtliche Haftung für Schäden durch umweltgefährdende Tätigkeiten" verabschiedet, deren Regelungen weit über die Haftung nach dem deutschen Umwelthaftungsgesetz hinausreichen. So beinhaltet die Konvention eine **Gefährdungshaftung**, die – anders als diejenige nach dem Umwelthaftungsgesetz – nicht anlagenbezogen ist, sondern allgemeiner an die **Ausübung umweltgefährdender Tätigkeiten** anknüpft. Des weiteren sollen danach auch **reine Umweltschäden** ersetzt werden, während das deutsche Recht grund- 533

---

[438] So auch *Feldhaus*, UPR 1992, 161 (164) m. w. N. unter Hinweis auf die amtl. Begr., BR-Drs. 108/80, S. 34.

[439] Zu recht kritisch deshalb *Feldhaus*, UPR 1992, 161 (164).

sätzlich auf den Ersatz von Schäden an Individualrechtsgütern – Personen und Sachen – beschränkt ist.

534 Eine Reihe von Staaten haben die Konvention schon unterzeichnet; sie tritt nach ihrer dritten Ratifikation in Kraft. Hieran fehlt es bislang. Auch hat sich die Bundesrepublik Deutschland gegen die Unterzeichnung der Konvention ausgesprochen. Gleichwohl ist eine **Inanspruchnahme deutscher Unternehmen** vor allem **bei grenzüberschreitenden Umweltschäden** nach Maßgabe der Konvention aufgrund der Regeln des internationalen Privatrechts nicht ausgeschlossen, sobald das Übereinkommen erst einmal in Kraft ist.[440]

535 Die Konvention des Europarates veranlaßte die EG-Kommission, im Mai 1993 ein „**Grünbuch über die Sanierung von Umweltschäden**"[441] vorzulegen, in dem die vielschichtige Problematik der **Einführung eines Umwelthaftungssystems auf europäischer Ebene** beleuchtet wurde. Die EG-Kommission verfolgt hierbei zwei Grundlinien: Kann natürlichen oder juristischen Personen die Verursachung eines Umweltschadens nachgewiesen werden, sollen diese – zum einen – einem strengen Haftungsregime unterstellt werden; scheitert ein solcher Nachweis, so sollen – zum anderen – kollektive Entschädigungssysteme zur Beseitigung der Umweltschäden eingerichtet werden.[442] Noch im Jahr 1996 wird mit der Veröffentlichung eines Vorschlags für eine **EG-Richtlinie** mit dem zuvor skizzierten Inhalt durch die EG-Kommission gerechnet.[443]

6. Umweltaudit im zivilrechtlichen Haftungssystem

536 Der zuvor gegebene Überblick über das Umwelthaftungsrecht verdeutlicht, daß die Vorteile des Umweltaudits keineswegs auf die **Imagewerbung** beschränkt sind. Vielmehr kann es gerade bei der **Klärung von Haftungsfragen** ausschlaggebende Bedeutung gewinnen. Angesichts der für zahlreiche Haftungstatbestände gesetzlich normierten oder von der Rechtsprechung entwickelten Beweiserleichterungen zugunsten des Geschädigten kommt es für den Unternehmer vorrangig darauf an, die **Regel-Beweislastverteilung wiederherzustellen**.

537 Wenn der Unternehmer auf Schadenersatz in Anspruch genommen wird, führen die Beweiserleichterungen zugunsten des Anspruchstellers dazu, daß sich der Unternehmer weitgehend entlasten muß. Je nach Haftungstatbestand erstreckt sich diese Notwendigkeit – wie zuvor gezeigt – von der Einhaltung allgemeiner **Verkehrssicherungspflichten**, **zusätzlicher Gefahrenabwendungspflichten** sowie **allgemeiner und besonderer Betriebspflichten** über die **sorgfältige Auswahl und Überwachung eingeschalteter Dritter** bis hin

---

[440] So etwa *Küpper*, BB 1996, 541 m. w. N.; vgl. ferner *Kiethe/Schwab*, EuZW 1993, 437 (439 f.).

[441] BR-Drs. 436/93.

[442] Vgl. *Küpper*, BB 1996, 541 (542); *Kiethe/Schwab*, EuZW 1993, 437 (439 f.)

[443] So etwa *Küpper*, BB 1996, 541 (542).

zum **Nachweis der Nichtursächlichkeit des Anlagenbetriebes** für den eingetretenen Schaden. Als **Beweismittel** kommen alle zivilprozessual vorgesehenen Möglichkeiten in Betracht:
- Beweis durch **Augenschein** (§§ 371 ff. ZPO),
- **Zeugenbeweis** (§§ 373 ff. ZPO),
- Beweis durch **Sachverständigen** (§§ 402 ff. ZPO),
- Beweis durch **Urkunden** (§§ 415 ff. ZPO) und
- Beweis durch Parteivernehmung (§§ 445 ff. ZPO).

Diesen Nachweis können die verschiedenen Elemente des Umweltaudits **538** erleichtern:
- Zunächst erfordert das Umweltaudit die Durchführung einer Umweltprüfung. Diese **erste Untersuchung** beinhaltet alle umweltrelevanten Fragen in tatsächlicher und rechtlicher Hinsicht. Sie schließt mit einer bewerteten Bestandsaufnahme ab.
- Das **Umweltmanagementsystem**, das im Unternehmen zu installieren ist, umfaßt Organisationsstruktur, betriebsinterne Zuständigkeitsregelungen, Verfahren, Abläufe und Mittel zur Verwirklichung der betrieblichen Umweltpolitik. Es beinhaltet damit unter anderem die Einrichtung von Ablaufkontrollen und Arbeitsanweisungen, durch die der betriebliche Umweltschutz gewährleistet wird.
- Die nachfolgende **Umweltbetriebsprüfung** schließt eine systematische, objektive und dokumentierte Analyse von Organisation, Management und Betriebsabläufen ein. Sie ist regelmäßig, spätestens nach drei Jahren zu wiederholen. Erfaßt werden hierbei selbstverständlich alle umweltrelevanten Betriebsvorgänge.
- Schließlich wird durch die **Gültigerklärung der Umwelterklärung** von einem unabhängigen zugelassenen Umweltgutachter bestätigt, daß die vom Unternehmen an dem geprüften Standort ergriffenen Maßnahmen geeignet sind, das Ziel einer kontinuierlichen Verbesserung des betrieblichen Umweltschutzes zu erreichen.

Aufgrund dieser Komponenten kann das Umweltaudit neben seiner ei- **539** gentlichen Zweckbestimmung sinnvoll als **systematisches Dokumentations- und Nachweisinstrument für einen ordnungsgemäßen und störungsfreien Betriebsablauf** genutzt werden. Der Unternehmer kann hierdurch im Schadensfall die zu seinen Lasten und zugunsten des Geschädigten bestehenden Beweiserleichterungen entkräften bzw. etwaige Verursachungsvermutungen widerlegen. Darüber hinaus dokumentiert er standortbezogen die Ortsüblichkeit seiner betrieblichen Tätigkeiten einschließlich der Erfüllung seiner **Verkehrssicherungspflichten und etwaiger zusätzlicher Gefahrenabwehrpflichten**. Sofern der Unternehmer Dritte in die Pflichtenerfüllung eingeschaltet hat, erleichtert ihm eine gewissenhafte Darstellung seiner Aufbau- und Ablauforganisation die Beweisführung hinsichtlich der sorgfältigen und ordnungsgemäßen Auswahl und Überwachung dieser Dritten. Schließlich verleihen Prüfung und Validierung der betrieblichen Umweltschutzanstrengungen durch den Umweltgutachter den unternehmerischen Anstrengungen besonderes Gewicht.

Dem Unternehmer stehen damit zahlreiche Beweismittel in Form von **540** Urkunden und Zeugenaussagen seiner Mitarbeiter und insbesondere seiner

Umweltschutzbeauftragten zur Verfügung. Gesteigert wird die entlastende Wirkung dieses Materials durch die Möglichkeit, den bzw. die Umweltgutachter sowie die Inhaber von Fachkenntnis- und Lehrgangsbescheinigungen als **sachverständige Zeugen** zu hören. Deren Aussage wird infolge ihrer durch die Zulassungsvoraussetzungen herausgehobenen Stellung besondere Bedeutung zuteil werden.

541 Den genannten Gesichtspunkten wird noch ein weit größerer Stellenwert zukommen, wenn das bislang geplante **Umwelthaftungssystem auf europäischer Ebene** in deutsches Recht umgesetzt wird.

542 Die Teilnahme am Umweltauditsystem umfaßt nicht nur die Bereitschaft zu einer kontinuierlichen Verbesserung des betrieblichen Umweltschutzes, sondern gerade auch die **Selbstverpflichtung zur Einhaltung des geltenden Umweltrechts.**[444] Das Umweltaudit ist also in besonderem Maße geeignet, aus Unternehmersicht auch als **Vorsorgeinstrument gegen umwelthaftungsrechtliche Inanspruchnahme** zu dienen.[445]

---

[444] Zu der nicht zu unterschätzenden Bedeutung dieser Verpflichtung siehe oben Rdnr. 64.

[445] So auch *Rehbinder*, S. 63, bereits im Hinblick auf die Dokumentationsorientierung des BS 7750; er versteht dies jedoch im Vergleich mit der Gewichtung der Qualitätssicherungsstrategien als Kritik.

VI. Umweltaudit und Umweltstrafrecht

Eine Darstellung des Umweltaudits wäre unvollständig ohne einen kurzen Abriß seiner Funktion innerhalb der strafrechtlichen Umweltverantwortung von Unternehmen. Staatsanwaltschaftliche Ermittlungsverfahren wegen des Verdachts der Verwirklichung von **Straftaten gegen die Umwelt** und Ordnungswidrigkeitenverfahren entwickeln sich häufig aus Verwaltungsverfahren. Dies geschieht etwa im Zusammenhang mit der Anlagenüberwachung oder der Feststellung von Boden- und Grundwasserverunreinigungen anläßlich der Durchführung von baulichen Veränderungen. In solchen Situationen sind Betriebsinhaber, Geschäftsführer und Mitarbeiter von Unternehmen möglicherweise Sanktionen ausgesetzt, die sowohl in ihren persönlichen Bereich eingreifen als auch für das Unternehmen wegen der Öffentlichkeitswirksamkeit derartiger Verfahren weitreichende wirtschaftliche Folgen haben können. Insbesondere die hierdurch verursachten **Imageverluste** schaden dem Unternehmen regelmäßig mehr als das eigentliche Straf- oder Ordnungswidrigkeitenverfahren. **543**

Ein erfolgreiches Umweltaudit ist in mehrfacher Hinsicht geeignet, die Risiken einer **Verwirklichung von Umweltstraftatbeständen** nachhaltig zu verringern, und wirkt sich positiv auf **Ermittlungs- und Strafverfahren** aus. **544**

1. Vermeidung und Begrenzung strafrechtlich relevanter Risiken

a) Verschärfung des Umweltstrafrechts

Das **zweite Gesetz zur Bekämpfung der Umweltkriminalität**[446] hat zum 1.11. 1994 zahlreiche Veränderungen in bezug auf die Umweltstraftaten nach §§ 324ff. StGB und das Ordnungswidrigkeitenrecht (§§ 30, 130 OWiG) gebracht. Aus dem drastisch verschärften Umweltstrafrecht folgen deutlich höhere Anforderungen an die betriebliche Praxis. So wurden zum einen **Neufassungen einzelner Umweltstraftatbestände**, etwa der §§ 324a, 326, 330 StGB, vorgenommen und die Möglichkeiten der **Einziehung** (§ 330c StGB) sowie der **Vermögensbeschlagnahme** beim Beschuldigten (§ 443 Abs. 1 S. 1 Nr. 2 StPO) erheblich erweitert.[447] Zum anderen wurden § 75 StGB und im **Ordnungswidrigkeitenrecht** die §§ 30, 130 OWiG geändert. **545**

§ 75 Nr. 4 StGB erweiterte die strafrechtlichen Verantwortlichkeiten: Wurden zuvor nur strafrechtlich relevante Handlungen, die jemand als **Or-** **546**

---

[446] Zweites Gesetz zur Bekämpfung der Umweltkriminalität (31. StrÄndG – 2. UKG) vom 27.6.1994 (BGBl. I S. 1440).

[447] Ausführlich zu den Neufassungen der einzelnen Straftatbestände *Knopp*, BB 1994, 2219ff.; vgl ferner *Sanden*, wistra 1995, 283 (285) m.w.N.

gan oder Vertreter einer juristischen Person oder einer vergleichbaren Personenvereinigung vornahm, dem Vetretenen wie eigene Handlungen zugerechnet, so erfolgt nun eine Zurechnung auch der **Handlungen gewillkürter Vertreter**. So werden die Handlungen von **Generalbevollmächtigten** oder von **Prokuristen** in leitender Stellung oder **Handlungsbevollmächtigten** der juristischen Person oder der anderen in § 75 Nr. 2 und 3 StGB genannten Personenvereinigung zugerechnet. Dementsprechend bestimmt nun auch § 30 OWiG in bezug auf die **Verbandsgeldbuße**, daß nicht die Verantwortlichkeit eines Organs einer juristischen Person oder einer Personenvereinigung für eine Tat Voraussetzung der Verhängung der Geldbuße ist, sondern die eines solchen gewillkürten Vertreters genügt (§ 30 Abs. 1 Nr. 4 OWiG). Hierdurch sollte der Funktion leitender Angestellter im Unternehmen Rechnung getragen werden.[448]

547 Aus dieser Änderung resultiert für das Unternehmen ein erhöhtes Risiko, eine Verbandsgeldbuße zahlen zu müssen. Eine weitere Steigerung dieses Risikos erwächst aus der neueren Rechtsprechung des Bundesgerichtshofes.[449] Danach erfordert die Verhängung einer Geldbuße auf der Grundlage des § 30 OWiG bei mehreren möglichen Verantwortlichen **nicht** etwa **die namentliche Feststellung des konkret pflichtwidrig Handelnden.**

548 Die entscheidende Änderung des umweltrelevanten Ordnungswidrigkeitenrechts betrifft die **Verletzung der Aufsichtspflichten im Betrieb** (§ 130 OWiG). Nach der alten Fassung war der Betriebsinhaber strafrechtlich verantwortlich, wenn er Zuwiderhandlungen gegen Pflichten durch seine Mitarbeiter durch eine ordnungsgemäße Erfüllung seiner Aufsichtspflicht hätte verhindern können. Dieser Kausalzusammenhang war von den Umweltbehörden bisher im Einzelfall nachzuweisen. Die Neufassung hingegen läßt es für die Verantwortlichkeit des Betriebsinhabers genügen, wenn die festgestellten Zuwiderhandlungen durch gehörige Aufsicht wesentlich erschwert worden wären. Die Aufsichtspflichtverletzung rechtfertigt somit die Sanktion bereits, wenn sie die **Gefahr eines Gesetzesverstoßes** verursacht hat. Mit dieser Regelung soll rechtswidrigen Verletzungen betriebsbezogener Pflichten begegnet werden, bei denen der Betriebsinhaber als Täter ausscheidet, weil er selbst nicht positiv gehandelt hat oder nicht in der Lage war, die Pflicht zu erfüllen. Schließlich ist der Inhaber eines Betriebes grundsätzlich verpflichtet, die erforderlichen Aufsichtsmaßnahmen zu treffen, um die Einhaltung betriebsbezogener sanktionsbewehrter Ge- und Verbote sicherzustellen. Die Neuregelung dient somit gleichsam dem Ausgleich dafür, daß auf die Schaffung eines Straftatbestandes der straftatbezogenen Aufsichtspflichtverletzung bewußt verzichtet wurde. Dem Gesetzgeber erschien es zweckmäßiger, den Tatbestand des § 130 OWiG „bereits bei einer **wesentlichen Gefahrenerhöhung durch Unterlassen von Aufsichtsmaßnahmen** anzuwenden“. Ferner wurde die Regelung des § 130 Abs. 1 OWiG gestrichen, so daß nunmehr § 9 OWiG anzuwenden ist. **Tauglicher Täter** im Sinne des § 130 OWiG ist damit jeder

[448] So auch *Sanden*, wistra 1995, 283 (285) unter Hinweis auf die Begründung zum Gesetzesentwurf, BT-Drs. 12/192, S. 32.

[449] BGH, NStZ 1994, 346.

aufsichtführende Mitarbeiter, der selbständig und verantwortlich handelt. Damit sind vor allem besondere Kontrollorgane unterhalb der Vorstandsebene angesprochen.[450]

b) Risiken der Tatbestandsverwirklichung

Eine der einschneidendsten und im Hinblick auf das Umweltauditsystem interessantesten Änderungen des Umweltstrafrechts ist an einer vergleichsweise unverdächtigen Stelle im Zusammenhang mit den Begriffsbestimmungen erfolgt: Die Tatbestandsverwirklichung etwa einer **Gewässer-, Boden- oder Luftverunreinigung** oder einer **umweltgefährdenden Abfallbeseitigung** sollte für jeden zumindest im Sinne einer Parallelwertung in der Laiensphäre leicht faßbar sein. Der Gesetzgeber hat nun aber an verschiedenen Stellen die **Verletzung verwaltungsrechtlicher Pflichten** zum Tatbestandsmerkmal erklärt (vgl. §§ 324a Abs. 1, 325 Abs. 1 und 2, 325a Abs. 1 und 2, 326 Abs. 3 sowie 328 Abs. 3 StGB). 549

Die durch das 2. UKG neu eingefügte Nr. 4 des § 330d StGB definiert eine verwaltungsrechtliche Pflicht als **Pflicht**, die sich aus 550

- einer Rechtsvorschrift,
- einer gerichtlichen Entscheidung,
- einem vollziehbaren Verwaltungsakt,
- einer vollziehbaren Auflage oder
- einem öffentlich-rechtlichen Vertrag, soweit die Pflicht auch durch einen Verwaltungsakt hätte auferlegt werden können,

ergibt und dem **Schutz vor Gefahren oder schädlichen Einwirkungen auf die Umwelt**, insbesondere auf Menschen, Tiere oder Pflanzen, Gewässer, die Luft oder den Boden, dient.

Für den Unternehmer birgt diese Begriffsbestimmung nicht ohne weiteres erkennbare Risiken. An dem Gerichtsverfahren, an dessen Ende die Pflichten begründende Entscheidung steht, wird er regelmäßig beteiligt gewesen sein. Ebenso wird er Adressat des vollziehbaren Verwaltungsakts oder der vollziehbaren Auflage sein. Auch wird er an dem öffentlich-rechtlichen Vertrag mitgewirkt haben. Die sich hieraus für ihn ergebenden Pflichten sind ihm also jedenfalls bekannt. Anders verhält es sich hingegen mit Pflichten, die sich unmittelbar aus **Rechtsvorschriften** ergeben. Ein nur schwer abschätzbares Risiko ergibt sich hier für ihn aus der **kaum noch überschaubaren Fülle von Vorschriften**. Insoweit kommen nicht nur die gesetzlichen und untergesetzlichen Regelungen des Bundes und der Länder in Betracht, sondern auch Normen auf europäischer, Kreis- und Kommunalebene.[451] Ein zusätzliches Problem erwächst aus den nicht minder zahlreichen **normkonkretisierenden bzw. norminterpretierenden Verwaltungsvorschriften**, die unbestimmte Rechtsbegriffe in Gesetzen und Verordnungen ausfüllen 551

---

450 Vgl. *Sanden*, wistra 1995, 283 (285) unter Hinweis auf die Begründung des Gesetzentwurfs, BT-Drs. 12/192, S. 33f., 43; ferner *Knopp*, BB 1994, 2219 (2223).

451 *Lohse*, passim, listet über 4.500 Rechtsvorschriften allein des Bundes und der Länder auf.

und auf diese Weise den **Inhalt der strafrechtlich relevanten verwaltungsrechtlichen Pflichten** bestimmen, obwohl sie für den Unternehmer vielfach nicht ohne weiteres zugänglich sind.

552 Die Schwierigkeit besteht für den Unternehmer zunächst darin, sich über sämtliche ihn betreffenden verwaltungsrechtlichen Pflichten zu informieren. Erst danach kann er Vorkehrungen treffen, um deren Einhaltung zu gewährleisten. Zu diesem Zweck kann der im Rahmen der ersten Umweltprüfung erstellte und anschließend fortzuschreibende **Umweltrechtsstatus** dienen. Der Umweltrechtsstatus ist Teil der unternehmerischen Bestandsaufnahme, die am Beginn des Umweltaudits steht. Er beinhaltet eine Zusammenstellung der für den Standort maßgebenden Rechts- und Verwaltungsvorschriften sowie sonstigen umweltpolitischen Anforderungen und umfaßt insbesondere die Festlegungen in Genehmigungen, Erlaubnissen, Bewilligungen, Auflagen und sonstigen behördlichen Anordnungen.[452] Auch das einzurichtende **Umweltmanagementsystem** schließt die Registrierung aller Rechts- und Verwaltungsvorschriften und sonstigen umweltpolitischen Anforderungen in bezug auf die umweltrelevanten Aspekte der unternehmerischen Tätigkeiten, Produkte und Dienstleistungen sowie die regelmäßige Aktualisierung dieses Verzeichnisses ein (Anhang I Teil B Nr. 3 EG-UAVO).[453] Diese beiden **Elemente des Umweltauditsystems** vermitteln dem Unternehmer die Kenntnis aller seinen Betrieb betreffenden verwaltungsrechtlichen Pflichten und versetzen ihn so in die Lage, **organisatorische Maßnahmen** zur Erfüllung dieser Pflichten zu treffen.

553 Darüber hinaus ermöglicht das Umweltaudit durch die Umwelt(betriebs)prüfung, die Auditierung durch den unabhängigen Umweltgutachter und die damit jeweils einhergehende umfassende Dokumentation eine effektive **Schwachstellenanalyse**, die dem Unternehmen ein frühzeitiges Gegensteuern erlaubt.[454] Er kann Ursachen möglicher Störfälle rechtzeitig erkennen und im Vorfeld die geeigneten Schritte zu deren Vermeidung bzw. zur Risikominimierung treffen. Diesem Zweck dienen mittelbar bestimmte Elemente von **Umweltpolitik, -programm, -betriebsprüfung und -managementsystem**: So muß das Unternehmen etwa nach Anhang I Teil B Nr. 3 EG-UAVO nicht nur die Folgen normaler Betriebsbedingungen, sondern auch die denkbaren **Folgen von abnormalen Betriebsbedingungen, Vorfällen, Unfällen und möglichen Notfällen bewerten**, nach Anhang I Teil C Nr. 9 EG-UAVO die Gesichtspunkte der **Verhütung und Begrenzung umweltschädigender Unfälle** berücksichtigen und **besondere Verfahren bei Eintreten derartiger Unfälle entwickeln** (Anhang I Teil C Nr. 10 und Teil D Nr. 8 EG-UAVO). Auf diese Weise verringert sich zugleich die Gefahr, daß Betriebsinhaber, Geschäftsführer oder Mitarbeiter Straftaten nach §§ 324ff. StGB oder Ordnungswidrigkeiten begehen.

554 Die Gefahr eines Straf- oder Ordnungswidrigkeitenverfahrens besteht außerdem im Zusammenhang mit der **Bewältigung tatsächlich eingetretener Störfälle**. Auch diesem Risiko läßt sich mit einem erfolgreichen Umweltau-

---

[452] Siehe Rdnr. 73.

[453] Siehe Rdnr. 126.

[454] Siehe Rdnr. 218ff.

dit wirkungsvoll begegnen: So sind nach der **guten Managementpraktik Nr. 8** gemeinsam mit den Behörden besondere Verfahren auszuarbeiten und auf dem neuesten Stand zu halten, um die **Auswirkungen unfallbedingter Emissionen** möglichst gering zu halten (Anhang I Teil D Nr. 8 EG-UAVO).[455] Wird auf diese Weise sichergestellt, daß derartige Störfälle in Zusammenarbeit mit den zuständigen Behörden wirksam bekämpft werden, können Straf- und Ordnungswidrigkeitenverfahren vermieden werden.

c) Risikosteuerung durch Organisation

Im Hinblick auf die betriebliche Organisation sind im Umweltstrafrecht zwei Aspekte von besonderem Interesse: zum einen der von der Rechtsprechung des Bundesgerichtshofes[456] entwickelte Grundsatz der **Allzuständigkeit der Geschäftsführung**, zum anderen die Folgen der **Delegation von umweltbezogener Verantwortung** innerhalb des Unternehmens. 555

Das Geschehen im Unternehmen wird durch die betriebliche Organisation gesteuert und damit durch **Hierarchie, Delegation und Arbeitsteilung** gekennzeichnet.[457] Die Prüfung der strafrechtlichen Verantwortlichkeit innerhalb eines größeren Unternehmens setzt deshalb regelmäßig bei der Geschäftsleitung, bei dem vertretungsberechtigten Organ einer Gesellschaft an (§ 14 Abs. 1 Nr. 1 StGB). Bei einer Aktiengesellschaft etwa ist dies der Vorstand, der das Unternehmen „unter eigener Verantwortung leitet" (§ 76 Abs. 1 AktG). Sofern kein anderer Verantwortlicher bestimmt werden kann, hat der Vorstand eine **Garantenstellung**; er ist dafür verantwortlich, daß in seinem Machtbereich, der regelmäßig das gesamte Unternehmen umfaßt, keine Straftaten gegen die Umwelt begangen werden. Hier besteht eine **Gemeinschaftsverantwortung** mehrerer oder aller Mitglieder, zwar nicht im Sinne einer Kollektivverantwortung, wohl aber als **gesellschaftsrechtliche Mitverantwortung** für die innerhalb des Gesamtvorstandes abgestimmten Maßnahmen. Eine **Aufgabenverteilung nach unterschiedlichen Ressorts** innerhalb des Vorstandes führt nicht zu einer Entlastung: Es ist zwar Sinn und Zweck der Ressortbildung, daß der Ressortverantwortliche eigenverantwortlich die Aufgaben seines Bereichs erfüllt, so daß die übrigen Vorstandsmitglieder regelmäßig in der Anfangsphase umweltrelevanter Vorgänge auf dessen fehlerfreies Verhalten vertrauen dürfen. Gleichwohl bleibt die **Gesamtverantwortung** aller Vorstandsmitglieder **für das betriebliche Gesamtgeschehen** bestehen. Die Ressortbildung führt somit nicht zu einem Wegfall der Mitverantwortlichkeit der übrigen, vielmehr muß im Rahmen der Gesamtverantwortung gewährleistet sein, daß sich der jeweilige Ressortverantwortliche wichtiger Vorgänge innerhalb seines Aufgabenbereichs annimmt und diese mit den übrigen Vorstandsmitgliedern abstimmt. Insofern 556

---

455 Ausführlich hierzu Rdnr. 130 ff.

456 BGHSt 37, 131.

457 Vgl. *Schünemann*, S. 137 (139) m. w. N., der ebenso zutreffend wie plastisch ausführt, daß das moderne Strafrecht anhand der Lebensformen sozialer Außenseiter entwickelt wurde und nun durch die Übertragung auf Unternehmenshierarchien tiefgreifende Änderungen erfährt.

bestehen **Garantenpflichten des Gesamtvorstandes** bei der Beauftragung eines einzelnen Vorstandsmitglieds mit bestimmten Aufgaben. Diese umfassen nicht nur die Mitwirkung bei grundlegenden Entscheidungen des betreffenden Ressorts, sondern reichen bei Problemfällen von Nachfragen gegenüber dem Ressortverantwortlichen über die zustimmende Kenntnisnahme von Maßnahmen zur Problembewältigung bis hin zur gemeinschaftlichen Beschlußfassung des Gesamtvorstandes in bezug auf das weitere Vorgehen.[458] Dies gilt **unabhängig von der Rechtsform des Unternehmens** für **jede mehrköpfige Geschäftsleitung**.

557 Ähnliche Überlegungen gelten für die **Delegation bestimmter Aufgaben** auf nachgeordnete Mitarbeiter. Eine „Enthaftung" von der strafrechtlichen Verantwortlichkeit findet nur insoweit statt, als den Mitarbeitern nicht nur die umweltbezogene Verantwortung übertragen wird, sondern auch die hiermit korrespondierende innerbetriebliche Entscheidungsbefugnis eingeräumt wird.[459] Hingegen verbleiben die **Organisations- und Aufsichtspflichten** im Verhältnis zum Delegationsempfänger beim Delegierenden; dies gilt auch für weitere Übertragungen auf nachfolgende Hierarchieebenen. Der Delegierende wird demzufolge niemals vollständig aus seinen Pflichten entlassen. Findet eine solche Delegation der Verrichtung oder der Überwachung bestimmter Aufgaben lediglich auf dem Papier statt, erhält der Delegationsempfänger also keine Befugnisse, liegt die strafrechtliche Verantwortung für ein Unterlassen unvermindert beim Vorstand.

558 Die strafrechtliche Verantwortlichkeit der Geschäftsleitung und die einschneidenden Änderungen des umweltbezogenen Ordnungswidrigkeitenrechts in bezug auf die Verbandsgeldbuße und die Verletzung von Aufsichtspflichten verdeutlichen die **Notwendigkeit klarer Organisationsstrukturen und dokumentierter Kompetenzregelungen** innerhalb eines Unternehmens. Je besser die Betriebsorganisation eines Unternehmens ist, um so eher wird ihm der Nachweis gelingen, daß Pflichten im Einzelfall nicht verletzt sind.[460]

559 Hier kann das **System von Umweltmanagement und Umweltbetriebsprüfung** wertvolle Dienste leisten: So verlangt Anhang I Teil B Nr. 2 EG-UAVO die Definition und Beschreibung von Verantwortung, Befugnissen und Beziehungen zwischen den **Beschäftigten in Schlüsselfunktionen**, die die Arbeitsprozesse mit Auswirkungen auf die Umwelt leiten, durchführen und überwachen. Außerdem ist ein **Managementvertreter** zu bestellen, der mit Befugnissen und Verantwortung für die Anwendung und Aufrechterhaltung des Managementsystems ausgestattet ist. Ferner ist eine **funktionsfähige Aufbau- und Ablauforganisation** zu installieren, die unter anderem die Erstellung **dokumentierter Arbeitsanweisungen** umfaßt, in denen festgelegt ist, wie die Tätigkeit entweder von den Beschäftigten des Unternehmens oder von anderen, die für sie handeln, durchgeführt werden muß (Anhang I Teil B Nr. 4

---

458 Vgl. *Schmidt-Salzer*, NJW 1996,1 (4f.) m.w.N.; *Sanden*, wistra 1995, 283 (285); *Schünemann*, S. 137 (139, 150, 159); *Kloepfer/Vierhaus*, Rdnr. 66 ff. m.w.N.

459 Vgl. etwa *Sanden*, wistra 1995, 283 (285) m.w.N.; ähnlich *Kloepfer/Vierhaus*, Rdnr. 65.

460 So auch *Sanden*, wistra 1995, 283 (285).

EG-UAVO). Des weiteren ist eine **Umweltmanagement-Dokumentation** zu erstellen, in der die **Schlüsselfunktionen** und -verantwortlichkeiten beschrieben sind. Schließlich sind geeignete Vorkehrungen für die unternehmensinterne und -externe Information in Form von „**Kommunikationssträngen**" zu treffen, durch die „Umweltunfälle" infolge von Mißverständnissen und Kommunikationsstörungen innerhalb des Unternehmens oder zwischen dem Unternehmen und den Behörden verhindert werden können. Auf diese Weise wird zugleich eine **Notfallorganisation** eingerichtet. Wenngleich sich etwaige „Ausreißer" auch durch eine noch so perfekte Betriebsorganisation nicht völlig ausschließen lassen, trägt das Umweltauditsystem doch durch das Managementsystem, die Betriebsprüfungen und nachfolgende Systemverbesserungen nachhaltig zu einer sicheren Bewältigung des Normalbetriebes und einer raschen Störfallbeseitigung bei.

Zugleich genügt derjenige, der das Umweltauditsystem in seinem Unter- **560**
nehmen erfolgreich einführt, den verschärften Anforderungen des § 130 OWiG. Die von einem unabhängigen Umweltgutachter unter anderem **validierte Betriebsorganisation** ist gewiß geeignet, die **Verletzung bußgeldbewehrter betriebsbezogener Pflichten** durch Mitarbeiter zu verhindern oder zumindest wesentlich zu erschweren. Außerdem wird die Geschäftsleitung ihren **strafrechtlich relevanten Organisations- und Aufsichtspflichten** durch eine solche Betriebsorganisation am ehesten gerecht, indem sie in dokumentierter Form Verantwortung und Kompetenzen in bezug auf umweltrelevante Aufgaben delegiert. Sie gibt auf diese Weise organisatorisch den Rahmen dafür vor, daß die nachgeordneten Beschäftigten keine Umweltstraftaten im Sinne der §§ 324 ff. StGB begehen. Schließlich läßt sich ein etwaiger **Fahrlässigkeitsvorwurf** gegenüber potentiellen Umweltstraftätern auf Geschäftsleitungsebene sehr viel leichter entkräften.[461]

2. Auswirkungen auf strafrechtliche Ermittlungsverfahren

Ein erfolgreiches Umweltaudit vermag nicht nur als **vorbeugende Ab-** **561**
wehrstrategie im Bereich des Umweltstrafrechts und des umweltbezogenen Ordnungswidrigkeitenrechts zu dienen. Vielmehr hat es durchaus positive Auswirkungen auf die Untersuchungstätigkeit der Ermittlungsbehörden. Grundsätzlich ist jedes Unternehmen auf einen möglichst weitgehenden **Schutz seiner Betriebs- und Geschäftsgeheimnisse** bedacht,[462] demgegenüber ist die wegen Umweltstraftaten ermittelnde Staatsanwaltschaft um eine rückhaltlose Aufklärung bemüht. Sie erlangt zunächst nur punktuell und anlaßbezogen von den Umweltauswirkungen der betrieblichen Tätigkeit Kenntnis. Aus diesem Grunde verfügt sie zu **Beginn eines Ermittlungsverfahrens** zwangsläufig über einen deutlich schlechteren Informationsstand als die Umweltbehörden, denen die umweltrelevante Standortgeschichte auf-

[461] So auch *Sanden*, wistra 1995, 283 (286); *Knopp*, BB 1994, 2219 (2224).

[462] Zum Verhältnis von Umweltaudit und Geheimnisschutz siehe oben Rdnr. 241 ff.

grund ihrer Genehmigungs- und Überwachungspraxis bekannt ist. Nicht zuletzt deshalb betreibt sie eine **möglichst intensive und umfassende Aufklärung** in bezug auf alle umweltrelevanten Betriebsvorgänge.[463]

a) Schadensbegrenzung im Ermittlungsverfahren

562 Die Schaffung eindeutiger Aufbau- und Ablaufverfahren innerhalb des Unternehmens und die Definition klarer Betriebs- und Arbeitsabläufe sowie deren Dokumentation sind geeignet, die staatsanwaltschaftlichen Untersuchungen auf einen kleinen Kreis des in Verdacht stehenden Unternehmens zu begrenzen. So kann eine **straffe, dokumentierte und praktizierte Betriebsorganisation** die Ermittlungstätigkeit auf einen **Ausschnitt aus der betrieblichen Tätigkeit** beschränken. Die Feststellung der Handelnden und der Verantwortlichen wird erheblich erleichtert, weshalb es beispielsweise gerechtfertigt sein kann, ganze Abteilungen und damit eine größere Anzahl von Beschäftigten im Gesamtunternehmen und im konkret betroffenen Betrieb von den Nachforschungen auszunehmen.[464]

563 Auf diese Weise leistet die Einrichtung des Umweltauditsystems im Unternehmen einen wertvollen **Beitrag zur Schadensbegrenzung**: Zum einen werden die Betriebsabläufe im übrigen durch die Ermittlungstätigkeit so wenig wie möglich beeinträchtigt. Zum anderen besteht die berechtigte Hoffnung, daß die staatsanwaltschaftlichen Ermittlungen und ein eventuell nachfolgendes Strafverfahren in kürzerer Zeit abgeschlossen werden können. Auf diese Weise gerät das Unternehmen früher aus den „Schlagzeilen“, wodurch wiederum der **Imageverlust** infolge negativer „Publicity“ eines zwangsläufig öffentlichkeitswirksamen Verfahrens in Grenzen gehalten werden kann. Unter Umständen lassen sich einer konstruktiven Zusammenarbeit mit den Ermittlungsbehörden auf der Grundlage des Systems von Umweltmanagement und Umweltbetriebsprüfung noch positive Aspekte abgewinnen.[465]

b) Zugriffsmöglichkeiten der Staatsanwaltschaft

564 Für das Unternehmen von großer praktischer Bedeutung sind die Zugriffsmöglichkeiten der Ermittlungsbehörden auf die **Informationen über betriebliche Interna**, die im Rahmen des Umweltaudits zusammengetragen und dokumentiert werden. Das Unternehmen ist im Anschluß an seine **freiwillige Teilnahmeentscheidung** verpflichtet, dem unabhängigen Umweltgutachter gegenüber die erforderlichen Angaben zu machen. Dieser wiederum

---

[463] Vgl. *Sanden*, wistra 1995, 283 (284) m. w. N.; ferner zu den Wissensdefiziten der Strafverfolgungsbehörden *Kloepfer/Vierhaus*, Rdnr. 209 m. w. N.

[464] Wie hier *Knopp*, BB 1994, 2219 (2220) m. w. N.; ihm folgend *Sanden*, wistra 1995, 283 (287).

[465] *Knopp*, BB 1994, 2219 (2220), spricht insoweit plastisch davon, den „Flurschaden“ bei derartigen Ermittlungsverfahren zu begrenzen; vgl. ferner *Sanden*, wistra 1995, 283 (288).

hat seine Aufzeichnungen gemäß § 15 Abs. 2 Nr. 1 UAG zur Überprüfung durch die Zulassungsstelle bereitzuhalten. Auch die Registrierungsstelle erlangt innerhalb ihrer Befugnisse Kenntnisse von betrieblichen Vorgängen. Diese Informationen werden für die Ermittlungsbehörden von besonderem Interesse sein, weil sie infolge ihres Detaillierungsgrades und ihrer Strukturierung die Angaben in den Genehmigungs- und Überwachungsunterlagen der Umweltbehörden ausdrucksvoll ergänzen. Während das aufgrund der Verwaltungsvorgänge zu gewinnende Bild notwendig Stückwerk bleiben muß, erschließt sich unter Einbeziehung der durch das Umweltaudit erworbenen Informationen ein umfassender Gesamteindruck, der **tiefe Einblicke in betriebliche Vorgänge und Zusammenhänge** zuläßt. Dies betrifft etwa Angaben über die Betriebsorganisation und betriebliche Tätigkeiten außerhalb desjenigen Vorganges, der Anlaß des staatsanwaltschaftlichen Ermittlungsverfahrens ist. Vielsagend können ferner die Gründe sein, aus denen der Umweltgutachter eine Änderung oder Ergänzung der Umwelterklärung zur Voraussetzung der Validierung macht oder diese gänzlich ablehnt; deren Veröffentlichung ist zwar nicht vorgesehen, gleichwohl werden sie innerbetrieblich zu dokumentieren sein. Schließlich soll das Umweltaudit gerade eine **Schwachstellenanalyse** ermöglichen; unterläßt das Unternehmen jedoch die Behebung einer auf diese Weise entdeckten Schwachstelle, kann dieser „**Zufallsfund**" innerhalb der Ermittlungen weitere Nachforschungen nach sich ziehen.[466]

aa) Informationen anderer Behörden

Die Vorschriften der Strafprozeßordnung räumen der Staatsanwaltschaft **565**
ein **Auskunftsrecht gegen andere Behörden** ein: Nach § 161 StPO kann die Staatsanwaltschaft im Rahmen des Ermittlungszweckes „von allen öffentlichen Behörden Auskunft verlangen" kann. Dieser Anspruch wird durch § 14 Abs. 2 UAG, der seinerseits auf das Umweltinformationsgesetz verweist, keineswegs ausgeschlossen; nach § 4 Abs. 2 UIG bleiben andere Ansprüche auf Informationszugang von § 4 Abs. 1 UIG unberührt. Aus diesem Grund können insbesondere aus den §§ 7 Abs. 4, 8 Abs. 1 S. 2 und Abs. 2 S. 2 UIG **keine Informationszugangsbeschränkungen** für die Staatsanwaltschaft in bezug auf die den Behörden freiwillig übermittelten Angaben und den Schutz von Betriebs- und Geschäftsgeheimnissen abgeleitet werden.[467]

Grundsätzlich kann die Staatsanwaltschaft danach von der Registrie- **566**
rungsstelle und der Zulassungsstelle Auskunft begehren. Vor allem die der **Zulassungsstelle** im Rahmen ihrer Aufsichtstätigkeit von den Umweltgutachtern zur Verfügung zu stellenden Zweitschriften der Vereinbarungen mit dem Unternehmen über Gegenstand und Umfang der Begutachtung, der Berichte an die Unternehmensleitung, der validierten Umwelterklärungen und der Niederschriften über Besuche auf dem Betriebsgelände und

---

466 Vgl. *Sanden*, wistra 1995, 283 (287), der zu Recht die Befürchtung eines „gläsernen Betriebes" äußert. Siehe ferner zur Verwertbarkeit von Erkenntnissen aus der betrieblichen Eigenüberwachung *Kloepfer/Vierhaus*, Rdnr. 177 ff. m. w. N.

467 Wie hier *Sanden*, wistra 1995, 283 (287 f.) m. w. N.

die Gespräche mit dem Betriebspersonal (§ 15 Abs. 2 Nr. 1 und 4 UAG) dürften sehr aufschlußreich sein. Eine **Begrenzung des Auskunftsverlangens** in bezug auf die sensiblen Aufzeichnungen des Umweltgutachters folgt **faktisch** daraus, daß diese Unterlagen der Zulassungsstelle nur auf Verlangen vorzulegen und dort nicht ständig verfügbar sind, sowie **rechtlich** aus dem Ermittlungszweck, soweit er Umweltstraftaten eines auditierten Unternehmens betrifft. Demgegenüber wird die **Registrierungsstelle** aufgrund ihrer faktisch beschränkten Prüfungsbefugnisse außer der Umwelterklärung des Unternehmens nur über wenig aussagekräftiges Material verfügen.[468]

bb) Informationen des Umweltbetriebsprüfers und des Umweltgutachters

567 Über die aus Sicht des Unternehmens sensibelsten und aus Sicht der Ermittlungsbehörden aufschlußreichsten Informationen verfügen zwangsläufig der (interne oder externe) Umweltbetriebsprüfer und der unabhängige Umweltgutachter. Im Rahmen ihrer jeweiligen Tätigkeit erwerben sie **Kenntnisse über betriebliche Abläufe und Vorgänge**, deren Umfang und Detailreichtum von der entsprechenden Prüfungstiefe bestimmt wird. So wird es für die Staatsanwaltschaft nahe liegen, auf deren Informationen zugreifen zu wollen.

568 **Art. 4 Abs. 7 EG-UAVO** bestimmt zum Schutz des Unternehmens und ihrer Betriebs- und Geschäftsgeheimnisse, daß externe Betriebsprüfer und zugelassene Umweltgutachter ohne Genehmigung der Unternehmensleitung Dritten keine Informationen oder Angaben zugänglich machen dürfen, zu denen sie selbst im Verlauf ihrer Betriebsprüfung oder Gutachtertätigkeit Zugang erhielten. Fraglich ist insoweit, ob nicht nur **private Dritte**, sondern auch **staatliche Stellen**, insbesondere staatliche Ermittlungsbehörden oder Gerichte, Dritte im Sinne dieser Norm sind.[469] Auch für die **Registrierungsstelle** wird keine Ausnahme gemacht, vielmehr wird insoweit das Einverständnis der Unternehmensleitung erteilt werden, deren Ziel die Standortregistrierung nach vorangegangener Validierung ist. Die für die **Zulassungsstelle** in § 15 Abs. 2 Nr. 4 UAG vorgesehene Ausnahme beruht darauf, daß Art. 6 Abs. 1 EG-UAVO den Mitgliedstaaten für die Ausgestaltung der Aufsicht über die Umweltgutachter einen Regelungsauftrag erteilte. Hinsichtlich der **Niederschriften** über die Besuche auf dem Betriebsgelände und die Gespräche mit dem Betriebspersonal ist zu bedenken, daß § 15 Abs. 2 Nr. 1 Buchst. d und Nr. 4 UAG lediglich deren Aufbewahrung und Vorlage verlangt, nicht aber deren Erstellung, die auch in der EG-Verordnung nicht vorgesehen ist.[470]

569 Die Situation ist derjenigen, in der sich die Unternehmen im Rahmen der Eigenüberwachung (vgl. etwa § 5 IndirekteinleiterVO) in bezug auf die von ihnen erstellten eigenen Aufzeichnungen befinden, nicht vergleichbar. Dort handelt es sich um Unterlagen des Unternehmens, auf die etwa die Strafverfolgungsbehörden bei ihren Ermittlungen beim Beschuldigten Zugriff haben. Dies trifft auch auf die Ergebnisse einer Umweltbetriebsprüfung

---

[468] A. A. offenbar *Sanden*, wistra 1995, 283 (287).

[469] Verneinend *Sanden*, wistra 1995, 283 (288), der jedoch für den betroffenen Personenkreis ein strafprozessuales Zeugnisverweigerungsrecht fordert.

[470] Vgl. die amtl. Begr., BT-Drs. 13/1192, S. 30.

durch einen **internen Betriebsprüfer** zu. Demgegenüber handelt es sich bei den Materialien des **externen Betriebsprüfers** und des **unabhängigen Umweltgutachters**, solange sie sich noch in deren Händen befinden, um Unterlagen von Dritten, gegen die sich die Ermittlungen nicht richten. Im übrigen erinnert bereits die Formulierung des Art. 4 Abs. 7 EG-UAVO an die des § 53 Abs. 1 Nr. 3 StPO.

Es ist deshalb nicht ersichtlich, inwiefern die unmittelbare Geltung bean- **570**
spruchende EG-Norm im Interesse der Strafverfolgung eingeschränkt werden könnte. **Wortlaut und Kontext** des Art. 4 Abs. 7 EG-UAVO bieten – erstens – keinerlei Anhaltspunkte für eine Differenzierung zwischen privaten Dritten und staatlichen Stellen. Die **Intention des EG-Verordnungsgebers** ist – zweitens – auf die Einhaltung der bestehenden Umweltstandards und die kontinuierliche Verbesserung des betrieblichen Umweltschutzes gerichtet; zur Erreichung dieser Ziele sollen die Unternehmen eine **freiwillige Selbstverpflichtung** eingehen, im Gegenzug wird durch die in Rede stehende Bestimmung der Schutz ihrer Betriebs- und Geschäftsgeheimnisse gewahrt. Daß dieselbe Norm im Wege der Auslegung als Einfallstor für die Strafverfolgung dienen soll, vermag nicht zu überzeugen. Schließlich steht die Bestimmung – drittens – dem Zugriff auf den der Unternehmensleitung übergebenen Berichts des Umweltgutachters ebensowenig entgegen wie nachfolgenden sonstigen Zwangsmaßnahmen der Strafverfolgungsbehörden, so daß auch **kein Bedürfnis für eine einschränkende Interpretation** zu erkennen ist.

c) Auswirkungen auf Verlauf und Ergebnis des Strafverfahrens

Auch für den Verlauf und das Ergebnis des Ermittlungs- bzw. Strafver- **571**
fahrens wird die erfolgreiche Einrichtung des Umweltauditsystems im Unternehmen von besonderer Bedeutung sein. So wird etwa die **Einstellung des Verfahrens** durch die Staatsanwaltschaft oder in einem späteren Stadium durch das Gericht in Erwägung zu ziehen sein, wenn der einer Umweltstraftat Verdächtige im laufenden Verfahren auf das in seinem Betrieb eingerichtete System von Umweltmanagement und Umweltbetriebsprüfung hinweisen kann. Auf diese Weise erbringt er den Nachweis, daß das Unternehmen den Anforderungen der EG-Verordnung genügt, weshalb nicht selten von einer **geringen Schuld des Täters** auszugehen sein wird. Infolgedessen wird vielfach ein **Absehen von Verfolgung wegen Geringfügigkeit** nach § 153 Abs. 1 StPO in Betracht kommen. Vor allem wenn sich der Vorwurf der Umweltstraftat gegen einen Mitarbeiter in einer Schlüsselfunktion des Unternehmens richtet, hängt das Ergebnis der von § 153 Abs. 1 StPO geforderten Prognose von der „ökologischen Reputation" des Unternehmens des Verdächtigen ab. Im übrigen spricht für den Betroffenen, daß er sich durch betriebsorganisatorische Maßnahmen weit im Vorfeld des den Strafbarkeitsvorwurf begründenden Vorgangs in seinem Unternehmen um ein effektives System zur Vermeidung von Umweltschäden bemüht hat.[471]

---

[471] Vgl. *Sanden*, wistra 1995, 283 (286 f.), der überdies die Schaffung eines besonderen gesetzlichen Milderungsgrundes im Sinne des § 49 Abs. 1 StGB fordert.

572 Ob die Übernahme einer gegen einen Mitarbeiter des Unternehmens verhängten Geldstrafe durch das Unternehmen selbst kriminalpolitisch wünschenswert oder auch nur hinnehmbar ist, mag dahinstehen. Erfolgt aber die Zahlung der Geldstrafe wegen eines fahrlässig begangenen Deliktes eines Mitarbeiters auf der Grundlage der von der Unternehmensleitung formulierten Umweltpolitik und des bestehenden Umweltprogramms, so bleibt dies im Rahmen des rechtlichen Dürfens. Wenn trotz eines funktionierenden Systems von Umweltmanagement und Umweltbetriebsprüfung fahrlässig ein Umweltstraftatbestand verwirklicht wird, entspricht die **Übernahme der verwirkten Geldstrafe** durch das Unternehmen dessen Fürsorgepflicht für den Beschäftigten und stellt weder Strafvereitelung nach § 258 StGB noch Untreue nach § 266 StGB dar.[472]

---

472 Strittig, wie hier *Sanden*, wistra 1995, 283 (287) m.w.N.; a.A. *Schünemann*, S.137 (171f.) m.w.N., der sowohl Strafvollstreckungsvereitelung als auch Untreue hinsichtlich der Gewinnverwendung des Unternehmens bejaht.

VII. Anhänge

Anhang 1. Verordnung (EWG) Nr. 1836/93 des Rates über die freiwillige Beteiligung gewerblicher Unternehmen an einem Gemeinschaftssystem für das Umweltmanagement und die Umweltbetriebsprüfung

Vom 29. Juni 1993

(ABl. EG Nr. L 168, S. 1, ber. ABl. EG 1995 Nr. L 203, S. 17)

DER RAT DER EUROPÄISCHEN GEMEINSCHAFTEN –

gestützt auf den Vertrag zur Gründung der Europäischen Wirschaftsgemeinschaft, insbesondere auf Artikel 130 s,

auf Vorschlag der Kommission,[473]

auf Stellungnahme des Europäischen Parlaments,[474]

nach Stellungnahme des Wirtschafts- und Sozialausschusses,[475]

in Erwägung nachstehender Gründe:

Die Ziele und Grundsätze der Umweltpolitik der Gemeinschaft, die im Vertrag festgelegt und in der Entschließung des Rates der Europäischen Gemeinschaften und der im Rat vereinigten Vertreter der Regierungen der Mitgliedstaaten vom 1. Februar 1993 über ein Programm der Europäischen Gemeinschaft für Umweltpolitik und Maßnahmen im Hinblick auf eine dauerhafte und umweltgerechte Entwicklung[476] sowie in früheren Entschließungen über eine Umweltpolitik und ein Aktionsprogramm der Gemeinschaft für den Umweltschutz von 1973,[477] 1977,[478] 1983[479] und 1987[480] ausgeführt sind, umfassen im besonderen die Verhütung, die Verringerung und, soweit möglich, die Beseitigung der Umweltbelastungen insbesondere an ihrem Ursprung auf der Grundlage des Verursacherprinzips sowie eine gute Bewirtschaftung der Rohstoffquellen und den Einsatz von sauberen oder saubereren Technologien.

In Artikel 2 des Vertrages in der zukünftigen Fassung des am 7. Februar 1992 in Maastricht unterzeichneten Vertrages über die Europäische Union heißt es, daß es Aufgabe der Gemeinschaft ist, innerhalb der Gemeinschaft ein beständiges Wachstum zu fördern, und in der Entschießung des Rates vom 1. Februar 1993 wird die Bedeutung eines solchen dauerhaften und umweltgerechten Wachstums hervorgehoben.

In dem von der Kommission vorgelegten und in der Entschließung des Rates vom 1. Februar 1993 im Gesamtkonzept gebilligten Programm „Für eine dauerhafte und umweltgerechte Entwicklung“ wird die Rolle und die Verantwortung der Unterneh-

---

473 **Amtl. Anm.:** ABl. Nr. C 120 vom 30.4. 1993, S. 3.

474 **Amtl. Anm.:** ABl. Nr. C 42 vom 15.2. 1993, S. 44.

475 **Amtl. Anm.:** ABl. Nr. C 332 vom 16.12. 1992, S. 44.

476 **Amtl. Anm.:** ABl. Nr. C 138 vom 17.5. 1993, S. 1.

477 **Amtl. Anm.:** ABl. Nr. C 112 vom 20.12. 1973, S. 1.

478 **Amtl. Anm.:** ABl. Nr. C 139 vom 13.6. 1977, S. 1.

479 **Amtl. Anm.:** ABl. Nr. C 46 vom 17.2. 1983, S. 1.

480 **Amtl. Anm.:** ABl. Nr. C 70 vom 18.3. 1987, S. 1.

men sowohl für die Stärkung der Wirtschaft als auch für den Schutz der Umwelt in der Gemeinschaft unterstrichen.

Die Industrie trägt Eigenverantwortung für die Bewältigung der Umweltfolgen ihrer Tätigkeiten, sollte daher in diesem Bereich zu einem aktiven Konzept kommen.

Diese Verantwortung verlangt von den Unternehmen die Festlegung und Umsetzung von Umweltpolitik, -zielen und -programmen sowie wirksamer Umweltmanagementsysteme; die Unternehmen sollten eine Umweltpolitik festlegen, die nicht nur die Einhaltung aller einschlägigen Umweltvorschriften vorsieht, sondern auch Verpflichtungen zur angemessenen kontinuierlichen Verbesserung des betrieblichen Umweltschutzes umfaßt.

Bei der Anwendung von Umweltmanagementsystemen in Unternehmen ist dem Erfordernis Rechnung zu tragen, daß die Betriebsangehörigen über die Erstellung und Durchführung solcher Systeme unterrichtet werden und eine entsprechende Ausbildung erhalten.

Umweltmanagementsysteme sollten Verfahren für die Umweltbetriebsprüfung umfassen, damit die Unternehmensleitung besser beurteilen kann, inwieweit das System angewandt wird und sich bei der Verfolgung der Umweltpolitik des Unternehmens als wirksam erweist.

Die Unterrichtung der Öffentlichkeit durch die Unternehmen über die Umweltaspekte ihrer Tätigkeiten stellt einen wesentlichen Bestandteil guten Umweltmanagements und eine Antwort auf das zunehmende Interesse der Öffentlichkeit an diesbezüglichen Informationen dar.

Die Unternehmen sollten daher ermutigt werden, regelmäßig Umwelterklärungen zu erstellen und zu verbreiten, aus denen die Öffentlichkeit entnehmen kann, welche Umweltfaktoren an den Betriebsstandorten gegeben sind und wie die Umweltpolitik, -programme und -ziele sowie das Umweltmanagement der Unternehmen aussehen.

Transparenz und Glaubwürdigkeit der Tätigkeiten der Unternehmen in diesem Bereich werden verstärkt, wenn zugelassene Umweltgutachter die Umweltpolitik, -programme, -managementsysteme und -betriebsprüfungsverfahren sowie die Umwelterklärungen der Unternehmen auf ihre Übereinstimmung mit den einschlägigen Anforderungen dieser Verordnung hin prüfen und die Umwelterklärungen der Unternehmen für gültig erklären.

Es ist dafür zu sorgen, daß die Zulassung der und die Aufsicht über die Umweltgutachter auf unabhängige und unparteiische Weise erfolgen, damit die Glaubwürdigkeit des Systems gewährleistet wird.

Die Unternehmen sollten ermutigt werden, sich auf freiwilliger Basis an einem solchen System zu beteiligen. Damit das System innerhalb der Gemeinschaft überall gleich angewandt wird, müssen die Regeln, Verfahren und die wesentlichen Anforderungen in allen Mitgliedstaaten dieselben sein.

Ein Gemeinschaftssystem für das Umweltmanagement und die Umweltbetriebsprüfung sollte in einem ersten Stadium auf den gewerblichen Bereich abstellen, in dem es bereits Umweltmanagementsysteme und Umweltbetriebsprüfungen gibt. Versuchsweise sollten für nichtgewerbliche Sektoren, wie den Handel oder den öffentlichen Dienstleistungsbereich entsprechende Bestimmungen erlassen werden.

Damit eine ungerechtfertigte Belastung der Unternehmen vermieden und eine Übereinstimmung zwischen dem Gemeinschaftssystem und einzelstaatlichen, europäischen und internationalen Normen für Umweltmanagementsysteme und Umweltbetriebsprüfungen hergestellt wird, sollten die Normen, die von der Kommission nach einem geeigneten Verfahren anerkannt wurden, als den einschlägigen Vorschriften dieser Verordnung entsprechend angesehen werden; die Unternehmen sollten von diesbezüglichen Doppelverfahren entbunden werden.

Es ist von Bedeutung, daß sich kleine und mittlere Unternehmen an dem Gemeinschaftssystem für Umweltmanagement und Umweltbetriebsprüfung beteiligen und dies dadurch gefördert wird, daß Maßnahmen und Strukturen zur technischen Hilfsleistung eingeführt und gefördert werden, damit die Unternehmen über die erforderliche Fachkenntnis und Unterstützung verfügen.

Die Kommission sollte nach einem gemeinschaftlichen Verfahren die Anhänge zu dieser Verordnung anpassen, einzelstaatliche, europäische und internationale Normen für Umweltmanagementsysteme anerkennen, Leitlinien für die Festlegung der Häufigkeit von Umweltbetriebsprüfungen aufstellen und die Zusammenarbeit zwischen den Mitgliedstaaten in bezug auf die Zulassung der und die Aufsicht über die Umweltgutachter fördern.

Diese Verordnung sollte nach einer gewissen Durchführungszeit anhand der gewonnenen Erfahrungen überprüft werden –

HAT FOLGENDE VERORDNUNG ERLASSEN:

Art. 1 Das Umweltmanagement- und Umweltbetriebsprüfungssystem und seine Ziele. (1) Es wird ein System der Gemeinschaft zur Bewertung und Verbesserung des betrieblichen Umweltschutzes im Rahmen von gewerblichen Tätigkeiten und zur geeigneten Unterrichtung der Öffentlichkeit geschaffen – nachstehend „Gemeinschaftssystem für das Umweltmanagement und die Umweltbetriebsprüfung“ bzw. „System“ genannt –, an dem sich Unternehmen mit gewerblichen Tätigkeiten freiwillig beteiligen können.

(2) Ziel des Systems ist die Förderung der kontinuierlichen Verbesserung des betrieblichen Umweltschutzes im Rahmen der gewerblichen Tätigkeiten durch:

a) Festlegung und Umsetzung standortbezogener Umweltpolitik, -programme und -managementsysteme durch die Unternehmen;
b) systematische, objektive und regelmäßige Bewertung der Leistung dieser Instrumente;
c) Bereitstellung von Informationen über den betrieblichen Umweltschutz für die Öffentlichkeit.

(3) Bestehende gemeinschaftliche oder einzelstaatliche Rechtsverordnungen oder technische Normen für Umweltkontrollen sowie die Verpflichtungen der Unternehmen aus diesen Rechtsvorschriften und Normen bleiben von diesem System unberührt.

Art. 2 Begriffsbestimmungen. Für diese Verordnung gelten folgende Begriffsbestimmungen:

a) „Umweltpolitik“: die umweltbezogenen Gesamtziele und Handlungsgrundsätze eines Unternehmens, einschließlich der Einhaltung aller einschlägigen Umweltvorschriften;
b) „Umweltprüfung“: eine erste umfassende Untersuchung der umweltbezogenen Fragestellungen, Auswirkungen und des betrieblichen Umweltschutzes im Zusammenhang mit der Tätigkeit an einem Standort;
c) „Umweltprogramm“: eine Beschreibung der konkreten Ziele und Tätigkeiten des Unternehmens, die einen größeren Schutz der Umwelt an einem bestimmten Standort gewährleisten sollen, einschließlich einer Beschreibung der zur Erreichung dieser Ziele getroffenen oder in Betracht

gezogenen Maßnahmen und der gegebenenfalls festgelegten Fristen für die Durchführung dieser Maßnahmen;

d) „Umweltziele“: die Ziele, die sich ein Unternehmen im einzelnen für seinen betrieblichen Umweltschutz gesetzt hat;

e) „Umweltmanagementsystem“: der Teil des gesamten übergreifenden Managementsystems, der die Organisationsstruktur, Zuständigkeiten, Verhaltensweisen, förmlichen Verfahren, Abläufe und Mittel für die Festlegung und Durchführung der Umweltpolitik einschließt;

f) „Umweltbetriebsprüfung“: ein Managementinstrument, das eine systematische, dokumentierte, regelmäßige und objektive Bewertung der Leistung der Organisation, des Managements und der Abläufe zum Schutz der Umwelt umfaßt und folgenden Zielen dient:
   i) Erleichterung der Managementkontrolle von Verhaltensweisen, die eine Auswirkung auf die Umwelt haben können;
   ii) Beurteilung der Übereinstimmung mit der Unternehmenspolitik im Umweltbereich;

g) „Betriebsprüfungszyklus“: der Zeitraum, innerhalb dessen alle Tätigkeiten an einem Standort gemäß Artikel 4 und Anhang II in bezug auf alle in Anhang I Teil C aufgeführten relevanten Umweltaspekte einer Betriebsprüfung unterzogen werden;

h) „Umwelterklärung“: die von dem Unternehmen gemäß dieser Verordnung, insbesondere gemäß Artikel 5, abgefaßte Erklärung;

i) „Gewerbliche Tätigkeit“: jede Tätigkeit, die unter die Abschnitte C und D der statistischen Systematik der Wirtschaftszweige in der Europäischen Gemeinschaft (NACE Rev. 1) gemäß der Verordnung (EWG) Nr. 3037/90 des Rates[481] fällt; hinzu kommen die Erzeugung von Strom, Gas, Dampf und Heißwasser sowie Recycling, Behandlung, Vernichtung oder Endlagerung von festen oder flüssigen Abfällen;

j) „Unternehmen“: die Organisation, die die Betriebskontrolle über die Tätigkeit an einem gegebenen Standort insgesamt ausübt;

k) „Standort“: das Gelände, auf dem die unter der Kontrolle eines Unternehmens stehenden gewerblichen Tätigkeiten an einem bestimmten Standort durchgeführt werden, einschließlich damit verbundener oder zugehöriger Lagerung von Rohstoffen, Nebenprodukten, Zwischenprodukten, Endprodukten und Abfällen sowie der im Rahmen dieser Tätigkeiten genutzten beweglichen und unbeweglichen Sachen, die zur Ausstattung und Infrastruktur gehören;

l) „Betriebsprüfer“: eine Person oder eine Gruppe, die zur Belegschaft des Unternehmens gehört oder unternehmensfremd sein kann, im Namen der Unternehmensleitung handelt, einzeln oder als Gruppe über die in Anhang II Teil C genannten fachlichen Qualifikationen verfügt und deren Unabhängigkeit von den geprüften Tätigkeiten groß genug ist, um eine objektive Beurteilung zu gestatten;

m) „Zugelassener Umweltgutachter“: eine vom zu begutachtenden Unternehmen unabhängige Person oder Organisation, die gemäß den Bedingungen und Verfahren des Artikels 6 zugelassen worden ist;

---

481 **Amtl. Anm.:** ABl. Nr. L 293 vom 24. 10. 1990, S. 1.

n) „Zulassungssystem“: ein System für die Zulassung der und die Aufsicht über die Umweltgutachter, das von einer unparteiischen Stelle oder Organisation betrieben wird, die von einem Mitgliedstaat benannt oder geschaffen wurde und über ausreichende Mittel und fachliche Qualifikationen sowie über geeignete förmliche Verfahren verfügt, um die in dieser Verordnung für ein solches System festgelegten Aufgaben wahrnehmen zu können;
o) „Zuständige Stellen“: die gemäß Artikel 18 von den Mitgliedstaaten benannten Stellen, die die in dieser Verordnung festgelegten Aufgaben durchführen.

Art. 3 Beteiligung an dem System. An dem System können sich alle Unternehmen beteiligen, die an einem oder an mehreren Standorten eine gewerbliche Tätigkeit ausüben. Zur Eintragung eines Standortes gemäß diesem System muß das Unternehmen:
a) im Einklang mit den einschlägigen Anforderungen nach Anhang I eine betriebliche Umweltpolitik festlegen, die nicht nur die Einhaltung aller einschlägigen Umweltvorschriften vorsieht, sondern auch Verpflichtungen zur angemessenen kontinuierlichen Verbesserung des betrieblichen Umweltschutzes umfaßt; diese Verpflichtungen müssen darauf abzielen, die Umweltauswirkungen in einem solchen Umfang zu verringern, wie es sich mit der wirtschaftlich vertretbaren Anwendung der besten verfügbaren Technik erreichen läßt;
b) eine Umweltprüfung an diesem Standort durchführen, die den in Anhang I Teil C genannten Aspekten Rechnung trägt;
c) aufgrund der Ergebnisse dieser Prüfung ein Umweltprogramm für den Standort und ein Umweltmanagementsystem für alle Tätigkeiten an dem Standort schaffen. Das Umweltprogramm muß der Erfüllung der Verpflichtungen dienen, die in der Umweltpolitik des Unternehmens im Hinblick auf eine kontinuierliche Verbesserung des betrieblichen Umweltschutzes festgelegt sind. Das Umweltmanagementsystem muß den Anforderungen des Anhangs I entsprechen;
d) Umweltbetriebsprüfungen an den betreffenden Standorten gemäß Artikel 4 durchführen oder durchführen lassen;
e) auf der höchsten dafür geeigneten Managementebene Ziele aufgrund der Ergebnisse der Umweltbetriebsprüfung festlegen, die auf eine kontinuierliche Verbesserung des betrieblichen Umweltschutzes gerichtet sind und das Umweltprogramm gegebenenfalls so abändern, daß diese Ziele am Standort erreicht werden können;
f) eine Umwelterklärung gemäß Artikel 5 gesondert für jeden Standort erstellen, an dem eine Betriebsprüfung durchgeführt wurde. Die erste Erklärung muß auch die in Anhang V genannten Angaben enthalten;
g) die Umweltpolitik, das Umweltprogramm, das Umweltmanagementsystem, die Umweltprüfung oder das Umweltbetriebsprüfungsverfahren und die Umwelterklärung(en) auf Übereinstimmung mit den einschlägigen Bestimmungen dieser Verordnung prüfen lassen und die Umwelterklärungen gemäß Artikel 4 und Anhang III für gültig erklären lassen;

h) die für gültig erklärten Umwelterklärungen der zuständigen Stelle des Mitgliedstaats übermitteln, in dem der Standort liegt, und sie gegebenenfalls nach Eintragung des betreffenden Standorts gemäß Artikel 8 der Öffentlichkeit in diesem Staat zur Kenntnis bringen.

Art. 4 Umweltbetriebsprüfung und Gültigkeitserklärung. (1) Die interne Umweltbetriebsprüfung an einem Standort kann durch Betriebsprüfer des Unternehmens oder durch für das Unternehmen tätige externe Personen oder Organisationen durchgeführt werden. In beiden Fällen erfolgt die Betriebsprüfung nach den Kriterien des Anhangs I Teil C und des Anhangs II.

(2) Die Häufigkeit von Betriebsprüfungen wird nach den Kriterien des Anhangs II Teil H auf der Grundlage von Leitlinien festgesetzt, die die Kommission nach dem Verfahren des Artikels 19 festlegt.

(3) Der zugelassene unabhängige Umweltgutachter prüft die Umweltpolitik, Umweltprogramme, Umweltmanagementsysteme, die Umweltprüfungs- oder Umweltbetriebsprüfungsverfahren und die Umwelterklärungen auf Übereinstimmung mit den Bestimmungen dieser Verordnung und erklärt die Umwelterklärungen auf der Grundlage des Anhangs III für gültig.

(4) Der zugelassene Umweltgutachter darf in keinem Abhängigkeitsverhältnis zum Betriebsprüfer des Standorts stehen.

(5) Im Sinne des Absatzes 3 und unbeschadet der Befugnisse der Vollzugsbehörden in den Mitgliedstaaten prüft der zugelassene Umweltgutachter,

a) ob die Umweltpolitik festgelegt wurde und den Bestimmungen des Artikels 3 sowie den einschlägigen Vorschriften des Anhangs I entspricht;
b) ob ein Umweltmanagementsystem und ein Umweltprogramm bestehen und am Standort angewandt werden und ob sie den einschlägigen Vorschriften des Anhangs I entsprechen;
c) ob die Umweltprüfung und -betriebsprüfung gemäß den einschlägigen Vorschriften der Anhänge I und II durchgeführt sind;
d) ob die Angaben in der Umwelterklärung zuverlässig sind und ob die Erklärung alle wichtigen Umweltfragen, die für den Standort von Bedeutung sind, in angemessener Weise berücksichtigt.

(6) Die Umwelterklärung wird von dem zugelassenen Umweltgutachter nur dann für gültig erklärt, wenn die in den Absätzen 3, 4 und 5 aufgeführten Voraussetzungen erfüllt sind.

(7) Externe Betriebsprüfer und zugelassene Umweltgutachter dürfen ohne Genehmigung der Unternehmensleitung keine Informationen oder Angaben Dritten zugänglich machen, zu denen sie im Verlauf ihrer Betriebsprüfung oder Gutachtertätigkeit Zugang erhalten haben.

Art. 5 Umwelterklärung. (1) Für jeden an dem System der Gemeinschaft beteiligten Standort wird nach der ersten Umweltprüfung und nach jeder folgenden Betriebsprüfung oder nach jedem Betriebsprüfungszyklus eine Umwelterklärung erstellt.

(2) Die Umwelterklärung wird für die Öffentlichkeit verfaßt und in knapper, verständlicher Form geschrieben. Technische Unterlagen können beigefügt werden.

(3) Die Umwelterklärung umfaßt insbesondere

a) eine Beschreibung der Tätigkeiten des Unternehmens an dem betreffenden Standort;
b) eine Beurteilung aller wichtigen Umweltfragen im Zusammenhang mit den betreffenden Tätigkeiten;
c) eine Zusammenfassung der Zahlenangaben über Schadstoffemissionen, Abfallaufkommen, Rohstoff-, Energie- und Wasserverbrauch und gegebenenfalls über Lärm und andere bedeutsame umweltrelevante Aspekte, soweit angemessen;
d) sonstige Faktoren, die den betrieblichen Umweltschutz betreffen;
e) eine Darstellung der Umweltpolitik, des Umweltprogramms und des Umweltmanagementsystems des Unternehmens für den betreffenden Standort;
f) den Termin für die Vorlage der nächsten Umwelterklärung;
g) den Namen des zugelassenen Umweltgutachters.

(4) In der Umwelterklärung wird auf bedeutsame Veränderungen hingewiesen, die sich seit der vorangegangenen Erklärung ergeben haben.

(5) In der Zeit zwischen den Umweltbetriebsprüfungen wird jährlich eine vereinfachte Umwelterklärung erstellt, die mindestens auf den Vorschriften des Absatzes 3 Buchstabe c) beruht und gegebenenfalls auf bedeutsame Veränderungen seit der letzten Erklärung hinweist. Die vereinfachten Erklärungen brauchen erst am Ende der Betriebsprüfung oder des Betriebsprüfungszyklus für gültig erklärt zu werden.

(6) Die jährliche Erstellung von Umwelterklärungen ist jedoch nicht für Standorte erforderlich,

- für die aufgrund der Art und des Umfangs der Tätigkeit, insbesondere im Fall kleiner und mittlerer Unternehmen, nach Auffassung des zugelassenen Umweltgutachters bis zum Abschluß der nächsten Betriebsprüfung keine weiteren Umwelterklärungen erforderlich sind, und
- an denen es seit der letzten Umwelterklärung nur wenige bedeutsame Änderungen gegeben hat.

Art. 6 Zulassung der und Aufsicht über die Umweltgutachter. (1) Die Mitgliedstaaten regeln die Zulassung unabhängiger Umweltgutachter und die Aufsicht über ihre Tätigkeit. Hierfür können die Mitgliedstaaten entweder bestehende Zulassungsstellen oder die in Artikel 18 genannten zuständigen Stellen heranziehen oder aber andere Stellen mit einer geeigneten Rechtsstellung benennen oder schaffen.

Die Mitgliedstaaten stellen eine unabhängige und neutrale Aufgabenwahrnehmung sicher.

(2) Die Mitgliedstaaten tragen dafür Sorge, daß die Zulassungssysteme innerhalb von einundzwanzig Monaten nach Inkrafttreten dieser Verordnung voll funktionsfähig sind.

(3) Die Mitgliedstaaten gewährleisten, daß die von der Schaffung und Leitung der Zulassungssysteme betroffenen Kreise in geeigneter Weise angehört werden.

(4) Für die Zulassung der Umweltgutachter und die Aufsicht über ihre Tätigkeiten gelten die Anforderungen von Anhang III.

(5) Die Mitgliedstaaten unterrichten die Kommission über die nach diesem Artikel getroffenen Maßnahmen.

(6) Die Kommission fördert im Einklang mit dem Verfahren des Artikels 19 die Zusammenarbeit zwischen den Mitgliedstaaten, um insbesondere

- Unstimmigkeiten zwischen den Kriterien, Bedingungen und Verfahren zu vermeiden, die sie für die Zulassung von Umweltgutachtern anwenden,
- die Aufsicht über die Tätigkeiten der Umweltgutachter in anderen Mitgliedstaaten als denen zu erleichtern, in denen sie zugelassen sind.

(7) Die in einem Mitgliedstaat zugelassenen Umweltgutachter dürfen in allen anderen Mitgliedstaaten gutachterlich tätig werden, sofern dies dem Zulassungssystem des Mitgliedstaats, in dem die gutachterliche Tätigkeit erfolgt, zuvor notifiziert wird und sofern diese Tätigkeit der Aufsicht des Zulassungssystems des Mitgliedstaats unterliegt.

Art. 7 Liste der zugelassenen Umweltgutachter. Die Zulassungssysteme erstellen, überarbeiten und aktualisieren eine Liste der in den einzelnen Mitgliedstaaten zugelassenen Umweltgutachter und übermitteln diese Liste halbjährlich der Kommission.

Die Kommission veröffentlicht eine Gesamtliste für die Gemeinschaft im *Amtsblatt der Europäischen Gemeinschaften.*

Art. 8 Eintragung der Standorte. (1) Nachdem die zuständige Stelle eine für gültig erklärte Umwelterklärung und die gegebenfalls nach Artikel 11 zu entrichtende Eintragungsgebühr für einen Standort erhalten hat und glaubhaft gemacht ist, daß der Standort alle Bedingungen dieser Verordnung erfüllt, trägt sie diesen in ein Verzeichnis ein und teilt ihm eine Nummer zu. Sie unterrichtet die Unternehmensleitung des Standorts davon, daß der Standort in dem Verzeichnis aufgeführt ist.

(2) Das in Absatz 1 genannte Verzeichnis der Standorte wird von der zuständigen Stelle jährlich auf den neuesten Stand gebracht.

(3) Versäumt es ein Unternehmen, der zuständigen Stelle innerhalb von drei Monaten nach einer entsprechenden Aufforderung eine für gültig erklärte Umwelterklärung vorzulegen und die Eintragungsgebühr zu entrichten, oder stellt die zuständige Stelle zu einem beliebigen Zeitpunkt fest, daß der Standort nicht mehr alle Anforderungen dieser Verordnung erfüllt, so wird dieser Standort aus dem Verzeichnis gestrichen und die Unternehmensleitung des Standorts davon unterrichtet.

(4) Wird eine zuständige Stelle von der zuständigen Vollzugsbehörde von einem Verstoß gegen einschlägige Umweltvorschriften am Standort unterrichtet, so lehnt sie die Eintragung dieses Standorts ab oder hebt sie vorübergehend auf und unterrichtet die Unternehmensleitung des Standorts davon.

Die Ablehnung oder vorübergehende Aufhebung wird zurückgenommen, wenn die zuständige Stelle von der Vollzugsbehörde hinreichende Zusicherungen dahingehend erhalten hat, daß der Verstoß abgestellt wurde und hinreichende Vorkehrungen getroffen wurden, die eine Wiederholung ausschließen.

Art. 9 Veröffentlichung des Verzeichnisses der eingetragenen Standorte. Die zuständigen Stellen übermitteln der Kommission je nach der Entscheidung des betreffenden Mitgliedstaats entweder unmittelbar oder über die nationalen Behörden vor Ende eines Jahres die Verzeichnisse gemäß Artikel 8 und deren aktualisierte Fassungen.

Das Verzeichnis aller eingetragenen Standorte in der Gemeinschaft wird von der Kommission jährlich im *Amtsblatt der Europäischen Gemeinschaften* veröffentlicht.

Art. 10 Teilnahmeerklärung. (1) Die Unternehmen können für ihren eingetragenen Standort oder für ihre eingetragenen Standorte eine der in Anhang IV aufgeführten Teilnahmeerklärungen verwenden, in denen die Art der Teilnahme an dem System deutlich zum Ausdruck kommt.

Eine Graphik darf nicht ohne eine der Teilnahmeerklärungen verwandt werden.

(2) Soweit erforderlich, müssen die Bezeichnungen des Standorts oder der Standorte in der Teilnahmeerklärung angegeben werden.

(3) Die Teilnahmeerklärung darf weder in der Produktwerbung verwendet noch auf den Erzeugnissen selbst oder auf ihrer Verpackung angegeben werden.

Art. 11 Kosten und Gebühren. Zur Deckung der im Zusammenhang mit den Eintragungsverfahren für Standorte und die Zulassung von Umweltgutachtern anfallenden Verwaltungskosten sowie der Kosten für die Förderung der Teilnahme von Unternehmen kann nach Modalitäten, die von den Mitgliedstaaten festgelegt werden, ein Gebührensystem eingerichtet werden.

Art. 12 Verhältnis zu einzelstaatlichen, europäischen und internationalen Normen. (1) Unternehmen, die einzelstaatliche, europäische oder internationale Normen für Umweltmanagementsysteme und Betriebsprüfungen anwenden und nach geeigneten Zertifizierungsverfahren eine Bescheinigung darüber erhalten haben, daß sie diese Normen erfüllen, gelten als den einschlägigen Vorschriften dieser Verordnung entsprechend, vorausgesetzt, daß

a) die Normen und Verfahren von der Kommission gemäß dem Verfahren des Artikels 19 anerkannt werden;
b) die Bescheinigung von einer Stelle erteilt wird, deren Zulassung in dem Mitgliedstaat, in dem sich der Standort befindet, anerkannt ist.

Quellenangaben betreffend die anerkannten Normen und Kriterien werden im *Amtsblatt der Europäischen Gemeinschaften* veröffentlicht.

(2) Damit solche Standorte im Rahmen dieses Systems eingetragen werden können, müssen die betreffenden Unternehmen in allen Fällen die Vorschriften der Artikel 3 und 5 betreffend die Umwelterklärung einschließlich der Gültigkeitserklärung sowie den Bestimmungen des Artikels 8 entsprechen.

Art. 13 Förderung der Teilnahme von Unternehmen, insbesondere von kleinen und mittleren Unternehmen. (1) Die Mitgliedstaaten können die Teilnahme von Unternehmen, insbesondere von kleinen und mittleren Unternehmen, an dem Umweltmanagement- und Betriebsprüfungssystem fördern, indem sie Maßnahmen und Strukturen zur technischen Hilfsleistung einführen oder fördern, damit die Unternehmen über die Fachkenntnisse und die Unterstützung verfügen können, die sie brauchen, um die Regeln, Vorschriften und förmlichen Verfahren dieser Verordnung einzuhalten und insbesondere um Umweltpolitiken, -programme und -managementsysteme zu entwikkeln, Betriebsprüfungen durchzuführen und Erklärungen zu erstellen und für gültig erklären zu lassen.

(2) Die Kommission unterbreitet dem Rat geeignete Vorschläge, die auf eine stärkere Teilnahme kleiner und mittlerer Unternehmen an dem System abzielen, insbesondere durch Information, Ausbildung sowie strukturelle und technische Unterstützung, sowie in bezug auf Betriebsprüfungsverfahren und Prüfungen durch den Umweltgutachter.

Art. 14 Einbeziehung weiterer Sektoren. Die Mitgliedstaaten können für nicht gewerbliche Sektoren, beispielsweise für den Handel und den öffentlichen Dienstleistungsbereich, versuchsweise Bestimmungen analog zu dem Umweltmanagement- und -betriebsprüfungssystem erlassen.

Art. 15 Information. Die einzelnen Mitgliedstaaten sorgen mit den geeigneten Mitteln dafür, daß
- die Unternehmen über den Inhalt dieser Verordnung unterrichtet werden;
- die Öffentlichkeit über die Ziele und die wichtigsten Einzelheiten des Systems unterrichtet wird.

Art. 16 Verstöße. Die Mitgliedstaaten treffen für den Fall der Nichtbeachtung dieser Verordnung geeignete Rechts- oder Verwaltungsmaßnahmen.

Art. 17 Anhänge. Die Anhänge zu dieser Verordnung werden von der Kommission nach dem Verfahren des Artikels 19 anhand der bei der Durchführung des Systems gemachten Erfahrungen angepaßt.

Art. 18 Zuständige Stellen. (1) Jeder Mitgliedstaat benennt innerhalb von zwölf Monaten nach Inkrafttreten dieser Verordnung die zuständige Stelle, die für die Durchführung der in dieser Verordnung, insbesondere in den Artikeln 8 und 9, festgelegten Aufgaben verantwortlich ist; er setzt die Kommission hiervon in Kenntnis.

(2) Die Mitgliedstaaten achten darauf, daß die zuständigen Stellen so zusammengesetzt sind, daß ihre Unabhängigkeit und Neutralität gewährleistet ist und daß die zuständigen Stellen diese Verordnung einheitlich anwenden. Die zuständigen Stellen müssen insbesondere Verfahren für die Berücksichtigung von Bemerkungen der betroffenen Parteien zu den eingetragenen Standorten und zur Streichung oder vorübergehenden Aufhebung der Eintragungen eines Standorts vorsehen.

Art. 19 Ausschuß. (1) Die Kommission wird von einem Ausschuß unterstützt, der sich aus den Vertretern der Mitgliedstaaten zusammensetzt und in dem der Vertreter der Kommission den Vorsitz führt.

(2) Der Vertreter der Kommission unterbreitet dem Ausschuß einen Entwurf der zu treffenen Maßnahmen. Der Ausschuß gibt seine Stellungnahme zu diesem Entwurf innerhalb einer Frist ab, die der Vorsitzende unter Berücksichtigung der Dringlichkeit der betreffenden Frage festsetzen kann. Die Stellungnahme wird mit der Mehrheit abgegeben, die in Artikel 148 Absatz 2 des Vertrages für die Annahme der vom Rat auf Vorschlag der Kommission zu fassenden Beschlüsse vorgesehen ist. Bei der Abstimmung im Ausschuß werden die Stimmen der Vertreter der Mitgliedstaaten gemäß dem vorgenannten Artikel gewogen. Der Vorsitzende nimmt an der Abstimmung nicht teil.

(3) a) Die Kommission erläßt die beabsichtigten Maßnahmen, wenn sie mit der Stellungnahme des Ausschusses übereinstimmen.

b) Stimmen die beabsichtigten Maßnahmen mit der Stellungnahme des Ausschusses nicht überein oder liegt keine Stellungnahme vor, so unterbreitet die Kommission dem Rat unverzüglich einen Vorschlag für die zu treffenden Maßnahmen. Der Rat beschließt mit qualifizierter Mehrheit.

Hat der Rat binnen drei Monaten nach seiner Befassung keinen Beschluß gefaßt, so werden die vorgeschlagenen Maßnahmen von der Kommission erlassen.

Art. 20 Überprüfung. Spätestens fünf Jahre nach Inkrafttreten dieser Verordnung überprüft die Kommission das System anhand der bei ihrer Durchführung gemachten Erfahrungen und schlägt dem Rat gegebenenfalls geeignete Änderungen insbesondere für den Umfang des Systems und die etwaige Einführung eines Zeichens vor.

Art. 21 Inkrafttreten. Diese Verordnung tritt am dritten Tag nach ihrer Veröffentlichung im *Amtsblatt der Europäischen Gemeinschaften* in Kraft.[482]

Sie gilt ab dem 21. Monat ihrer Veröffentlichung.

Diese Verordnung ist in allen ihren Teilen verbindlich und gilt unmittelbar in jedem Mitgliedstaat.

Anhang I
Vorschriften in bezug auf Umweltpolitik, -programme und -managementsysteme

A. Umweltpolitik, -ziele und -programme

1. Die Umweltpolitik sowie das Umweltprogramm des Unternehmens für den betreffenden Standort werden in schriftlicher Form festgelegt. In den dazugehörigen Dokumenten wird erläutert, wie das Umweltprogramm und das Umweltmanagementsystem, die für den Standort gelten, auf die Politik und die Systeme des Unternehmens ingesamt bezogen sind.
2. Die Umweltpolitik des Unternehmens wird auf der höchsten Managementebene festgelegt und in regelmäßigen Zeitabständen insbesondere im Lichte von

---

[482] Veröffentlicht am 10. 7. 1993.

Umweltbetriebsprüfungen überprüft und gegebenenfalls angepaßt. Sie wird den Beschäftigten des Unternehmens mitgeteilt und der Öffentlichkeit zugänglich gemacht.

3. Die Umweltpolitik des Unternehmens beruht auf den in Teil D aufgeführten Handlungsgrundsätzen.
   Über die Einhaltung der einschlägigen Umweltvorschriften hinaus bezweckt die Politik eine stetige Verbesserung des betrieblichen Umweltschutzes.
   Die Umweltpolitik und das Umweltprogramm für den betreffenden Standort stellen insbesondere auf die in Teil C aufgeführten Gesichtspunkte ab.
4. *Umweltziele*
   Das Unternehmen legt seine Umweltziele auf allen betroffenen Unternehmensebenen fest.
   Die Ziele müssen im Einklang mit der Umweltpolitik stehen und so formuliert sein, daß die Verpflichtung zur stetigen Verbesserung des betrieblichen Umweltschutzes, wo immer dies in der Praxis möglich ist, quantitativ bestimmt und mit Zeitvorgaben versehen wird.
5. *Umweltprogramm für den Standort*
   Vom Unternehmen wird ein Programm zur Verwirklichung der Ziele am Standort aufgestellt und fortgeschrieben. Das Programm umfaßt folgendes:
   a) Festlegung der Verantwortung für die Erreichung der Ziele in jedem Aufgabenbereich und auf jeder Ebene des Unternehmens;
   b) die Mittel, mit denen diese Ziele erreicht werden sollen.

   Für Vorhaben im Zusammenhang mit neuen Entwicklungen oder neuen oder geänderten Produkten, Dienstleistungen oder Verfahren werden gesonderte Umweltmanagementprogramme aufgestellt, in denen folgendes festgelegt wird:
   1. die angestrebten Umweltziele;
   2. die Instrumente für die Verwirklichung dieser Ziele;
   3. die bei Änderungen im Projektverlauf anzuwendenden förmlichen Verfahren;
   4. die erforderlichenfalls anzuwendenden Korrekturmaßnahmen, das Verfahren für ihre Ergreifung und das Verfahren, mit dem abgeschätzt werden soll, inwieweit die Korrekturmaßnahmen in jeder einzelnen Anwendungssituation angemessen sind.

B. Umweltmanagementsysteme

Das Umweltmanagementsystem wird so ausgestattet, angewandt und aufrechterhalten, daß es die Erfüllung der nachstehend definierten Anforderungen gewährleistet.

1. *Umweltpolitik, -ziele und -programme*
   Festlegung und Überprüfung in regelmäßigen Zeitabständen sowie gegebenenfalls Anpassung von Umweltpolitik, -zielen und -programmen des Unternehmens für den Standort auf der höchsten geeigneten Managementebene.
2. *Organisation und Personal*
   Verantwortung und Befugnisse
   Definition und Beschreibung von Verantwortung, Befugnissen und Beziehungen zwischen den Beschäftigten in Schlüsselfunktionen, die die Arbeitsprozesse mit Auswirkungen auf die Umwelt leiten, durchführen und überwachen.
   Managementvertreter
   Bestellung eines Managementvertreters mit Befugnissen und Verantwortung für die Anwendung und Aufrechterhaltung des Managementsystems.
   Personal, Kommunikation und Ausbildung
   Vorkehrungen, die gewährleisten, daß sich die Beschäftigten auf allen Ebenen bewußt sind über

a) die Bedeutung der Einhaltung der Umweltpolitik und -ziele sowie der Anforderungen nach dem festgelegten Managementsystem;
b) die möglichen Auswirkungen ihrer Arbeit auf die Umwelt und den ökologischen Nutzen eines verbesserten betrieblichen Umweltschutzes;
c) ihre Rolle und Verantwortung bei der Einhaltung der Umweltpolitik und der Umweltziele sowie der Anforderungen des Managementsystems;
d) die möglichen Folgen eines Abweichens von den festgelegten Arbeitsabläufen.

Ermittlung von Ausbildungsbedarf und Durchführung einschlägiger Ausbildungsmaßnahmen für alle Beschäftigten, deren Arbeit bedeutende Auswirkungen auf die Umwelt haben kann.

Vom Unternehmen werden Verfahren eingerichtet und fortgeschrieben, um in bezug auf die Umweltauswirkungen und das Umweltmanagement des Unternehmens (interne und externe) Mitteilungen von betroffenen Parteien entgegenzunehmen, zu dokumentieren und zu beantworten.

3. *Auswirkungen auf die Umwelt*

Bewertung und Registrierung der Auswirkungen auf die Umwelt

Prüfung und Beurteilung der Umweltauswirkungen der Tätigkeit des Unternehmens am Standort sowie Erstellung eines Verzeichnisses der Auswirkungen, deren besondere Bedeutung festgestellt worden ist. Dies schließt gegebenenfalls die Berücksichtigung folgender Sachverhalte ein:

a) kontrollierte und unkontrollierte Emissionen in die Atmosphäre;
b) kontrollierte und unkontrollierte Ableitungen in Gewässer oder in die Kanalisation;
c) feste und andere Abfälle, insbesondere gefährliche Abfälle;
d) Kontaminierung von Erdreich;
e) Nutzung von Boden, Wasser, Brennstoffen und Energie sowie anderen natürlichen Ressourcen;
f) Freisetzung von Wärme, Lärm, Geruch, Staub, Erschütterungen und optische Einwirkungen;
g) Auswirkungen auf bestimmte Teilbereiche der Umwelt und auf Ökosysteme.

Dies umfaßt Auswirkungen, die sich ergeben oder wahrscheinlich ergeben aufgrund von

1. normalen Betriebsbedingungen;
2. abnormalen Betriebsbedingungen;
3. Vorfällen, Unfällen und möglichen Notfällen;
4. früheren, laufenden und geplanten Tätigkeiten.

Verzeichnis von Rechts- und Verwaltungsvorschriften und sonstigen umweltpolitischen Anforderungen.

Von dem Unternehmen werden Verfahren für die Registrierung aller Rechts- und Verwaltungsvorschriften und sonstiger umweltpolitischer Anforderungen in bezug auf die umweltrelevanten Aspekte seiner Tätigkeiten, Produkte und Dienstleistungen eingerichtet und fortgeschrieben.

4. *Aufbau und Ablaufkontrolle*

Festlegung von Aufbau- und Ablaufverfahren

Ermittlung von Funktionen, Tätigkeiten und Verfahren, die sich auf die Umwelt auswirken oder auswirken können und für Politik und Ziele des Unternehmens relevant sind.

Planung und Kontrolle derartiger Funktionen, Tätigkeiten und Verfahren, insbesondere in bezug auf

a) dokumentierte Arbeitsanweisungen, in denen festgelegt ist, wie die Tätigkeit entweder von den Beschäftigten des Unternehmens oder von anderen, die für sie handeln, durchgeführt werden muß. Derartige Anweisungen werden für Fälle vorbereitet, in denen ein Fehlen derartiger Anweisungen zu einem Verstoß gegen die Umweltpolitik führen könnte;

b) Verfahren betreffend die Beschaffung und die Tätigkeit von Vertragspartnern, um sicherzustellen, daß die Lieferanten und diejenigen, die im Auftrag des Unternehmens tätig werden, die sie betreffenden ökologischen Anforderungen des Unternehmens einhalten;
c) Überwachung und Kontrolle der relevanten verfahrenstechnischen Aspekte (z. B. Verbleib von Abwässern und Beseitigung von Abfällen);
d) Billigung geplanter Verfahren und Ausrüstungen;
e) Kriterien für Leistungen im Umweltschutz, die in schriftlicher Form als Norm festgelegt werden.

Kontrolle

Durch das Unternehmen ausgeführte Kontrolle der Einhaltung der Anforderungen, die das Unternehmen im Rahmen seiner Umweltpolitik, seines Umweltprogrammes und seines Umweltmanagementsystems für den Standort definiert hat, sowie die Einführung und Weiterführung von Ergebnisprotokollen.

Dies beinhaltet für jede Tätigkeit bzw. jeden Bereich

a) die Ermittlung und Dokumentierung der für die Kontrolle erforderlichen Informationen;
b) die Spezifizierung und Dokumentierung der für die Kontrolle anzuwendenden Verfahren;
c) die Definition und Dokumentierung von Akzeptanzkriterien und Maßnahmen, die im Fall unbefriedigender Ergebnisse zu ergreifen sind;
d) die Beurteilung und Dokumentierung der Brauchbarkeit von Informationen aus früheren Kontrollmaßnahmen, wenn sich herausstellt, daß ein Kontrollsystem schlecht funktioniert.

Nichteinhaltung und Korrekturmaßnahmen

Untersuchung und Korrekturmaßnahmen im Fall der Nichteinhaltung der Umweltpolitik, der Umweltziele oder Umweltnormen des Unternehmens, um

a) den Grund hierfür zu ermitteln,
b) einen Aktionsplan aufzustellen;
c) Vorbeugemaßnahmen einzuleiten, deren Umfang den aufgetretenen Risiken entspricht;
d) Kontrollen durchzuführen, um die Wirksamkeit der ergriffenen Vorbeugemaßnahmen zu gewährleisten;
e) alle Verfahrensänderungen festzuhalten, die sich aus den Korrekturmaßnahmen ergeben.

5. *Umweltmanagement-Dokumentation*

Erstellung einer Dokumentation mit Blick auf

a) eine umfassende Darstellung von Umweltpolitik, -zielen und -programmen;
b) die Beschreibung der Schlüsselfunktionen und -verantwortlichkeiten;
c) die Beschreibung der Wechselwirkungen zwischen den Systemelementen.

Erstellung von Aufzeichnungen, um die Einhaltung der Anforderungen des Umweltmanagementsystems zu belegen und zu dokumentieren, inwieweit Umweltziele erreicht wurden.

6. *Umweltbetriebsprüfungen*

Management, Durchführung und Prüfung eines systematischen und regelmäßig durchgeführten Programms betreffend

a) die Frage, ob die Umweltmanagementtätigkeiten mit dem Umweltprogramm in Einklang stehen und effektiv durchgeführt werden;
b) die Wirksamkeit des Umweltmanagementsystems für die Umsetzung der Umweltpolitik des Unternehmens.

C. Zu behandelnde Gesichtspunkte

Die nachstehenden Gesichtspunkte werden im Rahmen der Umweltpolitik und -programme sowie der Umweltbetriebsprüfungen berücksichtigt.

1. Beurteilung, Kontrolle und Verringerung der Auswirkungen der betreffenden Tätigkeit auf die verschiedenen Umweltbereiche;
2. Energiemanagement, Energieeinsparungen und Auswahl von Energiequellen;
3. Bewirtschaftung, Einsparung, Auswahl und Transport von Rohstoffen; Wasserbewirtschaftung und -einsparung;
4. Vermeidung, Recycling, Wiederverwendung, Transport und Endlagerung von Abfällen;
5. Bewertung, Kontrolle und Verringerung der Lärmbelästigung innerhalb und außerhalb des Standorts;
6. Auswahl neuer und Änderungen bei bestehenden Produktionsverfahren;
7. Produktplanung (Design, Verpackung, Transport, Verwendung und Endlagerung);
8. betrieblicher Umweltschutz und Praktiken bei Auftragnehmern, Unterauftragnehmern und Lieferanten;
9. Verhütung und Begrenzung umweltschädigender Unfälle;
10. besondere Verfahren bei umweltschädigenden Unfällen;
11. Information und Ausbildung des Personals in bezug auf ökologische Fragestellungen;
12. externe Information über ökologische Fragestellungen.

D. Gute Managementpraktiken

Die Umweltpolitik des Unternehmens beruht auf den nachstehenden Handlungsgrundsätzen; die Tätigkeit des Unternehmens wird regelmäßig daraufhin überprüft, ob sie diesen Grundsätzen und dem Grundsatz der stetigen Verbesserung des betrieblichen Umweltschutzes entspricht.

1. Bei den Arbeitnehmern wird auf allen Ebenen das Verantwortungsbewußtsein für die Umwelt gefördert.
2. Die Umweltauswirkungen jeder neuen Tätigkeit, jedes neuen Produkts und jedes neuen Verfahrens werden im voraus beurteilt.
3. Die Auswirkungen der gegenwärtigen Tätigkeiten auf die lokale Umgebung werden beurteilt und überwacht und alle bedeutenden Auswirkungen dieser Tätigkeiten auf die Umwelt im allgemeinen werden geprüft.
4. Es werden die notwendigen Maßnahmen ergriffen, um Umweltbelastungen zu vermeiden bzw. zu beseitigen und, wo dies nicht zu bewerkstelligen ist, umweltbelastende Emissionen und das Abfallaufkommen auf ein Mindestmaß zu verringern und die Ressourcen zu erhalten; hierbei sind mögliche umweltfreundliche Technologien zu berücksichtigen.
5. Es werden notwendige Maßnahmen ergriffen, um unfallbedingte Emissionen von Stoffen oder Energie zu vermeiden.
6. Es werden Verfahren zur Kontrolle der Übereinstimmung mit der Umweltpolitik festgelegt und angewandt; sofern diese Verfahren Messungen und Versuche erfordern, wird für die Aufzeichnung und Aktualisierung der Ergebnisse gesorgt.
7. Es werden Verfahren und Maßnahmen für die Fälle festgelegt und auf dem neuesten Stand gehalten, in denen festgestellt wird, daß ein Unternehmen seine Umweltpolitik oder Umweltziele nicht einhält.

8. Zusammen mit den Behörden werden besondere Verfahren ausgearbeitet und auf dem neuesten Stand gehalten, um die Auswirkungen von etwaigen unfallbedingten Ableitungen möglichst gering zu halten.
9. Die Öffentlichkeit erhält alle Informationen, die zum Verständnis der Umweltauswirkungen der Tätigkeit des Unternehmens benötigt werden; ferner sollte ein offener Dialog mit der Öffentlichkeit geführt werden.
10. Die Kunden werden über die Umweltaspekte im Zusammenhang mit der Handhabung, Verwendung und Endlagerung der Produkte des Unternehmens in angemessener Weise beraten.
11. Es werden Vorkehrungen getroffen, durch die gewährleistet wird, daß die auf dem Betriebsgelände arbeitenden Vertragspartner des Unternehmens die gleichen Umweltnormen anwenden wie es selbst.

Anhang II
Anforderungen in bezug auf die Umweltbetriebsprüfung

Die Umweltbetriebsprüfung wird nach den Leitlinien der internationalen Norm ISO 10011, 1990, Teil 1, insbesondere Nummern 4.2, 5.1, 5.2, 5.3, 5.4.1 und 5.4.2 und anderer relevanter internationaler Normen sowie im Rahmen der spezifischen Grundsätze und Anforderungen dieser Verordnung geplant und durchgeführt.[483]

Insbesondere gilt folgendes:

A. Ziele

In den Umweltbetriebsprüfungsprogrammen für den Standort werden in schriftlicher Form die Ziele jeder Betriebsprüfung oder jedes Betriebsprüfungszyklus einschließlich der Häufigkeit der Betriebsprüfung für jede Tätigkeit festgelegt.

Zu diesen Zielen gehören namentlich die Bewertung der bestehenden Managementsysteme und die Feststellung der Übereinstimmung mit der Unternehmenspolitik und dem Programm für den Standort, was auch eine Übereinstimmung mit den einschlägigen Umweltvorschriften einschließt.

B. Prüfungsumfang

Der Umfang der einzelnen Betriebsprüfungen sowie gegebenenfalls der eines jeden Abschnitts eines Prüfungszyklus muß eindeutig festgelegt sein und ausdrücklich folgendes aufweisen:
1. die erfaßten Bereiche,
2. die zu prüfenden Tätigkeiten,
3. die zu berücksichtigenden Umweltstandards,
4. den in der Betriebsprüfung erfaßten Zeitraum.

Die Umweltbetriebsprüfung umfaßt die Beurteilung der zur Bewertung des betrieblichen Umweltschutzes notwendigen Daten.

---

[483] **Amtl. Anm.:** Für den spezifischen Zweck dieser Verordnung werden die Begriffe der genannten Norm wie folgt ausgelegt:
- „Qualitätssicherungssystem" bezeichnet das „Umweltmanagementsystem";
- „Qualitätssicherungsnorm" bezeichnet die „Umweltnorm";
- „Qualitätssicherungshandbuch" bezeichnet das „Umweltmanagementhandbuch";
- „Qualitätsaudit" bezeichnet die „Umweltbetriebsprüfung";
- „Auditee" bezeichnet den „Standort".

C. Organisation und Ressourcen

Umweltbetriebsprüfungen werden von Personen oder Personengruppen durchgeführt, die über die erforderlichen Kenntnisse der kontrollierten Sektoren und Bereiche, darunter Kenntnisse und Erfahrungen in bezug auf das einschlägige Umweltmanagement und die einschlägigen technischen, umweltspezifischen und rechtlichen Fragen, sowie über ausreichende Ausbildung und Erfahrung für die spezifische Prüftätigkeit verfügen, um die genannten Ziele zu erreichen. Die Zeit und die Mittel, die für die Prüfung angesetzt werden, müssen dem Umfang und den Zielen dieser Prüfung entsprechen.
Bei der Betriebsprüfung leistet die Unternehmensleitung Hilfestellung.
Die Prüfer müssen von den Tätigkeiten, die sie kontrollieren, ausreichend unabhängig sein, so daß sie eine objektive und neutrale Bewertung abgeben können.

D. Planung und Vorbereitung der Betriebsprüfung für einen Standort

Jede Betriebsprüfung wird insbesondere im Hinblick auf folgende Ziele geplant und vorbereitet:
- Es muß gewährleistet sein, daß geeignete Mittel bereitgestellt werden;
- es muß gewährleistet sein, daß alle Beteiligten (einschließlich der Prüfer, der Unternehmensleitung des Standorts sowie des Personals) ihre Rolle und Aufgaben im Rahmen der Betriebsprüfung verstehen.

Dazu gehören das Vertrautmachen mit den Tätigkeiten am Standort und dem bestehenden Umweltmanagementsystem sowie die Überprüfung der Feststellungen und Schlußfolgerungen der vorangegangenen Betriebsprüfungen.

E. Betriebsprüfungstätigkeiten

1. Die Betriebsprüfungstätigkeiten an Ort und Stelle umfassen Diskussionen mit dem am Standort beschäftigten Personal, die Untersuchung der Betriebs- und Ausrüstungsbedingungen, die Prüfung der Archive, der schriftlichen Verfahren und anderer einschlägigen Dokumente im Hinblick auf die Bewertung der Umweltschutzqualität des Standorts; dabei wird ermittelt, ob der Standort den geltenden Normen entspricht und ob das bestehende Managementsystem zur Bewältigung der umweltorientierten Aufgaben wirksam und geeignet ist.
2. Zur Betriebsprüfung gehören insbesondere folgende Maßnahmen:
   a) Kenntnisnahme von den Managementsystemen;
   b) Beurteilung der Schwächen und Stärken der Managementsysteme;
   c) Erfassung relevanter Nachweise;
   d) Bewertung der bei der Betriebsprüfung gemachten Feststellungen;
   e) Ausarbeitung der Schlußfolgerungen der Betriebsprüfung;
   f) Bericht über die Feststellungen und Schlußfolgerungen der Betriebsprüfung.

F. Bericht über die Feststellungen und Schlußfolgerungen der Betriebsprüfung

1. Nach jeder Betriebsprüfung bzw. nach jedem Betriebsprüfungszyklus wird von den Prüfern ein schriftlicher Betriebsprüfungsbericht in geeigneter Form mit geeignetem Inhalt erstellt, um eine vollständige und förmliche Vorlage der Feststellungen und Schlußfolgerungen der Betriebsprüfung sicherzustellen.
   Die Feststellungen und Schlußfolgerungen der Betriebsprüfung müssen der Unternehmensleitung offiziell mitgeteilt werden.
2. Die grundlegenden Ziele eines schriftlichen Betriebsprüfungsberichts bestehen darin,

a) den von der Betriebsprüfung erfaßten Prüfungsumfang zu dokumentieren;
b) für die Unternehmensleitung Informationen über den bisher erreichten Grad an Übereinstimmung mit der Umweltpolitik des Unternehmens und die umweltbezogenen Fortschritte am Standort bereitzustellen;
c) für die Unternehmensleitung Informationen über die Wirksamkeit und Verläßlichkeit der Regelungen für die Überwachung der ökologischen Auswirkungen am Standort bereitzustellen;
d) die Notwendigkeit von gegebenenfalls erforderlichen Korrekturmaßnahmen zu belegen.

G. Folgemaßnahmen der Betriebsprüfung

Im Anschluß an die Betriebsprüfung ist die Ausarbeitung und Verwirklichung eines Plans für geeignete Korrekturmaßnahmen vorzusehen.
Es müssen geeignete Mechanismen vorhanden sein und funktionieren, um zu gewährleisten, daß im Anschluß an die Betriebsprüfungsergebnisse geeignete Folgemaßnahmen getroffen werden.

H. Betriebsprüfungshäufigkeit

Je nach Notwendigkeit wird in Abständen von nicht mehr als drei Jahren die Betriebsprüfung durchgeführt oder der Betriebsprüfungszyklus abgeschlossen. Die Häufigkeit wird für jede Tätigkeit am Standort von der Unternehmensleitung unter Berücksichtigung der gesamten potentiellen Auswirkungen der Tätigkeiten am Standort und des Umweltprogramms für den Standort festgelegt, wobei insbesondere folgendes zu berücksichtigen ist:
a) Art, Umfang und Komplexität der Tätigkeiten;
b) Art und Umfang der Emissionen, des Abfalls, des Rohstoff- und Energieverbrauchs sowie generell der Wechselwirkung mit der Umwelt;
c) Bedeutung und Dringlichkeit der festgestellten Probleme im Lichte der Umweltprüfung oder der vorangegangenen Betriebsprüfung;
d) Vorgeschichte der Umweltprobleme.

Anhang III
Anforderungen für die Zulassung der Umweltgutachter und ihre Aufgaben

A. Bedingungen für die Zulassung von Umweltgutachtern

1. Zu den Kriterien für die Zulassung von Umweltgutachtern gehören:
   Personal
   Der Umweltgutachter muß für die Aufgaben innerhalb des Geltungsbereichs der Zulassung fachkundig sein und muß Aufzeichnungen führen und fortschreiben, aus denen sich ergibt, daß sein Personal über geeignete Qualifikationen, Ausbildung und Erfahrungen im Hinblick zumindest auf die nachstehenden Bereiche verfügt:
   - Methodologien der Umweltbetriebsprüfung,
   - Managementinformation und -verfahren,
   - Umweltfragen,
   - einschlägige Rechtsvorschriften und Normen einschließlich eines eigens für die Zwecke dieser Verordnung entwickelten Leitfadens sowie
   - einschlägige technische Kenntnisse über die Tätigkeiten, auf die sich die Begutachtung erstreckt.

Unabhängigkeit und Objektivität

Der Umweltgutachter muß unabhängig und unparteiisch sein.

Der Umweltgutachter muß nachweisen, daß seine Organisation und sein Personal keinem kommerziellen, finanziellen oder sonstigen Druck unterliegen, der ihr Urteil beeinflussen oder das Vertrauen in ihre Unabhängigkeit und Integrität bei ihrer Tätigkeit in Frage stellen könnte. Ferner muß er nachweisen, daß sie allen in diesem Zusammenhang anwendbaren Vorschriften gerecht werden.

Diesen Anforderungen genügen Umweltgutachter, die EN 45012, Artikel 4 und 5 entsprechen.

Verfahren

Der Umweltgutachter verfügt über dokumentierte Prüfungsmethodologien und -verfahren, einschließlich der Qualitätskontrolle und der Vorkehrungen zur Wahrung der Vertraulichkeit zur Durchführung der Begutachtungsvorschriften dieser Verordnung.

Organisation

Im Fall von Organisationen verfügt der Umweltgutachter über ein Organigramm mit ausführlichen Angaben über die Strukturen und Verantwortungsbereiche innerhalb der Organisation sowie eine Erklärung über den Rechtsstatus, die Besitzverhältnisse und Finanzierungsquellen, die auf Verlangen zur Verfügung gestellt werden.

2. *Zulassung von Einzelpersonen*

Einzelpersonen kann eine Zulassung erteilt werden, die auf Tätigkeiten beschränkt ist, für die der Betreffende im Hinblick auf deren Art und Umfang über die erforderliche Befähigung und Erfahrung verfügt, um die in Teil B bezeichneten Aufgaben auszuführen.

In bezug auf die Standorte, an denen solche Tätigkeiten durchgeführt werden, hat der Antragsteller insbesondere ausreichendes Fachwissen in technischen, ökologischen und rechtlichen Fragen entsprechend dem Geltungsbereich der Zulassung sowie in bezug auf Überprüfungsmethoden und -verfahren nachzuweisen. Der Antragsteller muß den unter Punkt 1 genannten Kriterien hinsichtlich Unabhängigkeit, Objektivität und Verfahren genügen.

3. *Antrag auf Zulassung*

Der den Antrag stellende Umweltgutachter hat ein offizielles Antragsformular auszufüllen und zu unterzeichnen, in dem er erklärt, daß ihm die Einzelheiten des Zulassungssystems bekannt sind; er erklärt sich bereit, die Anforderungen des Zulassungsverfahrens zu erfüllen und die erforderlichen Gebühren zu entrichten; er erklärt sich ferner bereit, den Zulassungsbedingungen nachzukommen, und gibt Auskunft über frühere Anträge oder Zulassungen.

Die Antragsteller erhalten Unterlagen mit einer Beschreibung des Zulassungsverfahrens und der Rechte und Pflichten der zugelassenen Umweltgutachter (einschließlich der Angaben über die zu entrichtenden Gebühren). Zusätzliche sachdienliche Auskünfte werden dem Antragsteller auf Verlangen erteilt.

4. *Zulassungsverfahren*

Das Zulassungsverfahren umfaßt:

a) die Erfassung der zur Beurteilung des antragstellenden Umweltgutachters erforderlichen Informationen; hierzu gehören allgemeine Angaben wie Name, Anschrift, Rechtsstellung, Mitarbeiter, Stellung innerhalb eines Unternehmenskonzerns usw. sowie Informationen, anhand deren beurteilt werden kann, ob die unter Punkt 1 spezifizierten Kriterien erfüllt sind und ob eine Begrenzung des Umfangs der Zulassung geboten ist;

b) die Beurteilung des Antragstellers durch die Mitarbeiter der Zulassungsstelle oder ihre ernannten Vertreter, die die vorgelegten Informationen und einschlägigen Arbeiten überprüfen und erforderlichenfalls weitere Nachforschungen anstellen, wozu die Befragung von Personal gehören kann, um festzustellen, ob der Antragsteller den Zulassungskriterien gerecht wird. Die Ergebnisse der Überprüfung werden dem Antragsteller mitgeteilt, der sich hierzu äußern kann;

c) die durch die Zulassungsstelle erfolgende Überprüfung des gesamten Bewertungsmaterials, das erforderlich ist, um über eine Zulassung zu entscheiden;

d) die Entscheidung über die Erteilung oder Ablehnung der Zulassung, die von der Zulassungsstelle aufgrund der Ergebnisse der Überprüfung gemäß Buchstabe b) getroffen und schriftlich niedergelegt wird. Die Zulassung kann zeitlich begrenzt und mit Auflagen verbunden sein oder eine Begrenzung des Umfangs der Zulassung beinhalten. Zulassungsstellen müssen über schriftlich dokumentierte Verfahren für die Beurteilung der Ausdehnung des Zulassungsumfangs für zugelassene Umweltgutachter verfügen.

5. *Aufsicht über zugelassene Umweltgutachter*

In regelmäßigen Abständen und mindestens alle 36 Monate ist sicherzustellen, daß der zugelassene Umweltgutachter weiterhin den Zulassungsanforderungen entspricht; dabei muß eine Kontrolle der Qualität der vorgenommenen Begutachtungen erfolgen.

Der zugelassene Umweltgutachter hat die Zulassungsstelle sofort über alle Veränderungen zu unterrichten, die auf die Zulassung oder den Umfang der Zulassung Einfluß haben können.

Entscheidungen über die Beendigung oder vorübergehende Aufhebung der Zulassung oder die Einschränkung des Umfangs der Zulassung werden von der Zulassungsstelle erst getroffen, nachdem dem zugelassenen Umweltgutachter die Möglichkeit eingeräumt worden ist, hierzu Stellung zu nehmen.

Wird ein in einem Mitgliedstaat zugelassener Umweltgutachter in dieser Eigenschaft in einem anderen Mitgliedstaat tätig, so notifiziert er der dortigen Zulassungsstelle seine Tätigkeit.

6. *Ausweitung des Zulassungsumfangs*

Die Zulassungsstelle muß über schriftlich dokumentierte Beurteilungsverfahren für Anträge auf Ausweitung des Zulassungsumfangs verfügen.

B. Aufgaben der Umweltgutachter

1. Die Prüfung von Umweltpolitiken, Umweltprogrammen, Umweltmanagementsystemen, Umweltprüfungsverfahren, Umweltbetriebsprüfungsverfahren und Umwelterklärungen sowie die Gültigkeitserklärung der letzteren werden von zugelassenen Umweltgutachtern vorgenommen.

Aufgabe des Umweltgutachters ist es, unbeschadet der Aufsichts- und Regelungsbefugnisse der Mitgliedstaaten folgendes zu überprüfen:

- die Einhaltung aller Vorschriften dieser Verordnung, insbesondere in bezug auf die Umweltpolitik und das Umweltprogramm, die Umweltprüfung, das Funktionieren des Umweltmanagementsystems, das Umweltbetriebsprüfungsverfahren und die Umwelterklärungen;
- die Zuverlässigkeit der Daten und Informationen der Umwelterklärung und die ausreichende Berücksichtigung aller wichtigen für den Standort relevanten Umweltfragestellungen in dieser Erklärung.

Der Umweltgutachter untersucht insbesondere die technische Eignung der Umweltprüfung oder der Umweltbetriebsprüfung oder anderer von dem Unternehmen angewandter Verfahren mit der erforderlichen fachlichen Sorgfalt, wobei er auf jede unnötige Doppelarbeit verzichtet.

2. Der Umweltgutachter übt seine Tätigkeit auf der Grundlage einer schriftlichen Vereinbarung mit dem Unternehmen aus. Diese Vereinbarung legt den Gegenstand und den Umfang der Arbeit fest und gibt dem Umweltgutachter die Möglichkeit, professionell und unabhängig zu handeln. Es verpflichtet das Unternehmen zur Zusammenarbeit in dem jeweils erforderlichen Umfang.
   Die Begutachtung bedingt die Einsicht in die Unterlagen, einen Besuch auf dem Gelände, bei dem insbesondere Gespräche mit dem Personal zu führen sind, die Ausarbeitung eines Berichts für die Unternehmensleitung und die Klärung der in diesem Bericht aufgeworfenen Fragen.
   Zu den vor dem Besuch auf dem Gelände einzusehenden Unterlagen gehören die Grunddokumentation über den Standort und die dortigen Tätigkeiten, die Umweltpolitik und das Umweltprogramm, die Beschreibung des Umweltmanagementsystems an dem Standort, Einzelheiten der vorangegangenen Umweltprüfung oder der vorangegangenen Umweltbetriebsprüfung, der Bericht über diese Prüfung und über etwaige anschließende Korrekturmaßnahmen und der Entwurf einer Umwelterklärung.
3. Der Bericht des Umweltgutachters an die Unternehmensleitung umfaßt
   a) ganz allgemein die festgestellten Verstöße gegen diese Verordnung und insbesondere
   b) die bei der Umweltprüfung oder bei der Methode der Umweltbetriebsprüfung oder dem Umweltmanagementsystem oder allen sonstigen Verfahren aufgetretenen technischen Mängel;
   c) die Einwände gegen den Entwurf der Umwelterklärung sowie Einzelheiten der Änderungen oder Zusätze, die in die Umwelterklärung aufgenommen werden müßten.
4. Folgende Fälle können eintreten:
   a) Wenn
      - die Umweltpolitik im Einklang mit den einschlägigen Vorschriften dieser Verordnung festgelegt wird,
      - die Umweltprüfung bzw. die Umweltbetriebsprüfung in technischer Hinsicht zufriedenstellend ist,
      - in dem Umweltprogramm alle bedeutsamen Fragestellungen angesprochen werden,
      - das Umweltmanagementsystem die Anforderungen des Anhangs I erfüllt und
      - die Erklärung sich als genau, hinreichend detailliert und mit den Anforderungen des Systems vereinbar erweist,

      dann erklärt der Umweltgutachter die Erklärung für gültig.
   b) Wenn
      - die Umweltpolitik im Einklang mit den einschlägigen Vorschriften dieser Verordnung festgelegt wird,
      - die Umweltprüfung bzw. die Umweltbetriebsprüfung in technischer Hinsicht zufriedenstellend ist,
      - in dem Umweltprogramm alle wichtigen Fragestellungen angesprochen werden,
      - das Umweltmanagementsystem den Anforderungen des Anhangs I erfüllt,

      aber
      - die Erklärung geändert und/oder ergänzt werden muß oder wenn festgestellt worden ist, daß für eines der Vorjahre, in dem keine Gültigkeitserklärung erfolgte, die Erklärung unrichtig oder irreführend war oder regelwidrig keine Erklärung abgegeben wurde,

erörtert der Umweltgutachter die erforderlichen Änderungen mit der Unternehmensleitung und erklärt die Umwelterklärung erst für gültig, nachdem das Unternehmen die entsprechenden Zusätze und/oder Änderungen in die Erklärung aufgenommen hat, nötigenfalls mit einem Hinweis auf erforderliche Änderungen an früheren, nicht für gültig erklärten Umwelterklärungen oder auf Zusatzinformationen, die in den Vorjahren hätten veröffentlicht werden sollen.

c) Wenn
- die Umweltpolitik nicht im Einklang mit den einschlägigen Vorschriften dieser Verordnung festgelegt worden ist,
- die Umweltprüfung bzw. die Umweltbetriebsprüfung in technischer Hinsicht nicht zufriedenstellend ist oder
- in dem Umweltprogramm nicht alle wichtigen Fragestellungen angesprochen werden oder
- das Umweltmanagementsystem die Anforderungen des Anhangs I nicht erfüllt,

richtet der Umweltgutachter entsprechende Empfehlungen für die erforderlichen Verbesserungen an die Unternehmensleitung und erklärt die Erklärung erst für gültig, nachdem die Mängel in bezug auf Politik und/oder Programm und/oder Verfahren berichtigt, die Verfahren soweit erforderlich erneut durchgeführt und die entsprechenden Änderungen an der Erklärung vorgenommen worden sind.

Anhang IV
Teilnahmeerklärungen

EG-SYSTEM FÜR DAS UMWELTMANAGEMENT UND DIE UMWELTBETRIEBS-PRÜFUNG	Dieser Standort verfügt über ein Umweltmanagementsystem. Die Öffentlichkeit wird im Einklang mit dem Gemeinschaftssystem für das Umweltmanagement und die Umweltbetriebsprüfung über den betrieblichen Umweltschutz dieses Standorts unterrichtet. (Register-Nr. ...)

EG-SYSTEM FÜR DAS UMWELTMANAGEMENT UND DIE UMWELTBETRIEBS-PRÜFUNG	Alle Standorte innerhalb der EG, an denen wir gewerblich tätig sind, verfügen über ein Umweltmanagementsystem. Die Öffentlichkeit wird im Einklang mit dem Gemeinschaftssystem für das Umweltmanagement und die Umweltbetriebsprüfung über den betrieblichen Umweltschutz dieser Standorte unterrichtet. (Hier kann eine Erklärung bezüglich der Praktiken in Drittländern angefügt werden.)

EG-SYSTEM FÜR DAS UMWELTMANAGEMENT UND DIE UMWELTBETRIEBS-PRÜFUNG	Alle Standorte in (Name(n) des (der) EG-Mitgliedstaats(staaten)), denen wir gewerblich tätig sind, verfügen über ein Umweltmanagementsystem. Die Öffentlichkeit wird im Einklang mit dem Gemeinschaftssystem für das Umweltmanagement und die Umweltbetriebsprüfung über den betrieblichen Umweltschutz dieser Standorte unterrichtet.

EG-SYSTEM FÜR DAS UMWELTMANAGEMENT UND DIE UMWELTBETRIEBS-PRÜFUNG	Die nachstehenden Standorte, an denen wir gewerblich tätig sind, verfügen über ein Umweltmanagementsystem. Die Öffentlichkeit wird gemäß dem Gemeinschaftssystem für das Umweltmanagement und die Umweltbetriebsprüfung über den betrieblichen Umweltschutz dieser Standorte unterrichtet: — Name des Standorts, Registernummer — — ...

Anhang V
Auskünfte, die den zuständigen Stellen bei der Vorlage des Antrags auf Eintragung in das Verzeichnis zu erteilen sind oder bei Vorlage einer anschließend für gültig erklärten Umwelterklärung

1. Name des Unternehmens.
2. Name und Anschrift des Standorts.
3. Kurze Beschreibung der an dem Standort ausgeübten Tätigkeiten (gegebenenfalls Bezugnahme auf beigefügte Unterlagen).
4. Name und Anschrift des zugelassenen Umweltgutachters, der die beigefügte Erklärung für gültig erklärt hat.
5. Frist für die Vorlage der nächsten für gültig erklärten Umwelterklärung.

Dem Antrag ist ferner beizufügen:

a) eine kurze Beschreibung des Umweltmanagementsystems,
b) eine Beschreibung des für den Standort festgelegten Betriebsprüfungsprogramms,
c) die für gültig erklärte Umwelterklärung.

Anhang 2. Gesetz zur Ausführung der Verordnung (EWG) Nr. 1836/93 des Rates vom 29. Juni 1993 über die freiwillige Beteiligung gewerblicher Unternehmen an einem Gemeinschaftssystem für das Umweltmanagement und die Umweltbetriebsprüfung (Umweltauditgesetz – UAG)

Vom 7. Dezember 1995

(BGBl. I S. 1591)

BGBl. III 2129-29

Der Bundestag hat mit Zustimmung des Bundesrates das folgende Gesetz beschlossen:

Inhaltsübersicht

Abschnitt 3. Umweltgutachterausschuß, Widerspruchsausschuß

Abschnitt 4. Zuständigkeit

Abschnitt 5. Beschränkung der Haftung, Verwendungsverbote für Teilnahmeerklärung und Graphik

Teil 3. Registrierung geprüfter Betriebsstandorte, Kosten, Bußgeld-, Übergangs- und Schlußvorschriften

Abschnitt 1. Registrierung geprüfter Betriebsstandorte

Abschnitt 2. Kosten- und Bußgeldvorschriften

Abschnitt 3. Übergangs- und Schlußvorschriften

Teil 1. Allgemeine Vorschriften

§ 1 Zweck des Gesetzes. (1) Zweck dieses Gesetzes ist es, eine wirksame Durchführung der Verordnung (EWG) Nr. 1836/93 des Rates vom 29. Juni 1993 über die freiwillige Beteiligung gewerblicher Unternehmen an einem Gemeinschaftssystem für das Umweltmanagement und die Umweltbetriebsprüfung (ABl. EG Nr. L 168 S. 1)[484] in der jeweils geltenden Fassung sicherzustellen, insbesondere dadurch, daß

1. unabhängige, zuverlässige und fachkundige Umweltgutachter und Umweltgutachterorganisationen zugelassen werden,
2. eine wirksame Aufsicht über zugelassene Umweltgutachter und Umweltgutachterorganisationen ausgeübt wird und
3. Register über die geprüften Betriebsstandorte geführt werden.

---

[484] Anhang 1 – EG-Umweltauditverordnung.

(2) Sofern Ergebnisse der Umweltprüfung freiwillig oder auf Grund einer gesetzlichen Verpflichtung in Jahresabschlüsse oder Lageberichte oder Konzernabschlüsse oder Konzernlageberichte aufgenommen werden, bleibt die Verantwortung des Abschlußprüfers nach den §§ 322, 323 des Handelsgesetzbuchs unberührt.

§ 2 Begriffsbestimmungen. (1) Unternehmen im Sinne dieses Gesetzes sind Gewerbebetriebe und Handwerksbetriebe, die eine Tätigkeit im Sinne des Artikels 2 Buchstabe i der Verordnung (EWG) Nr. 1836/93 ausüben, sowie Unternehmen, die durch Rechtsverordnung auf Grund des § 3 in das Gemeinschaftssystem für das Umweltmanagement und die Umweltbetriebsprüfung einbezogen wurden.

(2) Umweltgutachter im Sinne dieses Gesetzes sind natürliche Personen, die zur Wahrnehmung der Aufgaben im Sinne des Artikels 4 Abs. 3 bis 6 der Verordnung (EWG) 1836/93 nach diesem Gesetz zugelassen sind oder die in einem anderen Mitgliedstaat der Europäischen Union im Rahmen des Artikels 6 der Verordnung (EWG) 1836/93 nach dessen innerstaatlichem Recht zugelassen sind.

(3) Umweltgutachterorganisation sind eingetragene Vereine, Aktiengesellschaften, Kommanditgesellschaften auf Aktien, Gesellschaften mit beschränkter Haftung, eingetragene Genossenschaften, offene Handelsgesellschaften, Kommanditgesellschaften und Partnerschaftsgesellschaften, die zur Wahrnehmung der Aufgaben im Sinne des Artikels 4 Abs. 3 bis 6 der Verordnung (EWG) 1836/93 nach diesem Gesetz zugelassen sind, sowie Personenvereinigungen, die in einem anderen Mitgliedstaat der Europäischen Union im Rahmen des Artikels 6 der Verordnung (EWG) 1836/93 nach dessen innerstaatlichem Recht als Umweltgutachterorganisationen zugelassen sind.

§ 3 Einbeziehung nichtgewerblicher Betriebe. (1) [1]Die Bundesregierung wird ermächtigt, nichtgewerbliche Bereiche durch Rechtsverordnung nach Anhörung des Umweltgutachterausschusses und mit Zustimmung des Bundesrates in den Anwendungsbereich des Gemeinschaftssystems für das Umweltmanagment und die Umweltbetriebsprüfung einzubeziehen; hierzu gehören insbesondere Unternehmen des Handels sowie des öffentlichen Dienstleistungsbereichs, soweit diese auf Grund ihrer Tätigkeit und privatrechtlichen Organisationsform nicht bereits Unternehmen im Sinne des § 2 Abs. 1 sind. [2]Die Vorschriften der Verordnung (EWG) Nr. 1836/93 gelten für die einbezogenen Bereiche entsprechend.

(2) In der Rechtsverordnung nach Absatz 1 können die Texte der Teilnahmeerklärung nach Anhang IV der Verordnung (EWG) Nr. 1836/93 ergänzt oder durch andere Texte ersetzt werden, soweit dies für die Verwendung und das Verständnis der Teilnahmeerklärungen in der Öffentlichkeit erforderlich ist.

Teil 2. Zulassung von Umweltgutachtern und Umweltgutachterorganisationen sowie Aufsicht; Beschränkung der Haftung, Verwendungsverbote für Teilnahmeerklärungen und Graphik

Abschnitt 1. Zulassung

§ 4 Anforderungen an Umweltgutachter. (1) Umweltgutachter besitzen die nach der Verordnung (EWG) Nr. 1836/93 für die Wahrnehmung ihrer Aufgaben erforderliche Zuverlässigkeit, Unabhängigkeit und Fachkunde, wenn sie die in den §§ 5 bis 7 genannten Anforderungen erfüllen.

(2) Die Tätigkeit als Umweltgutachter ist keine gewerbsmäßige Tätigkeit.

(3) [1]Umweltgutachter müssen der Zulassungsstelle bei Antragstellung eine zustellungsfähige Anschrift im Bundesgebiet angeben. [2]Nachträgliche Änderungen der zustellungsfähigen Anschrift sind der Zulassungsstelle innerhalb von vier Wochen nach der Änderung anzugeben.

(4) [1]Umweltgutachter haben im beruflichen Verkehr die Berufsbezeichnung „Umweltgutachter" zu führen, Frauen können die Berufsbezeichnung „Umweltgutachterin" führen. [2]Die Berufsbezeichnung darf nicht führen, wer keine Zulassung nach § 9 besitzt.

(5) Die Bundesregierung kann nach Anhörung des Umweltgutachterausschusses durch Rechtsverordnung, die nicht der Zustimmung des Bundesrates bedarf, die Anforderungen der §§ 5 bis 7 zu dem in § 1 Abs. 1 Nr. 1 bestimmten Zweck näher bestimmen.

§ 5 Zuverlässigkeit. (1) Die erforderliche Zuverlässigkeit besitzt ein Umweltgutachter, wenn er auf Grund seiner persönlichen Eigenschaften, seines Verhaltens und seiner Fähigkeiten zur ordnungsgemäßen Erfüllung der ihm obliegenden Aufgaben geeignet ist.

(2) Für die Zuverlässigkeit bietet in der Regel derjenige keine Gewähr, der

1. wegen Verletzung der Vorschriften
   a) des Strafrechts über Eigentums- und Vermögensdelikte, Urkundenfälschung, Konkursdelikte, gemeingefährliche Delikte und Umweltdelikte,
   b) des Immissionsschutz-, Abfall-, Wasser-, Natur- und Landschaftsschutz-, Chemikalien-, Gentechnik- oder Atom- und Strahlenschutzrechts,
   c) des Lebensmittel-, Arzneimittel-, Pflanzenschutz- oder Seuchenrechts,
   d) des Gewerbe- oder Arbeitsschutzrechts,
   e) des Betäubungsmittel-, Waffen- oder Sprengstoffrechts

   mit einer Strafe oder in den Fällen der Buchstaben b bis e mit einer Geldbuße in Höhe von mehr als tausend Deutsche Mark belegt worden ist,
2. wiederholt oder grob pflichtwidrig
   a) gegen Vorschriften nach Nummer 1 Buchstaben b bis e verstoßen hat oder

b) als Betriebsbeauftragter für Immissionsschutz, Gewässerschutz, Abfall, als Strahlenschutzbeauftragter im Sinne des § 29 der Strahlenschutzverordnung oder als Störfallbeauftragter im Sinne des § 58a des Bundes-Immissionsschutzgesetzes seine Verpflichtungen als Beauftragter verletzt hat,

3. infolge strafgerichtlicher Verurteilung die Fähigkeit zur Bekleidung öffentlicher Ämter verloren hat,
4. sich nicht in geordneten wirtschaftlichen Verhältnissen befindet, es sei denn, daß dadurch die Interessen der Auftraggeber oder anderer Personen nicht gefährdet sind, oder
5. infolge eines körperlichen Gebrechens, wegen Schwäche seiner geistigen Kräfte oder wegen einer Sucht nicht nur vorübergehend unfähig ist, den Beruf des Umweltgutachters ordnungsgemäß auszuüben.

§ 6 Unabhängigkeit. (1) Die erforderliche Unabhängigkeit besitzt ein Umweltgutachter, wenn er keinem wirtschaftlichen, finanziellen oder sonstigen Druck unterliegt, der sein Urteil beeinflussen oder das Vertrauen in die unparteiische Aufgabenwahrnehmung in Frage stellen kann.

(2) Für die erforderliche Unabhängigkeit bietet in der Regel derjenige keine Gewähr, der

1. neben seiner Tätigkeit als Umweltgutachter
   a) Inhaber eines Unternehmens oder der Mehrheit der Anteile an einem Unternehmen im Sinne des § 2 Abs. 1 in einem gewerblichen oder nichtgewerblichen Bereich ist, auf den sich seine Tätigkeit als Umweltgutachter bezieht,
   b) Angestellter eines Unternehmens im Sinne des § 2 Abs. 1 in einem gewerblichen oder nichtgewerblichen Bereich ist, auf den sich seine Tätigkeit als Umweltgutachter bezieht,
   c) eine Tätigkeit auf Grund eines Beamtenverhältnisses, Soldatenverhältnisses oder eines Anstellungsvertrages mit einer juristischen Person des öffentlichen Rechts, mit Ausnahme der in Absatz 3 genannten Fälle, ausübt,
   d) eine Tätigkeit auf Grund eines Richterverhältnisses, öffentlich-rechtlichen Dienstverhältnisses als Wahlbeamter auf Zeit oder eines öffentlich-rechtlichen Amtsverhältnisses ausübt, es sei denn, daß er die ihm übertragenen Aufgaben ehrenamtlich wahrnimmt,
2. Weisungen auf Grund vertraglicher oder sonstiger Beziehungen bei der Tätigkeit als Umweltgutachter auch dann zu befolgen hat, wenn sie ihn zu gutachterlichen Handlungen gegen seine Überzeugung verpflichten,
3. organisatorisch, wirtschaftlich, kapital- oder personalmäßig mit Dritten verflochten ist, ohne daß deren Einflußnahme auf die Wahrnehmung der Aufgaben als Umweltgutachter durch Festlegungen in Satzung, Gesellschaftsvertrag oder Anstellungsvertrag auszuschließen ist.

(3) Vereinbar mit dem Beruf des Umweltgutachters ist eine Beratungstätigkeit als Bediensteter einer Industrie- und Handelskammer, Handwerkskammer, Berufskammer oder sonstigen Körperschaft des öffentlichen Rechts, die eine Selbsthilfeeinrichtung für Unternehmen ist, die sich an

dem Gemeinschaftssystem beteiligen können; dies gilt nicht, wenn der Bedienstete im Hinblick auf seine Tätigkeit als Umweltgutachter für Registrierungsaufgaben im Sinne des Artikels 8 der Verordnung (EWG) Nr. 1836/93 zuständig ist oder Weisungen im Sinne des Absatzes 2 Nr. 2 unterliegt.

§ 7 Fachkunde. (1) Die erforderliche Fachkunde besitzt ein Umweltgutachter, wenn er auf Grund seiner Ausbildung, beruflichen Bildung und praktischen Erfahrung zur ordnungsgemäßen Erfüllung der ihm obliegenden Aufgaben geeignet ist.

(2) Die Fachkunde erfordert

1. den Abschluß eines Studiums auf den Gebieten der Wirtschafts- oder Verwaltungswissenschaften, der Naturwissenschaften oder Technik, der Biowissenschaften oder des Rechts an einer Hochschule im Sinne des § 1 des Hochschulrahmengesetzes, soweit nicht die Voraussetzungen des Absatzes 3 gegeben sind;
2. ausreichende Fachkenntnisse über
   a) Methodik und Durchführung der Umweltbetriebsprüfung,
   b) betriebliches Management,
   c) betriebsbezogene Umweltangelegenheiten,
   d) technische Zusammenhänge zu Tätigkeiten, auf die sich die Begutachtung erstreckt, und
   e) einschlägige Rechts- und veröffentlichte Verwaltungsvorschriften und Normen des betrieblichen Umweltschutzes;
3. eine mindestens dreijährige eigenverantwortliche hauptberufliche Tätigkeit als Freiberufler, in der Wirtschaft, in der Umweltverwaltung oder bei in der Umweltberatung tätigen Stellen, bei der praktische Kenntnisse über den betrieblichen Umweltschutz erworben wurden.

(3) Von der Anforderung eines Hochschulstudiums nach Absatz 2 Nr. 1 können Ausnahmen erteilt werden, wenn in den gewerblichen oder nichtgewerblichen Unternehmensbereichen (Unternehmensbereichen), für die die Zulassung beantragt ist,

1. eine Fachschulausbildung, die Qualifikation als Meister oder eine gleichwertige Zulassung oder Anerkennung durch eine oberste Bundes- oder Landesbehörde oder eine Körperschaft des öffentlichen Rechts vorliegt und
2. Aufgaben in leitender Stellung oder als Selbständiger mindestens acht Jahre hauptberuflich wahrgenommen wurden.

§ 8 Fachkenntnisbescheinigung. (1) [1]Wer für einen Umweltgutachter oder eine Umweltgutachterorganisation gutachterliche Tätigkeiten auf Grund der Verordnung (EWG) 1836/93 wahrnimmt, ohne selbst als Umweltgutachter zugelassen zu sein, muß die Anforderungen an die Zuverlässigkeit und Unabhängigkeit entsprechend den §§ 5 und 6 erfüllen. [2]Er muß die Fachkundeanforderungen nach § 7 Abs. 2 Nr. 1 und 3 erfüllen und auf mindestens einem der in § 7 Abs. 2 Nr. 2 genannten Fachgebiete diejenigen Fachkenntnisse besitzen, die für die Wahrnehmung gutachterlicher Tätigkeiten in einem oder mehreren Unternehmensbereichen erforderlich sind. [3]§ 7 Abs. 3 gilt entsprechend.

(2) [1]Wenn die Anforderungen des Absatzes 1 erfüllt sind, ist von der Zulassungsstelle über Art und Umfang der nachgewiesenen Fachkenntnisse eine Bescheinigung zu erteilen, die erkennen läßt, auf welchen Fachgebieten und für welche Unternehmensbereiche die erforderlichen Fachkenntnisse vorliegen (Fachkenntnisbescheinigung). [2]Sie gestattet eine gutachterliche Tätigkeit nur im Zusammenwirken mit einem Umweltgutachter, der Berichte und die Gültigkeitserklärung von Umwelterklärungen verantwortlich zeichnet.

§ 9 Zulassung als Umweltgutachter. (1) [1]Die Zulassung als Umweltgutachter ist von der Zulassungsstelle zu erteilen, wenn der Antragsteller die Anforderungen nach § 4 Abs. 1 und den §§ 5 bis 7 erfüllt. [2]Die Zulassung ist auch auf Unternehmensbereiche zu erstrecken, für die der Umweltgutachter nicht selbst über die erforderliche Fachkunde verfügt,

1. wenn er im Hinblick auf Artikel 4 Abs. 6 der Verordnung (EWG) Nr. 1836/93 zeichnungsberechtigte Personen angestellt hat, die für diese Unternehmensbereiche
   a) als Umweltgutachter zugelassen sind oder
   b) die erforderlichen Fachkenntnisbescheinigungen besitzen oder
   c) gültige Lehrgangsbescheinigungen oder sonstige Fachkenntnisnachweise im Sinne des § 13 für Methodik und Durchführung von Umweltbetriebsprüfungen (§ 7 Abs. 2 Nr. 2 Buchstabe a) und für mindestens ein weiteres Fachgebiet besitzen sowie die übrigen Anforderungen des § 7 und die Anforderungen der §§ 5 und 6 erfüllen, und
2. wenn er sicherstellt, daß die in der Nummer 1 Buchstabe b und c genannten Personen regelmäßig an Fortbildungsmaßnahmen teilnehmen können.

[3]In dem Zulassungsbescheid sind die Unternehmensbereiche genau zu bezeichnen, für die der Umweltgutachter selbst die erforderliche Fachkunde besitzt und auf die sich die Zulassung auf Grund der angestellten fachkundigen Personen im Sinne des Satzes 2 Nr. 1 erstreckt.

(2) Soweit sich die Zulassung auf Unternehmensbereiche erstreckt, für die der Umweltgutachter nicht selbst über die erforderliche Fachkunde verfügt, gestattet die Zulassung eine gutachterliche Tätigkeit nur im Zusammenwirken mit den in Absatz 1 Satz 2 Nr. 1 genannten Personen; insbesondere sind Berichte und die Gültigkeitserklärung von Umwelterklärungen von diesen Personen mitzuzeichnen.

(3) Die Zulassung umfaßt die Befugnis, gemäß Artikel 12 Abs. 1 der Verordnung (EWG) Nr. 1836/93 Zertifizierungsbescheinigungen nach den von der Kommission der Europäischen Gemeinschaften anerkannten Zertifizierungsverfahren zu erteilen.

§ 10 Zulassung als Umweltgutachterorganisation. (1) Die Zulassung als Umweltgutachterorganisation setzt voraus, daß

1. mindestens ein Drittel der persönlich haftenden Gesellschafter oder Partner oder der Mitglieder des Vorstandes oder der Geschäftsführer
   a) als Umweltgutachter zugelassen sind oder
   b) aus Personen mit Fachkenntnisbescheinigungen und mindestens einem Umweltgutachter besteht,

2. im Hinblick auf Artikel 4 Abs. 6 der Verordnung (EWG) Nr. 1836/93 zeichnungsberechtigte Vertreter oder zeichnungsberechtigte Angestellte für die Unternehmensbereiche, für die die Zulassung beantragt ist,
   a) als Umweltgutachter zugelassen sind oder
   b) die erforderlichen Fachkenntnisbescheinigungen besitzen oder
   c) gültige Lehrgangsbescheinigungen oder sonstige Fachkenntnisnachweise im Sinne des § 13 für Methodik und Durchführung von Umweltbetriebsprüfungen (§ 7 Abs. 2 Nr. 2 Buchstabe a) und für mindestens ein weiteres Fachgebiet besitzen sowie die übrigen Anforderungen des § 7 und die Anforderungen der §§ 5 und 6 erfüllen,
3. sichergestellt ist, daß die in der Nummer 2 genannten Personen regelmäßig an Fortbildungsmaßnahmen teilnehmen können,
4. geordnete wirtschaftliche Verhältnisse bestehen,
5. kein wirtschaftlicher, finanzieller oder sonstiger Druck die gutachterliche Tätigkeit beeinflussen oder das Vertrauen in die unparteiische Aufgabenwahrnehmung in Frage stellen können; § 6 Abs. 2 Nr. 1 Buchstabe a und Nr. 2 und 3 gilt entsprechend.

(2) [1]Die Zulassung ist von der Zulassungsstelle zu erteilen, wenn die Voraussetzungen des Absatzes 1 erfüllt sind. [2]Die Zulassung gestattet gutachterliche Tätigkeiten nur in denjenigen Unternehmensbereichen, für die die Voraussetzungen des Absatzes 1 Nr. 2 vorliegen. [3]In dem Zulassungsbescheid ist genau zu bezeichnen, für welche Unternehmensbereiche die Umweltgutachterorganisation über die erforderlichen fachkundigen Personen im Sinne des Absatzes 1 Nr. 2 verfügt.

(3) Die Zulassung gestattet gutachterliche Tätigkeiten von fachkundigen Personen im Sinne des Absatzes 1 Nr. 2 Buchstabe b und c nur im Zusammenwirken mit einem zugelassenen Umweltgutachter, der Berichte und die Gültigkeitserklärung der Umwelterklärungen verantwortlich zeichnet; die genannten Personen müssen mitzeichnen.

(4) § 9 Abs. 3 gilt entsprechend.

(5) [1]Die zugelassene Umweltgutachterorganisation hat die Bezeichnung „Umweltgutachter" in die Firma oder den Namen aufzunehmen. [2]Die Bezeichnung darf in die Firma oder den Namen nicht aufgenommen werden, wenn keine Zulassung nach Absatz 2 erteilt ist.

§ 11 Bescheinigungs- und Zulassungsverfahren. (1) [1]Das Verfahren für die Erteilung einer Fachkenntnisbescheinigung nach § 8 und für die Zulassung nach den §§ 9 und 10 setzt einen schriftlichen Antrag voraus. [2]Dem Antrag sind die zur Prüfung erforderlichen Unterlagen beizufügen.

(2) [1]Die Fachkunde des Umweltgutachters wird in einer mündlichen Prüfung von einem Prüfungsausschuß der Zulassungsstelle festgestellt. [2]Gegenstand der mündlichen Prüfung sind
1. die in § 7 Abs. 2 Nr. 2 Buchstabe a bis e genannten Fachgebiete und
2. praktische Probleme aus der Berufsarbeit eines Umweltgutachters.

(3) Der Prüfungsgegenstand im Sinne des Absatzes 2 Nr. 1 ist insoweit beschränkt, als der Antragsteller für bestimmte Fachgebiete Fachkenntnisbescheinigungen, gültige Lehrgangsbescheinigungen oder sonstige gleichwertige Fachkenntnisnachweise im Sinne des § 13 vorgelegt hat.

(4) Für die Erteilung einer Fachkenntnisbescheinigung nach § 8 gelten die Absätze 2 und 3 entsprechend.

(5) Die Bundesregierung kann nach Anhörung des Umweltgutachterausschusses durch Rechtsverordnung, die nicht der Zustimmung des Bundesrates bedarf,

1. Verfahren nach Absatz 1, einschließlich Wiederholungsprüfungen,
2. Anforderungen an die Qualifikation der Mitglieder der Prüfungsausschüsse und die Durchführung der mündlichen Prüfung nach § 12 und
3. Kriterien für die Anerkennung von Lehrgängen oder sonstigen Qualifikationsnachweisen nach § 13 näher regeln sowie
4. schriftliche Prüfungen allgemein oder für bestimmte Fachgebiete oder für bestimmte Unternehmensbereiche als unselbständigen Teil der Zulassungs- und Bescheinigungsverfahren vorschreiben und nähere Bestimmungen zu Gegenstand und Durchführung der schriftlichen Prüfungen treffen, soweit mündliche Prüfungen, anerkannte Lehrgänge und anerkannte sonstige Qualifikationsnachweise zur Feststellung der erforderlichen Fachkenntnisse im Sinne des § 7 Abs. 2 Nr. 2 nicht ausreichen.

§ 12 Mündliche Prüfung. (1) [1]Die mündliche Prüfung ist unselbständiger Teil der Zulassungs- und Bescheinigungsverfahren. [2]Über den wesentlichen Inhalt und Ablauf der Prüfung ist eine Niederschrift zu fertigen.

(2) Die Mitglieder des Prüfungsausschusses müssen auf ihrem Fachgebiet ein Hochschulstudium abgeschlossen haben und über mindestens fünf Jahre eigenverantwortliche, hauptberufliche Erfahrungen in der Praxis des betrieblichen Umweltschutzes verfügen.

(3) [1]Die Zulassungsstelle wählt die Prüfer für die einzelnen Zulassungs- und Bescheinigungsverfahren aus der Prüferliste des Umweltgutachterausschusses (§ 21 Abs. 1 Satz 2 Nr. 2) aus und bestimmt den Vorsitzenden. [2]Die Prüfer müssen jeweils die erforderliche Fachkunde für diejenigen Unternehmensbereiche und Fachgebiete besitzen, für die die Zulassung oder die Fachkenntnisbescheinigung im Einzelfall beantragt ist. [3]Der Prüfer für das Fachgebiet „Recht" muß zusätzlich die Befähigung zum Richteramt haben. [4]Der Prüfungsausschuß besteht aus mindestens drei und höchstens fünf Mitgliedern. [5]Mindestens ein Mitglied des Prüfungsausschusses muß jeweils als Umweltgutachter zugelassen sein.

§ 13 Lehrgänge und sonstige Qualifikationsnachweise. (1) [1]Die Zulassungsstelle kann Lehrgänge als Nachweis der Fachkenntnisse im Sinne des § 7 Abs. 2 Nr. 2 im Einvernehmen mit dem Umweltgutachterausschuß allgemein anerkennen, wenn diese den Anforderungen der Prüfungsrichtlinien des Umweltgutachterausschusses inhaltlich und methodisch entsprechen und mit einer schriftlichen Prüfung abschließen. [2]Die Bescheinigung für die erfolgreiche Lehrgangsteilnahme ist während eines Zeitraums von drei Jahren seit der Ausstellung als Fachkenntnisnachweis gültig.

(2) [1]Sonstige Qualifikationsnachweise auf den Fachgebieten des § 7 Abs. 2 Nr. 2 sollen von der Zulassungsstelle im Einvernehmen mit dem Umweltgutachterausschuß allgemein anerkannt werden, wenn sie unter Be-

rücksichtigung der Prüfungsrichtlinien des Umweltgutachterausschusses als gleichwertige Fachkenntnisnachweise in einem rechtlich geregelten Prüfungsverfahren erbracht worden sind. [2]Die Anerkennungsentscheidung kann befristet werden.

§ 14 Zulassungsregister. (1) [1]Die Zulassungsstelle führt ein Zulassungsregister für Umweltgutachter, Umweltgutachterorganisationen und Inhaber von Fachkenntnisbescheinigungen. [2]Das Zulassungsregister enthält Name, Anschrift sowie Gegenstand der Zulassungen und Bescheinigungen der eingetragenen Personen und Organisationen. [3]Die Zulassungsstelle übermittelt halbjährlich der Kommission der Europäischen Gemeinschaften über das Bundesministerium für Umwelt, Naturschutz und Reaktorsicherheit nach Artikel 7 der Verordnung (EWG) Nr. 1836/93 eine fortgeschriebene Liste der eingetragenen Umweltgutachter und Umweltgutachterorganisationen. [4]Diese Liste, ergänzt um die registrierten Inhaber von Fachkenntnisbescheinigungen, ist gleichzeitig dem Umweltgutachterausschuß, den zuständigen obersten Landesbehörden und der Stelle nach § 32 Abs. 2 zuzuleiten.

(2) Jeder ist nach Maßgabe des Umweltinformationsgesetzes berechtigt, das Zulassungsregister einzusehen.

Abschnitt 2. Aufsicht

§ 15 Überprüfung von Umweltgutachtern, Umweltgutachterorganisationen und Inhabern von Fachkenntnisbescheinigungen. (1) [1]Umweltgutachter, Umweltgutachterorganisationen und Inhaber von Fachkenntnisbescheinigungen sind von der Zulassungsstelle in regelmäßigen Abständen, mindestens alle 36 Monate nach Wirksamwerden der Zulassung oder der Fachkenntnisbescheinigung dahin zu überprüfen, ob die Voraussetzungen für die Zulassung nach den §§ 9 und 10 und für die Erteilung der Fachkenntnisbescheinigung nach § 8 weiterhin vorliegen. [2]Dabei muß auch eine Überprüfung der Qualität der vorgenommenen Begutachtungen erfolgen.

(2) Umweltgutachter, Umweltgutachterorganisationen und Inhaber von Fachkenntnisbescheinigungen sind verpflichtet,

1. Zweitschriften der von ihnen (mit)gezeichneten
   a) Vereinbarungen mit den Unternehmen über Gegenstand und Umfang der Begutachtung,
   b) Berichte an die Unternehmensleitung,
   c) für gültig erklärte Umwelterklärungen und
   d) Niederschriften über Besuche auf dem Betriebsgelände und über Gespräche mit dem Betriebspersonal

   im Sinne des Anhangs III Buchstabe B Nr. 2 und 3 der Verordnung (EWG) Nr. 1836/93 bis zur Überprüfung durch die Zulassungsstelle, jedoch nicht länger als fünf Jahre, aufzubewahren,
2. die Zulassungsstelle unverzüglich über alle Veränderungen zu unterrichten, die auf die Zulassung oder die Fachkenntnisbescheinigung Einfluß haben können,
3. sich bei Begutachtungen unparteiisch zu verhalten,

4. auf Verlangen der Zulassungsstelle die zur Überprüfung erforderlichen Unterlagen vorzulegen und
5. bei der Überprüfung von Standorten neben den einschlägigen Rechtsvorschriften auch die hierzu ergangenen amtlich veröffentlichten Verwaltungsvorschriften des Bundes und der Länder zu berücksichtigen.

(3) Umweltgutachter, Inhaber von Fachkenntnisbescheinigungen sowie Inhaber von Lehrgangsbescheinigungen und sonstigen Qualifikationsnachweisen sind verpflichtet, sich fortzubilden.

(4) Die Geschäftsräume der zu überprüfenden Personen und Organisationen können zu den üblichen Geschäftszeiten betreten werden, wenn dies zur Feststellung der Anforderungen nach den §§ 8 bis 10 erforderlich ist.

§ 16 Anordnung, Untersagung. (1) Zur Erfüllung der Anforderungen und Pflichten nach der Verordnung (EWG) Nr. 1836/93, nach diesem Gesetz und nach den auf Grund dieses Gesetzes erlassenen Rechtsverordnungen kann die Zulassungsstelle die erforderlichen Maßnahmen gegenüber Umweltgutachtern, Umweltgutachterorganisationen und Inhabern von Fachkenntnisbescheinigungen treffen.

(2) [1]Die Zulassungsstelle kann insbesondere die Fortführung gutachterlicher Tätigkeiten ganz oder teilweise vorläufig untersagen, wenn Umweltgutachter, Umweltgutachterorganisationen und Inhaber von Fachkenntnisbescheinigungen
1. unter Verstoß gegen die Pflichten nach Artikel 4 Abs. 5 Buchstabe d in Verbindung mit Artikel 5 Abs. 3 der Verordnung (EWG) Nr. 1836/93 eine Umwelterklärung mit unzutreffenden Angaben und Beurteilungen, insbesondere hinsichtlich der Einhaltung der einschlägigen Umweltvorschriften am Standort, für gültig erklärt haben,
2. die Pflichten nach § 15 Abs. 2 und 3 nicht ordnungsgemäß erfüllt haben oder
3. eine vollziehbare Anordnung der Zulassungsstelle nicht befolgt haben.

[2]Die Untersagung hat zu unterbleiben oder ist wieder aufzuheben, sobald die Pflichten und Anordnungen nach Satz 1 erfüllt sind oder bei nachträglicher Unmöglichkeit keine Wiederholungsgefahr eines Rechtsverstoßes besteht.

§ 17 Rücknahme und Widerruf von Zulassung und Fachkenntnisbescheinigung. (1) Zulassung und Fachkenntnisbescheinigung sind mit Wirkung für die Zukunft zurückzunehmen, wenn nachträglich Tatsachen bekannt werden, bei deren Kenntnis die Zulassung oder die Erteilung der Fachkenntnisbescheinigung hätten versagt werden müssen.

(2) [1]Zulassung und Fachkenntnisbescheinigung sind zu widerrufen, wenn
1. der Umweltgutachter oder der Inhaber einer Fachkenntnisbescheinigung
   a) eine Tätigkeit im Sinne des § 6 Abs. 2 Nr. 1 aufgenommen und innerhalb einer von der Zulassungsstelle zu setzenden Frist nicht aufgegeben hat,
   b) infolge strafgerichtlicher Verurteilung die Fähigkeit zur Bekleidung öffentlicher Ämter verloren hat (§ 5 Abs. 2 Nr. 3),

c) infolge eines körperlichen Gebrechens, wegen Schwäche seiner geistigen Kräfte oder wegen einer Sucht nicht nur vorübergehend unfähig geworden ist, gutachterliche Tätigkeiten ordnungsgemäß auszuführen (§ 5 Abs. 2 Nr. 5),

2. die Umweltgutachterorganisation die Anforderungen nach § 10 Abs. 1 Nr. 1 nicht mehr erfüllt und innerhalb einer von der Zulassungsstelle zu setzenden Frist einen gesetzmäßigen Zustand nicht herbeigeführt hat.

[2]Die Zulassung ist teilweise zu widerrufen, soweit die Voraussetzungen des § 9 Abs. 1 Satz 2 und des § 10 Abs. 1 Nr. 2 weggefallen und innerhalb einer von der Zulassungsstelle zu setzenden Frist nicht wiederhergestellt sind.

(3) Zulassung und Fachkenntnisbescheinigung können, außer nach den Vorschriften des Verwaltungsverfahrensgesetzes, widerrufen werden, wenn

1. der Umweltgutachter keine zustellungsfähige Anschrift im Bundesgebiet angegeben hat (§ 4 Abs. 3),
2. bei der Durchführung von Begutachtungsaufträgen im Einzelfall ein Abhängigkeitsverhältnis zum auftraggebenden Unternehmen oder zum Betriebsprüfer des Standortes oder Weisungsverhältnisse im Sinne des § 6 Abs. 2 Nr. 2 zwischen den begutachtenden Personen bestanden und die Gefahr der Wiederholung gegeben ist.

§ 18 Umweltgutachter und Umweltgutachterorganisationen aus anderen Mitgliedstaaten der Europäischen Union. (1) [1]Umweltgutachter und Umweltgutachterorganisationen, die in einem anderen Mitgliedstaat der Europäischen Union zugelassen sind, haben der Zulassungsstelle ihre gutachterliche Tätigkeit im Bundesgebiet vor Aufnahme ihrer Tätigkeit anzuzeigen. [2]In der Anzeige sind der Name, die zustellungsfähige Anschrift im Bundesgebiet und bei Umweltgutachtern auch die Staatsangehörigkeit anzugeben. [3]Der Anzeige sind eine Ausfertigung oder beglaubigte Abschrift der Zulassung und eine beglaubigte deutsche Übersetzung beizufügen.

(2) [1]Die Zulassungsstelle muß in regelmäßigen Abständen und mindestens alle 36 Monate nach Zugang der Anzeige überprüfen, ob die Umweltgutachter und Umweltgutachterorganisationen weiterhin über eine gültige Zulassung des Mitgliedstaates verfügen. [2]Dabei muß auch eine Überprüfung der Qualität im Bundesgebiet vorgenommener Begutachtungen erfolgen. [3]§ 15 Abs. 2 und 4 und § 16 gelten entsprechend.

§ 19 Verbot der Gültigkeitserklärung von Umwelterklärungen. Wer nicht die erforderliche Zulassung, Fachkenntnisbescheinigung oder eine gültige Lehrgangsbescheinigung oder einen sonstigen Qualifikationsnachweis im Sinne des § 13 besitzt, darf eine Umwelterklärung nicht nach Artikel 4 Abs. 3 der Verordnung (EWG) Nr. 1836/93 für gültig erklären oder eine Gültigkeitserklärung mitzeichnen.

§ 20 Aufsichtsverfahren. Die Bundesregierung kann nach Anhörung des Umweltgutachterausschusses durch Rechtsverordnung, die nicht der Zustimmung des Bundesrates bedarf, Inhalt und Umfang der Pflichten nach § 15 Abs. 2 und 3 sowie das Verfahren für Aufsichtsmaßnahmen zu dem in § 1 Abs. 1 Nr. 2 genannten Zweck näher regeln.

Abschnitt 3. Umweltgutachterausschuß, Widerspruchsausschuß

§ 21 Aufgaben des Umweltgutachterausschusses. (1) [1]Beim Bundesministerium für Umwelt, Naturschutz und Reaktorsicherheit wird ein Umweltgutachterausschuß gebildet. [2]Der Umweltgutachterausschuß hat die Aufgabe,
1. Richtlinien für die Auslegung und Anwendung der §§ 4 bis 18 und der auf Grund dieser Rechtsvorschriften ergangenen Rechtsverordnungen zu erlassen,
2. eine Prüferliste für die Besetzung der Prüfungsausschüsse der Zulassungsstelle zu führen,
3. Empfehlungen für die Besetzung des Widerspruchsausschusses mit Beisitzern auszusprechen,
4. das Bundesministerium für Umwelt, Naturschutz und Reaktorsicherheit in allen Zulassungs- und Aufsichtsangelegenheiten zu beraten.

[3]Die Richtlinien nach Satz 2 Nr. 1 sind vom Bundesministerium für Umwelt, Naturschutz und Reaktorsicherheit im Bundesanzeiger zu veröffentlichen.

(2) [1]Der Umweltgutachterausschuß erhält von der Zulassungsstelle halbjährlich einen Bericht über Umfang, Inhalt und Probleme der Zulassungs- und Aufsichtstätigkeit. [2]Insbesondere ist zu berichten über
1. die getroffenen Aufsichtsmaßnahmen,
2. die Praktikabilität und den Anpassungsbedarf erlassener Richtlinien nach Absatz 1 Satz 2 Nr. 1 und
3. den Regelungsbedarf durch neue Richtlinien nach Absatz 1 Satz 2 Nr. 1.

[3]Der Umweltgutachterausschuß kann von der Zulassungsstelle Berichte zu besonderen Fragen anfordern.

§ 22 Mitglieder des Umweltgutachterausschusses. (1) [1]Mitglieder des Umweltgutachterausschusses sind
6 Vertreter der Unternehmen oder ihrer Organisationen,
4 Vertreter der Umweltgutachter oder ihrer Organisationen,
2 Vertreter der Umweltverwaltung des Bundes,
1 Vertreter der Wirtschaftsverwaltung des Bundes,
4 Vertreter der Umweltverwaltung der Länder,
2 Vertreter der Wirtschaftsverwaltung der Länder,
3 Vertreter der Gewerkschaften,
3 Vertreter der Umweltverbände.

[2]Sie unterliegen keinen Weisungen und sind ehrenamtlich tätig. [3]Die Vorschriften der §§ 83 und 84 des Verwaltungsverfahrensgesetzes sind anzuwenden.

(2) Die Mitglieder des Umweltgutachterausschusses müssen in Angelegenheiten des betrieblichen Umweltschutzes über gründliche Fachkenntnisse und mindestens dreijährige praktische Erfahrungen verfügen.

(3) Das Bundesministerium für Umwelt, Naturschutz und Reaktorsicherheit beruft die Mitglieder des Umweltgutachterausschusses und für jedes Mitglied einen Stellvertreter für die Dauer von drei Jahren auf Vorschlag der Bundesdachverbände der Wirtschaft, der freien Berufe, der Ge-

werkschaften und der Umweltverbände sowie der zuständigen obersten Bundes- und Landesbehörden.

§ 23 Geschäftsordnung, Vorsitz und Beschlußfassung des Umweltgutachterausschusses. (1) Der Umweltgutachterausschuß gibt sich eine Geschäftsordnung, die der Genehmigung durch das Bundesministerium für Umwelt, Naturschutz und Reaktorsicherheit bedarf.

(2) [1]Der Umweltgutachterausschuß wählt den Vorsitzenden und vier Stellvertreter aus seiner Mitte. [2]Zu ihnen muß jeweils ein Vertreter der Unternehmen, der Umweltgutachter, der Verwaltung, der Gewerkschaften und der Umweltverbände gehören.

(3) Der Umweltgutachterausschuß beschließt
1. in Angelegenheiten nach § 13 und § 21 Abs. 1 Satz 2 Nr. 1 bis 3 mit der Mehrheit von zwei Dritteln der gesetzlichen Mitgliederzahl,
2. in Angelegenheiten der Geschäftsordnung mit der Mehrheit der gesetzlichen Mitgliederzahl und
3. in sonstigen Fällen mit der Mehrheit der anwesenden Mitglieder.

§ 24 Widerspruchsausschuß. (1) [1]Beim Bundesministerium für Umwelt, Naturschutz und Reaktorsicherheit wird ein Widerspruchsausschuß gebildet. [2]Der Widerspruchsausschuß entscheidet über Widersprüche gegen Verwaltungsakte der Zulassungsstelle.

(2) [1]Der Widerspruchsausschuß besteht aus einem Vorsitzenden und zwei Beisitzern. [2]Die Mitglieder des Widerspruchsausschusses unterliegen keinen Weisungen und sind ehrenamtlich tätig. [3]Sie dürfen nicht dem Umweltgutachterausschuß angehören. [4]Sie müssen in Angelegenheiten des betrieblichen Umweltschutzes über gründliche Fachkenntnisse und mindestens dreijährige praktische Erfahrungen verfügen. [5]Der Vorsitzende und seine Stellvertreter müssen die Befähigung zum Richteramt besitzen und Beamte in der Umweltverwaltung des Bundes sein.

(3) Die Beisitzer sind vom Vorsitzenden gleichmäßig und unter Berücksichtigung der Unternehmensbereiche, die schwerpunktmäßig durch einen Widerspruch berührt werden, zu den Sitzungen des Widerspruchsausschusses heranzuziehen.

§ 25 Widerspruchsverfahren. (1) [1]Der Widerspruch ist vor Erlaß des Widerspruchsbescheides mit den Beteiligten mündlich zu erörtern. [2]Mit Einverständnis aller Beteiligten kann von der mündlichen Erörterung abgesehen werden. [3]Im übrigen ist das Widerspruchsverfahren an bestimmte Formen nicht gebunden, soweit die §§ 68 bis 73 der Verwaltungsgerichtsordnung keine besonderen Rechtsvorschriften für die Form des Verfahrens enthalten. [4]Es ist einfach und zweckmäßig durchzuführen.

(2) Soweit der Widerspruch gegen Entscheidungen der auf Grund des § 28 beliehenen Zulassungsstelle erfolgreich ist, sind die Aufwendungen des Widerspruchsführers nach § 80 Abs. 1 Satz 1 und 2 des Verwaltungsverfahrensgesetzes von dem privaten Rechtsträger der Zulassungsstelle zu erstatten.

§ 26 Geschäftsstelle. [1]Für die Arbeit des Umweltgutachterausschusses wird eine Geschäftsstelle eingerichtet. [2]Sie unterliegt den Weisungen des Vorsitzenden des Umweltgutachterausschusses.

§ 27 Rechtsaufsicht. (1) [1]Der Umweltgutachterausschuß steht unter der Aufsicht des Bundesministeriums für Umwelt, Naturschutz und Reaktorsicherheit (Aufsichtsbehörde). [2]Die Aufsicht erstreckt sich auf die Rechtmäßigkeit der Ausschußtätigkeit, insbesondere darauf, daß die gesetzlichen Aufgaben erfüllt werden.

(2) [1]Die Aufsichtsbehörde kann an dcn Sitzungen des Umweltgutachterausschusses teilnehmen. [2]Ihr ist auf Verlangen das Wort zu erteilen. [3]Sie kann schriftliche Berichte und Aktenvorlage fordern.

(3) [1]Beschlüsse nach § 21 Abs. 1 Satz 2 Nr. 1 bis 3 bedürfen der Genehmigung durch die Aufsichtsbehörde. [2]Die Aufsichtsbehörde kann rechtswidrige Beschlüsse des Umweltgutachterausschusses beanstanden und nach vorheriger Beanstandung aufheben. [3]Wenn der Umweltgutachterausschuß Beschlüsse oder sonstige Handlungen unterläßt, die zur Erfüllung seiner gesetzlichen Aufgaben erforderlich sind, kann die Aufsichtsbehörde anordnen, daß innerhalb einer bestimmten Frist die erforderlichen Maßnahmen getroffen werden. [4]Die Aufsichtsbehörde hat die geforderten Handlungen im einzelnen zu bezeichnen. [5]Sie kann ihre Anordnung selbst durchführen oder von einem anderen durchführen lassen, wenn die Anordnung vom Umweltgutachterausschuß nicht befolgt worden ist.

(4) [1]Wenn die Aufsichtsmittel nach Absatz 3 nicht ausreichen, kann die Aufsichtsbehörde den Umweltgutachterausschuß auflösen. [2]Sie hat nach Eintritt der Unanfechtbarkeit der Auflösungsanordnung unverzüglich neue Mitglieder gemäß § 22 Abs. 3 zu berufen. [3]Sie braucht vorgeschlagene Personen nicht zu berücksichtigen, die Mitglieder des aufgelösten Ausschusses waren.

Abschnitt 4. Zuständigkeit

§ 28 Zulassungsstelle. Das Bundesministerium für Umwelt, Naturschutz und Reaktorsicherheit wird ermächtigt, eine oder mehrere juristische Personen des Privatrechts mit den Aufgaben der Zulassungsstelle durch Rechtsverordnung, die nicht der Zustimmung des Bundesrates bedarf, zu beleihen, wenn deren Bereitschaft und Eignung zur ordnungsgemäßen Erfüllung der Zulassungs- und Aufsichtsaufgaben gegeben sind.

§ 29 Aufsicht über die Zulassungsstelle. (1) [1]Die nach § 28 beliehene Zulassungsstelle steht unter der Aufsicht des Bundesministerium für Umwelt, Naturschutz und Reaktorsicherheit (Aufsichtsbehörde). [2]Die Aufsicht erstreckt sich auf die Rechtmäßigkeit der Zulassungs- und Aufsichtstätigkeit und auf die Entscheidungen nach § 16 Abs. 2, § 17 Abs. 3 Nr. 2 und § 18 Abs. 2 Satz 3.

Abschnitt 5. Beschränkung der Haftung, Verwendungsverbote für Teilnahmeerklärungen und Graphik

§ 30 Beschränkung der Haftung. Auf die Schadensersatzpflicht von Personen, die fahrlässig gehandelt haben, findet § 323 Abs. 2 des Handelsgesetzbuchs entsprechende Anwendung.

§ 31 Verwendungsverbote für Teilnahmeerklärungen und Graphik. (1) Die Verwendung einer der Teilnahmeerklärungen nach Artikel 10 der Verordnung (EWG) Nr. 1836/93 ist verboten
1. für Standorte, die nicht in das Standortregister eingetragen sind oder deren Eintragung gestrichen oder vorübergehend aufgehoben ist,
2. in der Produktwerbung oder auf einem Erzeugnis oder auf einer Verpackung.

(2) Eine Graphik nach Anhang IV der Verordnung (EWG) Nr. 1836/93 darf nicht ohne eine der Teilnahmeerklärungen verwandt werden.

Teil 3. Registrierung geprüfter Betriebsstandorte, Kosten-, Bußgeld-, Übergangs- und Schlußvorschriften

Abschnitt 1. Registrierung geprüfter Betriebsstandorte

§ 32 Standortregister. (1) [1]Die Registrierung geprüfter Betriebsstandorte, insbesondere die in den Artikeln 8 und 9 der Verordnung (EWG) Nr. 1836/93 festgelegten Aufgaben werden den Industrie- und Handelskammern und den Handwerkskammern übertragen. [2]Aufsichtsmaßnahmen werden von der Aufsichtsbehörde im Einvernehmen mit der obersten für den Umweltschutz zuständigen Behörde des Landes getroffen.

(2) [1]Die Industrie- und Handelskammern und die Handwerkskammern benennen durch schriftliche Vereinbarung eine gemeinsame Stelle, die der Kommission der Europäischen Gemeinschaften gemäß Artikel 9 der Verordnung (EWG) Nr. 1836/93 über das Bundesministerium für Umwelt, Naturschutz und Reaktorsicherheit am Ende eines jeden Jahres ein fortgeschriebenes Verzeichnis der registrierten Betriebsstandorte übermittelt. [2]Das Verzeichnis ist gleichzeitig der Zulassungsstelle und dem Umweltgutachterausschuß zuzuleiten; die zuständigen obersten Landesbehörden erhalten einen das jeweilige Land betreffenden Auszug aus diesem Verzeichnis.

(3) [1]Die Industrie- und Handelskammern und die Handwerkskammern können schriftlich vereinbaren, daß die übrigen von ihnen nach Absatz 1 Satz 1 wahrgenommenen Aufgaben auf eine Industrie- und Handelskammer oder eine Handwerkskammer ganz oder teilweise übertragen werden. [2]Die Vereinbarung bedarf der Genehmigung der Aufsichtsbehörde im Einvernehmen mit der zuständigen Umweltbehörde.

(4) Jeder ist nach Maßgabe des Umweltinformationsgesetzes berechtigt, das Standortregister einzusehen.

§ 33 Eintragung in das Standortregister. (1) [1]Die für eine Eintragung in das Standortregister nach Artikel 8 der Verordnung (EWG) Nr. 1836/93 erforderliche Glaubhaftmachung, daß der Standort alle Bedingungen der Verordnung (EWG) Nr. 1836/93 erfüllt, ist insbesondere dann nicht gegeben, wenn

1. die Gültigkeitserklärung der Umwelterklärung nicht von einem zugelassenen Umweltgutachter oder einer zugelassenen Umweltgutachterorganisation verantwortlich gezeichnet ist oder
2. die Personen, die die Gültigkeitserklärung der Umwelterklärung mitgezeichnet haben, nach dem Inhalt ihrer Zulassung, Fachkenntnisbescheinigung oder ihrer Fachkenntnisnachweise im Sinne des § 13 insgesamt nicht über die Fachkunde verfügen, die zur Begutachtung des geprüften Standortes erforderlich ist.

[2]Zur Glaubhaftmachung im Sinne des Satzes 1 ist es nicht erforderlich, daß die Personen, die die Umwelterklärung für gültig erklärt haben, bei demselben Umweltgutachter angestellt sind oder derselben Umweltgutachterorganisation angehören; Umweltgutachter, Umweltgutachterorganisationen und Inhaber von Fachkenntnisbescheinigungen können auch auf Grund gesonderter Vereinbarungen im Rahmen einzelner Begutachtungsaufträge zusammenwirken.

(2) [1]Vor der Eintragung eines Standortes gibt die registerführende Stelle den zuständigen Umweltbehörden Gelegenheit, sich innerhalb einer Frist von vier Wochen zu der beabsichtigten Eintragung zu äußern. [2]Hält die Umweltbehörde einen Verstoß gegen einschlägige Umweltvorschriften am Standort für gegeben und bestreitet das betroffene Unternehmen diesen Rechtsverstoß, so ist die Entscheidung über die Eintragung bis zur Klärung zwischen Umweltbehörde und Unternehmen auszusetzen.

§ 34 Streichung und vorübergehende Aufhebung von Eintragungen. [1]Bevor die registerführende Stelle die Eintragung eines Standortes

1. auf Grund des Artikels 8 Abs. 3 der Verordnung (EWG) Nr. 1836/93 wegen nachträglicher Nichterfüllung der einschlägigen Anforderungen am Standort streicht oder
2. auf Grund des Artikels 8 Abs. 4 der Verordnung (EWG) Nr. 1836/93 wegen eines Verstoßes gegen einschlägige Umweltvorschriften am Standort vorübergehend aufhebt,

ist dem betroffenen Unternehmen und der zuständigen Umweltbehörde auf Grund des Artikels 18 Abs. 2 Satz 2 der Verordnung (EWG) Nr. 1836/93 Gelegenheit zur Stellungnahme zu geben. [2]Bestreitet das Unternehmen mit vertretbaren Gründen das Vorliegen von Verstößen im Sinne des Satzes 1 Nr. 1 und 2 und macht es glaubhaft, daß die Streichung oder vorübergehende Aufhebung der Eintragung zu erheblichen wirtschaftlichen oder sonstigen Nachteilen für das Unternehmen führen würde, so darf die Streichung oder vorübergehende Aufhebung der Eintragung erst erfolgen, wenn wegen der Verstöße im Sinne des Satzes 1 Nr. 1 und 2 ein vollziehbarer Verwaltungsakt, ein rechtskräftiger Bußgeldbescheid oder eine rechtskräftige strafgerichtliche Verurteilung vorliegt.

§ 35 Registrierungsverfahren. [1]Die Industrie- und Handelskammern und die Handwerkskammern können das Verfahren für die Eintragung und Streichung von Standorten kammerzugehöriger Unternehmen und für die vorübergehende Aufhebung von Eintragungen im Rahmen des Artikels 18 Abs. 2 der Verordnung (EWG) Nr. 1836/93 durch Satzung näher regeln, die der Genehmigung durch die Aufsichtsbehörde im Einvernehmen mit der obersten für den Umweltschutz zuständigen Behörde eines Landes bedarf. [2]Die Satzungen gelten auch für Unternehmen, die nicht Mitglied einer Kammer sind.

Abschnitt 2. Kosten- und Bußgeldvorschriften

§ 36 Kosten. (1) Für Amtshandlungen auf Grund dieses Gesetzes werden Gebühren und Auslagen erhoben.

(2) Das Bundesministerium für Umwelt, Naturschutz und Reaktorsicherheit wird ermächtigt, für Amtshandlungen der Zulassungsstelle und des Widerspruchsausschusses die Höhe der Gebühren nach Anhörung des Umweltgutachterausschusses durch Rechtsverordnung, die nicht der Zustimmung des Bundesrates bedarf, zu bestimmen.

(3) [1] Die Industrie- und Handelskammern und die Handwerkskammern werden ermächtigt, für Amtshandlungen der registerführenden Stelle die Höhe der Gebühren durch Satzung zu bestimmen. [2]Die Satzung bedarf der Genehmigung durch die Aufsichtsbehörde im Einvernehmen mit der zuständigen Umweltbehörde. [3]§ 35 Satz 2 findet Anwendung.

§ 37 Bußgeldvorschriften. (1) Ordnungswidrig handelt, wer vorsätzlich oder fahrlässig

1. entgegen § 4 Abs. 3 eine Angabe nicht, nicht richtig oder nicht rechtzeitig macht,
2. entgegen § 4 Abs. 4 Satz 2 in Verbindung mit Satz 1 die dort genannte Berufsbezeichnung führt,
3. entgegen § 10 Abs. 5 Satz 2 in Verbindung mit Satz 1 die dort genannte Bezeichnung in die Firma oder den Namen aufnimmt,
4. entgegen § 15 Abs. 2 Nr. 1 eine Zweitschrift nicht oder nicht für die vorgeschriebene Dauer aufbewahrt,
5. entgegen § 15 Abs. 2 Nr. 2 die Zulassungsstelle nicht oder nicht rechtzeitig unterrichtet,
6. entgegen § 15 Abs. 2 Nr. 4 eine Unterlage nicht oder nicht rechtzeitig vorlegt,
7. einer vollziehbaren Anordnung nach § 16 Abs. 1, auch in Verbindung mit § 18 Abs. 2 Satz 3, zuwiderhandelt,
8. entgegen § 18 Abs. 1 Satz 1 oder 2 eine Anzeige nicht, nicht richtig, nicht vollständig oder nicht rechtzeitig erstattet,
9. entgegen § 19 eine Umwelterklärung für gültig erklärt oder eine Gültigkeitserklärung mitzeichnet,
10. einer Rechtsverordnung nach § 20 oder einer auf Grund einer solchen Rechtsverordnung ergangenen vollziehbaren Anordnung zuwiderhandelt, soweit die Rechtsverordnung für einen bestimmten Tatbestand auf diese Bußgeldvorschrift verweist, oder
11. entgegen § 31 eine Teilnahmeerklärung oder eine Graphik verwendet.

(2) Die Ordnungswidrigkeit kann in den Fällen des Absatzes 1 Nr. 2 bis 4, 7, 9 und 11 mit einer Geldbuße bis zu fünfzigtausend Deutsche Mark, in den Fällen des Absatzes 1 Nr. 1, 5, 6, 8 und 10 mit einer Geldbuße bis zu zehntausend Deutsche Mark geahndet werden.

Abschnitt 3. Übergangs- und Schlußvorschriften

§ 38 Übergangsvorschriften. (1) Von den Ermächtigungen zum Erlaß von Rechtsverordnungen nach § 3, § 11 Abs. 5 Nr. 1 und 2 und § 36 Abs. 2 kann bereits vor der Einsetzung des Umweltgutachterausschusses Gebrauch gemacht werden.

(2) [1]Bei bestehenden Organisationen im Sinne des § 2 Abs. 3 findet § 10 Abs. 1 Nr. 1 während einer Übergangszeit bis zum 31. Dezember 1997 keine Anwendung. [2]In diesem Falle muß in den Zulassungsbescheid der Widerrufsvorbehalt aufgenommen werden, daß die Anforderungen des § 10 Abs. 1 Nr. 1 nachträglich innerhalb einer von der Zulassungsstelle zu bestimmenden Frist zu erfüllen sind.

(3) Von den Anforderungen des § 12 Abs. 3 Satz 5 kann während einer Übergangszeit bis zum 31. Dezember 1997 abgesehen werden, wenn eine ausreichende Zahl geeigneter Prüfer nicht vorhanden ist.

(4) [1]Ein Zulassungsbescheid, der vor Inkrafttreten dieses Gesetzes von der zuständigen Behörde eines Landes erlassen wurde, wird sechs Monate nach Inkrafttreten der Rechtsverordnung auf Grund des § 28 oder, falls inzwischen ein neuer Zulassungsantrag bei der Zulassungsstelle gestellt wurde, mit der Unanfechtbarkeit der Entscheidung über den Zulassungsantrag unwirksam. [2]Die Zulassungsstelle kann in diesem Fall von einer mündlichen Prüfung nach § 12 absehen, wenn eine den Anforderungen des § 12 entsprechende Prüfung bereits in dem vorangegangenen Prüfungsverfahren durchgeführt wurde.

(5) [1]Bereits begonnene Verfahren sind nach den Vorschriften dieses Gesetzes und den auf dieses Gesetz gestützten Rechtsvorschriften zu Ende zu führen. [2]Absatz 4 Satz 2 gilt entsprechend.

§ 39 Inkrafttreten. Dieses Gesetz tritt am Tage nach der Verkündigung[485] in Kraft.

---

[485] Verkündet am 14. 12. 1995.

Anhang 3. Verordnung über das Verfahren zur Zulassung von Umweltgutachtern und Umweltgutachterorganisationen sowie zur Erteilung von Fachkenntnisbescheinigungen nach dem Umweltauditgesetz (UAG-Zulassungsverfahrensverordnung – UAGZVV)

Vom 18. Dezember 1995

(BGBl. I S. 1841)

BGBl. III 2129-29-1

Auf Grund des § 11 Abs. 5 Nr. 1 und 2 in Verbindung mit § 38 Abs. 1 des Umweltauditgesetzes[486] vom 7. Dezember 1995 (BGBl. I S. 1591) verordnet die Bundesregierung:

§ 1 Antrag auf Zulassung als Umweltgutachter. (1) Der Antragsteller muß im Antrag auf Zulassung als Umweltgutachter angeben

1. Namen, Geburtsdatum, Geburtsort, zustellungsfähige Anschrift im Bundesgebiet,
2. für welche gewerblichen und nichtgewerblichen Unternehmensbereiche (§ 2 Abs. 1, § 3 Abs. 1 des Umweltauditgesetzes) die Zulassung begehrt wird,
3. für welche der angegebenen Unternehmensbereiche er selbst über die erforderliche Fachkunde verfügt und für welche Bereiche er fachkundige Personen eingestellt hat,
4. ob und gegebenenfalls für welche Unternehmensbereiche er bereits früher Anträge nach den §§ 8 bis 10 des Umweltauditgesetzes oder vergleichbare Anträge in einem anderen Mitgliedstaat gestellt oder an Prüfungen teilgenommen hat und wie die Anträge beschieden wurden,
5. ob
   a) er wegen Verstoßes gegen die in § 5 Abs. 2 Nr. 1 des Umweltauditgesetzes genannten Vorschriften mit einer Strafe oder Geldbuße belegt worden ist,
   b) gegen ihn ein gerichtliches Strafverfahren, Ermittlungsverfahren oder Bußgeldverfahren im Sinne des § 5 Abs. 2 Nr. 1 des Umweltauditgesetzes anhängig ist und
   c) ein berufsgerichtliches Verfahren durchgeführt wurde oder anhängig ist,
6. ob er
   a) wiederholt oder grob pflichtwidrig gegen Vorschriften nach § 5 Abs. 2 Nr. 1 Buchstabe b bis e des Umweltauditgesetzes verstoßen hat, ohne zu einer Strafe oder Geldbuße verurteilt worden zu sein, oder
   b) seine Pflichten als Betriebsbeauftragter nach § 5 Abs. 2 Nr. 2 Buchstabe b des Umweltauditgesetzes verletzt hat,

---

486 Anhang 2 – Umweltauditgesetz.

7. ob er infolge strafgerichtlicher Verurteilung die Fähigkeit zur Bekleidung öffentlicher Ämter verloren hat,
8. ob und gegebenenfalls welche Stellung er innerhalb eine Unternehmens, einer Unternehmen beratenden Organisation oder einer Umweltgutachterorganisation innehat oder im Begriff ist zu übernehmen,
9. ob er Inhaber von Unternehmen im Sinne des § 6 Abs. 2 Nr. 1 Buchstabe a des Umweltauditgesetzes ist und gegebenenfalls welcher,
10. ob und gegebenenfalls welche anderen beruflichen oder sonstigen Tätigkeiten im Sinne des § 6 Abs. 2 Nr. 1 Buchstabe b bis d des Umweltauditgesetzes er nach seiner Zulassung zusätzlich ausüben oder übernehmen will.

(2) [1]Dem Antrag sind als Unterlagen beizufügen

1. ein Lebenslauf, der genaue Angaben über die Person, die Ausbildung und den beruflichen Werdegang enthält, einschließlich eines Paßbildes,
2. beglaubigte Abschriften der Prüfungszeugnisse, Diplome und Befähigungsnachweise über die Voraussetzungen für Ausbildung und praktische Erfahrung nach § 7 Abs. 2 Nr. 1 und 3 und Abs. 3 des Umweltauditgesetzes,
3. eine Erklärung des Antragstellers, daß er sich in geordneten wirtschaftlichen Verhältnissen befindet,
4. ein Führungszeugnis oder eine Erklärung, daß bei der Meldebehörde die Erteilung eines Führungszeugnisses zur Vorlage im Zulassungsverfahren beantragt wurde, sowie das Einverständnis mit einer unbeschränkten Auskunft aus dem Bundeszentralregister und dem Gewerbezentralregister,
5. eine Erklärung, daß er keinen Weisungen im Sinne des § 6 Abs. 2 Nr. 2 des Umweltauditgesetzes unterliegt,
6. eine Erklärung, daß Verflechtungen im Sinne des § 6 Abs. 2 Nr. 3 des Umweltauditgesetzes nicht vorliegen,
7. eine Aufstellung der zeichnungsberechtigten Personen im Sinne des § 9 Abs. 1 Satz 2 des Umweltauditgesetzes und die entsprechenden Unternehmensbereiche, auf die sich die Zulassung auf Grund der angestellten fachkundigen Personen erstreckt,
8. beglaubigte Abschriften der Fachkenntnisbescheinigungen, gültige Lehrgangsbescheinigungen oder sonstige gleichwertige Fachkenntnisnachweise im Sinne des § 8 und des § 13 des Umweltauditgesetzes, die dem Antragsteller erteilt wurden.

[2]Die Zulassungsstelle kann Unterlagen nachfordern, soweit diese für die Entscheidung über den Antrag erforderlich sind.

(3) [1]Der Nachweis, daß ein Rechtsverhältnis im Sinne des § 6 Abs. 2 Nr. 1 des Umweltauditgesetzes nicht vorliegt, kann auf Antrag auch nach Ablegung der mündlichen Prüfung durch Vorlage einer Urkunde erbracht werden, aus der sich die rechtswirksame Beendigung des Rechtsverhältnisses ergibt. [2]Dem Antrag soll stattgegeben werden, wenn die Gewähr besteht, daß der Antragsteller innerhalb einer von der Zulassungsstelle zu bestimmenden Frist von höchstens 9 Monaten nach Ablegung der mündlichen Prüfung die erforderlichen Urkunden vorlegt.

(4) [1]Der Antrag auf Änderung der Zulassung muß die Angaben nach Absatz 1 enthalten, die sich gegenüber dem Zulassungsantrag geändert ha-

ben und im Hinblick auf den Änderungsantrag ändern sollen. [2]Ihm sind insbesondere die Unterlagen nach Absatz 2 beizufügen, bei denen sich Änderungen gegenüber den mit dem Zulassungsantrag übersandten Unterlagen ergeben haben und sich im Hinblick auf den Änderungsantrag ergeben sollen.

§ 2 Antrag auf Zulassung als Umweltgutachterorganisation. (1) Für den Antrag auf Zulassung als Umweltgutachterorganisation findet § 1 Abs. 1 Nr. 1 bis 4, 9 und 10 sinngemäß Anwendung.

(2) [1]Für die dem Antrag beizufügenden Unterlagen findet § 1 Abs. 2 Nr. 3, 5 und 6 sinngemäß Anwendung. [2]Zusätzlich sind insbesondere beizufügen:

1. eine Ausfertigung oder eine öffentlich beglaubigte Abschrift des Gesellschaftsvertrages oder der Satzung,
2. ein Organigramm mit ausführlichen Angaben über die Strukturen und Verantwortungsbereiche innerhalb der Organisation sowie eine Erklärung über den Rechtsstatus, die Besitzverhältnisse, die Stellung innerhalb eines Unternehmenskonzerns und die Finanzierungsquellen,
3. eine gesonderte Aufstellung der Personen im Sinne des § 10 Abs. 1 Nr. 1 und 2 des Umweltauditgesetzes mit Name, Geburtsdatum Geburtsort und Wohnort und Nachweis des Anstellungsverhältnisses.

(3) Für den Antrag auf Änderung der Zulassung gilt § 1 Abs. 4 entsprechend.

§ 3 Antrag auf Erteilung einer Fachkenntnisbescheinigung. [1]Für den Antrag auf Erteilung oder Änderung einer Fachkenntnisbescheinigung findet § 1 mit Ausnahme des Absatzes 1 Nr. 2 und des Absatzes 2 Nr. 7 entsprechend Anwendung. [2]Der Antrag muß ferner die Angabe enthalten, für welche Fachgebiete und Unternehmensbereiche im Sinne des § 8 Abs. 1 Satz 2 des Umweltauditgesetzes die Bescheinigung beantragt wird.

§ 4 Prüfungsausschuß. (1) Die Mitglieder des Prüfungsausschusses sind in ihrer Prüfungstätigkeit unabhängig.

(2) [1]Der Vorsitzende des Prüfungsausschusses leitet die mündliche Prüfung. [2]Ihm obliegt die Aufrechterhaltung der Ordnung. [3]Er hat darauf zu achten, daß die Prüfungsbestimmungen eingehalten und die Antragsteller in geeigneter Weise befragt werden.

(3) Die Mitglieder des Prüfungsausschusses haben über die ihnen bei ihrer Tätigkeit bekanntgewordenen Tatsachen Verschwiegenheit zu bewahren.

§ 5 Mündliche Prüfung. (1) [1]Die Zulassungsstelle hat den Antragsteller zur mündlichen Prüfung spätestens zwei Wochen vorher durch eingeschriebenen Brief mit Rückschein zu laden. [2]Im Einvernehmen mit dem Antragsteller ist eine Verkürzung der Ladungsfrist auf eine Woche vor dem Prüfungstermin möglich.

(2) [1]Die mündliche Prüfung beginnt mit einem Kurzvortrag über ein Sachthema aus der beruflichen Tätigkeit des Umweltgutachters. [2]Der Vor-

sitzende des Prüfungsausschusses gibt dem Antragsteller mindestens 30 Minuten vor Beginn der mündlichen Prüfung für den Kurzvortrag zwei Themen zur Auswahl. [3]Auf den Kurzvortrag folgt das Prüfungsgespräch, das sich in einzelne Prüfungsabschnitte zu den in § 7 Abs. 2 Nr. 2 des Umweltauditgesetzes genannten Fachgebieten und in Fragen zu praktischen Problemen aus der beruflichen Tätigkeit eines Umweltgutachters gliedert. [4]Das Prüfungsgespräch muß sich auf die beantragten Bereiche im Sinne des § 1 Abs. 1 Nr. 2 beziehen. [5]Die Zulassungsstelle stellt die Hilfsmittel zur Verfügung.

(3) [1]Die Dauer der mündlichen Prüfung soll für jeden Antragsteller so bemessen sein, daß der Kurzvortrag nicht mehr als 10 Minuten und das Prüfungsgespräch für jedes Fachgebiet etwa 15 Minuten betragen. [2]Wenn der Antragsteller die Zulassung für Unternehmensbereiche aus mehr als zwei Unterabschnitten der Abschnitte C und D der Verordnung (EWG) Nr. 3037/90 des Rates vom 9. Oktober 1990 betreffend die statistische Systematik der Wirtschaftszweige in der Europäischen Gemeinschaft (ABl. EG Nr. L 293 S. 1) begehrt, kann die Dauer der Prüfung der Fachgebiete nach § 7 Abs. 2 Nr. 2 Buchstabe c und d des Umweltauditgesetzes insgesamt um bis zu 30 Minuten verlängert werden. [3]Ein Unterabschnitt der Verordnung (EWG) Nr. 3037/90 entspricht jeweils der Gesamtheit der gewerblichen Unternehmensbereiche Erzeugung von Strom, Gas, Dampf und Heißwasser, der Gesamtheit der gewerblichen Unternehmensbereiche Recycling, Behandlung, Vernichtung oder Endlagerung von festen oder flüssigen Abfällen sowie einem nichtgewerblichen Unternehmensbereich nach § 3 Abs. 1 des Umweltauditgesetzes.

(4) [1]Die mündliche Prüfung ist nicht öffentlich. [2]Vertreter der Zulassungsstelle, die Mitglieder des Umweltgutachterausschusses und deren Stellvertreter sowie Vertreter oberster Bundes- und Landesbehörden sind berechtigt, bei der mündlichen Prüfung zuzuhören. [3]Darüber hinaus kann der Vorsitzende des Prüfungsausschusses mit Zustimmung des Prüflings Antragstellern den Zutritt zur mündlichen Prüfung gestatten. [4]Die Befugnis der Rechtsaufsichtsbehörde, Vertreter zur mündlichen Prüfung zu entsenden, bleibt unberührt.

§ 6 Entscheidung. (1) [1]Der Prüfungsausschuß entscheidet im Anschluß an die mündliche Prüfung mit Stimmenmehrheit, ob die mündliche Prüfung bestanden, nicht bestanden und ob und mit welchen Auflagen die Zulassung zu versehen ist. [2]Bei Stimmengleichheit entscheidet die Stimme des Vorsitzenden.

(2) [1]Über den Hergang der mündlichen Prüfung ist eine Niederschrift aufzunehmen, in der insbesondere festgestellt werden

1. die Besetzung des Prüfungsausschusses und der Name des Prüflings,
2. Beginn und Ende der Prüfung,
3. das Thema des mündlichen Vortrages und die wesentlichen Prüfungsfragen je Fachgebiet,
4. die Entscheidung des Ausschusses über das Ergebnis der Prüfung und im Falle des Nichtbestehens die wesentlichen Gründe für diese Entscheidung.

[2]Die Niederschrift ist von den Mitgliedern des Prüfungsausschusses zu unterschreiben und zu den Verfahrensakten des Antragstellers zu nehmen. [3]Bei mehreren Prüflingen sind vom Vorsitzenden beglaubigte Ablichtungen der Niederschrift zu den Verfahrensakten zu nehmen.

(3) Für diejenigen Fachgebiete, auf denen der Prüfling die mündliche Prüfung bestanden hat, ist auf Antrag eine Fachkenntnisbescheinigung zu erteilen.

§ 7 Rücktritt von der mündlichen Prüfung. (1) [1]Tritt der Antragsteller nach der Ladung gemäß § 5 Abs. 1 von der mündlichen Prüfung zurück, so gilt die Prüfung als nicht bestanden. [2]Als Rücktritt gilt, wenn der Antragsteller sich der mündlichen Prüfung nicht unterzieht.

(2) [1]Als Rücktritt gilt nicht, wenn der Antragsteller sich der mündlichen Prüfung nicht unterzieht und hierfür ein von ihm nicht zu vertretender Grund vorliegt. [2]Der Grund muß der Zulassungsstelle unverzüglich schriftlich mitgeteilt und nachgewiesen werden. [3]Die Zulassungsstelle entscheidet, ob ein Grund im Sinne des Satzes 1 vorliegt und ob der Nachweis rechtzeitig erbracht ist. [4]Ein Antragsteller, der sich mit Krankheit entschuldigt oder die mündliche Prüfung krankheitsbedingt abbricht, hat unverzüglich ein amtsärztliches Zeugnis vorzulegen.

(3) Im Falle des Absatzes 2 ist der Antragsteller zu einem späteren Prüfungstermin zur Ablegung der mündlichen Prüfung erneut zu laden; § 5 Abs. 1 ist anzuwenden.

§ 8 Wiederholung des Zulassungsverfahrens. [1]Ein Antragsteller, der die mündliche Prüfung nicht bestanden hat, kann zweimal einen erneuten Antrag auf Zulassung stellen. [2]Wird ein erneuter Antrag gestellt, kann auf Angaben und Unterlagen des vorherigen Antrages verwiesen werden, sofern sich keine Veränderungen ergeben haben.

§ 9 Mündliche Prüfung in Verfahren zur Erteilung einer Fachkenntnisbescheinigung. (1) [1]Die mündliche Prüfung in Verfahren zur Erteilung einer Fachkenntnisbescheinigung besteht aus einem Kurzvortrag und einem Prüfungsgespräch. [2]Gegenstand des Prüfungsgesprächs sind Fragen aus dem ausgewählten Fachgebiet im Sinne des § 7 Abs. 2 Nr. 2 des Umweltauditgesetzes.

(2) Im übrigen gelten die §§ 5 bis 8 entsprechend.

§ 10 Erteilung von Zulassung und Fachkenntnisbescheinigung in besonderen Fällen. [1]Nach bestandener mündlicher Prüfung dürfen im Falle des § 1 Abs. 3 eine Zulassung oder eine Fachkenntnisbescheinigung erst nach Vorlage der erforderlichen Urkunden erteilt werden. [2]Der Antrag ist abzulehnen, wenn die erforderlichen Urkunden nicht fristgerecht vorgelegt werden.

§ 11 Inkrafttreten. Diese Verordnung tritt am Tage nach der Verkündung[487] in Kraft.

---

[487] Verkündet am 22. 12. 1995.

Anhang 4. Verordnung über die Beleihung der Zulassungsstelle nach dem Umweltauditgesetz (UAG-Beleihungsverordnung – UAGBV)

Vom 18. Dezember 1995

(BGBl. I S. 2013)

BGBl. III 2129-29-2

Auf Grund des § 28 des Umweltauditgesetzes[488] vom 7. Dezember 1995 (BGBl. I S. 1591) verordnet das Bundesministerium für Umwelt, Naturschutz und Reaktorsicherheit:

§ 1 Beleihung. (1) [1]Die im Handelsregister, Abteilung B des Amtsgerichts Bonn unter der Nummer 6946 eingetragene DAU – Deutsche Akkreditierungs- und Zulassungsgesellschaft für Umweltgutachter mit beschränkter Haftung wird mit den Aufgaben der Zulassungsstelle nach der Verordnung (EWG) Nr. 1836/93 des Rates vom 29. Juni 1993 über die freiwillige Beteiligung gewerblicher Unternehmen an einem Gemeinschaftssystem für das Umweltmanagement und die Umweltbetriebsprüfung (ABl. EG Nr. L 168 S. 1)[489] in Verbindung mit dem Umweltauditgesetz und den auf Grund dieses Gesetzes erlassenen Rechts- und Verwaltungsvorschriften beliehen (Beliehene). [2]Die Zulassungsstelle hat ihren Sitz in Bonn.

(2) Die Beleihung umfaßt auch die Zusammenarbeit mit anderen Zulassungs- und Aufsichtsstellen sowie den für die Führung von Standortregistern zuständigen Stellen.

§ 2 Eignung zur Aufgabenwahrnehmung. (1) Der Gesellschaftszweck der Beliehenen darf vorbehaltlich des Absatzes 2 nur auf die Erfüllung der Aufgaben nach § 1 und die Akkreditierung von Zertifizierungsstellen auf dem Gebiet des Umweltmanagements gerichtet sein.

(2) [1]Der Gesellschaftszweck darf auf andere Akkreditierungsaufgaben im Bereich des Umweltschutzes ausgedehnt werden, wenn hierdurch die Aufgabenerfüllung nach Absatz 1 nicht beeinträchtigt wird. [2]Die Erweiterung des Gesellschaftszwecks bedarf der Zustimmung des Bundesministeriums für Umwelt, Naturschutz und Reaktorsicherheit; sie ist zu erteilen, soweit die beabsichtigte Erweiterung des Gesellschaftszwecks nicht der unabhängigen Aufgabenerfüllung entgegensteht.

(3) [1]Die Bestellung des Geschäftsführers der Beliehenen erfolgt in Abstimmung mit dem Bundesministerium für Umwelt, Naturschutz und Reaktorsicherheit. [2]Es kann der Bestellung widersprechen, wenn durch die Bestellung des vorgeschlagenen Geschäftsführers die Eignung der Beliehenen im Sinne des § 28 des Umweltauditgesetzes in Frage gestellt wird.

(4) [1]Die Beliehene ist verpflichtet, alle personellen, organisatorischen und finanziellen Voraussetzungen zur ordnungsgemäßen Erfüllung der ihr

---

[488] Anhang 2 – Umweltauditgesetz.

[489] Anhang 1 – Umweltauditverordnung.

nach § 1 übertragenen Aufgaben fortlaufend sicherzustellen. [2]Hierzu gehört auch, daß

1. eine Person mit der Befähigung zum Richteramt an rechtserheblichen Entscheidungen im Rahmen der Aufgaben nach § 1 mitwirkt,
2. keine Personen angestellt sind, die als Umweltgutachter, als Inhaber einer Fachkenntnisbescheinigung, für einen Umweltgutachter oder eine Umweltgutachterorganisation oder den Inhaber einer Fachkenntnisbescheinigung tätig sind.

(5) Die Beliehene hat dem Bundesministerium für Umwelt, Naturschutz und Reaktorsicherheit

1. Änderungen des Gesellschaftsvertrags, die sich auf die Wahrnehmung ihrer Aufgaben auswirken können, mitzuteilen sowie
2. den festgestellten Jahresabschluß (§ 264 des Handelsgesetzbuchs) und den Lagebericht (§ 289 des Handelsgesetzbuchs) zur Kenntnis zu geben.

§ 3 Beendigung der Beleihung. (1) [1]Die Beleihung endet mit dem Inkrafttreten einer die Beleihung aufhebenden Verordnung. [2]Bis zur Beendigung der Beleihung ist die Beliehene zur ordnungsgemäßen Wahrnehmung der ihr übertragenen Aufgaben verpflichtet.

(2) [1]Das Bundesministerium für Umwelt, Naturschutz und Reaktorsicherheit kann die Beleihung jederzeit aufheben. [2]Die Beliehene kann die Beendigung der Beleihung jederzeit schriftlich verlangen; dem Begehren ist innerhalb einer angemessenen Frist, die zur Fortführung der Aufgabenerfüllung durch eine Stelle nach § 28 des Umweltauditgesetzes erforderlich ist, zu entsprechen.

§ 4 Inkrafttreten. Diese Verordnung tritt am Tage nach der Verkündung[490] in Kraft.

---

[490] Verkündet am 28.12. 1995.

Anhang 5. Verordnung über Gebühren und Auslagen für Amtshandlungen der Zulassungsstelle und des Widerspruchsausschusses bei der Durchführung des Umweltauditgesetzes (UAG-Gebührenverordnung UAGGebV)

Vom 18. Dezember 1995

(BGBl. I S. 2014)

BGBl. III 2129-29-3

Auf Grund des § 36 Abs. 2 in Verbindung mit § 38 Abs. 1 des Umweltauditgesetzes[491] vom 7. Dezember 1995 (BGBl. I S. 1591) sowie in Verbindung mit dem 2. Abschnitt des Verwaltungskostengesetzes vom 23. Juni 1970 (BGBl. I S. 821) verordnet das Bundesministerium für Umwelt, Naturschutz und Reaktorsicherheit:

§ 1 Gebühren und Auslagen. (1) Für Amtshandlungen der Zulassungsstelle und des Widerspruchsausschusses auf Grund des Umweltauditgesetzes werden Gebühren nach Maßgabe des anliegenden Gebührenverzeichnisses erhoben.

(2) [1]Auslagen sind nach den Vorschriften des Verwaltungskostengesetzes zu ersetzen. [2]Die Auslagen für die Prüfer zur Durchführung der mündlichen Prüfung nach § 12 des Umweltauditgesetzes im Rahmen von Bescheinigungs- und Zulassungsverfahren nach § 11 des Umweltauditgesetzes (Nummer 1 und 2 des Gebührenverzeichnisses) sowie Aufwendungen für Telekommunikationsdienstleistungen sind mit der Gebühr abgegolten.

§ 2 Widerspruch. [1]Für die vollständige oder teilweise Zurückweisung eines Widerspruchs wird eine Gebühr bis zur Höhe der für die angefochtene Amtshandlung festgesetzten Gebühr erhoben; dies gilt nicht, wenn der Widerspruch nur deshalb keinen Erfolg hat, weil die Verletzung einer Verfahrens- oder Formvorschrift nach § 45 des Verwaltungsverfahrensgesetzes unbeachtlich ist. [2]Bei einem erfolglosen Widerspruch, der sich ausschließlich gegen eine Kostenentscheidung richtet, beträgt die Gebühr höchstens 10 vom Hundert des streitigen Betrages. [3]Wird ein Widerspruch nach Beginn seiner sachlichen Bearbeitung, jedoch vor deren Beendigung zurückgenommen, beträgt die Gebühr höchstens 75 vom Hundert der Widerspruchsgebühr.

§ 3 Widerruf, Rücknahme, Ablehnung und Zurücknahme von Anträgen. Für den Widerruf oder die Rücknahme einer Amtshandlung, die Ablehnung eines Antrags auf Vornahme einer Amtshandlung sowie in den Fällen der Zurücknahme eines Antrags auf Vornahme einer Amtshandlung werden Gebühren nach Maßgabe des § 15 des Verwaltungskostengesetzes erhoben.

§ 4 Zulassungsentscheidungen ohne mündliche Prüfung. Für Zulassungsentscheidungen, die nach § 38 Abs. 4 des Umweltauditgesetzes ohne mündliche

[491] Anhang 2 – Umweltauditgesetz.

Prüfung ergehen, ermäßigt sich die vorgesehene Gebühr um ein Viertel; sie kann bis zu einem Viertel der vorgesehenen Gebühr ermäßigt werden.

§ 5 Inkrafttreten. Diese Verordnung tritt am Tage nach der Verkündung[492].

Gebührenverzeichnis

Amtshandlungen der Zulassungsstelle	Gebührensatz
1. § 8 Abs. 2 in Verbindung mit § 11 Abs. 4 des Umweltauditgesetzes	
Erteilung einer Fachkenntnisbescheinigung	
a) je Fachgebiet nach § 7 Abs. 2 Nr. 2 des Umweltauditgesetzes	1400 DM
b) zuzüglich Gebühren für die mündliche Prüfung	
aa) bei drei Prüfern für ein Fachgebiet	480 DM
je weiteres Fachgebiet	240 DM
bb) bei vier Prüfern für ein Fachgebiet	640 DM
je weiteres Fachgebiet	320 DM
cc) bei fünf Prüfern für ein Fachgebiet	800 DM
je weiteres Fachgebiet	400 DM
2. § 9 Abs. 1 in Verbindung mit § 11 des Umweltauditgesetzes	
a) Zulassung als Umweltgutachter	7000 DM
b) zuzüglich Gebühren für die mündliche Prüfung	
aa) bei drei Prüfern	1200 DM
bb) bei vier Prüfern	1600 DM
cc) bei fünf Prüfern	2000 DM
3. § 10 des Umweltauditgesetzes Zulassung als Umweltgutachterorganisation (schriftliches Prüfungsverfahren)	7000 DM
4. § 18 Abs. 1 des Umweltauditgesetzes Eintragung von Umweltgutachtern aus anderen Mitgliedstaaten der Europäischen Union in das Zulassungsregister	2000 DM
5. Erteilung einer Fachkenntnisbescheinigung im Wiederholungsverfahren je Fachgebiet zuzüglich Gebühren für die mündliche Prüfung gemäß Nummer 1 Buchstabe b	400 DM
6. Zulassung als Umweltgutachter im Wiederholungsverfahren zuzüglich Gebühren für die mündliche Prüfung gemäß Nummer 2 Buchstabe b	2000 DM

[492] Verkündet am 28. 12. 1995 in Kraft.

Sachregister

(Die Zahlen beziehen sich auf die Randziffern.)